周秉徳 著
王敏 監修
張晶・馬小兵 訳

私の伯父さん周恩来

法政大学出版局

我的伯父周恩来

私の伯父さん　周恩来◉目次

まえがき　3
プロローグ　7

第一章　はじめての中南海……21
一　私は豊澤園ではじめて恩来伯父に会った。父と本当にそっくりだった。駅では穎超伯母ともはじめて対面し、「実の母」のエピソードがうまれた。　22
二　私は友達と何度も中南海で小魚や小海老を釣って「貢ぎ物」とし、毛沢東主席と昼食を食べたこともある。ある日、毛主席に題辞を求めると、「君は学生だから、『よく学びなさい』と書こうかな？」と笑い、快諾してくれた。　30

第二章　西花庁の兄弟愛……39
一　母・士琴が働けるように、弟の秉鈞と妹の秉宜も西花庁に移った。父・同宇の過去の問題は長いあいだ、癒せぬ心の痛みとなった。　40
二　父・同宇は革命にまったく貢献をしていないわけではない。周恩来の弟だからこそ、兄の意志に従うことをみずから選んだのだ。たとえそれで人生に悔いを残すことになったとしても。　43

三　周恩来夫妻は数十年にわたり、手を携え支え合ってきた。伯母はかつて息子を失い、命の危険に晒されたが、恩来伯父が知恵を絞り彼女を救った。　50
四　光り輝く金のイヤリングは朱おばさんの「皇親国戚」の縁を物語る。母は四十年前に穎超伯母が書いた簡潔な手紙を何枚か探し出した。　58
五　恩来伯父と穎超伯母は、努力して自立するよう教えてくれた。伯父の肩書きを利用し、特別な扱いを受けてはならない。　66
六　恩来伯父は国家の総理だが、過去の旧い戦友や部下を忘れたことはない。そして、革命に身を投じる前に出会った同窓生や友人も忘れたことはない。　97

第三章　お年寄りを敬い、養うのは周家の家風である……103

一　一九四九年の冬、六番めの祖父・嵩堯は北京に迎えられ、恩来伯父直々の許可のもとで政府機関に勤めた周家唯一の親戚となった。　104
二　恩来伯父は淮安から八番めの祖母を迎え、最後まで面倒を見た。　111
三　六番めの祖父の八十歳の誕生日を祝うために、恩来伯父はエプロン姿になり、厨房で手ずから郷土料理を二品作った——梅干菜焼肉と獅子頭。　121
四　一九二八年、恩来伯父と穎超伯母はモスクワの「六大」に出席するさい特務工作員に疑われ、父・同宇と四番めの祖父・貽賡が援護した。　128
五　革命のことをあまり知らない実の祖父・劭綱が、いちばん心配しているのは革命に身を投じた息子であり、そのために、みずから孤独な漂泊の道を選んだ。　133
六　祖父劭綱の最期を看取ることのできなかった恩来伯父は慟哭し、穎超伯母に激怒し

た。　138

第四章　国家のニーズに従い、職業を選択する……149

一　恩来伯父のコネを使おうなどと思ってはならない、自分の力で努力するのだと、穎超伯母は真顔で念を押した。北京師範大学女子付属中学校から、私は夢に向かって旅立った。　150
二　ソ連映画『村の女教師』に心を動かされた私は、北京市の師範大学に入り、中国の村の女教師になることを決心した。　156
三　私たち姉弟六人のうち、四人が軍隊を経験した。そのつど恩来伯父は異なる態度を示したが、「党と国家のニーズをみずからの第一希望とする」という原則を貫くことに変わりはなかった。　160
四　「周総理の姪と言えば、造反派があなたを捕えて尋問することは絶対にないだろう！」しかし、私はきっぱりと断った。　169
五　「周秉徳が周恩来の親戚だなんてことはありえない！　たとえ親戚だとしても、遠い遠い関係だろう。そうでなければ、私たちと同じ苦労をするわけがない。」　174

第五章　愛情の耐えられない軽さ……185

一　十八歳になった私は就職してまもなく、キューピッドの矢に射抜かれた。それをきっかけに、瀟洒で格好いい恩来伯父が、なぜ地味な見た目の穎超伯母に恋い焦が

れたかがわかった。また、恋というものは甘いだけのものではなく、もっと深い意味を含んでいることもはじめて知った。186

二　中ソ関係は日増しに緊迫しつつある。それは、ソ連に留学中のある大学生と私との、悲しい運命を決定づけた。二十六歳になっても私は未婚のままだった。194

三　「天」から落ちてきた美男子・人驊は、恩来伯父と親交のある沈鈞儒先生のいちばん上のお孫さんだった。私たちの結婚式は十月一日に行われ、その日、穎超伯母がみずから結婚祝いの品を届けてくれた。210

第六章　「大躍進」の中国、「門前冷落して鞍馬稀に」の西花庁……225

一　一九五八年、「大躍進」が始まると、私は密雲ダムの建設に携わる二十万人のなかのひとりとなった。熱気あふれる工事現場で、私は毎日あかるく働き、闘志を燃やしていたが、この一年のうち半年以上も恩来伯父と穎超伯母が西花庁にいなかったことに疑問をもった。226

二　一九五八年、西花庁は一転してもの寂しくなった。「右派から五十メートル」と批判された恩来伯父の内心の苦しみは凄まじいものだった。共産党内で自己批判をもっとも多くしてきた彼も、今度ばかりは言葉につまり、反省書を書く筆はなかなか進まなかった。230

三　密雲ダムの工事現場には、ほかのところで見たような「ロマンチック」な「大躍進」はなかった。恩来伯父は六回にもわたり現場を訪れ、ダムの立地から品質の管理までいちいち厳しく監督していた。そのおかげで、当時できたダムはいまなお首

都に恩恵をもたらし続けている！ 263

第七章　「文化大革命」の災い……277
一　十五歳になる妹・秉建が、穎超伯母の手紙が入ったショルダーバッグを胸に抱きかかえ、とつぜん汽車で西安を訪れた。 278
二　父・同宇は深夜、秘密裡に逮捕された。捜査に来た解放軍は父の引き出しだけを調べ、去りぎわに母・士琴に念を押した。「子どもを含め、他言無用です。もし隣人に聞かれたら、遠出したと答えてください。」 289
三　意外なことに、赤ちゃんを産んだ一か月後、父・同宇を逮捕した張本人がお見舞いに来てくれた。「あなたのお父さんが逮捕されたのは、周恩来の弟だからだ」、彼の一言で私は安心した。 296

第八章　苦い栄光……309
一　敵の仕掛けた三十年前の「伍豪啓事事件」を利用し、恩来伯父を失脚させようとする人がいた。この件は伯父の一生の心残りとなった。 310
二　「歴史的任務を全うする」か、「延命する」か、二者択一の選択肢の前で、恩来伯父は躊躇なく前者を選んだ。仕事のために生きる、というのは伯父にとって、けっして口先だけの言葉ではないのだ。 318
三　私は恩来伯父に会えず、電話で彼を「非難」したが、「その日が来るのは当然のこ

とだ」と、伯父は平然と答えた。 337
四 みずからの油断で、恩来伯父と会う最後の機会を逃してしまった。これは永遠に取り戻すことのできない失敗であり、私にとって一生の後悔となった。 348
五 私は納得できなかった。忠誠を尽くした恩来伯父に対する、「矢も盾もたまらず権力を横取りしようとした」などという容赦ない批判に仰天した。癌を患った伯父は最初の手術から最後の手術まで、病状報告書すらすべて自分で書いていた！ 356

第九章 「家族を連れて無産階級に投降する」……377

一 一九八二年四月十八日午後、まるまる十六年ぶりに父・同宇と母・士琴はふたたび西花庁に足を踏み入れた。このとき、恩来伯父の逝去からすでに六年が経っていたが、十八年前の夏、伯父が家族全員のまえで話す姿はつい今しがたのことのように思い出された。 378
二 「今日、みんなに来てもらったのは、危篤状態に陥った恩来が、私の手を握り、『あとはおまえに任せたぞ』と言ったからです。私はいつも彼の頼み事を、彼の想像よりもうまく解決し、彼を驚かせたものでした。」 404
三 穎超伯母は言った、「今日は私の悔しさを吐き出したい。あなたたちは有名な周恩来の甥や姪、弟や弟嫁であるのに、この親族関係にあやかるどころか、いたるところで制限を受けているのを少し悔しく思っていたでしょう。でも、有名な夫をもつ妻の私も、ずっと手足を縛られていたのを知っていますか？」 414
四 一九八二年七月十一日、穎超伯母は私と秉鈞に遺言について話し、十年後の同じ日

五　私は夫の人生の価値を深く感じ、「恩来伯父と穎超伯母に倣って死後は遺灰を海に撒き、自然に帰す」と、彼との共通の願いを想い起こした。
――一九九二年七月十一日に、伯母は永眠した。彼が他界したあと、私は彼の人驊とともに三十四年間の歳月をすごした。　416
　422
第十章　生誕百年を記念し、さまざまな思いを込めて　429
一　生誕百年を迎え、百種の記念方式、百回の記念イベント。おのずと万感胸に迫り、さまざまな思いがこみ上げてきた！　430
あとがき　459
再版へのあとがき　461
訳　注　463
周恩来　曾祖父以降の系譜図　巻末

私の伯父さん　周恩来

まえがき

一九四九年六月、十二歳の私は北京に出て、中南海《ちゅうなんかい》の豊澤園《ほうたくえん》で暮らしはじめた。のちに周恩来《しゅうおんらい》伯父とともに西花庁《せいかちょう》に引っ越し、そこで十数年の歳月を送った。(1) そして、西花庁を離れてからも数十年間、私は途切れることなく伯父のもとに通った。

長年にわたり作家だの記者だの、たくさんの人から取材の要請があり、周恩来伯父と鄧穎超《とうえいちょう》伯母とのふれあいから学んだことを聞き出そうとしたが、私はいつもやんわりと断ってきた。というのも私は、伯父と伯母が、自分の姪や甥が親族関係をひけらかし、それを売りにするのを嫌っていたことをよく知っているからだ。一九九三年、中国新聞社に勤めるベテラン記者の徐泓氏が私に「狙いを定めた」ので、私の考え方を説明したところ、「総理と鄧穎超さんがご存命のときは、黙してやるべきことをやっていればそれでよかったのですが、いまやお二人はこの世を去りました。あなたの知っている周総理の品格と精神は、あなただけのものではありません。それは中華民族という大家族のものであり、精神的な遺産です。中国の繁栄のために、そして若い世代の人格育成のためにも、周総理の精神を発揚することには現実的で、歴史的な意味があります。だから、あなたはすべてを語り、それをもって次世代を教育すべきです。ためらってはいけません」と、とても率直な、的を射た話をしてくれた。肯定できるところも多かった。それから私は、伯父のそばにいて見聞きしたことを訪問者に少しずつ語りはじめることにした。

一九九四年、海外で一冊の本が出版され、その影響は中国国内にまで及んだ。その本の著者である恥知らずの女性は、「自分は周恩来の私生児だ」という見え透いた嘘をついたのだ！　これは当時、社会を驚かせ、世論は騒然とした。しかし、ばれない嘘はない。すぐにこの女は馬脚を露わし、世間の人びとに相手にされなくなった。私は怒りを覚えるとともに、一方で「自分の知っている本当の周恩来伯父のことをみなさんにお伝えすべきではないのか」と思った。

しかし、私が本書を執筆するに至った直接のきっかけは一九九六年の年末、日本訪問のさいに経験した出来事だった。静岡県に住む、当時五十歳になろうとしていたある人物の話に刺激された。彼の先代、松本亀次郎氏は一九一七年、伯父が日本に留学したさいに通った日本語学校の校長だったという。彼はこの中国人留学生の人柄に非常に感心させられたらしく、「日中国交正常化のさいに、周恩来総理はみずから決断して日本からの戦時賠償を放棄したが、これは日本政府には絶対にできなかっただろう。とても尊敬に値する行為だ」と述べ、ある掟を残した。

「亀次郎の子々孫々は周恩来のことをよく学ぶべきであり、日中友好のために貢献すべきだ。」

その子孫である増田喜一氏も伯父のことを非常に尊敬しているようだ。彼の生活はけっして裕福なものではなく、静岡県の海辺の漁村で小さな工場を営み、海魚加工を生業にしている。しかし、彼は何度も中国に渡り、周恩来についての展覧会を観覧したり、上海の孤児を援助したり、上海の魯迅記念館、天津の周恩来鄧穎超記念館に寄付をしてくださったりした。さらに、その深い敬愛の念は彼の私生活にまで浸透し、彼は中国人の妻を迎えたいと考えていた。

増田氏は外国人であるにもかかわらず、周恩来伯父を尊敬するがゆえに、結婚するならば妻は中国人がよいと思っておられるのであり、私は彼が幸福で円満な家庭を築けるよう心から願っている。外国人でさえ伯父を尊敬し、理解しようとしていると思うと、身近な親族の一人として伯父の人間的魅力やその行い、その精神を伝えることには非常に重要な、現代的意味と歴史的意味があると、私はあらためて気づかされた。それをきっかけとして、さらに作家、鉄竹偉の協力を得て、私は自分が知るかぎりの周恩来伯父を活字にしようと決心したのである。

二〇一八年三月

プロローグ

シュッポ、シュッポ、シュッポと音をたてて、汽車が動き始めた。ほどなくあの聞き慣れた「熱々の狗不理包子《コウブリパオズ》だよ！」「天津大麻花《ダーマーホア》だよ！」という売り子の声も遠くなり、[2]すっかり聞こえなくなった。汽車が揺れだした瞬間、うつむいていた私の目には、車窓ごしに弟を抱える母親の姿がはっきりと映った。負けず嫌いな私は懸命に笑顔を作ろうとしたが、汽車が動き始めたその瞬間、涙が溢れてしまった。鼻の奥がつんとした。そう、私はまだ十二歳、小学校を卒業したばかりの子どもだった。もう今夜から母親、弟と妹とはいっしょに暮らせないと思うと涙が止まらず、両手で顔を覆った。

「兜兜《ドウドウ》、さっきまで晴れやかなお天気だったのに、どうしたんだ？　なぜ急に雨を降らせているんだい？」と、そばに座っていた父親が私の肩を抱き寄せ、ハンカチを渡しながら、からかうように言った。「偶然といえば偶然かもしれないが、恩来伯父さんが故郷の淮安を出て東北に向かったときも十二歳だったよ。でも、おまえほど幸せではなかったな。」

「どうして？」私はまだ目から涙をこぼしていたが、好奇心で別れの悲しみもまぎれた。

「恩来伯父さんが淮安を出たとき、俺は六歳だった。家があんなに貧乏でなければ、彼もわざわざ東北の四番めのお祖父さん[3]〔貽賡〕のところに行かなくてもよかったんだ」と、父親は感慨深げに首を左右に振って話を続けた。「俺が三歳のときに、おまえのお祖母さんが亡くなった。お祖父さん〔貽能〕は出稼ぎに出ていたから、俺と、九歳になる一番上の恩来伯父さん、八歳になる二番めの恩溥伯父さんの三人は、

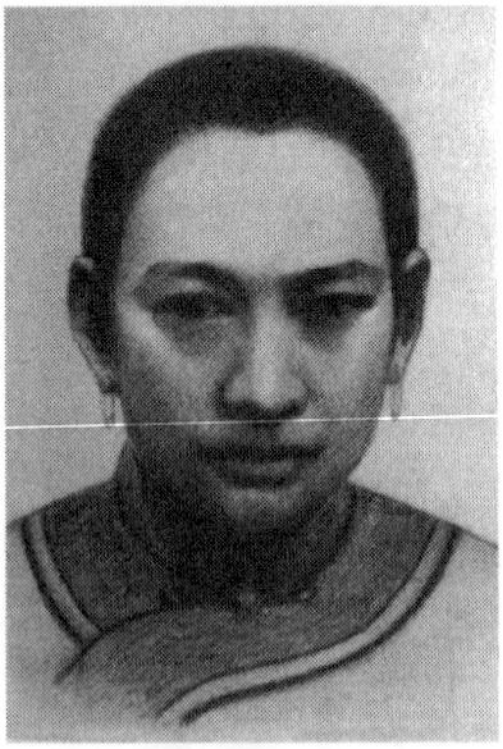

周恩来の母・冬児（万十二姑）の肖像画。

おまえの八番めのお祖父さん〔貽奎〕のもとで暮らし、どうにか頑張っていた。そのころは食べる物にも困っていたから、俺たち兄弟三人は裏庭の花園に蚕豆や青野菜を植え、育てた。売れるものはぜんぶ売り、お金を貸してくれる人はもうどこにもいなかったけれど、それでも親戚の冠婚葬祭に出席したり、お見舞いの品物を送ったり、お礼を言ったりしなければならなかった。そういうことは恩来伯父さんに任せっきりだったな。さすがの伯父さんもつらかったのか、手紙で四番めのお祖父さんに不満をもらしていたそうだ。」

「お父さん、恩来伯父はそんなにつらかったのに、どうして八番めのお祖父さんになにも言わなかったの?」

父はふだん忙しく、家にいるときも彼自身のことはあまり話してくれなかった。しかし今日は、汽車のなかでふたりきりになったこともあってか、父の昔話を聞くことができた。

「おまえの八番めのお祖父さんは体が不自由で、歩くことさえままならなかった。八番めのお祖母さんには息子がひとりいたが、恩来伯父よりも年下だから、やはり伯父がこの家を支えるしかなかった。」

「恩来伯父はどうして自分の父親に手紙を出さなかったの?」私は納得がいかなかった。なにかあったとき、真っ先に頭に浮かぶのは実の両親だろうと思っていたからだ。

「おまえのお祖父さんは馬鹿正直なところがあって、よそで何年も働いていたけれど、多いときでも月にせいぜい三十元しか稼げなかった。けっきょく自分の生活を維持するのに精一杯で、とても頼りにでき

（左）南開学校在学時の周恩来。（右）周恩来の出生地、淮南の旧居。

るような状態ではなかった。だって、少しでも余裕があったらとっくに俺たち三兄弟を迎え入れてくれたはずだろう。だから、恩来伯父さんは手紙を書くのを控えた。心配させてもしょうがないからな。むしろ、おまえの四番めのお祖父さんのほうが、子どももいないし、長年ずっと働きに出ていて、よく仕送りをしてくれた。だから困ったことがあると、伯父さんはいつも彼に相談していた。あのころ伯父さんは十二歳だった。四番めのお祖父さんは彼を東北に呼び寄せ、学校に行くお金を出してくれた。こうして伯父さんは小学校、天津南開学校に通い、日本に留学することができた。帰国後、彼は五・四運動に参加し、フランス留学中にパリで中国共産党に入党して、革命家になる道を選んだ。彼はさまざまな困難や危険にさらされていた。」

私はうなずき、「お父さんはいつ故郷を出たの？」と、また質問した。

父は首を横に振って、囁くような小さな声で自分の人生を語りはじめた。「お父さんは十四歳まで淮安で苦しい日々に耐え忍んでいた。衣食が足らず、もう生きていけないかと思ったときに、二番めの兄、恩溥に連れられて天津の四番

（左）周恩来、パリ留学時の住居の前で。（右）天津直属第一女子師範学校在学時の鄧穎超。

めのお祖父さんのもとに行った。そこで、伯父さんと同じように試験を受け、南開学校に入学することができた。伯父さんが日本から帰国したとき、お父さんは彼を天津駅まで迎えに行ったよ。九年ぶりの再会を、俺たちは本当に喜びあった。伯父さんが五・四運動に参加し、『覚悟社』〔学生運動組織〕を結成したときに、お父さんは彼の秘密連絡員も務めていたよ。彼は二十二歳でフランスに留学したが、のちに鴻雁という女性と婚約し、彼女に手紙を書いては、弟たちに会ってくれと何度も念を押していたようだ。」彼女は父のもとを訪ね、明るく自己紹介をした。その冬は例年より寒かった。彼女はカバンから外側が毛糸で覆われた黒い綿入れの靴を取り出し、にっこりと笑いながら「私が作った新しい靴よ。さあ、履いてみて」と言うと、父の穴の開いたぼろぼろの靴を脱がして、履き替えさせた。そして、指でつま先のところを軽く押しながら続けた。「あなたはこれからどんどん大きくなるから、大きめに作ったの。いまはつま先のところに棉花を詰めているけど、棉花を減らせば来年も履けるね。暖かい？」

「お姉さん、暖かい。とても暖かいよ……」

ここで父は声を詰まらせてしまった。顔を上げると、彼の黒々とした眉毛のあいだにはしわが寄り、忘れがたい過去に思いを馳せているのか、両目が涙ぐんでいる。私がじっと見ているのに気づくと、父は少し間をおいて、自分を落ち着かせてからまた続けた。「兜兜、お父さんは三歳で母親を亡くし、物心のついたころから黒い粗布の靴しか履いたことがなかったんだ。あんなに軽くて暖かい綿の靴を履いたのは生まれて初めてだった。だから、思わず『お姉さん』と呼んでしまった。とても自然に口から出たし、ちっとも無理はしていなかった！」

「それから？」私は深く心を動かされ、続きを急かした。

「一九二四年、恩来伯父はヨーロッパから広州に戻り、その翌年、お姉さんも広州に向かった。彼らはそこで結婚し、俺もお姉さんの母親に付き添って広州を訪ねた。五年ぶりに兄弟は再会できた。そのころ伯父さんは黄埔軍官学校政治部の主任になっていたから、俺も試験を受けてそこに入学し、四期生になった。」

「じゃあ、お父さんは恩来伯父とずっと一緒にいなかったの？　どうして伯父さんは延安にいるのに、私たちは天津にいるの？」母親はいつも私のこと

周恩来と鄧穎超の結婚記念写真。「羊城〔広州〕、どれほど記念すべき、懐かしい場所だろう！　そこで私たちはたくさんの戦友、烈士たちと肩を並べて戦い、あなたとの結婚生活を始めたのよ。」これは1925年8月8日、広州で伯父と結婚した頃のことに思いを馳せた伯母の言葉である。

生後数か月の著者と両親。

を馬鹿正直と言っている。私はこの家の長女だが、このときまで、なにを言ってよいのか、なにを言ってはいけないのか、などと考えたことはなかった。だから、思ったことをついそのままに口にしてしまったのだ。

「それは……」父は一瞬言葉に詰まり、「そのとき、おまえの四番めのお祖父さんが東北にいたから、だれかが面倒を見てあげなきゃいけなかったんだよ！　しかし、おまえは質問しだすときりがないな。喉は乾いてない？」とぎこちない表情で話をはぐらかした。

「お父さん、最後にひとつだけいい？」私は父親の肩を揺さぶりながら甘えた。

「いいよ！」父親は微笑んでうなずいた。

「お父さんをかわいがってくれたそのお姉さんはいま、どこにいるの？」

「なにをとぼけてるんだい！」と、父親は笑いながら、人差し指で私の額を軽く叩いた。「そのお姉さんがいまのおまえの伯母さん、鄧穎超だよ。北京に着いたら会えるね。北京に着いたらお父さんは華北大学の寮に住むことになる。お母さんは天津で弟と妹の面倒を見なければならないから、かわりに恩来伯父さんと穎超伯母さんがおまえの世話をしてくれると言っている。北京の中学校に入学し、平日は学校の寮ですごし、休日は彼らの家に行くんだ。お父さんは、働き口が見つかったらすぐにお母さんたちを北京に迎える。兜兜、おまえはいちばん年長で、聞き分けが良い子だ。伯父さんの言うことをよく聞くんだよ。あとは頑張って勉強しなさい、いいね？」と言った。

私はうなずきながら、昔のことを思い出していた。正直に言えば、一九三七年にハルビンで生まれた私は、この世に生を享けてからというもの、母方の祖父母と両親の愛情にどっぷりと浸かり、苦労というものを味わったことがない。

天津在住時の四弟妹。右から秉德、秉鈞、秉宜、秉華。

私は父方の祖父に会ったこともない。伯父と父を育てた四番めの祖父に会ったこともない。だが、母の話によると、天津の四番めの祖母は、私が生まれたことを聞くととても喜んでくれたそうだ。その後、手紙まで送ってくれて、「周家には三世代にわたって女の子がいなかった。これはめでたいことだ。私に名づけさせてくれるなら、兜弟と呼びたい。次は男の子が生まれるように、という意味でね。」しかし、知識人の母は、この俗っぽい名前を気に入らなかったようだ。どうせ遠方の親戚の言うことだから、と折衷案を考え、「兜兜」と呼ぶことにした。一方、私が生まれたあと、二番めの伯父である恩溥もわざわざ電報で、「周家がひとり増えたのは、じつにめでたいことだ」とお祝いの言葉を送ってくれた。

母方の祖父母にとって私ははじめての孫娘であり、いくら可愛がっても足りないといった様子だった。彼らのことを思い出すたびに、六十年前に食べたチョコレートの味が口に染み込んでいるように感じられる。当時、体のがっちりしていた祖父はよい仕事に恵まれ、ロシア人が中国東北に設立中東鉄道局で処長のポストを得て、流暢なロシア語を話し、通訳をしていた。彼はその後、ハルビンにある二つの大学で客員教授も務めた。彼はハルビン花園街に庭付きのロシア式別荘を持つほどの金持ちで、母の話によると、多いときには月に二百大洋(4)も貰っていたそうだ。あのころ、銀元はとても値打ちのあるもので、ひとつあれば二十五キロの米を買うことができた。しかし、生活はとても豊かであったが、彼は自分の子どもに対して非常に厳しかった。みずからの努力で成功を収めた祖父は、子どものために家庭教師を雇い、将来生計を立てるための手段としてロシア語を習わせた。話によれば、息子のひとりは厳しいしつけに耐えきれず、十八歳の若さでみずから命を絶ったらしい。一方、娘である母は、あらゆる面で大目に見てもらっていたが、負けず嫌いでロシア語だけでなく日本語も身につけた。これは、私が大きくなってから両親に教えてもらったことだ。でも、私から見れば祖父はとても慈愛に満ちた、気立てのよいお年寄りだった！　小さいころ、祖父の家でロシア産のチョコレートを食べたことがある——それは分厚く大きく、ハンマーで小さく砕かなければ食べられなかった。祖父の家に行くたびに、彼は微笑みを浮かべてぴかぴかの小さなハンマーを取り出し、それを見た私はいつも舌舐めずりしておやつを待ちわびたものだ。あの濃厚な香りは、唇から心の奥までとろけて深く染み込むようだった！

じつは、私が生まれたときにはすでに、中東鉄道は日本人に接収されており、祖父も失業していた。祖父母はそれまで蓄えてきた財産を頼りに生きていくしかなくなり、日常生活もとても質素なものになっていた。それにもかかわらず彼らは私をかわいがってくれ、チョコレートを買いおき、この食べ物に目のない「兜兜」に食べさせてくれたのだ。

家族写真、1947年夏、天津にて。

私の両親は、子どもをとても愛してくれた。これほど子どもを愛した親はこの世にいないだろう。

母の話によると、私は最初の子どもだから、どのように面倒を見ればよいのかわからなかったそうだ。

私を寝かしつけるときは、抱っこしながら歩き回らなければならなかった。そうしないと私は寝つかず、ようやくどうにか寝かしつけたと思ったら、また泣き出してしまう。すると、休もうとしていた父と母は急いで身を起こし、抱っこしながらまた歩き回るはめになる。私が寝たら、今度は家が静まり返った状態にしなければならない。かりかり音の出るものは、ミルクにつけて柔らかくしてから食べなければならない。私はささいな音で目を覚まし、抱き上げるまで大声で泣きつづけるからだ。赤ちゃんのころによく泣いた私は、涙を「前借り」でもしたのか、パパママと呼べるような歳になると、いつもにこにこして、かわいがられる性格になっていた。さらに、この「兜兜」は長女役をわきまえる子に育ったらしく、二歳になるまえにすてきな弟が生まれた。その後も私はいっそうかわいがられ、ぽっちゃりしてしまうほど大事に育てられた。私はいつも目を細めて微笑み、まるで悲しみを知らない天使のようだったという！

私は今も、レリーフがはめ込まれた茶色がかった黒の日本製アルバムを大事にしまっている。それは父が一九三五年、日本に旅行したときに買ってきたものであり、ずっしりと重く、なかには私の写真が収められている。母が私を生んだとき、父はすでに三十三歳になっていた。当時の彼の表情など実際には覚えているはずもないのだが、写真を見るだけで彼のうきうきした気持ちが読み取れる。彼は同僚から一三五型のカメラを借り、二十四時間寝ずに生まれたばかりの私と向きあい、二時間おきに写真を一枚撮り、けっきょく十何枚も撮ってしまったそうだ。その後も一か月、二か月、三か月、百日……と、月に一度は写真を撮り、笑った私、泣いた私、あくびをかく私、伸びをする私など、その一瞬一瞬にうまれたさまざまな表情を永遠に残してくれた。三、四歳になると、父の同僚や母の親友に結婚する者が出るたびに、私は欠かせない役を頼まれるようになった。そのつど私は、きれいなドレスを着込み、真っ白なウエディングドレスをまとったお嫁さんのうしろで裾を持ってあげたのだ。そのため、私はさらに多くの写真に収められた。ある日、みんなが父と母の結婚写真を指差し、「兜兜、どうしてこの写真には君が写って

2歳6か月の著者と両親、ハルビン・兆麟公園前にて。

いないの?」と聞いた。四歳の私は一瞬とまどってしまった。「そんなのありえない! みんなが私のことを愛してくれて、ドレスの裾も持たせてくれるのに、いちばん愛してくれる父と母が、トレーンを持たせてくれないわけがない!」そこで、私は胸を張って堂々と答えた。「ちがうの。私はお母さんのうしろでドレスの裾を持っていたから、写真に写っていないの!」すると、親族たちがみな笑い崩れた。

このアルバムには、家の向こう側にある公園の囲いを背景にした写真が一枚ある。それも私が三歳のときに父が撮ってくれたものだ。五十年後の一九九〇年、ハルビン出張のついでに、私はわざわざその公園に立ち寄り、幼少年期の懐かしい思い出を胸に、同じ場所で写真を撮ってもらった。公園の向こうがわにそびえ立つ「北京旅館」という名の六階建てのビルを眺めると、四階にあったあの明るくて広々とした私の家がふと目の前によみがえり、六階に住んでいてエレベーターでよく顔を合わせていた恵子という名の肌の白い日本人の女の子の姿も見えたような気がした。

私たちは一九四三年にハルビンから天津に住む四番めの祖母の家に引っ越した。それは日本人の意地悪がひどくなり、米も売ってくれなくなったからだ。私たちは毎日コーリャンか、それを粉にして作った麺か、あるいはさらに粗糠などを混ぜて作った麺しか食べるものがなく、くわえて父も失業したため、やむなく天津の祖母のもとに身を寄せることになった。

天津では、はじめは四番めの祖母と一緒に河南路、清河里の一軒家に住んでいた。それは二階立ての古い屋敷だったが、のちに私たちは義善里に引っ越した。

小学校の六年間は天津ですごした。はじめは天申小学校に一年間在籍し、その後、自宅に近い、教会が運営する聖功小学校に編入した。私は書道の練習に使っていた銅製のつぼを、ふだん白黒の絹糸で編まれた袋にしまっていた。それは四番めの祖母がみずからの手で編んでくれたものだ。父の話によると、二十年前、四番めの祖母は恩来伯父、恩溥伯父と父の学費を賄うために、昼は玄関の外で、夜はランプの下で暇さえあれば針仕事に取り込み、色とりどりの袋を編んでは市場で売ってお金に変え、兄弟に紙や墨を買ってくれた。私にくれたのは最後に残った一個のようだが、残念なことに過ぎ去った歳月のなかでどこにいってしまったのか、いまの私にはもうわからない。

一九四六年、北京で恩来伯父に会ってきた父はほどなく逮捕されてしまった。話によると、逮捕状を出したのは国民党の天津警備司令部で、その罪は共産党上層部の弟であるということだったそうだ。のちに父の保釈のために奔走してくれた常策欧さんが事の次第を教えてくれた。「君の伯父さんは共産党のなかで立派な地位にある人物だ」と、彼は私たちが購読していた天津『益世報』をめくり、周恩来に関する報道を指差して言った。「周恩来総理は君のお父さんの兄で、君の伯父さんなんだよ!」と。「どうして彼は恩来で、お父さんは同字というの？」と、私は信じられずに問いただした。すると、常さんは私の頭をなでながら、こう言った。「同字は君のお父さんの字《あざな》だよ。お父さんの名は恩寿だが、伯父さんは兄として、彼が巻き込まれるのを心配していたらしく、字《あざな》で呼ばせているんだ。」半年後、父は保釈された。しかし、彼は過去にもまして忙しくなり、帰りはいつもとても遅かった。

一九四九年一月十五日、天津の街頭に市街戦の銃声が鳴り響いた。その日、私は窓辺に隠れて外を覗いていた。黄色の綿入れの上着をまとい、毛帽子をかぶった解放軍が銃を構え、警戒しながら前に進んでいるのを見ると、私は心のなかで歓喜の声を上げた。なぜなら、私は一日も早く天津を解放してほしかったからだ。もちろん、そのときの私は、国民を苦しみから解放するという理屈などちっともわからなかった。しかし、私には私なりの打算があった。恩来伯父は共産党の幹部だから、この天津が解放されれば、私たちは川辺のあの芝生と花園のある洋式の別荘に住むことができる……妄想に酔いしれていたところ、パンという銃声とともに耳元が熱くなり、銃弾が私の頭頂部をかすめてうしろの簞笥《たんす》に打ち込まれた。その瞬間、簞笥《たんす》の表面に焦げついた穴が開いた。驚いた母はすぐに私と弟を窓辺から引き離し、窓からいちばん遠い部屋の隅にうずくまらせた……

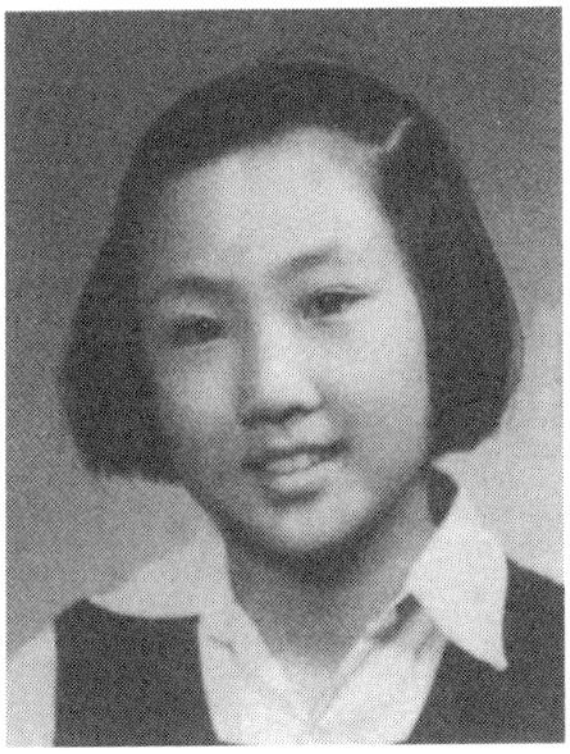
1949年夏、天津聖功小学校卒業時の著者。

私は父親のそばに寄りかかり、微笑む伯父と優しい伯母が広々とした白い別荘で迎えてくれるのを想像した。

「兜兜、なにを考えている？」

「お父さん、私はもう十二歳です。北京に出たら中学校に入るの。だからもう『兜兜』なんて呼ばないで。私の名前、『秉徳《へいとく》』と呼んでください。伯父さんと伯母さんに笑われちゃう！」

「いいだろう！」父はあっさりと受け入れた。

「指切りだ、指切りしよう！」、私が指を出すと、父もにっこりと指を出した！　そして「兜兜」という名は天津を離れると使われなくなった。十二歳の周秉徳は北京に辿り着いた。

第一章　はじめての中南海

一　私は豊澤園ではじめて恩来伯父に会った。父と本当にそっくりだった。駅では穎超伯母ともはじめて対面し、「実の母」のエピソードがうまれた。

やせ気味で仕事をてきぱきこなす年配のおじさんに連れられ、私は中南海を訪れた。車は門をくぐり、湖をぐるりと回ってから橋を渡り、また別の門をくぐった。ひとつの門をくぐるともうひとつの門が現れ、青々として空まで届くかのような柏の木がぎっしりと並び、かすれたカラスの鳴き声が天から降り注ぐように聞こえてきた。十二歳の私はとても不気味に感じ、手のひらに汗をかいた。ふと母方の祖母がよく注意してくれたことを思い出した。「カラスが鳴くと災いが降りかかる。すぐに唾を吐くんだよ。」私は口を開けて唾を吐こうとしたが、手をとってくれたおじさんを見て、こっそりと飲み込んだ。

はじめて中南海を訪れたときはとても興奮したでしょうね、と聞いてくる者がたくさんいた。なにしろ皇帝が住んでいたところだし、中国共産党の上層部が住んでいるところでもあり、かつ「大物」の恩来伯父に会いに行くのだから、きっと嬉しかったに違いない、と言ってくる者も多かった。このような質問を突きつけられるたびに、私はいつも笑ってはぐらかすことにしていた。実は興奮するどころか、むしろ少しがっかりしたのだ。なぜなら、私は本当は天津のあの咲き誇る花園と青々とした芝生のある、三階建ての洋式邸宅に住みたかったのだから！

案内してくれた年配のおじさんは気の利く方で、すぐに私が硬い表情をしているのに気づいた。親元を離れたとたんにホームシックにでもかかったのか、と心配した様子で、彼はたえず話題を見つけては話しかけてくれた。「その昔、中南海は清の皇帝の御苑だったんです。庭園のなかに中海と南海があるから、中南海と名付けたと言います。そして、橋の向こう側は北海だから、北海公園と呼ばれるようになりました。私たちの住んでいるこの庭園は豊澤園と呼ばれ、光緒帝が西太后に軟禁されるまえに住んでいた場所らしいです。いまは東側の北院に毛主席がお住まいで、私たちは南院に住んでいます。あなたの伯父さんはちょうど会議中だから、少しお待ちください。伯父さんが戻られたら迎えにまいります。」

私は大人しく頷き、ひとりで庭を歩き回りはじめた。豊澤園は南海の北側に位置し、園内の正殿は頤年殿と呼ばれている。現在、ここは中央の指導者が会議を開いたり、接客したりする場所になっている。庭に入り、東に向かっていくつかの廊下を通りすぎると、北から南にかけて、平屋の住宅が何棟か並んでいるのが見える。ここはその南の一棟だ。おじさんの話によると、北の一棟に毛主席が住んでいる。私は目を糸のように細めて笑った。私ですら、毛主席についての知識は十分にある。天津が解放されたのち、あちこちに毛沢東主席と朱徳総司令官の肖像がかけられたので、毛主席が共産党のいちばん偉い人だということもわかっている。毛主席が隣人だなんて、なんと不思議で喜ばしいことだろう！

恩来伯父が戻ってくるまでに時間はあまりかからなかった。私を目にすると、彼は私を優しくそばに引き寄せ、溢れんばかりの笑顔で言った。「だれに似ているか見せてくれ！　うん、お父さんに似ているなあ、お母さんにも似ている。名前は何というの？」

「お殿様、私は周秉徳と申します。」私は伯父の顔を間近に見た。本当に父にそっくりだ！　彼の眉毛も黒々としてきりりとつりあがっているが、目が父と比べるとより光輝き、元気に溢れている。また、顔がふっくらつやつやしていて、父よりいっそう若く見える。

それを聞いて、傍らに立っていたおじさんが「お殿様！」と私の真似をし、吹き出した。

「伯父さんでいいよ。」私が頷くのを確かめてから、伯父はつづけた。「おまえの伯母さん、鄧穎超は上海に行った。数日後には帰ってくる。私は仕事が忙しいので、おまえの生活の世話はここのおじさんとお

1949年、何謙夫妻・楊超夫妻と秉鈞と著者、中南海・豊澤園にて。

ばさんたちに任せる。北京師範大学女子付属学校は九月一日に開校する。すでに申し込みはすませたから、あとで試験を受けに行って、合格すれば入学することができる。書斎はおまえの部屋だ。そこで本をたくさん読むようにしなさい。毛沢東主席は隣に住んでいるけれど、彼も仕事で忙しいから、邪魔しないように、いいね?」

「はい!」、目上の方に、相談するような口ぶりで話しかけられ、私は自分が大人のように扱われている喜びに浸った。一方、伯父は私たち妹弟に、彼の周りで働いている年配の人たちを、おじさん、おばさんと呼ばせた。

一九七三年のある夕方、恩来伯父に付きあって西花庁の庭を散歩していたら、伯父はなにか仕事上のことをふと思い出したようで、「紀くん、紀くん!」と大声で秘書の紀東《きとう》を呼んだ。

秘書室の扉が閉まっている。私は、伯父の声がなかに届いていないのかもしれないと思い、声を上げ、「紀くん」とさらに二回つづけて呼んだ。

すると、伯父はとても不満そうに一瞥し、「紀くんは失礼だ。おじさんと呼ぶんだ」と厳しい口調で正した。

「伯父さん、私は紀東より何歳も年上ですよ!」

そう釈明して、ようやく一件落着した。

豊澤園では、私は北向きの部屋に住んでおり、真ん中の玄関から入ると、東側の部屋は伯父の秘書である楊超と羅迭夫婦の住宅兼職場になっている。西側は書斎で、なかに小さなベッドを置いて私を住まわせてくれている。部屋の西側と南側の壁に二段の本棚がぴったりと備え付けられており、私の読んだことのない本ばかりが収められている。

1949年夏、鄧穎超、孫維世、周恩来。

一九四九年七月七日、晩ご飯を食べ終わるや否や、「お父さん、こんばんは！」と、甘い声が聞こえ、スタイルのよい、きれいなお姉さんが足早に入ってきた。彼女は恩来伯父と親しげに握手したが、それはとても自然で、真心の込もったものだった！ いまでもはっきり覚えているが、伯父のところに来た翌日、私は母親に手紙を出した。そのなかで、私は自分のもっとも感慨深かったこと、つまり握手が流行っているということを綴ったのだ。

伯父はそのお姉さんを私の前に引き寄せ、紹介してくれた。

「秉德、こちらは維世《いせい》だよ。実のお父さんは革命烈士〔革命に殉じた者〕の孫炳文だ。彼女は私と穎超の養女になり、ソ連留学から帰ってきたばかりだ。仲良くするんだよ。こちらは弟の長女、秉德。ここに住むことになり、九月からは中学生だ。」

「お姉さん、はじめまして！」私はにこにこしながら自然に口にした。そう、あのとき維世はすでに二十歳を超えており、お姉さんと呼ぶのは当然のことだった。長女である私には姉がいなかった。だから突然、目の前にきれいな姉が現れた喜びといったらなかった！

「秉徳さん！」維世は私を抱きしめて、こう言った。「本当に澄んだ瞳だこと。きれいなえくぼ！　お父さんとお母さんのそばにいてくれてありがとう。二人とも仕事ばかりしていて落ち着かないし、疲れをとるひまもありません！　お姉さんも忙しくていちいち注意してあげられないの。私の代わりに注意してあげてね。あまり疲れを溜めないように、夜更かししないように、見ていてあげてね……」

「これはまいったな！」伯父は微笑んで維世姉さんの話を遮った。「さあて、今日は天安門に連れていってあげよう！」

なるほど、抗日戦争全面勝利十二周年と、新たな政治協商会議準備会の開催を記念すべく、今夜は天安門広場で数万人が参加する記念大会が盛大に開催されるのだ。

あの夜、広場は人で埋め尽くされ、とても賑やかで、花火も打ち上げられた。しかし、十二歳の私には大人たちの話がわからなかったし、大会の厳かさと神聖さも理解できなかった。ただひたすらきれいなお姉さんができたという興奮で夢中になり、私は一歩も離れずに維世姉さんのあとをついていった。彼女がだれかをおじさん、おばさんと呼んだら、私もそう呼ぶ。本当はだれがだれか、ぜんぜんわからなかったが。一晩中、私は人混みのなかを行ったり来たりし、その賑やかさと楽しさといったら、喩えようがない。だから、天安門の左と右にそれぞれどのような建物があったのかさえもわからぬうちに、時間はあっという間に過ぎ去っていった。

しかし、伯父に天安門城楼に連れていってもらうのはそれが最初で最後となった。次に私がここを訪れたのは、時すでに一九八〇年代、三十年余りの歳月が過ぎていた。私は三十元のチケットを買って入場した。恩来伯父と維世姉さんがいなくなってから二、三十年も経っていた。私は天安門城楼から人民英雄記念碑の方を眺め、漢白玉石〔白い大理石〕でできた欄干のそばにただただ立ち尽くした。耳元には、大物たちに挨拶する恩来伯父の懐かしい方言や、維世姉さんの率直で清々しい笑い声がたえず響いていた……天安門を出たあと、私はまたしても自分が天安門広場にあるすべての建物をはっきり見なかったことにふと気づいた――なぜなら、私の両目は思い出の涙でぼやけてしまっていたからだ。

一九四九年八月二十八日、恩来伯父は私を連れて北京駅まで穎超伯母を出迎えに行った。じつはそのころ、伯母は毛沢東主席の依頼を受けて伯父のかわりに上海の宋慶齢《そうけいれい》先生〔孫文の妻〕を訪ね、ともに中華人民共和国の建国計画を議論するため北京を訪問するよう説得を試みていたのだ。北京は孫中山先生〔孫文〕が他界したところであり、つらい思い出がたくさんある場所だったので、宋慶齢先生は最初は嫌がっていた。しかし、穎超伯母が毛主席と恩来伯父の親書を渡し、この二人の代わりに万難を乗り越え手を尽くしたからこそ、宋先生の来訪が実現したのだ。

その日、駅で銅鑼《どら》や太鼓の音が天まで響き、伯父と他の党幹部や指導者たちはそれぞれ宋慶齢先生と握手し、言葉を交わした。成おじさんが私を伯母の前に連れていくと、紹介もされていないのに、伯母はぱっと目を輝かせ、笑いがこぼれた。伯母は私の手を親しげに握り、にっこりとして言った。「あなたが秉徳でしょう！」

「伯母さま、はじめまして！」と、私は思わず天津人のやり方で呼んでしまった。

「七母〔七番めの母〕と呼んでね、いい？」伯母は私を抱き寄せ、耳元でささやいた。

あの時、私は十二歳だった。伯父が同じ世代の家族のなかで七番めに年長だということを知る由もな

陳毅夫妻と周恩来・鄧穎超夫妻、桂林・陽朔にて。

く、くわえてまわりが賑やかすぎてはっきりと聞きとれなかったので、てっきり伯母が「実の母」と呼んでほしいのだと勘違いした。私は心のなかで、こっそり考えた。「お父さんとお母さんに聞いたところでは、伯父には子どもがいない。うちは子どもが多いから、もしかしたら私を養子にするつもりなのかしら？　でも、お父さんはそんなことは言っていないな。」それでも、「いちばん可愛がってくれた義姉だから、言うことを聞くんだよ」、と父に念を押されていたから、伯母がそう呼んで欲しいのならそうしよう！　私は大人しくうなずいた。その後、弟と妹も私と同じようにそう呼ぶようになった。

「七母（七媽《チーマー》）」と「実の母（親媽《チンマー》）」は発音が近い。だから、北京師範大学女子付属学校にいたときも、大学を卒業して就職したのちも、私はずっと彼女を「実の母」と呼んでおり、自分はなんとも思っていないし、伯母も特におかしいとは思っていなかった。しかし、あとで伯母に手紙を書き、「実の母」を文字にしたときに、伯母は優しく言った。「そう呼んでくれるのは嬉しいけれど、あなたのお母さまはどう思われるかしら。七母と呼んでほしかったのは、夫の恩来が〔一族の同世代のなかで〕七番めに年長だからよ。」このように言われて、私はようやく伯母があのとき、「実の母」ではなく「七番めの母」と呼んでほしいと言っていたことがわかった。

恩来伯父はいつも忙しい。彼は動きがてきぱきとしており、物事を決めるさいにまったく躊躇しない。いつも、彼と顔を合わせられるのは部屋を出入りしているときか、ご飯を食べているときだけだった。だから、だれをどう呼ぶべきかを私に教えるのは伯母の仕事だった。「朱徳は解放軍の総司令官で、年がずっと上だから、子どもたちは朱徳おじさまと呼んでいる。彼の奥さんは康克清《こうこくせい》と言うの。彼女もずっと年長だから、康おばさまと呼びなさい。劉少奇《りゅうしょうき》副主席と奥さんの王光美《おうこうび》同志は、少奇おじさん、光美おばさんと呼んだほうがいい」と。ここから類推した結果、私は陳毅《ちんき》元帥と奥さんの張茜《ちょうせん》も、陳毅おじさん、張茜おばさんと呼ぶことにした。

とても印象深いことがある。一九五〇年代、少奇おじさんの髪はすでに真っ白になっており、白髪のために顔はいっそう赤くつやつやして見えた。彼は背が高くて肉付きもよく、立ち話をするのが好きなようだった。ある日、西側の新しいホールで映画を見るまえに、彼は当時小学校に通っていた私の妹、秉宜《へいぎ》を抱き寄せ、妹の背中を自分の胸にもたれかけさせて、両手で妹のぽっちゃりとふくらんだ頬をなでてくれた。そして、彼が話しながら体をゆらゆらさせると、妹の顔はほころんだ。

二　私は友達と何度も中南海で小魚や小海老を釣って「貢ぎ物」とし、毛沢東主席と昼食を食べたこともある。ある日、毛主席に題辞を求めると、「君は中学生だから、『よく学びなさい』と書こうかな？」と笑い、快諾してくれた。

穎超伯母が留守にしている一か月あまり、恩来伯父は仕事に没頭していた。夜もあまり寝ずに働き、朝は少しだけ居眠りするとまた出かけていった。だから、日中の十時間あまり、この家では賑やかな時間より静かな時間がずっと長かった。私はいつも伯父の書斎で本を読んでいた。『鋼鉄はいかに鍛えられたか』〔オストロフスキー著〕、『家』〔巴金著〕、『壊滅』〔ファデーエフ著〕などの小説はいずれもこの時期に読んだものだ。しかし、本を読むのはいいが、なにしろまだ十二歳の子どもだったから、難しいと思うこともあった。そんなとき私はいつも肘をつき、外をぼんやり眺めて木の上でさえずる雀たちをうらやんだり、天津のクラスメートは隠れんぼや縄跳びで遊びまわって楽しんでいるのだろうな、と想像をめぐらしたりした。

ある日、となりの家からかわいい女の子の声がした。「あなたが周秉徳？　私は嬌嬌《ジャオジャオ》、あそこに住んでるの」と言って毛主席の部屋のほうを指差した。この女の子が毛主席の娘だと私にはすぐにわかった。「あなたは十二歳でしょう。私は半年年上だから嬌嬌姉さんと呼んでね。一緒に遊びに行こう！」「はい、嬌嬌姉さん！」私は顔をほころばせた。遊び仲間ができたうえに、姉がもうひとり増えた。私は嬉しくてたまらなかった。

中南海で最初にできた友達は毛沢東主席と賀子珍《がしちん》おばさんの娘、嬌嬌だった。そのとき彼女はまだ幼名で呼ばれていたが、九月一日、入学する直前に、「李敏《りびん》」という名を毛主席に授けられた。幼いころからソ連で母に育てられ、つい二年前にハルビンに帰ってきてから中国語の勉強を始めたばかりなので、話

1951年、穎超伯母と子供たち、中南海にて。左から穎超、李敏、著者、李訥、葉利亜、頼慶来、葉燕燕。

しぶりは外国なまりのように聞こえた。性格は外向的、おしゃべり好きだったので、私と彼女は意気投合し、一緒に遊ぶといつもとても楽しかった。ほどなくして、彼女の紹介で近所に住む何人かの子どもたちを知ることができた——毛主席の机要秘書〔機密事項を扱う秘書〕である葉子龍《ようしりゅう》の娘二人、葉燕燕《ようえんえん》とその妹（のちに葉利亜《ようりあ》と名付けれらた）、それから閻揆要《えんきよう》将軍の娘、閻笑武《えんしょうぶ》である。閻笑武は姉と、当時朱德の秘書をしていた姉の夫である潘開文《はんかいぶん》とともに中南海に移り住んだそうだ。みな一、二歳しか違わなかったから、女の子五人はすぐに仲のよい友達になった。私たちは南海の水辺に遊びに行ったり、本を読んだり、歌を歌ったり、おしゃべりをした。正直に言えば、このときになってようやく、中南海という場所を心から愛するようになった。

まもなく、江青《こうせい》おばさんが九歳の李訥《りとつ》を連れてモスクワから帰ってきた。李訥はソ連から帰国するさいに、銀色の女児用自転車を二台持ち帰った。

その色といい、デザインといい、中国国内では見たことのないものだった。白い生地に花柄のワンピースを着た彼女が左脚をペダルにしっかりと乗せ、右脚で地面を何度も蹴ってこぎだすと、自転車はまっすぐ前に進み、中南海の湖畔の並木道を走っていった。ワンピースが風に舞い上がると、まるで美しい蝶々が飛んでいるようだった。それを見ていただれもがうらやましくてしかたがなかった。だから、この二台の自転車を目にしてから、私たちは他のことにはまったく興味がなくなり、みな早く自転車に乗れるようになりたくて躍起になった。

春藕齋《しゅんごうさい》のホールは、週末には舞踏会が催されることもあるが、昼はいつも空いており、起伏がなくてとても広々としていた。ここで私たちは自転車の乗りかたを習った。車輪が小さいから、サドルに座ると脚が地面まで届く。だから私たちは恐れることを知らず先を争って試し乗りし、ほどなくだれでも自在にホールを一周することができるようになった。つまり、私の自転車運転歴は五十年もあるのだ！

いまだに記憶に新しいが、そのころの中南海の湖には本当に多くの小魚や小海老がいたものだ。七月に入るとずいぶん暑くなった。ある日、私たちが靴を脱ぎ、岸辺に座って足で水を蹴り上げて遊んでいると、「見て、小魚と小海老がいるよ！」とだれかが叫んだ。目を凝らすと、やはり水草がたえず動いている。そこで、私たちがきゃっきゃと騒ぎながら、使い古したセラミックのコップを持ってきて掬ってみると、細長い小魚とぴくぴく飛び跳ねる小海老が何匹も掬い上げられたのだ！　正午までには、コップの半分以上を埋め尽くす量になっていた。

「秉德姉さん、燕燕姉さん、今日は私の家でご飯を食べない？」豊澤園への帰り道、李訥は私の手をぐいと引き寄せて誘ってきた。

「いま行くとお父さんの邪魔にならないの？」私は少し心配した。なぜなら、天津で両親と暮らしていたころであっても、前もって断らずにクラスメイトを連れ帰ると叱られたからだ。

「大丈夫よ！」嬌嬌は自信ありげに言った。「父は子どもの笑顔が好きなの！　小魚や小海老をいっぱい持ち帰ってあげましょう！」

豊澤園に入るなり、毛主席の衛士長、閻長林さんにばったり出会った。私たちが帰ってきたのを見ると、満面の笑みで「みんな来たのか。さあ、早く主席に食事をおねだりしに行きなさい！　早く！　そうしないと食事のことなどいつも後回しにしてしまうからさ。主席は朝ごはんも食べていないんだよ！」

毛主席の部屋に入ると、彼はやはりデスクに向かって真剣に文書を読んでいた。

「お父さん、ご飯を食べよう。おなかが空いたの！」

1950年夏、左から著者、李訥、李敏、陳小達、中南海にて。

「お父さん、秉徳姉さんを連れてきました。一緒にご飯を食べましょう。」

「いいね！」毛主席は本を机に置き、慈愛に溢れた笑顔で、「賛成票を入れよう！　秉徳、手に持っているそれはなんだい？」と言った。

「毛沢東おじさん、ほら、これは私たちの『戦利品』。小魚、小海老です。おじさんへの『貢ぎ物』です。」

「なになに、私へ『貢ぎ物』か！　まあ、大自然の贈り物だから、来るものは拒まぬ！　嬌嬌、調理師さんのところに持っていきなさい。スープでも作ってもらおうじゃないか！」

調理師はいつもより料理を多めに作ってくれた。とはいえ、とても簡素なもので、肉料理ひとつ、野菜料理二つとスープだった。油のたっぷりのった紅焼肉《ホンシャオロウ》〔皮付き豚肉の角煮〕、じゃがいもと唐辛子の炒め物、ネギと卵の炒め物、青々とした苦瓜の細切りと、色どりがとても鮮やかな食事だ。

毛主席は脂身を口に運び、美味しそうに食べながら、「秉徳、肉を食べなさい、脂身だ！」

「毛おじさん、脂身は無理です。」私は頭を懸命に振って「吐いてしまいます！」と言った。

「それは残念だな！　この世でいちばん美味しいのは脂身だよ！　でも、吐くほど嫌なら無理強いはしない。ではこの苦瓜を食べなければいけないよ。苦瓜という名前だが、じつはぜんぜん苦くない。むしろ美味しくて栄養たっぷりだ。さあ！」

私は苦瓜を食べたことがなく、おまけに色が可愛くて、毛主席にも苦くないと勧められたものだから、なにも考えずにかぶりついてしまった。

「苦い!!」一口食べた瞬間、私は眉をひそめて叫んだ。

「どれどれ、おじさんにはぜんぜん苦くないよ！」主席は一口でたくさん食べると、冗談めいた口ぶりで言った。「秉徳、唐辛子と苦瓜が食べられなければ革命はできないよ。まずは苦さに馴れるんだ！」と言い終えるまえに、主席自身が吹き出した。

「はい！」私は頷きながらも、あることわざを思い出した。「口のきけないひとが黄連を食べる――苦くても口に出して言えない〔他人に言えない苦しみがある〕。」なぜ毛主席はこんなに苦いものが好きなのだろうとおかしく思いつつ、私は食事を終えるまで二度と箸を苦瓜の皿に近づけなかった。私だけでなく、ほかの女の子三人も同じだ。けっきょくすべての苦瓜を毛主席ひとりに任せてしまった。

それから、小魚や小海老を「貢ぎ物」として、私は何度も毛主席の家でご飯を食べた。ほとんどいつも紅豚肉《ホンシャオロウ》か苦瓜があったが、私が平気で脂身と苦瓜を食べられるようになるのはその三、四十年後のことだ。

ある日、毛主席の家にご飯を食べにいくと、彼は書を書いたばかりで、机に筆と墨が置いてあることに気づいた。いつも衝動的な私だが、このときも急に何かを思いつき、南の恩来伯父の家に急いで走って帰り、小学校卒業時に先生が丁寧に作ってくれた記念帳を探し出した。記念帳の表紙は硬い素材で作られ、表面は鳩羽鼠色〔紫がかった灰色〕のシルク製の布に覆われている。そのなかには色とりどりの紙が収められており、当時としてはそうとう精巧な作りだと言える。記念帳の紙はすでにたくさん使われており、小学校卒業時に先生やクラスメートたちが書いてくれたお別れの言葉で埋まっていた。私は空きのあるページを見つけると、記念帳を毛主席に渡し、お願いした。「毛おじさん、題辞をいただけませんか？」

「いいよ！」主席は少しも嫌がらず、あっさりと答えてくれた。彼は記念帳を机に置き、筆をとって、「君は中学生だから、『よく学びなさい』と書こうかな？」

「もちろん！」

毛主席は筆を揮って、「よく学びなさい（好好学習）」と書いてくれた。最後の落款、「毛沢東」の三文字のたくましい筆勢、なんと変化に富んだものか！

「ありがとうございます！」と私は満足してお

毛沢東主席からいただいた題辞。

礼を言った。

ここ数年、このエピソードを聞き知った友達の多くは私の愚かさを嘆いたものだ。この周秉徳のために書いた、となぜ主席に明記していただかなかったのかと。たしかに、そんなことは考えてもいなかった。揮毫は私が持っているかぎり、私のために書かれものだとずっと思っていたからだ。そのときも、ただただ主席の期待を肝に銘じようと思っただけで、後日だれかに見せびらかしたり、吹聴したりしようなどとは微塵も考えていなかった。もちろん、その気持ちはいまだに変わらない。しかし、この字はまちがいなく、豊澤園の大切な思い出を留めるものだ。

時間の経つのは早いもので、あっという間に八月の終わりが迫ってきた。天津から上京したときに着ていた花柄の洋服も、このころには薄手に感じられた。ある日、成元功《せいげんこう》おじさんのこぐ自転車の後部席に私も座り、中南海新華門を出て王府井を訪れた。おじさんは自転車を踏みこぎながら、「もうすぐ入学だね。北京の秋はあっという間に冷え込んでしまうから、秋の服をしつらえようか。」ある小さな店構えの上海衣料品店に入ると、職人さんが丁寧に私の身長とサイズを測ってくれて、二、三日後に引き取りにくるようおじさんに伝えた。帰り道、どうしても安心できない私は「ちょっと測っただけで大丈夫なの」と聞いた。すると、豪快な成おじさんは、「上海のお爺さんをばかにしちゃいけない。恩来伯父さんの服も彼が仕立てているんだ。きみのような小娘の服を二着作るぐらい朝めし前さ。」案の定、二、三日も経たないうちに、服が届いた。広げてみると、本当に手抜きのない仕上がりだった！　青いカーキの生地のスーツを着込むとサイズがぴったりで、自分がいっそう元気に見えるような気がした。ご飯を食べるまえに、私は微笑みながら食卓の前で伯父に見せた。すると、彼は両手を腰に当て、頭をかしげ、「できたばかりの服か？　悪くないね！」と言った。一週間後、私は二着めの黄色いスーツに着替えた。庭からオフィスに向かおうとしていた伯父は私を見るなり、「また一着？　もったいない！」と言って眉を顰めた。

「もうすぐ学校が始まります。秉徳は寮に寝泊まりするのよ。二着なければ着替えもできません」と穎超伯母が言った。

「私も南開中学では寮生活だったよ。夏は薄い布の長着を一着、冬も赤みがかった青い綿服一着しか持っていなかった。だから、夏は土曜日に四番めの伯母さんの家に帰って最初にやることは長着を洗って干してもらうことだった。月曜日にまたそれを着て学校に行く。とてもきれいに洗ってくれたよ。」

「雨が降って乾かなかったら？」私は好奇心にそそられ、思わず聞いた
「かまどの上に置いてゆっくり乾かすんだ」、と伯父は深く嘆き、話を続けた。「あのころおまえのお祖父さんとお祖母さんは、私と二番めの伯父さん、おまえのお父さんと義理の伯父さんの四人の息子を養っていて、収入も少なかったからとてもたいへんだったよ。いま私たちは北京に入ったばかりで、国もまだ貧しいから、節約しないといけないだろう？」

あとでわかったことだが、当時北京に入ったばかりの伯父と、彼が扶養する親戚にはみな供給制が適用されており、その二着の服も国がお金を出して作ってくれたのだ。私はそのとき、その場では彼の話にうなずいていたが、本当はなにがなんだか理解できなかった。ただ、心のなかでは、伯父の話は絶対に間違いない、よけいな質問はいらない、言うことを聞けばいいと思っただけだった。

私は長年西花庁に住んでいた。節約に節約を重ねる、たしかにこれは伯父の生涯の習慣だった。そう、彼が残してくれた形見に新しい服は一着もない！　そのなかの一枚のパジャマは継ぎはぎだらけで、生地の元々の色はほとんど見えなくなっていた。このパジャマの年齢は、おそらく一九五二年に生まれた私の妹と同じだ。伯父が生前いつも着ていたスーツが一着ある。あとで知ったが、このスーツも私とほとん

ど同い年であり、抗日戦争において、彼が敵の占領区での交渉に臨むさいに作ったものだそうだ。建国後、伯父は太ってこれを着られなくなったが、新しい服を作る代わりに職員にこのスーツを持たせ、似たような生地がないか探しに行かせた。そして、新しい布を前身頃、古い布を裏返して後身頃にして、新しいスーツを作らせた。店の職人の腕前はとてもよかったが、新しい生地と古い生地の色の差はどうしても隠せなかった。このスーツをよく見れば、前身頃の色はやや濃く、うしろはやや薄いことがわかる。伯父が亡くなったあの年、私は落ち込むたびにいつも、この継ぎはぎだらけのパジャマと繋ぎ合わせられたスーツを取り出して撫でたものだ。そうすれば、もうこの世にない伯父の存在感がどこにいても感じられ、伯父に会えたような気がしたものだ。

恩来伯父が、一国の総理であるにもかかわらずこれほどまでに身を慎み、節約を極めたのだから、この世に私たちが克服できない困難などないだろう。

第二章　西花庁の兄弟愛

一　母・士琴が働けるように、弟の秉鈞と妹の秉宜も西花庁に移った。父・同字の過去の問題は長いあいだ、癒せぬ心の痛みとなった。

一九五〇年代に撮ったこの恩来伯父、穎超伯母と両親の集合写真〔前頁〕を目にするたびに、私は笑顔がもっとも素敵で幸せなのは母・王士琴だと思わずにはいられない。写真のなかの母は、ハルビンや天津にいたころの花柄の中国ドレスにパーマ姿でもなければ、化粧もしていなかった。彼女は髪の毛をショートカットにし、髪飾りは一切つけていない。身につけているのはあのころもっともよく見られた様式——ベルト付きの濃紺色のレーニン服(5)だった。しかし、その表情は誇りと喜びに満ち溢れ、むかしよりも若く生き生きとした様子に見える。どうしてだろうか？　私にはその理由がわかる。それは胸につけている赤い校章のおかげなのだ。あのころ母は、専業主婦の日々にようやく別れを告げ、中学のロシア語教師として、自分の仕事とキャリアを手にしたからだ。

それは一九四九年年末のある土曜日だった。私は休みで北京師範大学女子付属中学校から西花庁に帰ってきた。庭に入るや否や、「お姉ちゃん、お姉ちゃん」、と太い声と甲高い声をあげて、七歳の弟秉鈞《へいきん》と五歳の妹秉宜《へいぎ》がとつぜん目のまえに現れた！

「大駒《ダジイ》〔秉鈞のあだ名〕、小咪《シャオマイ》〔秉宜のあだ名〕、いつ来たの？……お母さんは？」私は弟を抱き寄せたり妹を抱き上げたり、いくら笑ってもいくらキスしてもたりないほど嬉しかった。

「一緒に来たの。」母はにこにこ微笑んでうしろから姿を現した。

「お母さんも来たんだ。よかった！　天津から引っ越してきたの？　新しい家はどこ？　小四《シャオスー》ちゃん〔秉華〕は？　私はいつそっちに行っていいの？……」と、母のそばに寄り添うと、機関銃のように、私の話は止まらなくなった。父が華北大学を卒業し、北京で就職したことはもう知っていた。天津から引っ越してくれれば、家族が一緒になれる！　そう、伯父の家に住むのは悪くないが、自分の家ではないことは事実だ。金の巣も銀の巣も自分の草の巣に及ばない、という諺のように、子どもはやはり親を必要としている。

「秉徳、恩来伯父と穎超伯母にはもう話したんだけど、おまえにはここに残ってほしいのです。大駒と小咪もここに残る。小四がもっと大きくなっていたら、彼もここに残ったんだけどね。」

「どうして？　お父さんはもう仕事しているんでしょう？　北京に引っ越したんでしょう？」私は腑に落ちず、質問を連発した。遠くで弟と妹が花園で追いかけっこをしたり、楽しく隠れんぼをしたりしているのとは対照的に、私はどうしても笑えなかった。

母は私を抱き寄せてソファーに座るように誘うと、そのわけを詳しく教えてくれた。一九四九年四月、両親は北京の香山に伯父を訪ね、夜中まで待って忙しい伯父とようやく顔をあわせることができた。時勢と家の近況を話したあと、父は伯父に今後の予定を聞かれた。すると父は、「自分は今年四十五歳になる。二十年前に革命から身を引いたが、いまなおそれに憧れていて、補助的な仕事をしている。だから、今後はゼロからスタートし、革命に正式に参加したい」と伝えた。それを聞いて、「おまえが革命から離れてずいぶん経った。いまはどうすれば革命に役立てるか、知っているか？　まず、華北大学に行き、卒業したあと、組織に仕事を割り当ててもらおう」と伯父は真剣な顔で返事した。

「なに？　お父さんは革命を諦めていたの？」私は思わず口にした。中学の勉強を経た私にとって、革命はもはや神聖極まりないものになっていたから、この話をすぐには受け止められなかった。その一瞬、父の気高い姿に影が差したように思えた。そうだ。それは革命がすべてを凌駕した時代だった。父の私への愛を否定するつもりはないが、なんだか一種の喪失感、大きな喪失感に襲われてしまった。十八歳に入党したときでさえも、もし父が革命から身を引かず、伯父とともに歩んでいたならば、たとえ彼が命を落とし、母と出会うチャンスを逃してこの世に私が生まれなかったとしても、悔しくなんかないだろうとさえ思っていた！　しかしいま、私は生まれ、かつそばに総理となった伯父がいる。それでもかつて、父が革命を諦めたことを思うと、胸が詰まるほど苦しく思う。

「恩来伯父と穎超伯母は大幹部だけど、とても思いやりのある方ですよ！」私の表情の変化に気づいていないらしく、母はひきつづき自分の感想を述べている。「私はこう答えたの。同宇同志の進路は組織にお任せしてなんの問題もありません、と。ただし、私も本心から仕事がしたい。もう何年もそう思っています。一九三七年におまえが生まれてから、つぎからつぎへと子どもが生まれたものだから、私は家に残り、仕事をするチャンスを失ってしまいました。でも、いまは新しい中国ができた。これを機に、真剣に就職を考えたいと思ったのです。」その日、父はとなりで「突飛な話をするなよ。子どもがまだ小さいのに、おまえが面倒を見てあげないでだれが見る？」と母を責めたという。しかし、恩来伯父は「士琴が仕事をしたいというのはいいことだ。彼女はロシア語が上手だし、組織建設対外貿易部は彼女のような人材を必要としている。子どものことは心配いらない。同宇、おまえも私も四番めの伯父さんに育てられたじゃないか」と言って穎超伯母を一瞥した。すぐさま恩来伯父の意図を読み取った伯母は、話の穂を継いだ。「新しい社会は女性を解放するのです。あなたたちの子どもは私たちの子どもでもあるから、秉徳、秉鈞をこちらの学校に行かせなさい。小咪もこちらの幼稚園に来ればいい。秉華《へいか》はまだ小さいから、北海保育園に預けよう。とにかく、士琴の就職は全力で支えます。」

母の目はきらきらと輝き、その顔はひさしぶりに喜びと活気に満ち溢れ、一気に十歳も若返ったように見えた。

「お母さんはチーフ通訳者になれるよ。すごい！」私は心から喜んだ。

「十年前だったら、私は絶対に通訳の道を選ぶわよ。でもおまえの弟はまだ小さいし、面倒を見ないわけにもいきません。そのときちょうど恩来伯父さんが、学校にロシア語教師が足りないと言っていたから、私はそれに乗っかって中学校のロシア語教師になりたいと伝えたの。伯父さんも賛同してくれました。秉徳、お母さんがどんな人か、おまえがいちばんわかっていますよね。お父さんが幹部になれるかどうかなど、私はあまり気にしませんし、すべては伯父さんの意志に従えばいい。それに、家が広いか狭いかもあまり気にしません。だって、『部屋の雅は大きさにあらず、花の香りは多さにあらず』と言いますからね。いま、伯父さんは私の願いを聞いてくれて、しかも全力で私の自活を支えてくれています。私もようやくこの新社会に力を捧げることができるのだから、うれしくないわけがないでしょう！」

父は華北大学での研修を終えたあと、就職先が割り当てられ、鋼鉄工業局の一般局員になった。一方、母は北京第四女子中学校でロシア語教師として活躍し始めた。しかし、父の過去の問題は長いあいだ癒えない心の痛みとして私を苛み、父が亡くなった一九八五年以降、ようやくその経緯が少しずつ明らかになった。

二　父・同宇は革命にまったく貢献をしていないわけではない。周恩来の弟だからこそ、兄の意志に従うことをみずから選んだのだ。たとえそれで人生に悔いを残すことになったとしても。

父は一九二四年の春に若くして中国社会主義青年団に入団しており、同年冬には中国共産党党員になっ

1926年、黄埔軍官学校四期生
時代の父・周恩寿（同宇）。

た〔当時のエリートコース〕。彼は党組織の指示を受け、研修を名目に宏達学院のある北平〔北京〕へと赴き、党の秘密連絡員として宣伝活動に携わった。一九二五年八月八日、恩来伯父と穎超伯母が広州で結婚し、同年十月に父は伯母の母に付き添って、彼女を広州に送った。のちに彼は、党組織の指示に従って一九二六年一月に黄埔軍官学校の第四期学員として政治科に入り、同年六月に卒業した。その後、彼は北伐に参加し、武昌での戦闘で負傷もした。これについて、伯父は母にこう言ったことがある。「同宇はたしかに革命のために血を流した。このあたりは私よりも優っている」と。

郭沫若《かくまつじゃく》はその著書『革命春秋』で、父の経歴について次のように触れている。

　一九二六年九月一日がやってきた。（武昌郊外の）敵の砲弾はあとからあとから頭上に響き渡っている。砲声が響くたびに私の心は冷え、思わず頭を低く下げてしまう……できるだけ自分を落ち着かせようとした。首が動かないよう努力した。しかし、砲声が響くと、頸部の筋肉が自由に操れなくなり、いっせいに収縮してしまう。あまりの恥ずかしさに私は振り返って徳甫《とくふ》、徳謨《とくぼ》に視線を投げたが、彼らも私と同じように首を縮めているのが見えた。「やはり実戦の経験がなければだめだ」と私はひそかに嘆いた。

　……

けっきょく、決死隊が郊外に辿り着くころには東の空はもう白み始め、敵はすでに身構えていた。数多くの負傷者が政治部に送り込まれたが、九時になっても、鄧演達《とうえんたつ》主任とロシアの顧問はまだ帰らなかった。同行した十人の宣伝員の影すら見えなかった。そこで、私は宣伝員ひとりを供につけ、確認のために宣伝大隊長の胡公冕《ここうべん》とともに前線に行くことを決めた。その宣伝員は周恩来の弟、周恩寿だった。彼は小柄な、とても敏活で精悍な少年で、そのとき小隊長を務めていた。

私はいちばんまえ、恩寿はそのうしろを歩き、公冕はさらにそのうしろを歩いていた。それほど進まぬうちに、遮るもののまったくない空き地に辿り着いた。そのとき、真っ正面から荷を担ぎ、大きな群れを成して人夫たちがやってきたので、尋ねると前線にお粥を運んできたらしい。人夫たちには軍事的に指揮するものがおらず、非常に密集して歩いていたから、空き地の真ん中に立ってやり取りをしていたら、ドカンと砲弾が一発飛んできた。この一発は当たらず、八、九尺〔約三メートル〕ほど外れて、水不足でひからびそうな農地に塵埃を巻き起こしながら落ち、爆発しなかった。

「早く行け、距離を置くんだ。隣の者と五尺ぐらい離れろ」と公冕はうしろで叫んだ。

しかし、パニックに陥った者たちはただひたすら先を急ぎ、彼の命令にまるで耳を貸さなかった。そこで、彼はさらに大きな声で繰り返したが、話がまだ終わらぬうちに、ドカンと音をたてて二発めが飛んできた。今度も外れた。五、六尺ぐらい前方に砲弾が塵埃を巻き起こしながら落ち、爆発しなかった。しかし、すぐさま三発めはドカンと音を響かせた。今度は私のうしろの地面に落ちて爆発し、列をなした人夫たちの列後方に混乱を招いた。

公冕は農家の外に作られた稲塚に立って、「けが人がいる。早く来い、早く来い!」と私に向かって叫んだ。

彼が立っているところに駆けつけると、恩寿が稲塚の下に倒れて呻いており、左足の甲から血が出ているのが目に入った。周りには家から様子を見に出てきた農民も数多くいる。

「恩寿も怪我か？　サツマイモ畑にもうひとり倒れているぞ。」

「人夫たちに担架を探して来いと言いつけたよ。でも恩寿も歩けない。どうしよう？　俺が政治部にいったん戻って救援を連れてこようか」と公冕は言った。

「その必要はない」と私は応じた。「扉一枚さえあれば、彼を運べるんじゃないか？」

公冕は賛成してくれた。けっきょく農家で寝椅子をひとつ見つけ、四本の脚を上にひっくり返し、その上に稲藁をたくさん敷いて担架にした。

恩寿をその急ごしらえの担架に載せると、公冕と私は彼を南湖に連れて帰った。

……


こうして見れば、革命は確かにごっこ遊びではなく、革命のために父が血を流したのも事実なのだ。そのことで、私は革命の苦しさと複雑さをよりいっそう理解できたような気がした。

父は北伐軍のなかで総政治部宣伝大隊の小隊長、総政治部労資仲裁委員会の代表を務め、一九二七年春、武漢郵電検査会主任の職についた。

一九二七年、蔣介石が「清党〔上海クーデター〕」を行なったさい、父は「武漢中央軍校各期学生の蔣介石共同討伐準備委員会」の執行委員であり、「蔣介石討伐宣言」にも署名をしており、のちに蔣介石に指名手配された。

そのとき、二十三歳の父はある女の子と恋をしていた。しかしある日、その女の子は父になにも言わず、別の男とともに四川に去ってしまった。一途な父は突然の衝撃になにがなんだかわからなくなり、自分のどこが悪いかを彼女に聞くために、四川に行くことを決めた。

当初、北伐軍にいる共産党の最高責任者は伯父だった。しかし、伯父が上海の労働者武装蜂起の指導でいなかったため、父は別の責任者に休暇を申請し、了承を得て、ただちに四川に飛んでいった。

父は四川でその女の子を見つけたが、彼女はすでに別の男と恋仲になり、父との縁を切ることを決めていた。恋の苦しみに苛まれた父は連日のように酒に溺れ、傷心を紛らわせようとしたが、そのころ国共両党の分裂は四川にも波及し、国民党と四川省の軍閥が結託して共産党員を大量に逮捕し、銃殺するに至った。この期に及んで父はようやく目が覚めた。父はあわてて武漢に戻り、党組織に到着を報告するが、よりによって伯父につかまってしまった。そのころ、伯父はすでに上海から武漢に駆けつけており、父が四川に行ったことも耳にしていたようだった。伯父は激しく怒り、父の行動があまりにも理不尽だと思ったようで、なぜ休暇もとらずに勝手に職場を離れたのか、おまえに革命の軍人となる資格はない、と厳しく叱責した。そのとき、休暇を承認してくれた上司はその場におらず、だれも父の証人にはなれなかった。くわえて、父もその上司が巻き込まれないように、黙り込んでなにも弁明しなかった。しかし、そのために伯父はいっそう逆上し、挙句の果てにはみずから通知書を書き、父が無断欠勤したため「免職のうえ取り調べて処罰する」、「監禁する」と言った。

誤解されて悔しい思いでいっぱいだった父も、伯父が彼を処罰するだの監禁するだのと言うのを聞くと、思わず腹を立てた。この気が狂いそうな兄とはもうまともな話ができない。そう思った彼は「俺に軍人になる資格がないのなら、やめておこう」と言い捨てて、北伐軍本部をあとにした。その後、彼は黄埔軍官学校時代の友達、文強のいる湖南会館に泊まった。文強は「変な意地を張るな、謝れよ」と勧めたが、かんかんに怒っている父は固く拒んだ。このように、父が弁解しなかったために、伯父はその行動を「無断欠勤」と認定し、「免職のうえ取り調べる」と決めつけて彼を上海に送り、地下工作に携わらせることにした。

一九二七年十一月上旬、伯父は香港経由で上海に着き、父に会うとまた蒸し返して厳しく叱った。当時まだ若く、プライドも高かった父は実の兄の叱責に耐えきれず、とうとう恩来伯父のそばを離れ、革命の隊列から身を引くことに決めた。あのときの父は本当に若すぎた！　二十三歳の若さだった。彼は二十歳で中国共産党に加入し、身の危険を冒しながら、秘密連絡と宣伝の仕事に携わった。そして二十一歳で党組織に依頼され、穎超伯母の母、楊振徳《ようしんとく》に付き添い、天津から遠路はるばる広州まで辿り着いた。その後、共産党員として黄埔軍校第四期政治科で学び、卒業後、二十二歳の彼は北伐の革命軍に身を投じ、武昌を攻撃したさいには負傷までした。もし、郭沫若、胡公冕の応急処置がなければ、前線で命を失っていたかもしれない。だから、組織からとつぜん離れることになった彼は、きっと辛かっただろう！

ひとりぼっちになった父はどこに行けばいいのだろうか！　故郷の淮安には叔母の楊さんひとりしかおらず、かつてとても貧しい生活を送っている。かつて、自分はそこでは生きていけないと思ったからこそ故郷を出たのだし、それに、彼女の一人息子である恩碩《おんせき》さえ出稼ぎしていると思うと、とても帰りづらくなった。一方、実の父の周貽能《しゅういだい》は当初チチハルで雇われ仕事をしているが、自分ひとりの生活を維持するだけで精一杯だから、彼に迷惑をかけるわけにもいかない。考えに考えた結果、父にとって四番めの伯父である周貽賡《しゅういこう》のところに行くほかに選択肢はなかったようだ。貽賡はもともと吉林省財政庁の課長を務めていたが、年齢も六十歳をこえ、子どもがいない。だから、父と恩来伯父たちを実の息子のように育て、教育してくれたのだ。このようにして、一九二八年年の初め、父は貽賡のもとに辿り着き、そこで仕事を

（左）黄埔軍官学校政治部主任時代の周恩来。（右）鄧穎超とその母親、楊振徳。

見つけ、庶民としての生活を送りはじめた。

党組織を離れてから、父は毎日とてもつらい思いをしていた。それに駆り立てられ、過去の怒濤のような生活がいっそう恋しくなった。たしかにそう思うのはしかたがない。二十歳をこえたばかりの若い共産党員は、蔣介石が仕掛けた「四・一二」事件という白色テロに直面しても脱党しなかった。にもかかわらず、重い責任を負う兄から理解してもらえなかったことだけで、意地を張りあっさりと党を離れてしまった。これは母親を失うような苦痛に匹敵するだろう！彼は革命の隊列に戻り、党の内部に戻りたいという一心でいた。

一九三一年、「九・一八」事変〔満州事変〕のあと、四番めの祖父と実の祖父は亡国の民になる屈辱に耐えきれず、父の護衛のもと、四番めの祖母とともに東北から天津に戻った。四番めの祖父は顔が広く、すぐに天津民生局の仕事を見つけ、かつコネを使って祖父を深県県政府の従業員にしてくれた。このとき、父はすべてが落ち着いたと思ったか、上海に駆けつけて党組織を探し回ったが、見つけられなかった。当初、穎超伯母の母、楊振徳と夏之栩《かしく》の母は組織の手配で、杭州司馬渡巷の蓮如庵に泊まっていたから、父はそこで医者をしている楊振徳を訪ねることにした。しかし、残念なことに、彼女も組織と連絡を絶っていた。父はもはや上海で組織を探しようがなくなり、一九三三年、無念にも天津に戻った。この紆余曲折の経歴は党に対する父の忠誠心をもっともよく証明するだろう。

党組織を離れたことは父の人生に深い影響を与えた。しかし、これはだれのせいにすればよいのだろうか？　伯父に真実を教えなかったのは、誠実温厚で、我慢強い父本人だ。数十年後、このことについて伯父に話したひとがいたそうだ。真実を知った伯父も「私はそのころまだ若かったし、すぐにかっとしたものだった。私があいつをきちんとサポートできなかったんだ」と、素直に自分の悔しさを語った。

三　周恩来夫妻は数十年にわたり、手を携え支え合ってきた。穎超伯母はかつて息子を失い、命の危険に晒されたが、恩来伯父が知恵を絞り彼女を救った。

私は十二歳で周恩来伯父、鄧穎超伯母のもとに来たが、そのときから二人には子どもがおらず、そばには義理の娘――維世お姉さんしかいないことを知っていた。弟、妹と中南海西花庁に来てから、二人にあれこれ教え諭され、厳しいしつけを受けた一方で、深く愛され、可愛がられ、まるで実の子どものように扱われていた。

一九六二年四月のある週末、私はいつものように西花庁に帰った。庭には数株のサルスベリがピンクや白の花を咲かせ、この古びた屋敷に明るく活気あふれる雰囲気をもたらしてくれた。

恩来伯父には週末というものが存在しない。彼はこなし切れない仕事に追われ、今日も仕事で外出中だというのだ。

（左）1940年8月8日、恩来伯父と穎超伯母は重慶で結婚15周年の記念日を迎えた。愛情と自信に満ちた様子の、なんと魅力的なことか！（右）1950年8月8日、伯父と伯母は西花庁で銀婚式を迎えた。孫維世姉さんが2人にコサージュをつけ、候波同志が写真を撮ってくれた。

伯母は私に会うと、とても嬉しそうに仕事や、生活、両親と弟妹の近況を聞いてくれた。あれこれ話しているうちに彼女は感傷的になり、私がこれまで聞いたことのない悲しい昔話を語ってくれた。

「秉徳、私と恩来のあいだには子どもがいないと思っていたでしょう？　じつは、一九二七年四月、私は広州で男の子を産んだことがあります。ところが、その子は体重が一〇ポンド〔約四キログラム〕もあって大きすぎました。そのため難産になり、病院で三日たっても産まれなかったのです。ドイツの教会病院は環境はよかったけれど、当時は帝王切開の技術がなかったから、やむなく鉗子分娩になってしまいました。でも、力の入れすぎで、その子は頭部にひどい損傷を受けて死んでしまったの。生きていればもう三十五歳。あなたよりまる十歳年上ですよ。」

この話を聞いて、私は残念でしかたがな

（左）1955年8月、恩来伯父と穎超伯母は八達嶺長城に登り、結婚30周年を迎えた。（右）1970年5月20日、これは伯父と伯母が残してくれた最後の記念写真である。この頃、歴史の荒波をくぐり抜けた2人はすでに45年の歳月を共にしていた。祖国と人民のために、彼らは自分たちなりに力を尽くし、夫婦であり戦友という言葉でも表現しきれないほど高い境地にある関係を築き上げた。

かった。もし生きていれば、この子どもは伯父と伯母の心を込めた教育のもとで、いまやきっと剛毅、果敢で知恵にあふれた優しく美しい兄になっていただろう。彼は厳しい環境のなかでも勤勉に働き……そう思うと、「あまりにも残念だ！　残念すぎる！　それで、そのとき伯父さんは可愛いわが子を自分の目で見られたの？」と私は思わず声に出して嘆いた。

伯母は落ち着きを見せてゆっくりと答えた。「あのころは大革命の時代でした。恩来は一九二六年十二月にはすでに広州から上海の党中央〔中国共産党中央委員会〕に異動していました。だから、病院では母と一緒にすごしていました。」間を置いて、伯母はそれ以降のことを真剣な口ぶりで語りはじめた。

「子どもを失い、体もとても弱っていたけれど、安心して回復を待つ時間はありま

1960年8月の伯父と伯母、密雲貯水池にて。2人は35年間も支えあったなかで培ってきた深い愛情を味わっているかのようである。

せんでした。当時、『四・一二』事件、つまり蔣介石が革命を裏切って、共産党員を大量に逮捕、虐殺する事件が起きていました。各地の大都市は白色テロに襲われ、恩来も上海での仕事を秘密裡に進めることを余儀なくされました。新聞には彼についての報道はまったくなかったし、広州も危なかったのです。」

「そのとき、ピアスをつけ口紅を塗ったとてもおしゃれな貴婦人が病室にやってきました。部屋を間違えたかと思いきや、よく見ると、私と同じく党の広東省委員会の婦女部で働いている女性でした。彼女はいつも質素な身なりをしていたけれど、情勢が緊急事態にあるためか、自分の立場がばれないようにあえて華やかに着飾って、私に知らせにきたのです。『いま、上海と広州で反革命事変が起きました。党組織の依頼で知らせに来たのです。早く広州を離れて!』と。」

「出産中に赤ちゃんを亡くして私は悲し

数十年も続いた革命のなかで、伯父と伯母は一つ、また一つと困難を乗り越えてきた。晩年、伯父が癌に冒されたときも、2人は手を携えて逞しく戦った。これは入院中の伯父が香山の双清別荘で伯母と昔話をしていたさいの写真である。

かったけれど、お医者さんや看護師さんに文句は一言も言いませんでした。むしろ慰めてあげたのよ。『最善を尽くしたのは十分にわかっている。これはしかたがないことだ』と。お医者さんや看護婦さんは私に同情し、私を大事にしてくれたから、私たちの仲はとてもよかったのです。だから、そのとき険しい情勢を担当医の王徳馨《おうとくしん》に伝えたら、すぐに解決策を出してくれました。その病院は、看護師を定期的にドイツ領事の船に乗せ、薬品と医療機器の買い付けのため香港に派遣していたのです。彼らは私を看護師に、母を用務員に変装させ、ドイツ大使館の電気船に乗せて香港へと脱出させることができるのです。」

「しかし、まだその期日になっていません。どうすればいいのでしょう？　軍事警察がいつ逮捕しにきてもおかしくない状況だったのですからね。そこで、このお医者さんは私たちを裏庭の小屋に隠して外から鍵をかけ、一日三食は看護師が届けてくれることになりました。」

「案の定、病室を出たその日に、ひとりの軍官が何十名もの兵士を連れて病院に押しかけ、鄧穎超はどの病室だと詰問しました。『鄧という妊婦はたしかにいたが、子どもが死んで退院した！』と王徳馨《おうとくけい》医師は答えてくれました。その軍官は兵士に捜索命令を出そうとしたけれど、騒ぎを聞きつけたドイツ人の院長に「ここはドイツ教会が作った病院だ。中国の軍隊の捜査は禁止されている！」と厳しい口調で止められました。西洋人が来たのを見て、その国民党の軍官は意気消沈して兵士を連れて立ち去ったのです。」

伯父と伯母は夫婦であると同時に戦友でもある。2人の間の純粋な愛、一途な愛、永遠に続く愛は、まったく羨ましいものである！

「数日後、母と私はパトロールする軍事警察の目を盗んで無事に広州を離れ、香港に向かいました。そこで船の切符を買って上海に辿り着いたのです。海上は波が大きくて、船はとても激しく揺れていました。私は体が弱っていたから、胃液まで吐いてしまったのよ。」

伯母は立ち上がり、部屋をゆっくりと歩き回りながら、話を続けた。「私たちは五月一日に上海に到着しました。路上のあちこちを巡査がパトロールしていて、空気が張り詰めていました。旅館に泊まってから、母が上海最大の『申報』に尋ね人広告を載せました。『伍豪（伯父のコードネーム、ペンネーム。国民党はまだ知らなかった）へ——あなたは家内をほったらかしにして久しい。いま、彼女を上海に連れてきた。広告を見たらすぐに某旅館に来てください。母・振徳』。」

「恩来はある労働者住宅の裏部屋で、懸命に仕事に取り組んでいました。あの日、彼はこの尋ね人広告を見ると、とても喜び、ようやく危機から脱したと胸をなでおろしたのです。しかし、旅館の名前をよく見てとても驚きました。つい前日、その旅館で、よその地から党中央を探すため上海に来た何人かの幹部が逮捕されていたのです。そのため、彼はすぐに人を遣わせて私を日本人の経営する福民病院に移し、療養させてくれました。二週間後、もっと人目につかない安全な部屋を見つけると、ようやく私と彼は会うことができました。」

幾度となく危機を逃れた時代から、まるまる三十五年が過ぎた。それを振り返る伯母の口調はとても落ち着いて、従容としていた。しかし、聞いた私のほうはどれほど日が経っても、心の落ち着きが戻らなかった。いまなお、伯母が愛する息子を失ったことを残念に思う一方、彼女が危機を脱することができたことを心の慰めとしている。

革命のためでなければ、伯父は伯母が妊娠六か月のときに広州から異動することはなかっただろう！　もし伯父が伯母の出産寸前までそばにいてあげられたら、産科鉗子を使うときに、優しくするよう医者に注意することができただろう。そうすれば、この兄は伯父と伯母にどれほどの慰めと幸福をもたらしてくれただろう！　一歩譲って、兄が存命できなかったとしても、せめて伯父は自分の目で可愛いわが子を見ることができただろう！

幾度となく危険に晒されたときに、伯母がふだんからひとに優しく、親しげに接していなければ、お医者さんや看護師さんはリスクを冒してまで彼女を庇おうとしなかっただろう。

もし陳鉄軍《ちんてつぐん》烈士が身の危険を冒して知らせに来てくれなかったら、もしお医者さんや看護師が庇ってくれなかったら、伯母は白色テロから逃れることができただろうか？　また、上海で伯父があの旅館の危険

伯父と伯母は互いに花や葉を贈りあい、溜まりに溜まった思いを伝えあった。

性をいち早く察知し、伯母を移動させていなければ、彼女はその前日の同志と同じように、捕まって殺されていただろう。

いうまでもなく、この件は伯父が豊富で優れた闘争の経験を有していることを示しているが、同時に彼と伯母の深い夫婦愛も示している。

これによって、「私たちはいつでも革命のために命を捧げる覚悟がある。必要なときに、一個人の安否にこだわってはいけない。これまでの何十年にもわたる革命で、どれほど優秀な同志が犠牲になってきたことか。数千、数万人の革命の烈士はその英雄的なふるまい、尊い鮮血と命と引き換えに、私たちに今日の幸福と安寧をもたらしてくれた。彼らの姿は人民革命の歴史において永遠に光輝き、色あせることはない！」という伯父、伯母がいつも教えてくれた話の意味を私は真に理解できた。また、伯父と伯母はいつもつぎのように言ってもいる。「私たちはいままで生きてこられたけれど、あくまで革命の隊列のなかの生き残りであり、犠牲になった人びとのことをいつまでも肝に銘じなければならない。このように見れば、個人の得失を考える資格などあるわけがない。全身全霊で仕事に取り組み、人民に奉仕することを怠る権利があるわけがない。」

四　光り輝く金のイヤリングは朱おばさんの「皇親国戚」の縁を物語る。母が四十年前に穎超伯母が書いた簡潔な手紙を何枚か探し出した。

天津から北京に引っ越したあと、私たちは東城の遂安伯胡同で、部屋が二つある平屋に住むことになった。これは鋼鉄工業局が父に提供してくれた寮だった。一年後と二年後に弟と妹があいついで生まれ、そのたびに父は穎超伯母を訪ね、名付けをしてもらった。建国初期、子どもを産むことを国が奨励し、ソ連で十人の子どもを産んだ英雄の母親を大々的に宣伝したことさえある。周家にもう二人の子どもが増えたことを伯母はとても喜び、その時代の特徴を織り込んで、弟に秉和《へいわ》、妹に秉建《へいけん》という名前を与え、平和の時代にこそ経済再建を急ぐべきだとの願いを表した。一方、私の母は学校でロシア語を教えるようになっただけでなく、クラスの担任も務め、仕事を離れることがとてもできなくなった。そのため、子どもを産んだ五十六日後には仕事に復帰した。そのため、伯母は歳をとったお手伝いさんを二人雇わせた。

遂安伯胡同の家は東側にある廂房で、部屋が狭い上に、西から差し込む日差しが強いため、夏になると一歳ほどの弟と妹の頭や体におできが次々とできた。それを知った伯父は秘書を遣って、西城に大きめで北向きの部屋を見つけてくれた。しかし、それでもまだ子どもの私たちには狭すぎた。

ある週末、家に帰ると、弟を抱いている朱おばさんがどこか変わったような気がした。でも、どこが変わったのだろう？　髪型は変わっていない。あいかわらず鉋屑の油でしっかりと梳かしてから緩ませた髻《もとどり》を結んでいる。服はやや古い斜め開きの襟の青い上着に、黒い布のワイドパンツ、そして白いソールに黒い布の靴。しかし、よく見ると耳にきらきら輝くイヤリングをつけている！　弟を寝かしつけるため、彼女は鼻歌を歌いながら小刻みな足取りで歩いている。金のイヤリングは、部屋に差し込む日差しを反射して輝く金色の光芒を放ち、その一瞬に、朱おばさんの顔にも輝きを与えた！

「朱おばさん、どうりで今日はいつもよりきれいなんだ。金のイヤリングをつけているね！」私は日頃から朱さんととても仲がいいから、親しい口調で言った。

「あらまあお嬢さん、お帰りなさい。」北京の風習に倣って朱おばさんが私を呼んでくれた。「このイヤリング、きれいだよね。私の宝物、記念品よ！　それもあなたの七母のおかげ！」

わけを聞くと、先日、伯母は母と二人のお手伝いさん（それぞれ弟、妹を抱えている）を西花庁に誘い、食事をともにしたらしい。食事中、伯母はお手伝いさんたちに共用の箸で料理を取り分けてあげながら、つぎのように言った。「家には子どもが二人ふえて、もともと伯母である私が面倒を見るはずだったのに、仕事が忙しく体も弱いから、二人に手伝ってもらうことになってしまいました。今後はどうかよろしくお願いします。」

朱おばさんは若いころ、光緒帝の珍妃の実家で乳母をしたことがあり、その兄の孫娘の面倒を見ていたそうだ。

「本当のことを言えば、珍妃の実家は私にとてもよくしてくれた。」朱おばさんは弟をとんとんとリズミカルに叩きながら、小声で言った。「私は二十年もそこに住み込んで、子どもを何人か育ててきた。いまやいちばん下の女の子も十八歳になり、志願軍への参加を申し出たから、私はその家を出た。五十歳をこえたとはいえ、体はまだ丈夫だし、故郷に帰るのもつまらないから、また仕事を始めたってわけ。こうして振り返ると、私は本当に『皇室』と縁があるね。いまでは総理大臣の姪の面倒を見させてもらって、さ

（左）母・士琴と秉宜、秉華、秉和、秉建、機織衛胡同の庭にて。（右）母、機織衛胡同の庭にて。

らには七母と一緒にご飯を食べて、料理まで取り分けてくださったから、家族のように扱われているような気がする。私って本当に運がいいね！」

「総理大臣？　なによ、それ！」私は思わず吹き出した。そして、学校で学んだことの受け売りで、「朱おばさん、いま私たちがいるのは中華人民共和国だよ。ここには主席、総理しかいなくて、皇帝、大臣なんてもういないんだ。伯父さんと七母は共産党員で、人民の幹部。彼らは私の両親や、朱おばさんとなにも変わらない。ただやっている仕事が異なるだけで、身分の高低などの区別はないの。人民のために奉仕するという目標はみんな一緒だからね！」と言った。

「やっぱりお嬢さんは教養があって多くのことを知っているね！」朱おばさんも吹き出した。「あなたの七母はこれまでの皇帝の親族とあまりに違いすぎるわ。ちっとももったいぶっていない。あれだけ高い地位におられるのに、ほとんど給料ももらわず、わずかなお小遣いで暮らしている。」

「それは手当てっていうの。」

「そうそう。手……当て……てっていうやつね。子どもの面倒を見る私は苦労するからって、食べものも住むところも与えてくれたばかりか、給料まで支払ってくれた。私は給料をいっぱいもらって、しかもそれは総理大臣の、いや、総理のお金だよ。どんなふうに使ってももったいない。考えに考えた結果、金のイヤリングを作ってもらうことにした。そうすれば、生きているかぎり、耳につけることができるし、将来私がなくなっても子孫に残すことができるから、永遠の思い出にできるの！」

朱おばさんは私たちと二十年近くの歳月をともにすごした。「文化大革命」がくると、私たち兄弟姉妹は軍隊に入ったり、農村に下放されたりして、北京をつぎつぎに離れた。そのころになって、七十歳をこえた朱おばさんは親戚に付き添って帰郷した。

正直、何十年間の付きあいと触れ合いを経て、私は恩来伯父、穎超伯母と触れ合ったたくさんのおじさん、おばさんたちと同じような考えを持っている――伯母は家のルールを重視しているのに対し、伯父は私たちと心の距離が近く、人の気持ちを重んじる一面がある。しかし、私から見れば、伯母と一緒にすごした時間は伯父と比べるとずっと長かったので、親や兄弟姉妹六人の私生活に寄せてくれた関心と配慮は伯母のほうがずっと具体的で、行き届いていたように思う。伯父は「公家」の人で、「皆」の人だ。それに対し、伯母は伯父に代わって、私たちや助けを求めに来る周家の親族の面倒を見なければならない。そのために、彼女はみずからの時間と金を惜しんだことはない。

母は五〇年代に伯母の書いた手紙をたくさん保管している。四十年前のこれらの手紙を開いて、親しみのある字、心の温まる話を読むたびに、母は感激していたものだ。

士琴妹へ

小六〔秉建〕の具合はよくなりましたか？　二日間も電話をくれなかったから、とても心配してい

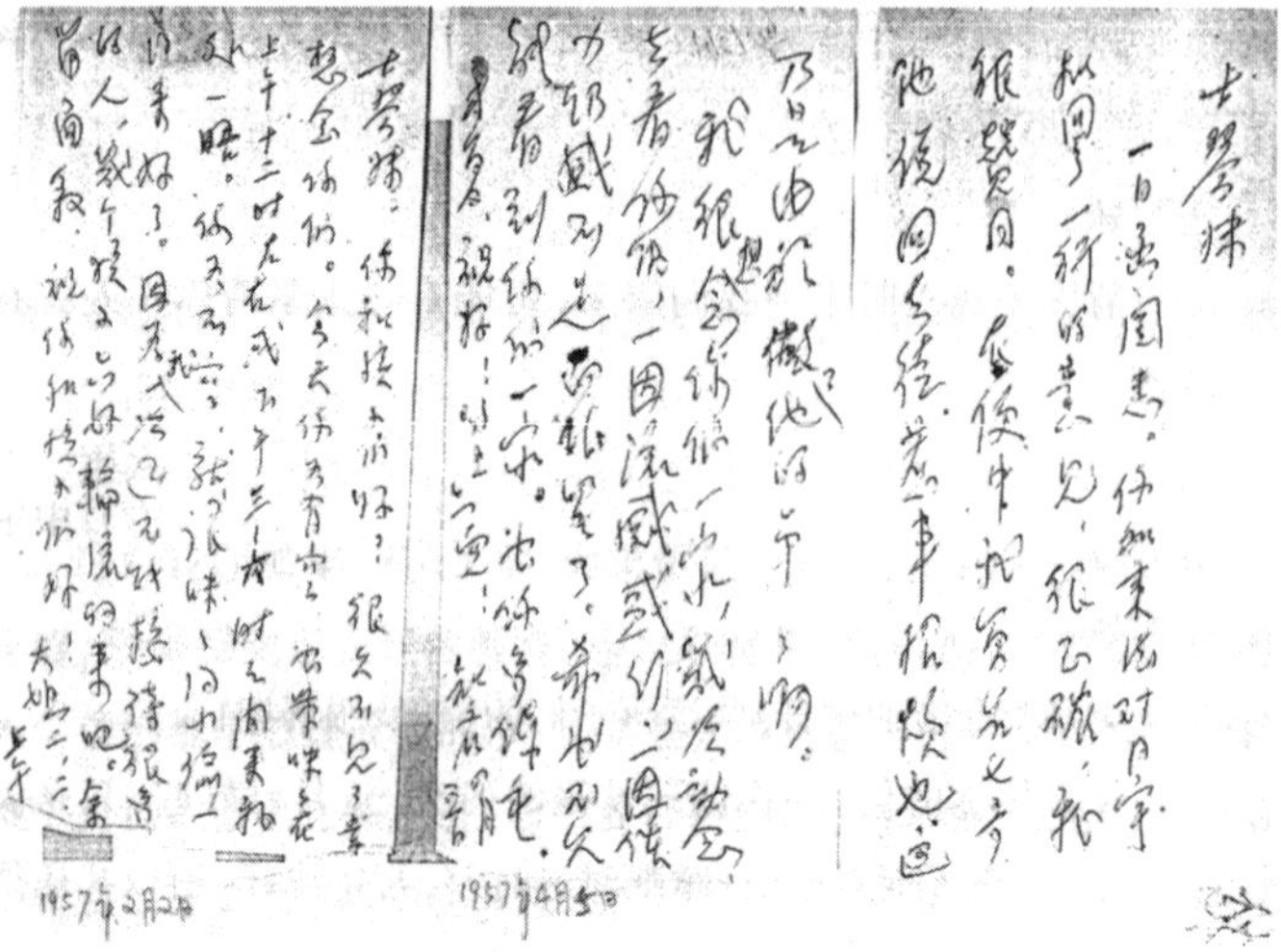

穎超伯母が母に送った便箋の一部。

ます！　だから、謝廉珍《しゃれいちん》同志を遣わせて状況を聞いてもらうことにしました。

彼に小六の病状を伝えてください。かわいい小六の回復を祈ります！　あなたも、くれぐれもお体に気をつけてください！

塩漬けの魚二本を食事のおかずとして差し上げます。

よろしく。

姉

十二月三日

追　伸

今朝この手紙を書き終えたあと、当直の同志に、昨夜あなたから電話があったと聞きました。小六は回復したのですね。安心しました（一九五三年十二月、周秉建は肺炎で入院した）。

同宇へ

帰ってきたら、今日か明日、都合のよいときに電話をください。三八八二にかければ連絡がとれます。

今日そちらに伺いましたが、あなたはおらず、留守番の人も寝ていました。私は庭をぐるりと回って帰りました。

四月十八日午後四時　超

士琴妹へ

明夜のバレエの公演チケットを贈ります。私も行きます。ではお休みなさい！

十月二十四日　姉

士琴妹へ

国盛〔六番めの祖父・貽良の曾孫〕に頼んで、あなたと子どもたちに広東のミカンを持たせました。前回送ったお酒は定年退職のお祝いとして、お祖母さんにも分けてあげてください。最近は私も体調がよくなったので、安心してくださいね。毎日午前九時から十時半まで、または午後四時から五時まで、もし時間があれば、いつでも私のところに来てください。以上、よいお年を！

二月十五日　姉

追伸

前回、咪咪〔秉宜〕が来たときに一〇五元を持ち帰らせましたが、すでに受け取りましたよね。同宇から連絡はありましたか、療養の件はどうなったのでしょうか？　会いたいです。

士琴妹へ

手紙を拝読しました。同宇の帰郷計画についてのあなたと秉徳の意見は正しいと思います。私は賛成します。手紙で恩来に聞きましたが、帰ってもただ迷惑をかけるだけだ、とのことでした。これも弟という身分のせいだからね。

あなたたちに会いたいです。何回も会いに行こうと思いましたが、インフルエンザが流行っているし、体力もまだついていないから、あきらめざるをえませんでした。近いうちに会えますように。あなたも、ぜひ体を大事にしてください。

とりいそぎお返事まで。小五〔秉和〕、小六〔秉建〕に口づけします！

知　名

四月五日

士琴妹へ

最近いかがですか？　ずっと会っていないから、ひさしぶりにとても会いたいです。もし今日お時間があれば、咪咪を連れて、午前十二時くらいか、午後三時から六時のあいだに私のところに来てください。もしあなたの都合がよくなければ、咪咪を小瑜〔周恩来の元副官・龍飛虎の娘〕と一緒に来させてください。一度にたくさんの人に会うことができないから、子どもたちを順番に来させるようにしましょう。あとは会ってからゆっくり話します。

姉

二月二日午

士琴妹へ

今晩六時半に家に来てください。舞踊劇のチケットが一枚あるから、あなたと行きたいのです。

姉

五日正午

士琴妹へ

十月革命の日の翌日、子どもたちからの手紙をもらい、とても嬉しいです！

今日あなたの手紙を読んで、私の病気を気にしてくれていることがわかりました。最近はだいぶよくなりましたが、まだ運動や調べものなどはあまりできない状態です。睡眠は良いときも悪いときもあり、汗をよくかきます。だから、しばらくのあいだ安静にしつつ、薬の服用を続けなければなりません。そうすれば、完治するでしょう。あなたもどうか体に気をつけて仕事に取り組んでください。子どもたちのことだけで精一杯だろうから、私の病気のことはあまり心配しないで、かならず良くなります。

同宇弟の手紙にもあわせて返信します。彼に手紙を書くときに、書き写してください。

レザーコートの修繕代として二〇元を送ります。受け取ってください。また、冬に下校の途中で風邪を引かないように、咪咪に頭巾を一枚送ります。秉鈞に櫛（チェコ産）を一個送ります。レーズンと豆（アフガニスタン産）も一箱送るので、子どもたちや二人のお母さんと召し上がってください。家族全員、二人のお母さんの安全と幸福を祈ります！

姉

一九五七年十一月十六日

追伸

子どもたちの生活費として一〇五元を送ります。受け取ってください。

五　恩来伯父と穎超伯母は、努力して自立するよう教えてくれた。伯父の肩書きを利用し、特別な扱いを受けてはならない。

西花庁に入ったその年、私は十二歳で、いちばん上の弟、秉鈞は七歳だった。私は中学一年生で、彼は小学二年生だった。比較的早い時期から正式な教育を受けていたから、物分かりがよく、少先隊〔中国少年先鋒隊〕入隊、共青団〔中国共産主義青年団〕入団、共産党入党もごく自然に成し遂げられた。とくに父の過去を知ったあとは、政治的な向上心を持たなければならないと私たちは思うようになり、なにをするにも恩来伯父と穎超伯母をモデルにした。彼らが言うことなら、私自身はどのような考えであれ、彼らの意思に従ってやることにした。彼らを疑ったことはまったくなく、もっとも信頼しているのも彼らだった。

一九五二年七月の初めごろ、八一小学校は夏休みに入った。車のクラクションがキャンパスのなかに響き渡り、学生たちは荷物をまとめ、おのおのの寮で首を長くして待ちわびていた。だれかの親が迎えにきたとアナウンスされると、呼ばれた子は胸を躍らせ、荷物を持って部屋を走り出た。そのとき秉鈞は小学三年生で、秉宜は一年生になったばかりだ。一日めは居ても立ってもいられないうちに過ぎた。二日めもそうだ。クラスメートがどんどん減るなかで、迎えにきてくれる人の影すら見えなくなり、小学校に入学したばかりの秉宜は口を尖らせた。三日めに入ると、よその地に住むクラスメートを除き、北京在住のクラスメートは全員家に帰った。丸々と太った妹の顔に涙がこぼれたのを見て、秉鈞は焦った。そこで、十歳になったばかりの彼は先生から封筒と一枚の紙をもらい、机に向かって、手紙を書き始めた。

七母

学校が休みに入りました。車を遣わせて迎えにきてくださいませんか。荷物がありますから。

秉鈞

そして、封筒に宛先を「中南海鄧穎超」と書き、切手を貼ってポストに投函した。

早くもその日の午後、手紙が伯母の手に届いた。伯母は封筒を開けて読むと、すぐに人を遣わせて迎えに行かせた。そのおじさんは自転車で学校に行き、校門のところで三輪車を二台雇った。一台にひとりの子どもを乗せ、足元に荷物を置き、彼自身は自転車でその後を追いかけた。

西花庁に入るや否や、伯母が迎えにきてくれた。彼女は秉宜を抱き寄せ、秉鈞の手を取ってくりかえし謝った。「本当にごめんなさい。七母が悪い。あなたたちが休んだことを忘れて二日間も待たせちゃった。

1950年、穎超伯母と秉宜、保育院にて。

それにしても、車を遣わすなんて、あなたはたいした口を叩くものね。車を遣わせることはできませんよ。あれは伯父さんのお仕事のためにあるもの。あなたたちには贅沢すぎます。わかる？」秉鈞はうなずいた。

ずっとあとになって振り返ると、そのときは笑ってしまうほど未熟だったと秉鈞は自分でも思っている。なぜ先生に頼んで電話をかけてもらわなかった？　なぜ父と母に手紙を書き、「助けを求め」なかった？　理由はとても明瞭だ。困難や、面倒なこと、あるいは決められないことがあると、真っ先に助けを求めるべき人物は、伯父と伯母に決まっていたからだ。

あのころ、秉鈞は身長がどんどん伸びる一方、とても痩せていて、いつからか彼は海老腰、猫背になってしまった。夏休み中、もっとも忙しい伯父がそれにいちばん早く気づき、大声で言った。「秉鈞、まだ若いのに猫背になったのか？」

「そんなことはないよ！」秉鈞はとっさに胸を張った。しかし、しばらく経つと、読書に耽った彼は気づかぬうちにまた背中を丸めた。

「ほら、秉鈞、また猫背になっている！　だめだよ、気をつけないと。習慣になってしまったら、斜めに植えられた若木がそのまま大きくなるように、まっすぐに直そうとしても手遅れになってしまう。」伯

（左）1953年、右から秉鈞、秉宜、秉華。八一小学校在学中の記念写真。（右）1953年、八一小学校在学中の秉鈞、秉宜と周爾輝、穎超伯母、西花庁の前庭にて。

父は少し考え、思い切って言った。「秉鈞、この提案はどうだ。毎日食事のまえに、左右の肩の高さを揃え、背中を壁につけて二十分立ってから食べ始めよう。この夏休み中つづければ、きっと治るはずだ。どうだい？」

「はい！　さっそくいまからやります。」秉鈞は素直にうなずき、客間の壁のすみに行き、まっすぐに立った。夏休み中、彼は一日三回それをつづけ、伯母がいつも監督していた。食事の時間になると、伯母は「秉鈞、壁のところに行くんだ」と注意したものだった。十数年後、秉宜に秉鈞はつぎのように言ったことがある。「当時、おまえと七母があそこでご飯を食べているのを壁のところで見ている俺は、本当に涎が出そうだった。でも、しかたがない。伯父さんと約束したことだから、やり遂げなければならない。我慢するしかなかった。」

一か月間つづけた結果、新学期が始まると、秉鈞の背中が立っていても座っていてもいつもまっすぐになっていることにクラスメートたちは気づいた！

中南海に入ったころ、秉宜はわずか五歳だった。ぽっちゃりとした顔に、きらきらした目はまるでなにかを物語るように生き生きしている。しかし、言葉を話すためにある口はいつも固く閉じていた。彼女は人見知りではなく、だれかに会っても声を出して挨拶をしない。そのかわりに、もっとも輝かしい、癒しの笑みを惜しむことなく捧げてくれるのだ。母はむかし、冗談半分にそれをあだ名の小咪のせいにした——猫ちゃんもいつもにゃあにゃあ鳴くばかりで話さないからね！〔咪は猫の鳴き声の擬音語〕

一九四九年の年末、祖父の従兄の周嵩堯が北京にやってきた。私たちは彼のことを六爺さんと呼んでいた。六爺さんは西花庁ではじめて小咪に会うなり言った。「この子はお祖母さんに似ているね。恩来、この子を養子にしようか。」

伯父と伯母が小咪のことをたいへん可愛がっているのを、父と母もはっきりとわかっている。早く世を去った祖母のことを思い、父と母は伯父に養子のことを提案した。しかし、伯父は、「やはりいい。小咪を養子にしたら、ほかの子はこの伯父のことを不公平と思うだろう。養子にしなくても、本当の子のように可愛がってあげるよ」と断った。

ある日、五歳の小咪はなにかのおもちゃを欲しがって、幼稚園に行かず拗ねていた。最初は立って泣いていたが、伯母がなかなかうんと言わないのを見ると、ころりと地面に横になり、足で蹴ったり転げ回ったりしながら、声を張り上げて大泣きした。成元功おじさんは見かねてひっぱり起こそうとしたが、伯母はそれを制止し、まじめな口調で言った。「かまわないで！ 秉徳、あなたは自分の部屋に戻りなさい。みんなは彼女をほうっておいて。好きなだけ泣かせればいいの。疲れたら自然に泣き止むから。」言い終わると伯母は率先して自分の部屋に戻った。成おじさんも去った。私は大人しくみんなのあとについて客間を出たが、部屋には戻らず、となりの給湯室に隠れ、こっそりと外を眺めていた。秉宜は私の妹だし、家では母に溺愛され、わがままな性格になっている。もし泣きすぎて本当になにか体に障ったら、母は私を責めるだろう。

　まさに、伯母の言うことが正しかった。五分も経たずに、どんどんと地面を蹴る大きな音も泣き声も小さくなった。私が壁から覗くと、小咪は顔を覆った手をすでに降ろし、部屋にだれもいないのを確認したあと、泣くのをやめた。そして、ゆっくりと立ち上がり、服についたごみくずを手で叩いて払いすらした。それを見て、私は思わず吹き出してしまった。「まさかね、子どもを育てたこともないのに、七母はなかなかやるな」と思いながら。

　翌日は弟の秉鈞をめぐってある出来事が起きた。そのさい伯母は前日とはまったく異なるやりかたで応じた。

　それは日曜日の夕方だった。急に大雨が降り出した。外を見渡すと、門は半透明のカーテンをかけたかのようで、軒下に流れる水音は天地を揺るがすほどの迫力だった。

　夕食のあと、一年生の秉鈞は鞄を背負って学校に行こうとした。すると、伯母は「秉鈞、いまは雨が激しすぎる。今日は学校を休んで明日にしたらどう？」

「だめよ。先生が言った。日曜の夜はかならず学校で自習をしないといけないって。」

「でも今日は緊急事態ですよ。雨がひどすぎますからね！」

「それなら傘をさせばいいじゃん！」

「傘？　服や靴が濡れちゃうわ。濡れたら、学校に行っても勉強できないよ」

「そんなのどうでもいい。行くったら行く！」秉鈞は青筋を立てて意地を張りとおした。

「なんて頑固な子！」伯母は首を振りながら嘆いた。

　そばにいた私も弟の耳元で説得しようとしたが、彼はまるで聞く耳をもたなかった。そこで、昨日の秉

貴重な休暇を得て、カメラをいじっている恩来伯父。

宜の一件のように応じるのだろうと思いきや、伯母は張永池おじさんを呼びつけ、「レインコートを着て、秉鈞を自転車で学校まで送りなさい。雨がひどいから気をつけてね」とだけ頼んだのだ。

顔に涙を浮かべていた弟に笑顔が戻った。雨のなかに消えていった弟を眺めながら、「秉徳、あなたの目から心の疑問が読み取れるよ。どうして昨日は秉宜を相手にしなかったのに、今日は秉鈞の意志に従ったのか、男尊女卑じゃないのかって。じつはそうではありません。子どもは大人のように成熟していない。だから、怒っているときはその理由が正当かどうかをはっきりする必要があるのです。秉鈞が今日怒ったのは、ルールを守るよい学生になりたいからです。これはいいことよ、支持しなければならない。でも、小咪のあれは駄々をこねているだけでした。彼女に従うどころか、むしろ歯止めをかけなければなりません。なにが正しいことか、なにが悪いことか、それと、正当な理由もなく悶着を起こすのは絶対に許されないということを彼女にわからせなければならないのです！」

中学校に進学したばかりの私はただただうなずくばかりだった。しかし、ずっとあとに母になり、さらに祖母になった私は、穎超伯母のように子どもたちを育て、彼らを甘やかしたことは一回もなかった。

もちろん五歳の小咪はおとなしく、いつもかわいらしかった。伯父のところでは、同僚たちもできなかったこと、伯母ですらできなかったことも、彼女に任せればいつも見事にやり遂げてくれたものだった！

建国の初期においては、何事も始めが難しい。国家は瓦礫のなかに埋もれ、経済の回復、外交関係の構築、そして、アメリカが仕掛けた朝鮮侵略戦争。そのさい、朝鮮を支援する志願軍の戦略および物資の供給はほとんど伯父がひとりで取り仕切っており、十四、五時間連続で働くのも日常茶飯事だった。ときには夜を日に継いで働き、ご飯を食べる時間すらない。彼にご飯をすすめても聞く耳をもたず、伯母さえ手に負えなかった。そのようなとき咪咪はもっとも強力な武器になる。彼女は子猫のように音も出さずにオフィスに入り、そして無言のまま伯父の手を引いて外に連れ出す。一方で伯父もこの「無言」の姪の威力をよくご存知のようだった。幼すぎて革命の理屈を言ってもわからないし、その微笑ましい姿のまえにかんしゃくを起こすのも忍びない。となれば、彼女にはおとなしく従うほかないのだ。このやり方は「百戦百勝」と言ってよいほど有効で、王力看護師によ

息抜きにピンポンをする恩来伯父。

ると、もっとも喝采せずにはいられなかったときは証拠写真を残したほどだという。

それは一九五一年の五月のことだ。朝鮮の戦場には間一髪の事態が差し迫り、伯父はそのために二十時間あまり働き続けていた。夜があけるころ、目を覚ました伯母が伯父のオフィスに足を踏み入れると、彼はまだ寝ておらず机に向かって働いている。このままでは五十の坂を越えた伯父の体はとてももたない！そこで、ふと心にひとつの考えが浮かび、伯母は当直の王力《おうりょく》おばさんを呼び寄せ、「援軍」の小咪を連れていかせることにした。王さんが部屋に入ると、小咪はまだぐっすりと眠っている。

「小咪、早く起きて。公園には芍薬《しゃくやく》の花が咲いたよ。一緒に見に行こう！」

小咪は目を閉じたまま何度も首を振り、「眠いよ、行かない！」ともごもご答えた。

「あなただけじゃないよ。伯父も行く。早く起きて、胡蝶結びをしてあげるから。」

伯父も行くと聞いたとたんに、伯父を捕まえてこなければ、という使命感に駆られたかのように、小咪はぐずるのをやめ、王さんにおとなしく服を着せてもらい、さらにピンク色のシルクの胡蝶結びのリボンもしてもらった。ただし、眠気の虫(6)がまだしっかりと体にくっついているのか、目尻に小さな白い目やにがひとつ付いたままだ。

小咪はあくびをしながら、王さんに手を引かれ、伯父のオフィスの玄関に着いた。「小咪、中山公園に花見に行きたいと伯父さんに言ってごらん。」そう言って、王さんは彼女の背中を押して、なかに入らせた。

小咪は入るときにノックもしなければ、足音もたてない。彼女は伯父のそばに寄り、なにをしているかも聞かずに、伯父の手を握り、外に引っぱりだす。「恩来伯父、中山公園に花見に行こう。」小咪はお願いした。

1951年5月、恩来伯父は20時間以上も不眠不休で働き続けていた。彼に少しでも休んでもらうために、部下たちは「仕掛け」を試みた。6歳の小咪（秉宜）に、中山公園の花を見に行こうと伯父を誘わせたのだ。

「小咪、伯父さんはまだ仕事が残っているよ。三十分待ってくれ。」

しかし、小咪は交渉の余地も与えず、執拗に彼を外へと引っぱった。

身なりを整えたこの子は、髪にきれいな胡蝶結びのリボンをつけているにもかかわらず、目は少し腫れ、無表情の顔であくびをするばかり。これを目の当たりにした伯父は一瞬ですべてを見抜いた。彼はオフィスを出て、廊下で聞いてみた。

「小咪、この庭ではだめかい？」

小咪は首を振り、伯父をまっすぐに門のところに引っぱり、一緒にくぐった。外ではすでに車のエンジンがかけられており、衛士長、看護師が微笑んで待っていた。伯父は王さんを指差して、笑いながら言った。「おまえは本当にやるな！」

遠く離れていく車を見つめ、伯母はようやく胸をなでおろした。

中山公園で咲き誇る芍薬のそばで、伯父は小咪と手を繫ぎ、花見をしながら、牡丹と芍薬の物語を語ってくれた。それに耳を傾けた小咪は瞬きをしながらうんうんと頷き、はじめて二者の違いを知った。随行していたカメラマンの侯波かだれかがシャッターチャンスをうまく捉え、この瞬間を永遠に留めてくれた。

私と妹は七歳の年齢差がある。中南海に入ったころ、私は十二歳で、彼女はわずか五歳だった。一九四九年、共産党が北京を征圧したとき、中南海には甲区や乙区などがまだなかった。私は最初は豊澤園に住み、李敏、李訥らの子どもたちとともに、中南海のいたるところを遊びまわった。一方、小咪はまだ北京に来ていなかった。土曜日の夜には春藕斎《しゅんごうさい》でときおり舞踊会が開かれ、私たちもなかに紛れ込んで遊んでいた。たくさんの女の子たちが列をなして毛沢東主席、朱徳おじさま、劉少奇おじさんとダンスをしようとするのを見て、私たちもお昼に時間のあいたおじさん、おばさんたちからダンスを習い、土曜日の舞踊会で女の子たちの仲間入りし、勇気を出してダンスホールに足を踏み入れた。シャコンヌであれ、クイックステップであれ、毛主席と踊るときは、いつも背の高い彼の胸に抱き寄せられ、体はゆらゆらと揺られ、大きな船に乗ったように音楽の波間にたゆたわされるのだ。そして、朱徳おじさまと踊ると、今度は「白軍」になった気がしてやまない。朱徳おじさまはさすが名実ともに司令官だ。音楽が流れてくると、彼は満面の笑みで大股で前進し、するとそれに合わせる私は後退する一方、せっかく学んだ踊り方もここではうまく生かせない。劉少奇おじさんの踊る姿はとても優雅で、ステップも正しく軽やかなものだ。ただし、彼はあまり笑わず、口数も少ない。だから、顔は優しい表情をしているのに、どこか厳かな雰囲気が漂っている。私はけっして自分の伯父を贔屓するつもりはないが、もしこれらの指導者のなかから社交ダンスの「優勝者」を選ぶなら、それは周伯父に間違いない！　私はずっと伯父の踊る姿がいちばん格好いいと思った。彼は春藕斎にいるかぎり、ひと休みする時間もない。その溢れんばかりの笑み、瀟洒な身なり、洗練されたステップ、優雅で鷹揚な姿勢。とくにクイックステップでは、いつもパートナーを軽やかに回転させるようにうまくリードし、会場を沸かせることができるのだ。

伯父には決まったパートナーこそいないが、どうも自分なりの考えがあるようだ。彼は忙しく、舞踊会が始まってしばらく経ってからようやく駆けつけてくる。会場に入ると、真っ先に誘うのは「姉分」〔年配の女性たち〕たちで、次は年の若い文工団団員たちだ。(7)だれと踊っても、彼はいつも踊りながら会話を交わし、笑い声が絶えない。私は人ごみのなかで列に並び、ようやく自分の番になると、伯父は微笑みながら私の背中を抱き寄せ、軽快なステップでホールの中央へ導いてくれた。「音楽センスがいいね。踊りかたもまあまあ上手。」耳元で伯父はそう褒めてくれた。しかし、舞い上がるまえにもう一言、ささやくのだ。「あそこまで回ったら、退場しよう。他の同志にチャンスを与えなきゃね。」私はおとなしくうなずいた。心のなかではあっけないものだと思ったが、それもしかたがないことだ。

舞踊会がお開きに近づけば近づくほど、より多くの若い女性たちが伯父と踊ろうとする。彼女たちはいつも長い列を作り、はやく自分の番がこないかと焦り、待ちわびていた。そろそろ終わりも近いのに、列はまだ長い。そのころには、伯父はひとりを連れて会場を一周し、元の立ち位置に戻ると、すぐにつぎの人とまた一周する。このように、彼はだれひとりがっかりさせないよう工夫していた。

あるとき、ひとりのすらりとした若い文工団団員が長い時間待ち続け、ようやく伯父と踊る番になると、興奮しすぎたのか、緊張しすぎたのか、いつも熟練している彼女は最初からステップが乱れ、伯父の脚を何度も踏んでしまった。伯父が大丈夫だと慰めるほど、緊張がよりいっそうひどくなり、ますますリズムを摑めなくなった。彼女は恥ずかしさで頬を赤らめ、半周ほどしか回らぬうちに、「総理、私はもう踊れません」とあきらめの宣言をした。ちょうどその隙に、待ちかねたもうひとりの女の子が総理のまえにみずから踊り出たので、彼女は唇を噛んで、あわてて逃げ去った。

その後、伯父は何人かの女の子と数周踊った。しかし毎回、曲と曲の合間に、なにかを探すかのように、彼が視線を人ごみに投げていることに私は気づいた。ようやく、彼は長い列から離れて片隅におもむき、ひとりの女の子を誘った。このとき、クイックステップの音楽が流れてきた。毛主席、朱徳おじさま、少奇おじさんら、たくさんの人が休憩に入ったので、場内の人は一気に減り、会場がずいぶん広く見えた。その女の子は伯父のステップに合わせ、ときには春風さながらに軽やかに回転し、ときには湖面の波さながらに起伏してたゆたい、息がぴったりの二人は、踊り姿も優雅で美しく、場内を沸かせた。私は別のおじさんと音楽に合わせて踊り、ちょうど伯父の近くまできたところ、「小さな同志、君は絶対にうまく踊れると思ったよ」と伯父の笑い混じりの褒め言葉がふと耳に入った。

その若い女の子を私は知らなかったが、美しく、大きな瞳に涙をこらえているのに私は気づいた。なるほど。一瞬で分かった。彼女は紛れもなくさきほど伯父と半周踊って途中で逃げた女の子だ！　ただ、いまの彼女は表情がさきほどとはまるで違う。落ち込んだ姿にとってかわり、きれいな顔に自信に満ちた、まぶしい笑みが溢れている……

これは伯父が五十歳あまりのころに起きたささやかな出来事だった。しかし、十歳あまりの私に記憶にはしっかりと焼き付いた。とはいえ、四十六年後、伯父の生誕百年記念の直前になってはじめて、そのことに含まれた意味の重大さを私はようやく真に理解できた。

伯父の生誕百周年を記念するために、私たち親族は伯父とともに働いていた同僚たちと、大型テレビ特集のためのアートフィルム、『百年恩来』の撮影を企画した。優れたディレクターを確保するために、八一映画製作所から、特集アートフィルムの撮影に長けており、かつ海外で大きな賞を受賞したことがあって有名な李媛媛《りかんえん》監督を制作チームに誘った。彼女のもとにはすでに何件か仕事の依頼がきており、本人が承諾すれば相当な報酬がもらえると聞いていたが、『百年恩来』の撮影依頼がきたとたん、彼女は報酬のことさえ聞かず、すぐに脚本と絵コンテの制作に取り組んでくれた。私は彼女とは知り合いでもないのに、一見してなんだか旧知の間柄のように感じていたが、その日の午後、何名かのスクリプトライター、顧問が集まって話したさいに、あるひとが李監督に聞いた。「どうして報酬のよい仕事を断ってここにきたんですか？」

すると、李嫻娟は涙ぐみながら、感情を込めて誠実に答えてくれた。「正直に言いますが、私は自分のために来ました。長年の願いを叶えるために来ました。若いころ、私は紫光閣《しこうかく》〔春藕斎と同じく中南海にある建造物〕で総理といちど踊ったことがあります。ふだんはわりと上手だったのですが、いざ私の番になり、総理と踊りはじめたら、心がどきどきして、総理の脚を何度も踏んでしまいました。私は恥ずかしくて、すぐに踊る勇気を失ってしまい、総理に謝ると場外に逃げ出しました。私は物陰に隠れて、人目もかまわず大泣きしたいほど落ち込んでいて、自分の無能さを責めました。せっかく総理と踊るチャンスがあったのに、そんな興ざめな真似をしてしまって……どれくらい時間が経ったかわかりませんが、ある聞き慣れた声がしました。『小さな同志、一緒に踊りませんか？』頭をあげて見ると、そこに周総理が立っているではありませんか！　二回めは気持ちが少し落ち着いたか、総理ととても優雅に踊れて、彼の脚も踏むこともなかったのです。そして、総理は、『小さな同志、君は絶対にうまく踊れると思ったよ』と褒めてくれさえしました……」

「その夜、私ははじめて眠れなくなりました。人生ではじめて、人格を尊重するということの意味がわかったからです。大国の総理であるにもかかわらず、一般庶民の自尊心と自信をこれほどまでに大切に守り、若者が自責と後悔の念を抱えて去るようなことをけっしてさせない。これはどれほど誠実で寛大な心があってこそのことでしょうか。それ以来、総理との踊りを永遠の思い出として、私は感謝と自信を胸に一生懸命努力し、ついに映画監督の道を選びとりました。私はいつも思うのですが、もしその日、総理が誘いに来てくれなかったら、その喪失感は私の自信を打ち砕くもっとも致命的な『殺し屋』になっていたことでしょう。そして、あとで思い出すたびに、悔しく思ったり、落ち込んだりしたことでしょう。そうなっていたら、今日の監督、李嫻娟も存在しないのです……」

私は胸がどきどきした。まさか、あのときの、あの若い女の子は彼女だったのか？　いや、あの子は李監督より背がやや高く、年齢も少し上だ。概算すれば、いまは七十歳ぐらいのはずだ。それに、私のいたところは春藕斎であり、李監督の言う紫光閣ではない……しかし、よく考えれば、あの女の子が李監督だったかどうかはさほど重要なことではない。重要なのは伯父がした些細なことが、ひとりの若者の成長にそれほどまでに大きな影響を与えたということだ。そして、彼の生涯において、そのようなことは満天の星のように数え切れないほどあったのだ。おそらくこれは、「人民の総理は人民を愛している。人民の総理を人民は愛している」といういかにも地味な言葉が大きな共感を呼び、広く言い伝えられ、長いときを経てもなお強い生命力をもち、人びとを感動させたもっとも大きな理由だろう。

北京師範大学女子付属中学校に通っていたころ、毎週土曜日に伯父と伯母のところに帰ると、私はいつも学校で起きたことを話していた。そして、翌日の朝食のあと、東城遂安胡同、のちの西城区机織衛にある自分の家に両親を訪ねていた。これは習慣になり、一九五五年に就職したあともずっと続けていた。長女だからか、両親はどんな話をするときでもとくに私を避けたことはない。

それは一九五九年のある日曜日だった。父と前後して家に帰った私は、いつも眉を顰めていた父がうきうきしているのに気づき、思わず聞いた。「お父さん、なにかおめでたいことがあったの？」

「さすが我が娘だ。父さんの心のなかが簡単に読み取れたんだね!」父はニコニコしながら言った。「いまお母さんに伝えようとしているところだ! 異動の辞令が下りた。来週から内務部に勤務することになったんだ!」

「よかったね!」母は嬉しそうに言った。しかし、私にはまだなにがなんだかさっぱりわからなかった。

1955年、両親、私たち姉弟6人の家族写真。

「秉徳、お父さんは体の調子があまりよくないの。倉庫管理科課長の職が忙しすぎて、彼はとても耐え切れないわ。内務部に移れば、家から近いし、仕事も楽だし、よいことだろう?」母は手元の学生の宿題帳を整理しながら言った。

「内務部ではなんの仕事をするの?」私は不思議に思い、さらに聞いた。「お父さんにはなにができるの?」

「これは陳賡《ちんこう》おじさんの提案だよ!」父は新聞をめくりながら説明しはじめた。「陳賡おじさんが黄埔軍校の同期だということは知っているよね。彼は正義感のとても強い人だ。彼が内務部の曾山《そうざん》部長を訪ねて、『周同宇は革命に貢献をしたし、体の調子があまりよくないから、内務部にふさわしい仕事を与えてくれないか』と頼んでくれた。」

「お父さんは一九二七年に革命を諦めたじゃないか。なんの貢献があるというの?」あのころの私は父が革命をあきらめた経緯をまだ知らなかったので、つい辛辣な口調になってしまった。これは無理もない。そのとき私はすでに共産党員になっており、入党志願書に、「父はかつて革命への信念が足りず、資産階級の動揺があったため、口実を見つけて共産党を離れ、革命から身を退いた。正直に言えば、父が革命を続け、大きな貢献をしてくれればよかったと思っている。たとえそれが理由で、この世に私が生まれなかったとしても！」とはっきりと書いた。

「秉徳、その言い方はなんなの？」母は声をあげて責めた。「陳賡おじも言っていたよ。党内にいてはじめて革命に貢献できるわけではない。一九二八年、あなたの伯父さんと伯母さんは第六回党大会に出席するためにモスクワに行くときに、大連でスパイにあとをつけられたのです。でも、あなたのお父さんが吉林とハルビンで彼らを援護したおかげで無事に危機を乗り越えたの。あなたの伯父さんを助け、中国共産党の重要な指導者を助けたことは革命の魂と火種を守ったのと同じでしょう。これは革命に対する大きな貢献ではないですか？　それに、天津時代にお父さんが経営していたあの倉庫も、葉剣英《ようけんえい》元帥が地下組織に経費を捻出させて作ったの。もっぱら医療機器とか薬品とか、緊急物資の調達と解放区への運送に使われていたのです。そのために、一九四七年七月、お父さんは国民党天津警備司令部に逮捕されて、半年も監禁されました。その間、彼は周恩来の弟だということを認めた以外、地下党員をひとりも売り渡さなかったのです。けっきょく、敵は証拠がなく、くわえて伯父さんの同期の常策欧らの奔走のおかげで、彼はようやく自由を取り戻しました。しかし、釈放されてほどなく、彼はためらうことなくまた地下党の周世昌に連絡をとって、秘密の戦いに復帰したのです……」

じつは、伯父との関係がなければ、父はみずからの資質と能力を頼りに、おそらく内務部でよいポストを手に入れていたはずだ。上層部にいけるかはさておき、体力の消耗が少ない、頭を使うような仕事なら、おそらく問題はなかっただろう。しかし、伯父はこれをけっして許すことができなかった。彼が他界したあと、内情を知っている人はこんなことを教えてくれた。当初、伯父は曾山部長のところに行き、「周同宇の仕事は、職級も給料もできるだけ低くしてくれ、弟だから」と何度も念を押したそうだ。

そのため内務部に移った父は、あいかわらず一般職員のままだった。

一九六〇年代、父の胃潰瘍はますます酷くなり、伯父と伯母が手術を勧めても、本人にそれを受ける勇気がなかった。胃潰瘍の発作がますます多くなるにつれ、父はたびたび仕事を休まざるをえなくなった。そのため、伯父の手配で彼は何度も療養地に行き、伯母も一日も早く治るように、協和病院の有名な外科医である呉蔚然《ごいぜん》先生に手術の依頼をした。しかし、出勤できるような状態に回復することはついになかった。もちろん、会社には彼のように体調を崩し、治療を理由として休暇をとる者がたくさんいた。だが、伯父は父をその唯一の問題事案と見たらしく、一九六三年、ある会議のあとに曾山部長を残し、「うちの弟は見ているとおり体調を崩してまともな仕事ができないから、早めに退職させてもらいたい」と言った。

それに対し、曾山部長は口先では承諾したものの、実際はなにもしなかった。というのも、退職すれば昇給のチャンスがなくなるばかりではなく、在職中に適用されたほとんどの福利厚生が適用されなくなるからだ。それゆえ、職員たちはだれもが退職を嫌がり、定年になっても期限を延ばそうとするものだった。ましてや父の場合、定年にもなっていないではないか！　総理は多忙だから、この件にかまう余裕はもうないだろうと部長は勝手に思い込んでしまった。

ところが、父が彼の弟であるかぎり、伯父がこのことを忘れるわけがない。

オフィスのなかで、今度は伯父の表情がとても厳粛なものになった。彼は厳しい口調で「曾山同志、弟の退職については何度も言ったが、なぜまだ手続きをしてくれないんだ？」と詰問した。

「総理、最近……ちょっと忙しくて……」

「言い訳はするな！　帰ったらすぐに済ませなさい。だらだら引きずるならば今度こそ処罰を与えるぞ！　同宇は私の弟だ。給料泥棒をさせるわけにはいかん！」

こうして一九六三年六月、父は定年より一年早く退職した。

退職後、父の給料は大幅に減った。しかし、子ども六人のうち、私と航空学生の秉鈞をのぞけば、まだ四人が在学中であり、負担は一気に重くなった。

ある日曜日の正午、私が西花庁に帰ったら、一晩中仕事をして、ついさきほど起きたばかりの伯父と出くわした。応接間で彼は、「秉徳、お父さんの退職手続きは済んだか？」と聞いた。

私が頷くのを見て、伯父はつづけて聞いた。「お父さんを退職させたのは私だけど、彼は納得しているか？」

「父はまだいいけど、母のほうは少し文句があるみたい。」伯父のまえでは、私はいつも腹を割ってなんでも話していた。

「そうか！」伯父は両腕を組み、頭をかしげると、「詳しく教えて」と言った。

「だから、父の態度はむかしとなにも変わっていないよ。兄の言うことを聞くから、とか、兄がそう言うなら俺はそれに従うまでのことだ、とか。でも、母はもっと現実的なことを考えているみたい。もし私の意見を聞きたいなら、はっきり言うよ。いまは四人の子どもが学校に通っているから、まさにお金が必要なときだって。」

「秉徳、おまえはお母さんに仕送りしているの？」

「私は毎月六二元もらっているから、母に二〇元を仕送りしているよ。伯父さんと七母がそうするように言いつけたじゃん？」

「それは正しい。子どもは小さなころから親の憂いをともにすべきだ。お父さんを退職させたことを、おまえは納得できるか？」

「もちろん納得しているよ。伯父さんが言ってたじゃない？　封建主義の時代にはひとりが官僚になれば、家族全員ぶらぶらしていても安楽に暮らせていた。しかし、私たちは共産党だ。人民の奉仕者であり公僕だから、封建主義の古い慣習を踏襲してはいけない。父は伯父さんの弟だからこそ、より厳しい要求がされるべきだ。ふつうに仕事ができなければ、給料を人民から全額とってはならない。伯父さんは総理だけど、自分の弟のことにすらうまく対処できなければ、ほかの人を管理できるわけがないだろう！　それに、父は退職で給料が減ったとはいえ、これまで学費を出していたのは伯父さんのほうじゃないか。もし伯父さんの援助がなければ、たとえ父がいくら働いても、私たち六人は学校に奨学金を申し込まないといけないよ。伯父さんがこれほど助けてくれたのに、納得できない母のほうこそどうかなと思う！」

「その言い方はだめだ。」伯父は首を振り、なにか思うところがあるように続けた。「秉徳、おまえはすでに共産党員だ。共産党員は、物事を考えるときには党性(8)の立場に立って考えなければならない。関係の近い人であればあるほど厳しく対応することだ。とりわけ総理である私は、行いさえ正しければ他人の誹謗など恐れはしない！　でも、家庭という単位で見れば、お母さんに文句があるのは無理のないことだ。彼女はちゃんと自立していてプライドのある女性だ。おまえのお父さんは違う。私の弟でもあるし、小さいころはともに四番め伯父さんに養ってもらったから、いまさらこちらの援助を受け入れてもとくに抵抗感はない。しかし、おまえのお母さんは、お父さんが兄の金でなく、自分の力で家族を支えるべきだと思っているだろう。だからこそ、とても不安で心細いだろう。」

「秉徳、お母さんとお父さんに伝えてくれ。来週の日曜日、ここで一緒にご飯を食べようって。そのとき、この件についての私の考えをゆっくりと説明したい。じつは、おまえのお父さんを退職させたのにはもうひとつの理由があるんだ。」伯父の表情が気分の高揚を物語っている。「私たちはもともと兄弟三人だったが、おまえの二番めの伯父さんにあたる恩溥は私たち二人に先立って、早逝してしまった。おまえのお祖母さん、つまり私の母が亡くなったとき、私は九歳、恩溥は八歳、おまえのお父さんはわずか三歳だった。母は息を引き取る寸前に、私の手を握って、荒い息遣いで途切れ途切れにこう言った。『二人の弟はまだ幼いから、面倒をしっかりと見るとお母さんに約束して』……そのとき、私は涙がどっと溢れ、言葉もなく、ただひたすらうなずいていた。母との約束を、私はたとえ一時も忘れたことはない。彼女が他界したあと、私は一気に大人に生まれ変わった。中国には『長男は父の如し』という古い教えがある。当時、父は出稼ぎに行ったきりで、私たちにかまう余裕はとてもなかったから、二人の弟を養うのは私の責任になった。私たちは、二年間苦労して、東北に行くまでになんとか持ち直した。いまや私はみずからこの道を選んだ。そして決断した以上、けっして後ずさりすることなく、なんとしても前に進み、この命が果てるまで力を尽くさなくてはならない。しかし、おまえのお父さんは違う。彼は体が弱いから、早めに退職して残りの人生をおだやかに送ってくれれば、それでも母との約束をきちんと果たしたことになるだろう。」

祖母が伯父にとってそれほど重要な存在とは思ってもいなかった。伯父は厳しい党性を備えているだけでなく、私の父に与えた兄としての情は海のように深く、私の母のことも思いやり、尊重してくれた……

「秉徳、成元功たちにも伝えておくけど、これからは毎月、私の給料から二〇〇元を差し引いて、おまえを通してお父さんとお母さんに渡すことにする。」

「伯父さん、多すぎます！　私と秉鈞はもう働いているんだよ！」

「おまえたち六人は一人で二〇元だと一二〇元になるから、残ったお金でお父さんに栄養補助食でも買ってあげなさい。彼は胃が弱くて、虚弱体質だからな。」

「多すぎる！」いつもの大人しさと打ってかわり、今度の私はハリネズミのように反抗した。そう、私はまだはっきり覚えている。前回ともに食事したときに、伯父が卓球選手たちを食事に誘おうと言ったら、伯母が「恩来、今月の給料は数元しか残っていないよ」と冗談半分に返したのだ。すると、「なるほど」と伯父は少し驚いた表情を見せながらも、「よし、穎超姉さんの奢りだとみんなに打ち明けよう」と笑いながら言った。よく言われるが、「言うほうは無意識に言っても、聞く人は気にする。」この俗言がもっともと思えて、私は気が咎めてならなかった。伯父は月に給料として四〇〇元をもらっている。その半分を私たちに渡してくれるほか、親戚との行き来、部下への手当にも支出が必要だから、月末にならないうちに、食事の費用を伯母の給料で賄うほど、給料を使い果たしてしまう。これは伯父にとって、どれほど面子の立たないことだろう。

「そうか？　この私からのお金を断るということは、お父さんとお母さんに、党に援助を求めさせるつもりか？　もしそうだったら、私は安心できない！　私のお金を使ってくれれば、人民のお金を節約することになる。」こちらの考えを見抜いたか、伯父は続けて言った。「秉德、私のお金を使うことを気に病んではいけない。私も二番めの伯父さんも、お父さんもおまえの四番めのお祖父さんに養ってもらった。いま、私がおまえたちを養うのもあくまで責任を果たすだけのことだ。これは周家の先祖から伝わるよい伝統だ。おまえたちも、ひいてはおまえの子孫たちも困難があるときはお互いに助け合ってほしい。そうすれば、国に負担をかけずにすむんだ。いいね？」

私はただうなずき、なにも言えなかった。

一九五〇年から一九六八年までほとんど毎月、私は衛士長の成元功おじさんのところで署名して、お金をもらっていた。子どもは一人二〇元、加えて父の栄養食品代として三〇元、金額は最初の一〇二元から、一二〇元に上り、さらにのちに二〇〇元にまで上がった。これは、私たち兄弟姉妹六人全員が就職する一九六八年まで続いた。

このお金を家に持ち帰るたびに、私は伯父の溢れんばかりの慈愛を抱え込んでいるような気持ちになった。そして、月日が経つにつれ、伯父の深い愛情、親戚に責任をもって尽くす精神は、人間にとって必要不可欠な太陽の光のように私の心を照らし、暖めてくれるようになった。西花庁のペンで紙に「ただいま生活補助金を一二〇元受け取りました——周秉徳」と書いたときも、そのお金を鞄に仕舞い込んで西花庁を出て、中南海の西門を出たときも、鞄のなかのお金を母に渡したときも、私はいつも笑顔が溢れ、思わず心の奥でつぎのように自分に言い聞かせた。「私は本当に、このうえなく幸せだな、権勢輝かしくも、愛情たっぷりの伯父さんがいるなんて！」

そうだ。私は北京の街を歩いても、人目を引かないごく普通の女の子だ。国家の総理の姪だということはだれひとり知らないし、職場でも、上層部の数人をのぞけば、私の実の伯父が周恩来総理だと知る者は非常にかぎられている。しかし、これはまぎれもない事実だ！　もちろん、そのおかげでなにか特権を手に入れたわけではない。かわりに、人生の目標がより高くなり、人格育成の基準がより高くなった。だから、私はいつも伯父を鏡として自分の欠点を探し、伯父のような公正無私の人になろうと自分に言い聞かせていた……

しかし、伯父が亡くなり、その真心を綴った回想の文章をひとつひとつ読んでから、私は伯父と伯母の心がどれほど広いかを真に知ったのだ。

1959年、華章の母親と爾輝の母親が北京に来たさい、みなで恩来伯父と記念写真を撮った。

一九五九年の八月、九月のあいだに、従兄弟の華章《かしょう》と彼の母親が北京に来た。それを知った伯父は日程を調整し、彼らを西花庁に誘い、粟飯を奢った。途中で、紅焼肘子《ホンシャオヂョウズゥ》が運ばれてきたのを見て、伯父が「ああ、今日は紅焼肘子《ホンシャオヂョウズゥ》もあるんだ！」と驚いた顔で言うと、「せっかくお母さまもいらしたのだから、今日の料理は一か月分の肉を食べるよ」と伯母は間を置かずに説明した。当時の中国は食糧不足に陥っていた。にもかかわらず、故郷から訪れてきた百姓の親戚のために、二人は一か月分の肉を捧げたのだ！

伯父はご飯を食べながら、なにか思い出したかのように、伯母に言った。「華章は子どもが生まれたばかりで、母親も来たから、家族が一気に三人も増えたな。華章にお金をいくらかくれてやろう。」伯母はうなずいて、振り返って華章に貯金はあるかと聞いた。「九〇元の貯金があります。」そこで、伯母は書斎から一〇〇元を取り出して彼に渡し、「この一〇〇元を使って、自分のお金はそのまま貯めておきなさい。ふだんからいくらか貯金はあったほうがいいから」と言った。華章兄さんは伯父に目をやってから、伯母にも目をやり、とても感動しているようだったが、口下手でなにを言えばいいかわからず、うなずいてお金を受け取った。

食事後、伯父は用事があったので、みんなに挨拶してから急いで出かけていった。そのさい、伯母が「残った料理は夕飯で食べましょう」とスタッフに言いつけたのを華章兄さんも見逃さなかった。

一九六三年、華章兄さんには二人めの子どもができた。そのとき従兄弟の栄慶が出張で北京を訪れたので、伯父は華章兄さんを訪ねるよう指示し、四〇元を持たせた。「華章に伝えてくれ。子どもは二人で十分だから、もうこれ以上子どもをつくっちゃだめだよ」との伝言も託した。

伯父、伯母の恩恵を受けた親戚はこの一家だけではない。

王海青《おうかいせい》は伯父の秘書だった。一九五四年、幹部の教育レベル、素質と科学技術のレベルを上げるために、国は全国入試で在職中の者から一部を選抜し、大学に送ることを決めた。そのころ、王海青の奥さん、侯真はすでに二人の子どもの母親であったが、伯母の励ましと勧めにより天津医学院医療学科に見事合格した。しかし一九五五年十一月、在学中の彼女に突然、父親の病死の知らせが届いた。悲しみに暮れていた彼女はこのとき、伯母からの手紙をその秘書の張元を通して受け取った。手紙に伯母はつぎのように書いてあった。「お父様がご逝去されたと伺いました。どうか無理をしないように。悲しみを力に変え、よりいっそう学業に励んでください。また、学生の身分で経済的な余裕がないと思いますので、私は自分の給料から五〇元をあなたに渡すよう海青に頼んでおります。それをつぎに帰省するさいの往復の交通費にしましょう。どうぞ受け取ってください。お大事に。」侯真おばさんの目から涙がどっと溢れ出した。彼女は帰省せずに、そのお金で故郷に仕送りをし、期末テストの準備に取り組んだ。そして、伯母のこの感情の込もった手紙をずっと大切にそばに置いていたのだ。

一九五六年、八月のある日、王海青一家が昼食を済ませたところに伯母が訪れ、「子どもがもうすぐ幼稚園に入ると聞きました。お金がかかると思うから、いくらか用意しましたよ。」そう言うと伯母は服のポケットから八〇元を取り出して侯真に手渡した。王海青と侯真は目頭が熱くなり、涙ぐみながら伯母の姿が見えなくなるまで見送っていた。もし伯父と伯母の励ましと支援がなければ、まるまる五年間の大学生活を侯真がやり通すことはできなかっただろう。

伯父と伯母の恩恵を受けたスタッフはこの二人だけではない。

しかし、自分のことになると、伯父と伯母は自虐的と言えるほどの節約をしていた。

一九六〇年、伯父の使っていたタオルは当時もっともよく見られた緑色の縞模様のものだった。このタオルは一年も使われており、大きな穴が四つもあいていた。そのため、成元功おじさんは新しいものに買い替え、今度は赤色の縞模様を選んだ。朝、伯父はオフィスを出て顔を洗おうとしたさいに、「あれ、タオルはどこだ?」と、自分のタオルが消えたのに気づいた。

「そのタオル、大きな穴が四つもあいていましたよ。新しいのを使いましょう。」当直の衛士長、成元功がそばで答えた。

「両端はまだ使えるよ! コートじゃあるまいし、タオルなんて使えればいい! 早くとってこい。」

「総理、先日、韓先生が言ったじゃないですか。総理のお顔の毛嚢炎がなかなか根治しないのも、使っているタオルが古くて硬いから、顔との摩擦で発症しているのですよ!」成元功はお医者さんの「明確な診断」をアピールすれば、科学を尊重する伯父は納得するだろうと思っていた。

「うん、たしかに一理ある。」思った通り、伯父はうなずいた。しかし、勝利をまだ味わっていないうちに、伯父は眉毛をつりあげ、瞬きしながら問いかけてきた。「成元功、ガーゼは柔らかいか?」

「もちろん柔らかいですよ。」

「よし。霍愛梅同志（鄧穎超伯母の側近）にガーゼで穴を塞いでもらおう。そうすれば、タオルもまた使えるし、柔らかいガーゼは肌にも負担を与えない。資源の節約と肌の保護の両方ができて、まさに一石二鳥じゃないか？」

「たしかに！」ちょうど起きたばかりの伯母もそこに現れた。「ガーゼが破れたら足拭きに使える。足拭きに使えなくなったら、雑巾として使える。我が国はまだ貧しい。たとえ将来豊かになったとしても、節約の習慣を継続するべきです！」

そのようにして、ガーゼで穴を塞ぎ、色も褪せてはっきり見えなくなったタオルはまた伯父の顔に「口付け」するようになってしまった……

もしそのタオルを実際に目にすれば、その持ち主が一国の経済の最高権力を握っている人物、月に四〇四・八〇元の給料を受け取っている総理だなんてだれも信じられないだろう！

伯父の側近のスタッフがまとめたデータを見て、私はようやく自分のもらった手当はどれほど大きな意味があるかを思い知らされた。

伯父の月給は四〇四・八〇元で、伯母の月給は三四二・七〇元だった。一九五八年から計算すれば、伯父が亡くなった一九七六年まで、合計額は一七万元未満である。そのなかから、伯父と伯母は四分の一、すなわち四万元あまりを使い、親戚と側近のスタッフたちを支援していた。私を通して両親に渡したお金が、この四万元の大部分を占めただろう！　私ははっきり覚えている。伯父と伯母は、いつもこう言っていた。「自分の給料で親戚と部下を支援したのは、彼らが国に援助を求めることがないようにして、国の負担を軽減するためだ！」

それは一九八二年のある日だった。伯母が、私と弟の秉鈞を中南海遊泳池に呼んだ（当時西花庁は改築

1961年、著者の両親。

中であり、穎超伯母は一時的に移住していた）。実の姪のなかでは私たち二人が最年長だから、遺言のことを聞かせてくれたのだ。そして、遺言の話から昔話になると、彼女は「空前絶後」の愚痴をこぼした。

「私は家計において、たとえ一元たりとも自分で管理したことはありません。私と恩来のお金は、秘書、衛士たち三人によって管理されています。彼らはお金の流れについてはっきりした記録をとっているのです。恩来が亡くなって、五〇〇〇元未満のお金が残されたけれど、それもすべて党費に充てました。ほかの人だったら、亡くなれば六か月分の慰謝料が支払われるけれど、私は一月分も受け取らなかったんですよ！　以前、あなたたちに経済的な支援をしたのも親戚だからではなくて、国、社会に対する共産党員としての責任感のため。あなたたち以外にも、国盛のお母さん、栄慶のお母さん、孫桂雲たちを死ぬまで世話してあげました。爾輝からの手紙で二〇〇〇元の負債があると知って、私は婦女連合が支払ってくれた文章と詩の原稿料から一〇〇〇元を捻出して送ったのよ。全額ではなく一部しか負担できなかったけれど。秉建もそう。結婚で負債をつくったときに三〇〇元を渡しました。」

「恩来はなおさらお金のことには無関心でした。散歩中にまれに『いま私は金をどれくらい持っている？』と何謙《かけん》や成元功に聞いたこともあるけれど。彼は『私たち』とさえ言いません。『私』だけよ。私のことなんて頭にぜんぜんなかったのです。なんという亭主関白！　本当に人ひとりの世界観を変えるのは一生かかっても難しいものね！　あれは一九六〇年ごろのこと、私はその後『二人の帳簿を分けて記録して』と言いつけました。そうしたら、月末の彼の残金が二毛六分〔約四円〕だったこともあったのよ！　あるとき彼は、陳毅さんと映画『ネオンサインの下の哨兵』〔一九六四年公開〕の撮影グループに奢ろうとしたけど、手持ちがなくてけっきょく私のお金を使いました。入場するや否や、彼は『今日ご飯を奢ってくれるのは小超だ。私ではない！　私にはもうお金がないからな！』と断ったのです。このように、残金を分けて記録するのは一年間つづきました。私自身がお金を管理することはなかったけどね。今日は少し愚痴をこぼしたいだけ。おそらくこれは最初で最後のことでしょう。」

「ありがたいことだ！　七母が私のまえで文句を言うとはね。言いたいときはちゃんと言ってよ。ひとりで抱え込まないで。私は愚痴を聞くのが嫌じゃないから！」と私は口ではうれしそうに言ったが、心のなかでは涙がこぼれた。伯母には近しい親戚がひとりもいない。彼女は伯父と周家という大家族のためにたいへんな苦労をしてきた。それにもかかわらず、愚痴をこぼしたのは生活の苦労ではなく、伯父の「亭主関白」ぶりについてだったのだ！

もちろん、実の弟である私の父も、兄のためなら自分のことを多少犠牲にしても文句はいえない。たとえそれによって取り返しのつかない後悔が残ったとしても。

木は千尺の高さがあっても、葉が落ちれば根元に帰る。父は故郷を恋しく思い、とくに歳を重ね、退職してからは「俺が十五歳で淮安を出てから、あっという間に四、五十年がすぎてしまった。故郷に帰りたい！」とよくつぶやいていた。退職したあとも、彼は帰省の願いを何度も伯父に伝えていた。それはある春風が爽やかで、日差しが暖かい日だった。伯父は気分がたいへんよく、家族とともに庭で集合写真を撮ったあと、父と前庭の花園を散歩した。私は妹の秉建の手を繋いでそのうしろをついていき、伯母と母は渡り廊下の前で話をしていた。

「兄さん、爾輝が手紙をくれた。故郷の駙馬巷《ふばこう》の家は古すぎて、とくに兄さんの住んでいた家屋は倒れそうになってるって。淮安県委も言ってたけれど、改築を手伝ってもらうことになっている。でも、そのまえになかに住んでいる何軒かの家族に引っ越してもらう必要がある。改築はどうすればいいか、いちど俺が帰って確認していいかな?」

「その件はいいんだ。淮安県委の人に私はもう言っておいた。なかの住民は引っ越させない。われわれの家、とくに私が住んでいた家は倒れてもかまわん。むしろ倒れたほうがいい。改築は禁止だ。記念館を作って見学させたりするなんてもっとまっぴらだ。『故郷に錦を飾る』だの、『功績を立てて祖先の名を上げる』だの、私がいちばん嫌いなのはまさにそういう封建主義のやらかしたものだ。私が生きているかぎりそういうことはさせないぞ」と伯父は断言し、議論の余地すら与えてくれなかった。

「人生でいちばん惜しいのは人生の短さにあり。指折り数えて、俺は十五歳で故郷を離れてからすでに四十年近くが過ぎた。兄さんは俺より八年早く出たから、五十年近くたっているね。兄さんは故郷に帰りたくないのか?」父の声が震えており、気持ちが高ぶっているのを聞けばわかる。

「故郷は離れ難い。私も生身の人間だし、喜怒哀楽のあるふつうの人間だ。故郷に帰りたくないわけがないだろう! あそこには私たちのお祖父さん、お祖母さん、お母さん、十一番めの叔母さんが眠っている。何十年も帰っていないし、お墓のそばの木はどれくらい大きくなっただろうな!」

「兄さん、帰るつもりはないの?」

「ない!」伯父は言い切った。「忙しいのは理由のひとつだが、もうひとつはあそこの同志に迷惑をかけたくないんだ。このまえ、淮安県委書記が来て、踏み込んだ話をした。彼によると、故郷の手前の文渠にはいまでも水が流れていて、カヌーに乗ることだってできるそうだ！」

「兄さん、総理である兄さんだったら、故郷に帰れば、『功績を立てて祖先の名を上げる』なんていう疑いをもたれるかもしれないけど、俺は一般人だから帰ってもなんの差し支えもないだろう。」父は嗚咽を漏らしていた。

「おまえは周恩来の弟だ！」伯父はきっぱりと言った。「よく考えろ。もしおまえが帰ったら、県委が人を遣って、出迎えたり、案内したりしないはずがないだろう？　地方の同志に負担と迷惑をかけるのは明白だ。そうまでして、帰省しなければならない理由はなんなんだ?!」

父はいたしかたなくうなずき、深く嘆いてから物哀しそうに答えた。「本当に歳をとったせいかもしれない。俺はしょっちゅう故郷のことを思い出すんだ。俺たち兄弟三人が一緒にすごしたあの苦しい日々が恋しくてたまらない。それに、母さんの墓参りにも行きたいなあ。俺が死んだあとは、故郷の裏庭の、小さいころ野菜を植えたあたりに骨を埋めて欲しい。そうしてもらって、ようやく故郷に帰るという宿願を果たすことになるんだろうか……」

伯父は話の穂を継がなかった。父も帰郷のことを二度と言わなかった。いまにして思えば、父にとってもっとも残念なことは、生きているうちに淮安に帰れなかったことだろう。伯父の生きているあいだは許しをもらえなかった。伯父が亡くなったあとは、「文化大革命」で八年間も投獄されて体が壊れ、とても帰れるような状態ではなかった。父は臨終のさいに母にこう言ったのだ。「俺が死んだら、遺骨を淮安に運んでくれ。裏庭の野菜を植えていたあたりに深く埋めて、故郷をよく見させてくれよな……」

父は幼年時代を送った故郷を心から愛していたのだ！

六　恩来伯父は国家の総理だが、過去の旧い戦友や部下を忘れたことはない。そして、革命に身を投じる前に出会った同窓生や友人も忘れたことはない。

西花庁での生活をつうじて、ひとつはっきりしたのは、恩来伯父は国家の総理であっても、旧交を忘れず、友情を重んじる人だということだ。一九五〇、六〇年代、彼は政務が多忙を極めているにもかかわらず、よく時間を割いて旧い戦友、部下やその子どもたちを訪問していた。あるとき、天津南開学校の同窓生たち、李福景《りふくけい》、潘述庵《はんじゅつあん》、潘述庵の奥さんである李愚如《りぐじょ》、張鴻誥《ちょうこうこく》らを西花庁に招待し、私の父と母も付きあって、ともに昔話をしたり将来の展望を語ったりした。

1959年元旦、恩来伯父は南開学校の旧友を西花庁に招待した。前列右端が李福景、左端は李愚如、後列左端が李子克、右から2番めが潘述庵、右端が著者の父・同宇（周恩寿）である。

一九六〇年、伯父と長年の付きあいがあり、かつ二年間あまりも同じ寮に住んでいた南開学校の同窓生、張鴻誥は東北から北京に異動し、水電部電科院の高級技師になった。そのときの招待は、張鴻誥と何十年ぶりかの再会であり、食事中、伯父は彼に料理を取り分けるさいに、なにかを思い出しように手をいったん止めて、問いかけた。「綸扉（張鴻誥の号）、士琴はあなたのことを一番めの姨夫〔一番上の姉の夫〕と呼ぶけど、私はどう呼べばいいだろう？」

「それはなんでもかまわない。いままでのように、お兄さんと呼んでいいんだ。でも、同宇のほうは士琴と同じく、一番めの姨夫と呼ぶこと!」と、張鴻誥はまるで質問されるのを事前に想定していたように、即答した。

じつは一九一七年、伯父は南開学校を卒業したあと、何人かの同窓生とともに日本に留学していた。一九一九年の四月から五月にかけて、彼は帰国して「五・四運動」に参加したが、張鴻誥は日本に残り、電機学の勉強を続けることにした。卒業後、張鴻誥は帰国してハルビンの電業局に入り、そこで技師を務めた。一方、一九三〇年代、私の父もハルビンで生計を立てていた。だから、この兄の友人である張をよく訪ねていた。張鴻誥は母の一番めの姨夫なのだ。父と母は知り合いになってからそのことを知り、いっそう信頼しあい、仲睦まじい間柄になって、ついに結婚にまで至った。その後、もちろん父も母と同じように、張兄さんを一番目の姨夫と呼ぶようになった。

長年の付きあいのなかで、張鴻誥が南開学校時代の伯父について私の両親に話したこともある。それを母はずっと鮮明に覚えていた。

「恩来はたいへんな努力家なんだ。暮らしが貧しいので、学校のためにガリ版を切って、学費や生活費を賄っていた。一年後、彼は優秀な成績と優れた人格によって校長に気に入られ、校内でも人数の限られる学費免除生のひとりとなった。」

「恩来は政治活動にも積極的に参加した。彼は十六歳で二人のクラスメートとともに『敬業楽群会』を立ち上げ、会誌を発行した。そして、会員たちを率いて進歩的な書籍や新聞を読んだり、時事討論会や講演会を開催したりした。彼は目立つのを嫌がったから、ほかの人に会長を任せ、人に見えないところで実務的なことを着々と、たくさんこなしていた。彼は名誉や肩書きなどをちっとも気にしない。クラスメー

南開学校の教員、伉乃如（前列左から２番目）と学生たちとの記念写真。

トや先生とも、とても仲良く付きあっていた。」

食事中、張鴻誥は伯父に「帰国のさいに書いてくれた詩を、私はいまでも大事に持っているよ。将来は博物館に贈呈するから」とも言った。すると、伯父はすぐに四十年前のあの詩を思い出したか、誠実な口調で、「あれを博物館に？　いや、博物館に入れるようなもんじゃないよ！」と謙遜した。

別れぎわに、伯父は同窓生たちの家庭ごとにピーナッツを一袋ずつ渡した。経済が困難な時代に、とても人びとに好かれたお土産だった！

一九七七年の初め、恩来伯父の一周忌にさいして、また穎超伯母を慰めるために、張鴻誥は私の母を自宅に招待した。そこで彼は、戦乱を経て五十八年間も大事にしまっていた伯父の詩を伯母に渡してほしいと母に託した。母がそれを開くと、見慣れた字が目に飛び込んできた。詩はこのように書いてある――

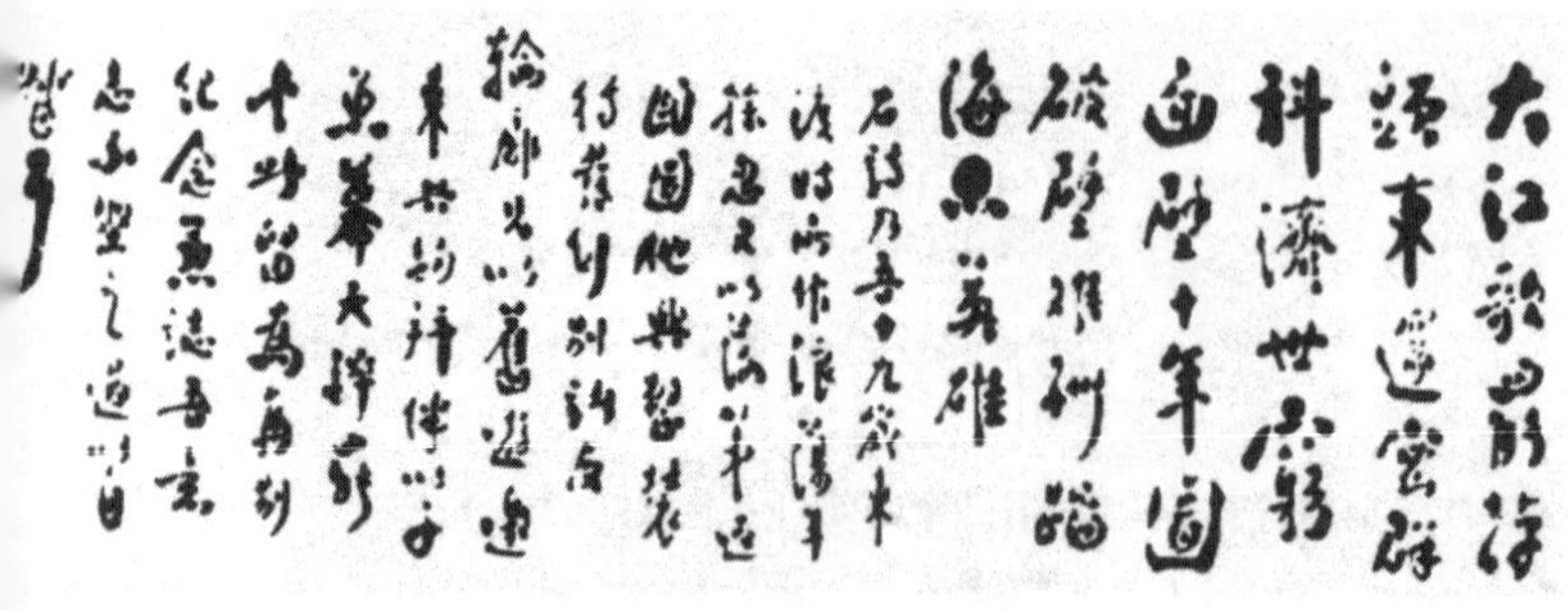

恩来伯父が1919年に書いた『大江歌罷掉頭東』の手蹟。左下の署名は所蔵者によって切り取られている。

大江歌罷掉頭東、〔大江を吟じたら振り向いて東へ向かおう〕
邃密群科済世窮。〔諸々の学問を究め世の中の困窮を救うのだ〕
面壁十年円破壁、〔十年間、壁に向かい突き破ろうとしてきた〕
難酬蹈海亦英雄。〔報われることなく海を渡るのもまた英雄である〕

晩年の張鴻誥はつぎのように回想した。「一九一九年年の初め、恩来が帰国する寸前に、われわれ数人のクラスメートは送別会を開き、食事後、前もって用意しておいた筆墨と紙を取り出してお別れの言葉を書いた。そのとき恩来は、一九一七年に天津で日本行きの船に乗るまえに作った七言詩を思い出し、それを書き下ろして贈ってくれた。」

また、彼はこの詩の保管に関する経験も教えてくれた。「恩来のこの詩を、私はずっと大切にしまっていた。帰国後、満州国時代にせよ、国民党政権時代にせよ、軍事警察に抜き打ちで捜査されるリスクはほとんどつねにあった。この詩を保管するために、私はやむなく恩来の署名部分を切り取り、表装してほかの書画に混ぜておいた。軍事警察にこれはだれが書いたものかと聞かれたら、書画のお店で偶然見かけて、とてもよくできていると思ったから買った、という答えも用意していた。そんなふうにして、ようやく今日まで無事に保管できたわけだ。」

もし張鴻誥が命をかけて大切にしまっていなければ、高い志を表した伯父のこの詩を見ることはできなかっただろう。この一件からも、この一世紀近くにわたる歴史の変遷のなかで、伯父の書いた文章、詩などの原稿がどれほど多く行方不明になったか、あるいはどこかで人びとの目にふれることなく眠っているか、想像できるだろう。そう思うだけで、残念でたまらない。

第三章　お年寄りを敬い、養うのは周家の家風である

一　一九四九年の冬、六番めの祖父・嵩堯は北京に迎えられ、恩来伯父直々の許可のもとで政府機関に勤めた周家唯一の親戚となった。

もし一九五二年八月に撮ったこの写真がなければ、もしこの写真に、恩来伯父のそばに座り、長い麵を箸で挟んで「苦戦」する私が写っていなければ、六番めの祖父〔貽良、後に嵩堯〕の八十歳の誕生日を祝ってあげたことを私はすっかり忘れてしまっていただろう。あのころ、伯父と朝夕をともにしているとはいえ、写真を撮るのは滅多にないことだった。伯父の警衛秘書の何謙がいなければ、この写真も生まれなかったのだ。もちろんこれは、恩来伯父と穎超伯母が事前に指示していたものであり、この宴会を彼らがどれだけ大事に思っていたかもはっきり見てとれる！　写真を見ていると、五十年前のことがつぎつぎと頭に浮かんできた……

一九四九年の年末、学校から帰ると夜の帳《とばり》が下りようとしていた。「秉德、伯父さんはまもなく帰ってくるよ。今晩はそんなに寒くないから、門のところでちょっと待っていてくれる？　それから、散歩も付きあってちょうだい。この二、三日、彼は会議ばかりであまり運動していないから。」

「はい！」私は答えると、飛んだり跳ねたりしながら門のところに着いた。

車が門をくぐりぬけ、伯父が降りた。「伯父さん、家まで一緒に歩くよう七母に言われたよ」と、私は歩みよって迎えた。

「それはいいね！」伯父は優しく微笑み、一緒に歩きながら世間話を始めた。「秉德、先ほど知らせを受けたが、おまえの六番めのお祖父さんがもうすぐ北京に来るんだ。」

「六番めのお祖父さんってだれ？」と、私はわけがわからず思わず聞いた。「伯父さん、私にはお祖父

1952年、6番めの祖父周嵩堯が80歳の誕生日を迎え、恩来伯父は西花庁で食事会を催した。

さん、四番めのお祖父さんがいて、二人とも亡くなったのに、いまになってとつぜん六番めのお祖父さんが来ると言われても……どうしてそんなにたくさんのお祖父さんがいるの？」

「私たち周家は大家族だからね。おまえのお祖父さんの世代には兄弟と従兄弟を合わせて十一人もいるんだ。だから、年齢の高い順から見ると、おまえのお祖父さんは七番め。この六番めのお祖父さんはおまえのお祖父さんの従兄で、兄弟のなかでもいちばん出世したひとだ。いま彼は唯一健在のお祖父さんなんだよ。」

「六番めのお祖父さんはなにをしていたの？　いま年齢はいくつ？」

「七十六、七歳だろう。」伯父は眉をひそめ、考えてから言った。「当初、お祖父さんたちは全員紹興出身の師爺《しゃ》[9]に弟子入りしたけれど、おまえの二番めのお祖父さんと六番めのお祖父さんだけが成績がよかった。六番めのお祖父さんは挙人[10]に合格して師爺となり、のちに袁世凱の秘書にまで成り上がって中南海で仕事をしたこともあるよ。」

「袁世凱は悪いひとじゃなかったの?」私はびっくりして、思わずに口にした。悪をこのうえなく憎む伯父だからこそ、父が革命をあきらめたときに、激怒して猛烈に批判したわけだ。しかし、悪人の側近で秘書をしていた六番めの祖父に対して、なぜ伯父は優しくするのか? あの時代は、学校の教育はとても極端なものだった。善と悪にははっきりした境界線があり、革命ではなければ反革命になる。中立という選択肢はなかったのだ!

「秉徳、物事を単純に考えてはいけないよ。六番めのお祖父さんの時代には、共産党がまだ誕生していなかっただろう。彼は袁世凱の大元帥府で秘書の仕事をするあいだ、南北和議を積極的に主張し、南北の平和統一を必死に呼びかけて奔走していたんだ。そして、袁世凱が皇帝即位を宣言すると聞くと、彼は辞職して淮安に帰り、そこで息子とお孫さんとともに駙馬巷近くのそれなりに立派な屋敷に住むことになった。伯父さんがまだ小さいころに聞い話だけど、なんとそれは『老残遊記』の著者、劉鶚《りゅうがく》の旧居なんだそうだ。」

「その屋敷に住むお祖父さんなら、父が故郷のことを話してくれたときに聞いたことがあるよ。伯父さんが洋学堂〔洋学校〕で学び、革命に参加したから、あのお祖父さんは伯父さんのことを反面教師にして、自分の息子が洋学堂にいくのを固く禁じて、家に閉じ込めて塾の先生に四書五経を教えさせていた!」

「それは伯父さんも知っている。」伯父は頷きながら両腕を組んだ。「でも、それも事実だ。もし私が、かつて淮安を出ていなければ、瀋陽、天津で勉強していなければ、おそらく革命の道を歩むことはなかっただろう。故郷に残った兄弟たちと同じように、そのまま落ちぶれていたかもしれない。」

「伯父さん、六番めのお祖父さんは、官僚をしていたのだから、私たちより裕福だったはずでしょう。

伯父さんが二番めの伯父さんと父と淮安を出たあと、八番めのお祖母さんの家はあれほど貧乏だったのに、彼が援助の手を差し伸べたなんて聞いたこともないよ！」私はどうしても納得がいかないのだ。なぜ、ひとが貧乏なときや窮地に陥ったときには、親戚や友人たちは跡形もなくいっせいに消え失せるのに、ひとが官僚になりお金と権力を手に入れたときには、その人たちが晴れ渡った夜空の星のように、数え切れないほどつぎつぎに現れるのだろう！「あのころ、六番めのお祖父さんは昔の財産を食いつぶすだけで裕福じゃなかったよ」と伯父は教えてくれた。

伯父と一緒に中南海に住むようになってから、本当に、周家がどれほど大きな家族なのか、親戚がどれほど多くいるかを、私はいやというほど思い知らされた。三日とあけず、周家の者だと名乗るひとが西花庁にやってくる。そのなかで、苗字が周のひとがもっとも多く、つぎは陳で、魯と名乗るひともいた。成元功らの統計によると、建国後の一、二年間に、西花庁の門をノックし、周恩来の親戚だと自称した者は百人以上もいたそうだ！ 伯父は淮安を出たとき、わずか十二歳だった。どのあたりにだれが住んでいたかをはっきり覚えていないので、私にメモ用紙を渡して父に聞くよう頼んだ。というのも、父は家を出るのが比較的遅かったので、さまざまな親戚関係や名と号を多少なりとも把握していたからだ。周家の各世帯の関係、名前に目鼻をつけるために、父が一世帯一世帯ずつ述べ、私が一筆一筆書き、ついに一枚の家系図を作り上げた。ただし、のちにこの図がかなり大きな役割を果たすなどとは当初は思ってもいなかった。

「秉徳、おまえはまだ小さいけれど、ひとつだけ覚えておきなさい。人を評価するさいには大所に着目し、厳しく要求してはいけない。とりわけ古い時代を生き抜いてきたお年寄りの場合、人民に貢献したことさえあれば、われわれはそれを銘記すべきだ。六番めのお祖父さんはその一例だ。官僚をしていたときに、彼は人民によいことを二つしてくれた。それをけっして忘れてはいけない。まず、江蘇督軍の李純《りじゅん》秘書長の在任中、彼は江蘇省と浙江省の軍閥戦争を鎮め、人民の命と財産を戦火から守ってくれた。そして第二に、袁世凱即位のさい、彼は誤った選択肢をしなかった。これは政治上の達見によるものだ。六番めのお祖父さんは一九二九年、一家で揚州に引っ越した。盧溝橋事件後、そこは日本人に占拠され、旧友や親友のなかにも漢奸になった人がいた。お祖父さんの名望に目をつけ、日本側は何度も重要な職務に彼を誘ったけれど、彼は卑屈でも傲慢でもなく、隠遁生活をつらぬいた。一九四六年、伯父が南京にいるという情報を新聞で知り、お祖父さんはわざわざ南京梅園を訪れ私に会ってくれた。国共の和平が早くも決裂[11]し、私が南京を離れていなければ、そのときから彼をそばに置いて面倒を見るべきだった。いわゆる忠孝の双全〔忠義・孝行ともに立派であること〕はできないものだ。命を授けてくれた父にも、育ててくれた四番めのお祖父さんにも、私はその恩を返すことがついにできなかった。いま、六番めのお祖父さんが北京に来るんだ。ようやく扶養の義務を果たし、親孝行をするチャンスがやってくるわけだ。」

「六番めのお祖父さんも中南海に住むの？　私たちの部屋をお祖父さんのために空けたほうがいいよね？」

「その必要はない。お祖父さんの住居はすでに用意してある。遠東飯店だ。政務院交際所傘下の宿泊所で、有名人の多くはそこに住んでいる。今回、六番めのお祖父さんは成人したお孫さん、周華省を連れてきて、自分の日常生活の面倒を見てもらうことになっている。北京にはもうすぐ中央文史研究館ができあがるから、お祖父さんにそこで働いてもらいたい。そうすれば、彼の特技も生かせるし、人民にも貢献できる。なにか為すべきことがあれば、老後の生活も安らかなものになるんじゃないか。」

伯父の声は大きくはないが、ゆったりと落ち着いていて、それは心の奥底から発せられた歴史的な響きのあるような声だ。頷きながら、私は年上の人物に対する伯父の真心と孝行心を深く心に留めた。

六番めの祖父が中南海西花庁に到着した日、伯父と伯母は父と母と子どもの私たちをわざわざ西花庁まで呼び、一家そろって歓迎の宴を開いた！ 祖父は銀色の髪の毛に飄々とした白い髭を生やしており、黒布の綿入れの中国服に黒布の綿靴を履いている。七十七歳になるにもかかわらず、彼の背中はまだまっすぐ伸びており、血色の良い顔には笑みが溢れ、頭の回転も早く話し方は淡々としている。彼はいまや布衣《ふい》〔平民〕とはいえ、大きな世界を見た者のもつ心の豊かさと、万難のなかで鍛えられた仙風道骨〔世俗を超越した風貌〕は少しも変わらない。

伯父と伯母は玄関で待っていた。六番めの祖父が車を降りると、伯父は両手を差し伸べて彼の手をしっかりと握り、淮安の方言で優しく挨拶した。「嵩堯伯父さん、遠路はるばるお疲れさまでした。ここにいらっしゃったからには、もう蘇北の故郷に帰ることはありません。ここで安心しておすごしください。」そう言いながら、伯母を祖父に引き合わせた。伯父と伯母は祖父のそばに座り、なごやかに談笑していたが、伯父の向かい側に座った私は、彼のあの黒々と透き通った目が祖父をずっと見つめているのに気がついた。その溢れる笑みと眼差しは、目上のひとに対する尊敬、親戚に対する愛情を物語っているのではないか。そのとき、六番めの祖父は伯父にとって、いまやもっとも重要な存在であり、おそらくその真剣な表情を見たからこそ、六番めの祖父も表情がやわらぎ、気がねなく話したり、朗々と笑ったりできたのだろう。伯父ならではの真剣な眼差しは、とても深い印象を残してくれた。

伯父が生きているうちは、それは感慨に踏みとどまっていたのだが、彼が亡くなってからは、昔のドキュメンタリーでその見慣れた真剣な眼差しを見かけるたびに私は思わず感涙に咽んでいた。外国の友人たちや中国人によって伯父に関する多くのエッセイや回想が書かれてきたが、国家指導者にせよ一般庶民にせよ、伯父と会って話を交わした人であれば、だれでもその真剣な眼差しに湛えられた親切さと尊重を強く感じられ、その一瞬、自分が周恩来のすべてで、唯一無二の存在だと思ってしまう。そのため、わずか半時間か数時間の会見と会話がある人にとって一生の思い出となり、思い出すたびに感動を覚え、ひいてはその後の人生を変えてしまうこともある。

一九五一年七月二十九日、中央文史館が正式に開館し、六番めの祖父は政務院副秘書長の斎燕銘の推薦を受け、政務院総理である伯父手ずからの許可のもとで、最初の中央文史研究館館員のひとりとなった。これは伯父の承認のもとで、周家の親族が仕事を得た唯一の例でもあった。

あとになって、六番めの祖父のお孫さんである華章兄さんから、彼がとても真剣に勉強していたことを何度も聞いた。その当時、『毛沢東選集』はまだ出版されておらず、みずからの自覚を高め、社会の発展についていけるように、この七十七歳のお年寄りは毎日朝食を済ますと老眼鏡をかけ、紙を広げて墨をすり、そして、毛筆を執って豆粒大の楷書で丁寧に一文字も漏らさずに、毛主席の『新民主主義論』を書き写すのだ。華章兄さんは疲れるだろうと心配し、もうすぐ本が出るからと言って止めさせようとしたが、祖父はなかなか首を縦に振ってくれなかった。彼の考えでは、それは古い教訓であり、長年の勉強の習慣でもある。それに、本は買うより借りたほうがよい。借りるより書き写したほうがよい。いちど書き写せばはっきり記憶できるし、より深く理解することもできる。たしかに祖父の努力は実った。彼はそれを自分の紆余曲折の人生と結びつけ、新聞社に文章を投稿し、新しい中国の設立、共産党の指導を称えた。

共産党創立三十周年の祝賀会で、六番めの祖父は中央文史館の代表に推薦され、毛主席の師である中央文史館館長の符定一先生とともに毛主席に献杯し、心からの祝福の意を表した。

また、六番めの祖父が北京に来たあと、西花庁は他人が周家の名を騙って訪ねてくることを二度と心配しなくなった。一九五一年十一月、六番めの祖父は伯父の行政警衛秘書である何謙にわざわざ手紙を出し、当時まだ生きていた親戚の名を詳しくリストアップした。祖父が毛筆で丁寧に書き記した三〇〇〇字に及ぶ手紙は、伯父の親戚に関するもっとも詳しい資料となった。

二　恩来伯父は淮安から八番めの祖母を迎え、最期まで面倒を見た。

一九五〇年の秋、西山が紅葉で赤く染まったころ、恩来伯父は淮安から八番めの祖母を北京に迎えた。八番めの祖母は顔幅が広く、目つきは慈愛に溢れ、口を開くまえに微笑みが先にこぼれるような人だ。彼女は観音菩薩を敬虔に信仰し、長年精進潔斎して念仏を唱えていた。ある日、私が学校から帰ると、八番めの祖母が西花庁にやってきた。ちょうど伯母がある電話に出なければならなかったので、かわりに私が祖母の話し相手をした。祖母は私をそばに座らせ、たこだらけの両手で私の頰を抱えこみ、上から下までひととおり観察してから、わかりにくい淮安の方言で言った。「阿弥陀仏、秉徳、あなたは恵まれている子だよ！」正直に言えば、八番めの祖母がとても優しい人だとわかってはいても、残念ながら彼女の淮安訛りがあまりにもひどすぎて、なにを言っているのか私にはさっぱりわからない。だから、いろいろ話したくてもけっきょく笑いながらうんうんと頷くほかなかった。

あきらかに、伯父と伯母は八番めの祖母を非常に尊敬し、特別に配慮している。彼らは祖母を恵中飯店に宿泊させ、彼女とそのお孫さんの周爾輝をしょっちゅう西花庁に誘っていた。ある日など、祖母に付き添って頤和園に遊びにまで行ったのだ！　祖母が西花庁に来た日には、伯父はどれだけ忙しくてもかならず食後の短い時間を利用して、祖母と世間話をしたり、故郷で起きたことや人びとについて聞いたりする

1951年、8番めの祖母が上京したさいの家族の記念写真。後列左から周栄慶、恩来伯父、8番めの祖母、穎超伯母、父・同宇。前列左から：2番めの叔母、著者、秉華、秉鈞、母・士琴、周爾輝。

のだ。

しかし、数か月も経たないうちに、八番めの祖母は故郷に帰りたいと、執拗に要求しはじめた。伯父と伯母は再三引き止めたものの、彼女は意志を曲げなかった。くわえて、彼女は自分ひとりで帰ると言い、一緒にきたお孫さんの周爾輝は北京に残して学校に行かせると言い張った。それに対して親孝行な周爾輝は、祖母を故郷に送ってから学校に行くと言うが、「勉強こそ大事だ。邪魔してはいけない」とやはり祖母はかぶりを振った。

千軍万馬に命令を下した伯父だが、今度ばかりはひとりのお年寄りを説き伏せることができなかった。しかたなく春節のまえに祖母を淮安に帰らせた。別れぎわに、伯父は私の父、母と家族全員を西花庁に誘い、ともに食事をして祖母を送別した。満面の笑みを浮かべるの祖母を、私はどうしても理解できなかった。北京は大きな都市であり、淮安はしょせん小さな町にすぎない。北京にいれば衣食の心配がないばかりか、伯父と伯母に特別に面倒を見てもらうこともできるのに、祖母はなぜここで幸せを享受したがらないのだろう？

一九五三年の夏、八番めの祖母はふたたび上京し、例の恵中飯店に泊まった。今回来たのは、ひとつは病気を治すためであり、もうひとつはみずから育て上げ、自分のそばを離れたことのない孫の周爾輝が北京での生活に慣れたかを確認するためだ。一か月間の滞在で安心した祖母は淮安に帰ったが、そのまえに、伯父に「駙馬巷の屋敷とお墓が古すぎるから建て直したほうがいい」という隣人たちの意見を伝えた。伯父はこれに反対した。彼は中央警衛局の幹部である王雨波《おううは》を遣って八番めの祖母を淮安まで送らせ、同時に自分の三つの意見を淮安県政府に伝えさせた。

一、八番めの叔母の生活費は今後、私が支払うので、県政府は手当の給付を中止してください（共産党が北京奪還に成功した当時、伯父の給料は現物供給制だったため、彼の親戚は現地政府の手当を受けて生計を立てるしかなかった。しかし、一九五三年に国家の幹部はそれを賃金制に改めた。そのため伯父は、自分の親戚が現地政府に負担をかけないように配慮したのだ）。

二、駙馬巷の屋敷の改築、見学は禁止します。私が住んでいた部屋を宣伝してはなりません。住人のいる部屋はそのまま住まわせ、引っ越させないこと。

三、先祖の墓を撤去し、遺骨を地下深く埋めること。土地は生産隊に譲渡します。

この三番めの意見について、彼は私の両親を西花庁に呼びつけ、相談したことがある。というのも、この墓には彼らの共通の祖父と祖母、母が眠っており、彼ひとりで決められることではなかったからだ。

一九五六年、八番めの祖母は重篤状態に陥り、淮安県病院で治療を受けることになった。片足を棺桶に入れていることをよくわかっていたため、祖母はだれがなにを言っても故郷を離れたがらなかったのだ。現地の政府が寄せてくれた関心と配慮に、とりわけ医療費と葬儀費用を支払ってくれたことに感謝するために、伯父は秘書を遣って、自分の名義で県政府に三通の手紙を送り、二回送金した。一九五六年の末、八番めの祖母が亡くなるまで、実際に彼女の面倒をみたのは伯父だった。

頤和園《いわえん》にもっともよく行った年といえば、それは一九五一年だ。その一年間、頤和園に通った回数はのちの数年の合計に匹敵するほど多かった。なぜならその夏、伯母が病気にかかり、頤和園の聴鸝館《ちょうれいかん》で療養していたからだ。そのころ、伯父はあいかわらずとても忙しかったが、頻時間を割いては頻繁に伯母のお見舞いに行っていた。行くときは、伯母を少しでも喜ばせたかったのだろうか、いつも私たち子ども三人を連れて出かけた。もちろん一回一回それぞれのお見舞いができたのは伯父の側で働くおじさん、おばさんたちの勧めと根回しがあってこそだ。頤和園にお見舞いに行く人にとっても、湖のあたりや日陰を歩いたり、船に乗ってゆっくりしたりすることはうってつけの休暇ではないか。ところで、伯母が頤和園にいなければ、伯父の足を頤和園に向けさせることはおそらくできなかっただろう。なぜなら、彼は西花庁にいるかぎり、オフィスがもっともお気に入りの場所だからだ。私はいつも思うが、もしかしたらあの大きくも、どこでもあるような机には大きな魔法の力が潜んでいたのかもしれない。そうでなければ、なぜ彼がそのまえに座るや否や、目がきらきらと輝き、元気が溢れ出してくるのか!

しかし、その理由は、私が大きくなってから、とくに「文化大革命」が終わりを告げたあと、ようやくわかってきた。当時、伯父は経済の再建や国際関係の構築だけでなく、朝鮮を支援する志願軍〔義勇軍〕の作戦および物資の供給も事実上とりしきっていたのだ。彼は働きに働き、ともすれば一日十六、七時間も働きつづけていた。疲れすぎて気絶したこともあったようだ。しかし、これは当時の私たちにはまるでわからなかった！　というのも、私たちのまえでは、伯父はだれよりも胸を張り身ぎれいにしており、頭の回転もよく、目つきが鋭いからだ。だから、伯父を見るたびに、私は「共産党員は特殊な材料で作られている人間だ」というスターリンの名言を思い出さずにはいられない。いま思えば、伯母を頤和園に送った医師は、最初から、「一石二鳥」を狙っていたのだろう！

1951年、伯父と伯母、私たち姉弟3人、頤和園にて。

私たちは伯父のあとについて頤和園に足を踏み入れた。夕暮れのなか、爽やかな風が頬を優しく撫でてとても気持ちがよかった。車は公園の東門に止まり、私たちは伯父について公園に入った。公園に入るまえ、伯父はスタッフたちに「入場券を買ってくれ」といつものように注意した。伯父は散策というものを知らないようだ。彼の足どりはいつも軽快で力強く、公園に着くと車から降り、てきぱきと目的地に向かう。灰色の中山服姿の伯父のそばには、子どもの私たちのほかに、ひとりふたりの付き添いしかいない。だから湖畔の回廊を歩いてもふつうの観光客となんら変わりがないのだ。観光客のなかには、伯父とすれ違っても気づかない人もいれば、はじめは怪しいと思うのみで、あとではっと悟り、振り返ってぶつぶつ議論をしだす人もいる。一目でわかる人もわずかながらいる。そんなとき彼らは早足で歩み寄り、伯父と心をはずませて握手し、一言二言挨拶をするのだ。

秉鈞はなんと言っても男の子だ。彼は幼稚園の年長組の妹、秉宜を連れ、先頭で飛んだり跳ねたりしていたが、中学二年生の私はすでに十三、四歳の多感な少女になっており、伯父のそばを静かに歩いていた。このときの伯父はいつになくリラックスしていて、ぎゅっと寄せられた太い眉も緩み、満面の笑みで私に足取りを合わせながら、「雄赳赳、気昂昂、跨過鴨緑江〔勇ましく意気揚々と鴨緑江《おうりょくこう》を渡る〕」とリズミカルに歌った。彼は胸に当てた右手で拍子を取り、私もつられて一緒に歌いはじめた。伯父がこの歌を歌うときは、音程がぴったりあい、一文字たりとも歌詞を間違えたことはない。ときには、伯父は回廊の絵を眺め、「この回廊の絵には重複したものがひとつもない。その一枚一枚の背後に感動的な物語がある」と指差しながら、私に説明してくれた。

玄関に足を踏み入れるたびに、「七母、こんにちは」という私たちの挨拶が、聴鸝館の裏にあるこの静かな庭園に一縷の温もりを与えた。伯父が伯母の部屋に入り、一言二言話すと、伯母はにこにこしながら、「頤和園に来たのに部屋にいるだけでは、このすばらしい山や湖の景色も台無しですよ。外に行きましょう」と提案する。ときには、「私は毎日のように湖畔を散歩するから、今日はいいの。恩来、子どもたちを連れて船に乗りなさいよ」とも言う。当時の私は、ただ伯母の言うことに従うだけだったが、大人になってからようやく、病人である伯母の並大抵ではない心配りがわかった。伯母は体が弱く、ふつうであれば、自分の夫と部屋のなかでゆっくり話したいだろう。わざわざ夫に付き添って長い道を歩くのはじつはとてもつらいことだ。しかし、彼女は夫の仕事のつらさを痛いほどにわかっている。だから、自分が疲れたとしても夫と水辺を散歩したい。体がもたないときは、夫と一緒に過ごす時間を犠牲にしても、彼には自然のなかでゆっくりしてもらいたい。気分転換をさせたい。このような伯父と伯母の昔話を思い出すたびに、私は、「相儒するに泡を以てする〔困難のなかで互いに助けあう〕」という諺の真意に触れたような気がする。

ある日、私たちは篷《とま》〔茅などで作った屋根〕のついた遊船に乗った。水夫が流れに棹を差すと、小舟は岸辺を穏やかに離れ、大きな蓮の花と雫のつく蓮の葉のあいだをすり抜けた。夜風に吹かれ、爽やかな香りが鼻を突き、とても心地よかった。

私は縁《へり》に手を伸ばし、水で遊びながら、興味津々で聞いた。「恩来伯父は故郷で船に乗ったことがある？」

「ないわけがないだろう！」伯父は太い眉を吊り上げ、頭を少しかしげ、清らかでよく通る声で答えた。「家のまえに文渠という水路があるんだ。小さいころ、男の子たちはそこでしょっちゅう水を掛け合ったものだよ。おまえの八番めのお祖母さんにはさんざん心配をかけてしまった。そういえば、お祖母さんが淮安に帰ってからもう半年あまり経ったね。最近、体調はどうかなあ。」最後の二言は自分自身に言い聞かせているようだったが、私はその眼差しから、彼の祖母への思いをはっきりと読み取れた。

伯父の故郷、淮南の旧居前を流れる文渠河。

印象深いことがもうひとつある。頤和園に行くたびに、そのなかの北東部に位置するもうひとつの庭園——諧趣園《かいしゅえん》に伯父はかならず行くのだ。言うまでもなく、その眺めは美しく、精巧な盆栽のように、頤和園の麗しさをひとつに凝縮したような場所である。真んなかには咲き誇る蓮の花で埋まった静かな池があり、まわりはあずまや、物見台、回廊に取り囲まれている。伯父と伯母に連れられてなかを散策すると、まるで精美な山水画に身を置いているようだ。あるとき、「さあ、ここで写真を撮ろう」と伯父は伯母と私たちを促した。そして、瀟洒な伯父、微笑む伯母と私たち三人の姿は、水面から高く伸びる蓮の花、池を埋め尽くす青々とした蓮の葉と亭台水閣とともに永遠の一瞬となった。

しかし、三十七年後の一九八八年、伯父の故郷の淮安にはじめて足を踏み入れると、ようやく私の疑問は解消された。

伯父の故郷の勺湖《しゃくこ》公園と又一勺《ゆういっしゃく》公園に入ったとたん、私は見覚えのあるような感覚におそわれたのだ。ふと諧趣園のことが頭に浮かび、私は納得した！　伯父が諧趣園によく通っていたのは、そういうわけだったのか！　たしかに淮安の又一勺公園よりは小さいが、諧趣園は江南の古典的な園林の味わいを惜しげなく十分に示していた。かつて伯父は諧趣園の曲がりくねった小道を歩きながら、景色を眺めては、永遠に帰れぬ故郷に想いを寄せていたのだろう。

伯父がみずから教えてくれた舟こぎの経験についても、淮安のある定年した官僚から聞いて、私は彼の真心を真の意味で理解できた。

淮安県の副県長であった王汝祥《おうじょしょう》が西花庁で伯父に会ったのは一九五八年七月のことだった。その日、伯父は四、五時間にわたって彼と話し込み、淮安の変化を細かく尋ねた。そして、自分の幼年期に話が及ぶと、伯父の気持ちは高ぶり、感情を込めて語ったので、これが王汝祥にけっして忘れられない深い印象を与えた。

「小さいころ、私は仲間たちとよく文渠で舟こぎしたり、水を掛け合ったりしていました。危ないと心配した大人たちは小舟に鍵をかけましたが、それを壊して遠くまで舟を漕ぎましたよ。そうすると大人たちはびっくりして、大きな銅鑼を鳴らしながら、あちこちで私たちを探し回りました。」

「ある正午、仲間数人とこっそりと、文渠から河に舟を漕ぎ出しました。叔母〔著者から見て八番めの祖母〕は埠頭で首を長くして待ち続け、日が暮れたあと、私たちの乗った舟がようやく見えました。彼女は走って迎えにきてくれて、足取りはよろめき、もう少しで転ぶところでした。私は怖くなって、今度ばかりは一巻の終わりとすら思いました。しかし、叔母は私のことをちっとも責めなかったのです。逆に、ぎゅっと抱きしめてくれて、涙がぽろぽろこぼれました。これは私にとって、殴られるよりも辛かったです。それで、私も思わず泣いてしまいました……」

その晩、県委の宿泊所で、王汝祥元副県長は伯父のその話にふれると、国家の総理であるにもかかわらず、伯父が先輩方に養育された恩を一時も忘れていないことにしみじみと感動していたものだ。

その晩、私は色々と思いをめぐらせた。自分の幼さ、愚かさ、考えの浅さで、伯父の心の声を聞き逃したことを悔やんだ。戦火が飛び交ったころ、死神と何度もすれ違った伯父。もっとも親しい戦友が倒れ、命を落としたのを何度も自分の目で目撃してきた伯父。そして建国後、おびただしい国家の大事に追われつづけ、心労を重ねた伯父。そんな彼が、まさか八番めの祖母に抱きしめられて涙が溢れた場面をずっと覚えていて、さらに罰を恐れる気持ちから、殴られてもいいという恥ずかしい気持ちへの変化と、内心の驚きを同郷人に吐露したなんて思いもよらなかった！　というのも、伯父がその話をしたとき、その場面は彼にとってもはや五十年前の出来事だったからだ。途方もなく長い半世紀のなかで、どれほど多くの事柄がかき消され、愛情が忘れ去られただろう！　しかし、過ぎ去った歳月が伯父の記憶を抹消したり、心を動揺させたりすることはできなかった。この期に及んで、一九五三年、なぜ伯父が八番めの祖母をふたたび北京に迎え、病気の治療の手配をしてあげたか、また、なぜ賃金制が実施されて以来、祖母の生活、医療費、ひいては葬式の費用まで伯父が全額負担したのかを真に理解できた。幼少のころの自分を養育してくれた恩を一生忘れなかったからだ。

時の流れとともに、私は大人に成長し、結婚して母となり、双子の孫ができて祖母に昇格した。還暦をすぎたころ、私はようやく八番めの祖母の当時の心境がわかりはじめた。人は生きているかぎり、一日たりとも衣食なしではやっていけない。しかし、人は動物と違う。人は感情をもつ動物であり、衣食に余裕があっても、もし八番めの祖母が北京にいたころのように、言葉が通じず、周囲とのコミュニケーションがうまくとれないならば、心のよりどころがないどころか、孤独と感傷に包まれ、まるで一日が一年のように感じられるだろう。今日になっても、これは少しも変わらない。海外で仕事が成功した子どもが、莫大なお金をかけ、苦労して還暦をすぎた親を迎え入れ、庭付きの洋式家屋に住ませたり、出かけるにも専用車を用意したりして、国内の村どころか、都市よりもずっとよい生活を提供しているとしよう。それなのに、二、三か月も経たないうちに、親は国に帰りたい、家に帰りたいと言いはじめる。ここは彼らの故郷よりきれいで、清潔で豊かなのに、なぜ彼らは帰郷を切望するのだろうか？　この疑問に、親はとてもうまくまとめられた答えを出してくれた。外国語がわからないので「口がない」、車が運転できないので「足がない」、友達ができないので「味気ない」、一日が一年のように感じられ、「監獄にいる」のとまったく同じというわけだ！　こうしてみれば、ある意味で、年をとると、衣食の如何はもはやもっとも重要なものではなくなり、住み慣れた心地よい生活環境こそがいちばん大切になってくる。気分爽快であればなんでも前向きに受け止めることができるが、そうでなければ、毎食山海の珍味を食べていても幸福とは無縁のままだろう。

三　六番めの祖父の八十歳の誕生日を祝うために、恩来伯父はエプロン姿になり、厨房で手ずから郷土料理を二品作った――梅干菜焼肉と獅子頭。

北京師範大学女子付属中学に通っていたころ、土曜日に中南海に帰ると、ばったりと六番めの祖父に出くわすこともあれば、職員たちの会話から彼の来訪を知ることもあった。西花庁の応接間で恩来伯父と祖父が話しはじめるときりがない。その話題は、清末民初の政府行政機関の設置から官吏の給料の設定などにわたり、祖父は丁寧に説明をし、伯父は真剣に耳を傾け、旺盛な知識欲をもつ学生のごとく、ときにはメモをとったりもする。私はつねに思うのだが、祖父の話す内容は、伯父が聞かなければ知りようのないことではけっしてない。ふだんから忙しいとはいうものの、秘書のだれかに気安く頼めば、きっとすぐに調べてくれるはずだ。にもかかわらず真剣に教えを乞うたのは、「所々心に留めれば皆学問なり」、「三人行けば必ず我が師有り」という一面はもちろんあるものの、六番めの祖父の心を慰め、老いてなお人の役に立てていることを実感させる目的のほうがより大きかったのではないだろうか。案の定、あとで華章兄さんに聞いた話によると、祖父は西花庁で伯父と話すと、その後の数日笑顔が溢れ、「この歳になっても総理である甥の力になれるなんて」と嬉しそうに呟いていたそうだ。

一九五二年四月のある土曜日の夕方、学校から帰り、西花庁の門をくぐるや否や、私は庭の数株のサルスベリに目を奪われた。サルスベリの花は咲き乱れ、真っ赤な夕日に照らされ、夕焼けのように輝いていた。その枝は春風に吹かれて揺れ、蜂たちは花々のあいだを歌いながら舞っている！　このとき、ちょうど恩来伯父が車を降りて庭に入ってきたから、私はいつものように散歩の付き添いをすることにした。咲き乱れるサルスベリの花を眺め、私は思わず学校で習ったばかりのソ連の歌、『赤い苺の花が咲いた』

を歌いはじめた。それにつられ、伯父の表情もやわらぎ、右手を少し上げて、リズムをとりながら、口ずさみはじめた。気分がはずんだ勢いで、私はまたも馬鹿げたことを口に出してしまった。

「伯父さん、こんなにきれいな花が、このまま永遠に咲いていてくれればいいのにね！」

「花には咲くときがあれば、散るときもかならずやってくるものだよ。これは逆らえない自然のルールだからな！　人間も同じじゃないか。容貌風采が立派な青年時代もあれば、どうしても拒むことのできない老年期もやってくるんだ。」間をおいて、伯父は話題を変えた。「そういえば、明日、両親のもとに行ったら、伝えてほしいことがある。」

「なにを?」私はずばりと聞いた。

「六番めのお祖父さんも年をとったから、ひまなときにお見舞いに行ってくれ。話に付きあうだけでもいいから、と。お年寄りは寂しがるとつい故郷のことを思って感傷的になりがちだからな。」

私はうなずいて、思わず聞いた。「伯父さん、六番めのお祖父さんも揚州に帰りたがっているの?」

「違うよ。揚州の恩慶《おんき》はお祖父さんの一人息子だが、すでに亡くなった。だからお祖父さんが揚州に帰っても、何人かの孫を除けばほかにだれもいないんだ。」

「なるほど。」

私は知っている。細やかな伯父は、息子に先立たれた祖父がショックに耐えられないのではないかと心配し、すみやかに彼に意見を求め、その孫の周華章につづき、曾孫の周国鎮《しゅうこくちん》も揚州から北京に迎えたのだ。国鎮は北京の学校に通いながら祖父の面倒を見て、衣食住と学費を含めたすべての出費を、伯父と国鎮の五番めの叔父である華章が負担した。「伯父さん、六番めのお祖父さんが紹興の旧居に帰りたいと言ったの?」と私はあらためて聞いた。というのも、去年祖父が伯父にそのような意向を示したことがあったのを父から聞いていたからだ。北京では面倒を見てくれる人もいるし、衣食住に困ることもないが、年をとると人はつい昔のことを懐かしむものだ。だから彼は、親戚がまだ健在で、旧交のあるうちに、故郷の紹興にひさしぶりに帰りたいと思っているのだ。

ある日、伯父は六番めの祖父を西花庁に招待し、父をそばに付き添わせ、婉曲な口ぶりで自分の原則的な立場を伝えた。

紹興の旧居。

「人を派遣して紹興まで送らせるのは容易なことですが、紹興県の政府がそれを知ったら出迎えをしないわけにはいかないですよね。きっと彼らは、特別な接待をしなければ、と配慮することでしょう。そうなれば、知らぬうちに政府に負担をかけ、政府の仕事の邪魔にもなってしまいませんか？　それに、一国の総理たるものは国民に奉仕しなければなりません。『故郷に錦を飾る』という古い風習に私はこれまでずっと反対し、全党、全国に四海を以て家と為すという新しい風習を確立させることを望んできたのです。もし私がこのように他人に要求しようとするなら、まず家族にそれを要求するのが筋でしょう？　さもなければ、なにを言っても説得力がないではありませんか？」

六番めの祖父はもちろん落ち込んでいた。が、さすが大きな世界を見たことのある自制力の強い人物だ。彼は総理の甥を困らせたくはなく、帰省のこともこれがきっかけで言わなくなった。しかし、故郷への思いはなかなか消せるものではない。だから、もしかしたら、祖父がまたも帰省のことを言いはじめたのではないかと、私は勝手に推測した。

するよ、伯父は首を左右に振り、感情を込めて言った。「違うよ！　お祖父さんは大局を見られるひとだ。この一年間、彼が帰郷についてふたたび触れることはなかった。じつは、伯父さんもよくわかっているんだ。余命いくばくもないお年寄りにとって、故郷のこと、故郷にいる親族のことを日増しに懐かしく思うのはあたりまえのことだ。だけど、私は仕事で彼のそばにいてあげられない。だからかわりに、おまえのお父さんとお母さんに、そうするようお願いするしかないんだ。」

翌日、伯父の話を父に伝えると、彼はすぐに承諾し、てきぱきとお土産の食べ物を数種類まとめ、「さあ秉徳、いまから二人でお祖父さんのところに行こう！」と急かした。バスのなかで、となりに座った父は小さな声で、「兄はあんなに忙しいのに、六番めのお祖父さんを気にかけて、西花庁に迎えたり、頤和園に誘ったり、越劇〔京劇とならぶ伝統演劇〕のチケットを送ってあげたりして、本当にその深い孝心と真心を彼の日常生活のすみずみにまでしっかりと浸透させているよなあ。残念なことに、おまえのお祖父さんとお祖母さんは早くに亡くなってしまったんだ。もし生きていれば、どれほど兄のことを誇りに思うだろう！」と、目的地に着くまでぶつぶつ言いつづけていた。

一九五二年八月のある日、西花庁は熱気に包まれた。その日は伯父の手配で、私たち家族全員と六番めの祖父の孫の華章、曾孫の国鎮は西花庁で一堂に会し、祖父の八十歳の誕生日を祝う宴を開いた。

最初はいくら考えてもわからなかった。六番めの祖父は今年まだ七十九歳なのに、なぜ八十歳の誕生日を祝うことになったのかと。伯父と六番めの祖父が話を弾ませているのを見て、私はそのとなりに座る父にこっそりと聞いた。

「お祝いの日を間違えたんじゃない?」

すると、父はゆっくりと説明してくれた。

「おまえは間違ってない。六番めのお祖父さんは今年たしかに七十九歳だ。でも、故郷の風習では『九を祝って十を祝わない』が決まりなんだ。」

それを聞いても、私はまだ納得できなかった。「ここは北京じゃない。伯父さんは新しい風習を提唱しているんじゃないのか。なぜこれにかぎって古い風習に妥協したんだろうか!」と心の奥で呟いた。十五歳の私には、伯父の年配者に対する尊重と孝行心がまだ理解できなかったのだ。

食事のまえに私たち兄弟姉妹は伯父に命じられ、順番に六番めの祖父にお辞儀をし、お祝いの言葉を送った。伯父は拍手をし、私たちを指名しながら、歌わせたり、出し物をさせたりした。歌声や笑い声を浴びて楽しんでいるうちに、私はふと伯父の姿が消えたことに気づいた。しかし、私はべつに変とは思わなかった。伯父は多忙な人だ。なにか大事な仕事をするためにオフィスに行ったのだろうと思っていた。

「ご飯だ!」伯父の声を聞き、応接間にいる人びとが声の発せられたほうに視線を向けると、だれもが意表をつかれた。さっきまで真っ白の半袖を着ていた伯父が、いまは白いエプロンをつけ、その手に熱々の料理を持っている。彼はその料理をてきぱきと食卓に置くと、大声で宣言した。

「秉徳、華章、早くお祖父さんを席らせて。みなさんも座りなさい。今日はお祖父さんの誕生日のお祝いとして郷土料理を二品作った——紹興の梅干菜焼肉《メイカンツァイシャオロウ》〔芥子菜の漬物と豚の煮込み〕と淮安の獅子頭《シーズートウ》〔肉団子のスープ蒸し〕だ! 味が本場のものかどうかは、お祖父さんに採点してもらおう。」

六番めの祖父はにこにこして、まず梅干菜に箸をつけ、口に入れるとうんうんとうなずいた。

私たちは郷土料理を食べたことがなかったが、肉料理だから美味しく食べられた。六番めの祖父は伯父の腕前をどのように評価したのか、私はよく覚えていない。ただその日、料理はきれいに食べ尽くされ、六番めの祖父は溢れんばかりの笑顔で、白い髭もつられてぶるぶる震え、その幸福そうな様子がいまだに忘れられないのだ！

翌年の九月二日、六番めの祖父は慢性気管支炎のため、北京で永眠した。伯父と伯母は私たち一家を連れ、北京場橋路の北にある葬儀屋の嘉興寺に着き、祖父の遺体に向かって三度、深くお辞儀した。納棺式は伯父がとりしきった。その四日後は野辺送りの日だったが、仕事に追われた伯父はついに出席できず、伯母が家族全員を連れ、北京の東の郊外にある第一人民公墓で祖父を見送り、その墓地作りにあたっては率先して一杯ぶんの土を鍬で掬った。

そのころ弟と妹はまだ幼く、恐る恐る父と母のうしろに身を隠していたが、私はちっとも怖くなかった。なぜなら、これははじめてのことではなかったからだ。一九四四年、すなわち私たちが天津に引っ越した翌年、四番めの祖母が世を去った。そのころ母は、妹の秉宜を産んでまだ一か月も経っていなかった。そのため母にかわって通夜は長女である七歳の私に任せられた。四番めの祖父に息子がいないのを考慮してか、私の実の祖父は父を彼の養子にした。それによって、四番めの祖母は私の実の祖母に等しい存在となった。

小さな中庭で、私は父とならび祖母の棺桶のとなりに跪いた。親戚、友人や隣人が弔いに来ては、頭を地面につけて礼を述べた。まだ幼すぎて死という言葉の意味すらわからなかった私は、四番めの祖母とともにすごした時間が一年にも満たなかったこともあり、それほど深い愛情を感じていなかった。だから、泣くべきだと思っても、目がぱさぱさで泣きたい衝動もまったくと言ってよいほどなかった。しかし、ひっそりと父のほうを振り向くと、となりの彼の目尻から涙が溢れ落ちているのが見えた。それを見た私はぐっと焦り出した。泣かないのはいかに恥ずかしいことか、父が責めなくても、隣人が指摘しなくても、クラスメートに見られたら、思いやりがないだの薄情だのと嘲笑われてしまうだろうといろいろな考えがその瞬間に脳裏をよぎった。そこで私は慌てて頭を下げ、人に見られないよう注意しながら、指に唾をつけて目の下に塗りつけた。父の泣くところを見たのはそれがはじめてだった。私は父にも泣くときがあるなんて思ってもみなかったし、四番めの祖母の逝去が父にそれほどの悲しみを与えたことも知らなかったのだ!

いまでもはっきり覚えている。私たちが喪服姿で四番めの祖母を納めた棺桶を墓地に埋葬するさいに、父は弟と私に持ってきた饅頭《マントー》を一口食べさせてから墓穴に投げさせた。これはルールであり、生きている人が噛んだ饅頭《マントー》は亡くなった四番めの祖母も受け止められるのだ、と父が教えてくれた。

私の四番めの祖母は伯父の四番めの伯母だ。天津の南開学校で勉強しているあいだ、彼は長年にわたり四番めの祖母の世話になっていた。祖母が他界したのち、父は重慶に手紙を出し、伯父にそれを知らせたものの、運悪く抗日戦争が勃発する時期に重なり、伯父は天津に駆けつけることができなかった。しかし、六番めの祖父が亡くなったいま、伯父には世話をする時間が十分ある。彼と伯母の落ち着いた厳かな表情も、簡素ながらも重々しさを欠かない儀式も、当時まだ十六歳だった私にとって、一生忘れられない記憶となった。

四　一九二八年、恩来伯父と穎超伯母はモスクワの「六大」に出席するさい特務工作員に疑われ、父・同宇と四番めの祖父・貽賡が援護した。

父は一九二八年、恩来伯父と穎超伯母がモスクワで開催された「六大〔第六回全国代表大会〕」に参加するさいに起きた切羽詰まった状況について話してくれた。二十四年前のその場面が、目のまえで生き生きとよみがえるようだった。

一九二八年五月上旬、伯父と伯母は骨董商夫婦に変装し、上海から大連に向かう日本の汽船に乗って、東北経由でソ連のモスクワで開かれる中国共産党「六大」に参加しようとしていた。つけ髭をつけた伯父の変装はいかにも骨董商らしく、伯母の服装もスタイルにぴったりで見栄えがした。二人は振る舞いが落ち着いていて品もあるので、船上の特務〔スパイ〕に疑われることも特になかった。しかし、船が青島に到着すると、職業上の癖で伯父は危うく自分の身分をばらしてしまうところだった。白区〔国民党支配地域〕においては、各地の政情、敵の動向、共産党組織が破壊されたかどうかなどの情報を手に入れるには新聞が重要な手段だった。あの日、船が青島の埠頭に到着するなり、何日も船室に閉じ込められていた伯父は上陸し、大量の新聞を買ってきた。この行動はすぐに特務の目にとまり、従来「国事を談ずるなかれ」という信条に従ってきた一商人が、なぜ一度にこれほど多くの新聞を購入したのかと不審がられた。汽船が大連の埠頭に着き、伯父と伯母が上陸しようとしたそのときに、駐大連水上警察庁に派遣された数人の男が尋問にやってきた。あれこれ聞きながら、伯父が黄埔軍官学校にいたころの軍人姿の写真と照らし合わせて何度も比較した。その知恵に富んだ輝いた目があまりにも周恩来に似通っているから、周恩来だと特定できれば、蔣介石の指名手配令に従って逮捕することも可能なのだ。

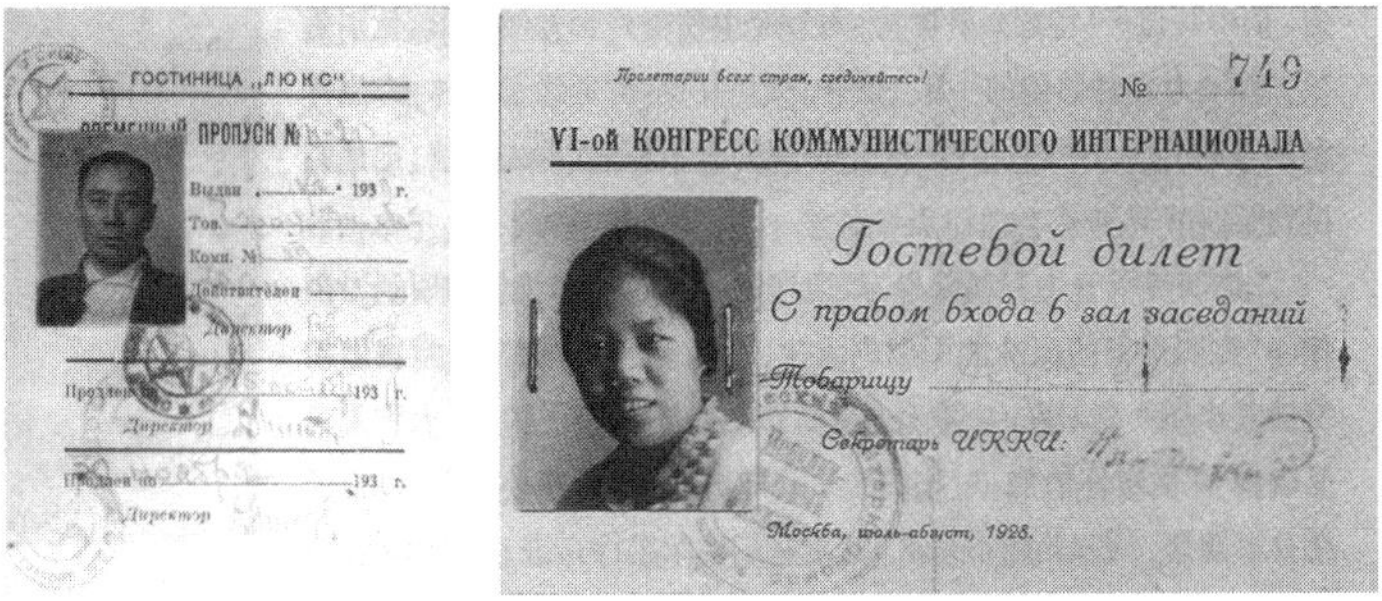

（左）1939年に負傷した伯父さんが、旧ソ連で治療を受けたさいの証明書。（右）穎超伯母の中国共産党第6回党大会の代表証。

「おまえは周恩来だな」と特務は言った。

「いいえ」と伯父は否定した。

「苗字は？」

「王と申します」と伯父は答えた。

「だれを訪ねて東北に来たんだ？」

「母の弟」と答えた。

「おまえは王じゃなく、周だろう。骨董商なんかじゃない、兵士だよなあ」と特務がさらに言った。

「私が兵士に見えますか？」と言いながら、伯父は手を差し出して相手に見せた。

たしかに、これは兵士の手には見えない。

伯父は落ち着いて特務の尋問に対応した。一方、敵の捜査に備え、機敏な伯母はソ連側との連絡用証明書を引き裂き、トイレに流した。さらに疑いを晴らすため、伯父は長春行き、午後出発の当日乗車券を二枚買ってくるよう頼んだ。汽車は大連を出て、北に向かって出発したが、うしろから目つきの悪い人がこちらを注視していることに、出発後まもなく彼らは気づいた。特務がまだ彼らを疑っていること、尾行者が派遣されたことが彼らには即座にわかった。「尻尾」をつかまれてはソ連側の同志と接触することができないし、ましてや確認用の証明書も失われてしまった。とはいえ、このまま彷徨っていたらよりいっそう目立ち、疑われやすい。

どうすればよいのだろう？

このとき伯父は、吉林に住む四番めの祖父と父のことを思い出した。そして、とりあえず吉林で下車してホテルに泊まってから、連絡をとろうと決めたのだ。

その日、父は運よく家にいた。ホテルから遣わされた使者らしき青年が扉をノックし、一通の手紙を届けてくれた。封筒の上のあのよく知っている文字を一瞥しただけで父は心臓をどきどきさせ、慌てて紙を広げた。

手紙にはこのように書いてある――「舅父〔母方の伯父〕のお見舞いに参りました。お宅に泊まらせていただいてよろしいでしょうか？」

落款には「大鸞」という名が綴られており、それは伯父の渾名だった。

一瞬で、父は兄が来たことをさとり、なにかのトラブルに見舞われているという判断に至った。そこで、四番めの祖父の許しを得て父はすぐにホテルに駆けつけ、彼らを家に迎え入れた。

「おまえの四番めのお祖父さんは生涯心が優しく、真摯に物事に当たっていた」と、父は昔に戻ったような口調で言った。「彼は瀋陽から天津に引っ越し、さらに天津から吉林に引っ越したが、堂屋(12)にはいつも決まった対句を貼り付けていた。上句は『足ることをよく知っていることで、心は常に泰然とし』、下句は『求めない心によって、人はおのずから高い品格に至る』だった。彼は恩来伯父さんと俺たちに、『孔子の子孫、罵ることを知らず／曾子の子孫、怒ることを知らず／周家の子孫、求めることを知らず』という家訓を言い伝え、若輩者の俺たちに、勤勉にして向上心をもち、自分に厳しく他人に優しく、勉学に努めて他人を助けよ、と命じた。これはおまえの伯父さんにも、俺たちにも深く影響を与えてくれた。天津にいたころ、伯父さんと俺たちが放課後、まず最初にやらなければならなかったのはお祖父さんに深くお辞儀することだった。『お金持ちの子どもと比較するな。一生懸命勉強して本分をわきまえること、節約して食糧を無駄にしないこと、食事中米粒が食卓に落ちたら拾って食べること、未婚の女の子と若妻をじっと見ないこと』など、四番めのお祖父さんはよく俺たちに注意していた。」

「吉林にいたころ、彼はおまえの四番めのお祖母さんと小さな庭付きの一軒家を借り、ふだんは家に閉じこもって親戚や友人との付きあいも滅多にしなかった。それも無理はない。あのころ上海で革命を起こしている最中のおまえの伯父さんは『赤匪』として、当局に多額の懸賞金付きで指名手配されていたんだ。四番めのお祖父さんは周りの人を巻き込みたくなかったんだろう。でも、伯父さんからの手紙を受け取って、中の宛先を父方の伯父でなく、母方の伯父〔舅父〕にしたにもかかわらず、彼はすぐに伯父さんが困っていることを読み取った。そして、少しも迷うことなく、ホテルからおまえの伯父さんと七母を迎え入れるように急かした。これは下手すれば、殺されてもおかしくないような、極めて危険な事態だったんだ！」

「その後はどうなったの?」と私はつづきを促した。

「恩来伯父さんと穎超伯母さんは四番めのお祖父さんの家に二日間泊まることになった。到着した日は一晩中、彼らの部屋の灯が消されることはなかった。伯母さんが周家の妻として、お祖父さんと顔を合わせたのはそれがはじめてだ。お祖父さん、お祖母さんと話を交わすさいにも、恭しくそばに立って、質問に微笑みながらひとつひとつ丁寧に答えた。おまえの四番めのお祖母さんはこの甥の奥さんをたいへん気に入ったようだ。もしこのときお客さんが訪れたとしても、きっとこれは教養のある気立てのよい奥さんだと思ったことだろう。だれひとりとして彼女を、新聞紙が罵りまくっている赤匪のイメージと同一視することはできなかったはずだ！」

「尾行者をまいたあと、伯父さんはハルビンに行ったが、おまえの穎超伯母さんは『はじめてお目にかかったから、もう少しおそばにいたいです』と四番めのお祖父さんに言った。二日後、俺は彼女をハルビンに住むおまえの二番めの伯父さんのところまで送った。ハルビンで待ち合わせに使われるはずだった証明書を失ってしまったので、あとで来る代表たちの到着を待つほかなかったんだ。それで、七母に付き添って七日間駅で待った。その後ようやく李立三が来たから、モスクワ行きの汽車に乗る七母を見送ることができた。」

「子を知るは其の父に如くは莫し！〔父親はその子どものことをいちばんよく知っている〕」なにか思い出したように、父は続けた。

「伯父さんが親孝行であることを、おまえのお祖父さんはよく知っていた。一九三三年、四番めのお祖父さんが天津で亡くなったあと、お祖父さんは俺に喪服を着せ、野辺送りをさせた。けれども、これだけではまだ物足りないと思っていたのか、考えに考えた結果、おまえの伯父さんにもなにか態度を示してほしかったから、天津の新聞に載せた訃報の落款に伯父さんの渾名——大鸞を付け加えたんだ。」

一九六八年、弟の秉鈞が休暇で北京に帰ったとき、伯父はわざわざ彼に会い、父のことを語ったのだった。

「おまえのお父さんはそのころ脱党こそしたけれど、私たちを絶対に裏切ったりはしないと信じていた。だから、一九二八年に七母と『六大』に参加するためソ連に向かう途中で危機に陥ったとき、迷わず吉林に行って、お父さんと四番めのお祖父さんに助けを求めたんだ。そこで、特務をまいた。事実、おまえのお父さんが私たちをかばってくれたんだよ。」

五　革命のことをあまり知らない実の祖父・劭綱が、いちばん心配しているのは革命に身を投じた息子であり、そのために、みずから孤独な漂泊の道を選んだ。

（右上）2番めの伯父、恩溥が1930年代に撮った写真。（右下）父が30年代に撮った写真。（左上）1968年の秉鈞。この写真を見た恩来伯父は、「これこそが兵士だ。前の写真は学生風だった」と言った。（左下）30年代の祖父。

実の祖父〔貽能、後に劭綱〕のことについて、私はほとんど覚えていない。私が生まれたとき、彼はまだ存命だったとはいうものの、なぜか実際に会ったことは一度もなかった。そのため、物心がついたころから、私はいつも父に付きまとい、しつこく聞いていた。

「なんでお祖父さんは私たちと一緒にいないの？」

それに対し、父の答えは、ときには生計を立てるためだとか、ときには漂泊の人生が好きだからとかいうものだった。国が解放されたあと私は恩来伯父のところに行き、家族全員が北京に引っ越してからは、西花庁を行き来していた私が伯父と父の話を取りつぐ役を担うことになった（そのころ家にはまだ電話がなかった）。くわえて私は長女であり、思いやりのある優しい性格だから、父と母の目にもあっという間に大人に成長したかのように映ったのか、いろいろな話をよく呟いてくれるようになった。ある日、昔の写真を見ていた父は、私が帰ってきたのに気づくと一緒に見ようと誘ってくれた。

「秉徳、ほら、これはお祖父さんの写真だぞ。一九三七年に天津で撮ったものだ。」

写真を受け取り目を凝らすと、それは一九二〇～三〇年代ごろの、同僚たちとの集合写真のようだ。あのころ祖父はまだ若く、長い顔に太い眉、耳が大きく、黒い髭を生やしていた。彼は頭に黒々としたおわん帽[13]をかぶり、身には対襟[14]の玄色〔赤や黄をふくむ黒〕の布製の服をまとっている。顔に笑顔はないが、優しく温和な表情をしている。よく見ると、この写真に写った祖父から伯父と父の面影が垣間見えるようだ。

「お父さんと伯父さんはお祖父さんにそっくりだね！」

「そうだよ。俺の性格もお祖父さんにそっくりだぞ！　秉徳、おまえはお祖父さんがなぜ俺たちと一緒に暮らさず、よその地に行ったきりになったのか、ずっと知りたがっていたな。いまにして思えば、若いころ彼は、たしかに家族を養うためやむなく家を出たと言える。お祖父さんは正直でお人好しだが、政界で戦えるほどの能力もなければ、話すのも下手だった。彼は事務員をやったり、雑務係や学校の門番をやったりもしていたけれど、収入はほんのわずかで、（一月に）三〇元をこえたことがなかった。だから、自分の衣食住に必要な金を除けばほとんどなにも残らなかった。おまえのお祖母さんが亡くなって、母方の家族は盛大な葬式を望んでいたが、お祖父さんにはそれを行うお金すらなく、けっきょくお祖母さんの棺を清江浦のある廟に預けることにした。しかし、彼はその後も貧乏のままだった。俺たち三兄弟を養うだけのお金すらなく、四番めのお祖父さんの助けに頼らざるをえない以上、お祖母さんの棺桶を故郷の淮安に運ぶなんてなおさら夢のような話だ。そうして、葬式もできずに年月だけが過ぎてしまった。お祖父さんの立場に立って考えてみろ。男として、自分の妻を安らかに眠らせることさえできない彼の心の負担が大きくないわけがない。そんな彼が故郷で生活するなんて、とてもじゃないが面目が立たないというものだろう？　お祖父さんは俺の実の父だけど、会う機会はめったになかったし、彼が心から笑うのも見たことがなかった。」

「お祖母さんの棺桶はけっきょく埋葬されなかったの？」と私は思わず聞きつづけた。

「一九三五年、お祖母さんが亡くなって二十年も経ってから、お祖父さんはその生涯で貯めたお金をなげうってようやく葬式をあげた。俺たち三兄弟の願いも叶えてくれた。じつは伯父さんが共産党に入党してから、お祖父さんはなかなか落ち着けなくなった。彼は革命というものがどういうものかを知らないけど、自分の息子の眼力と選択を信じていた。ただし、何千何万の賞金を伯父さんの首にかけている新聞を見かけると、息子の身の安全を心配せずにはいられなかった。そうして伯父さんは、彼のいちばん大きな心配事になったらしい。上海に住む恩霔《おんしゅ》叔父さん（恩来伯父の伯父の息子）によれば一九二七年、蔣介石が上海で『四・一二』政変を起こした。それによって情勢は一気に険しくなり、共産党員は逮捕され、処刑される危険に曝されるようになった。それを知ったお祖父さんは上海にいる伯父さんのもとに駆けつけ、情報伝達などの仕事に協力していた。これは伯父さんが上海を離れ、武漢に移った五月下旬までずっと続き、その後、お祖父さんは吉林省に戻った。一九三〇

紅軍時代の周恩来

年ごろお祖父さんは、またも上海で地下闘争を展開していた伯父さんのことがどうしても気になってしまい、一九三一年二月にふたたび上海に飛んでゆき、二番めのお祖母さん（恩霊の母）の家に逗留した。顧順章《こじゅんしょう》、向忠発《こうちゅうはつ》があいついで革命を裏切ったあと、伯父さんはきわめて危ない立場に立たされ、しばらく身を隠さざるをえなくなった。その間の何か月も、お祖父さんは伯父さんのために情報伝達をしたりして、力のかぎり彼を援護していた。

父は続けて言った。

「その後、長征（大移動）が始まり、紅軍〔のちの人民解放軍〕は遵義会議を開き、周恩来は三人体制の指導者のひとりに指名された。報道を見たお祖父さんはしっかりとそれを胸に刻み、息子の安全を確認できた彼は、苦しい日々を耐えるための束の間の心の支えを得て、安心して北方に戻った。そのころ、休暇なんてものはなかった。『帰省休暇がほしいのか？　いいよ、たっぷり休ませてやる。』つまり、首にするということだ。そういうわけで、北方に帰ったお祖父さんはまた仕事を探さなければならなくなった。それでも、彼は後悔などしなかった。彼は再婚もせず、自由の身で貧しい生活を送り、漂泊の人生に甘んじていた。俺はおまえのお母さんと結婚してから、ハルビンで一緒にに暮らそうと何度も手紙を出したけど、彼が首を縦に振ることはいちどもなかった。はじめはわけがわからなかったよ。でも、のちにわかった。日本人に占拠された東北では、新聞で伯父さんの近況を知ることができないからだったんだ……」

「彼らは手紙のやりとりをほとんどしなかったし、会うこともなかったから、お祖父さんの深い愛情を伯父さんは知る由もなかったんだろうね？」と私は思わず独り言のように呟いた。

「そうともかぎらない！　伯父さんもお祖父さんのことをずっと思っていたはずだよ！　抗日戦争が始まったあと、国共合作のおかげで伯父さんは武漢で正当な身分を手にいれた。それにより生活もそれまでよりずいぶん安定したものになったんだ。一九三八年一月、伯父さんは天津に手紙を出して、お祖父さんに、武漢で一緒に暮らそうと提言した。するとお祖父さんは迷うことなく、すぐに汽車で南に向かったんだよ。その後の四年間は、お祖父さんの生涯において、長男と朝夕をともにするもっとも長い期間となった。重慶の紅岩村での生活もたいへんだったし、自分の息子は毎日のように革命に取り組んでいたけれど、息子の命の安全が保証されたのを見て、彼は間違いなく気持ちがすっきりしただろうね。」

父の話を聞いて、私は感動した。母の愛はかけがえのないものだ。それは大海より寛大で、大洋より深い。しかし、父の愛もこれほど深いものとは私はこれまで思ってもいなかった。

老舎先生はかつて『抗戦文芸』一九三八年第六号に載せた文章、『会務報告』のなかで、祖父が武漢に到着した日のことに言及している。その日、伯父は中華全国文芸界抗敵協会第二次理事会に出席しており、当時の情景が次のように書かれている。

周恩来先生の番になった。彼は文人たちと一緒にご飯を食べられることをとても喜んでいた。これだけでなく、もっと喜ばしいのは、みなさんが緊密に、心をひとつにして仕事ができるということだ……最後に、彼は（涙ぐみながら）「それでは先に失礼します。父が今夜十時に漢口に着く予定です。（出席者の拍手のなかで）暴虐な敵は私たちに多大な損失を被らせ、不幸をもたらしました。その暴虐な敵のせいで、年老いた父も南下を強いられています。生も死も、別れも集いも、すべて敵の侵略によるものです。しかし、それはいっそうわれわれを団結させせました！ 失礼します！」（拍手で彼を一階まで送った）出席者の拍手はその真摯なる親子の情に向けられたものであり、親子の再会への祝福でもあった。

六十年後、老舎先生のこの記述を読んで、私は祖父に対する伯父の思いをよりいっそう理解したような気がした。

六　祖父・劭綱の最期を看取ることのできなかった恩来伯父は慟哭し、穎超伯母に激怒した。

事実が証明しているように、人はなかなか思い通りに生きられないものだ。

一九七六年一月八日、恩来伯父が他界したあと、私は時間さえあれば穎超伯母の住む西花庁を訪ね、伯母を慰めていた。五月二十四日、退勤後、私は家に帰らず、一〇三号電車で府右街まで行き、西花庁の伯母を訪ねた。

一九四九年六月、十二歳の私が伯父に迎え入れられてから、西花庁のこの屋敷を出入りして二十六年の歳月が過ぎた。だから、ここは私にとってとても親しみ深いところだ。庭の景色はといえば、今日もあいかわらず草は青々としており、生い茂る木々は木陰をつくり花々は咲き誇っている。しかし、ここに伯父はもういない。伯父のいない庭はむかしの魅力をすべて失ってしまったような気がした。私にはそれを見る勇気がない。深く考える勇気もない。なぜなら、その海棠のとなりにも、芍薬《しゃくやく》の花と小道にも、まだ伯父の気配がしっかりと残っていて、その朗々たる笑い声がまだ響いているようだから。それがいまや永遠に失われたと思うと、私は悲しくて涙が出そうになる。しかし、理性がすぐに働いた。いまはけっして悲しい顔をしてはいけない。伯母を慰めに来たのだから、彼女をいっそう辛くさせてはならないのだ。

伯母は屋内に座り、手には黒い革製の小物入れを持ち、物思いにふけっている様子だった。私が来たのに気づくと、彼女は両手を差し出し、となりに座るよう誘ってくれた。しばらくたつと、彼女はゆっくりと口を開いた。「秉徳、これは恩来の形見よ。抗日戦争のころ、私たちは国民党統治区で仕事をしていました。恩来は書類鞄は目立つからと言って、党の大事な文書をすべてこれに入れていたのです。当時は仕事の環境も危なかったし、特務〔スパイ〕がそこらじゅうにいました。だから、この小物入れは十何年も恩来が肌身はなさず持っていたものです。革命が成功して北京に入ると、彼はこれを倉庫に入れて保管していた。今日、あなたにあげましょう。記念の品として。」

恩来伯父が亡くなったばかりのころの記憶がよみがえった。そのころ、私は伯母に伯父の古着を記念に一枚ほしいと頼んでいた。彼の形見であれば、古ければ古いほどいい！　伯父は生涯質素な生活を送っていた。服が古いというのは、彼が身につけていた時間が長いことの証しだ。だから、より親密さを感じられるし、それだけで伯父との距離が縮まったような気もする。半月前、気遣いの行き届く伯母はスタッフたちに伯父の遺品を十人分に分けさせ、私の両親、兄弟姉妹六人、従兄弟数人に与えてくれた。私は伯父が生前よく身につけていた数枚の中山服とあの継ぎはぎだらけのタオル地のパジャマをもらった。それを受け取った日、寝るまえに伯父のパジャマを抱きかかえると、私の目は潤み、まるでむかしと同じように伯父のそばにいるような気がした。しかし、つぎの瞬間、この大切な形見を汚すわけにはいかないとふと思った。それできれいにたたみ、しっかりと包装して箱のなかにしまい込んだ。以降、伯父に会いたいと思うたびに、私はそれを取り出して優しく撫でながら、胸中の思いをを打ち明けたものだ。一九七七年、革命博物館で伯父に関する展覧会が開催されることになると、伯母は私にこのタオル地のパジャマを寄付させ、かわりに継ぎはぎのややすくないべつのパジャマをくれた。これも一九九七年の末、より多くの国民に伯父のことを理解し、記憶してもらうために、私は天津市に建設される予定の周恩来・鄧穎超記念館に寄付した。

伯母は小物入れから、三十年前に伯父が彼女に書いた三通の手紙を取り出して、一通一通、その背景と内容を説明しはじめた。

「これは恩来がモスクワで腕の治療を受けたときに書いてくれたもの。この二通は陝北に移動する途中で書いてくれたもの……」

そう言いながら、端のすり切れた小物入れを渡してくれた。

私は丁重に受け取り、心のなかで思った。

「そう、この小物入れのなかにお金は一文もないけれど、私にとっては値段のつけようのない宝物なのです。」

それを開けると、私は一枚の黄ばんだ写真が収められていることに気づいた。

「お祖父さんの写真じゃない！」と私は思わず口にした。

そっと取り出して裏がえして見ると、「父の遺影」と伯父がみずから書いた四文字が目に飛び込んできた。その文字はいまでも目に焼き付いている。

伯父はなぜ祖父の写真を持ち歩いていたのか？　私の心は震える。そうだ。その一挙手一投足に、父と子のあいだに育まれた感動的な愛情があるのではないか。私は祖父と伯父の心をもっと、もっと知りたい！

のちに私は、祖父に会ったことのある、重慶で働いていた同志を見つけて話を聞いたり、文献資料でむかしのことを調べたりした。

それにより、伯父について重慶に行った祖父は孤独な晩年をすごしたことがわかった。伯父と伯母はつねに忙しかった。とりわけ伯父のほうは、国共合作に生じた摩擦を解決するために、夜を日に継いで働き、

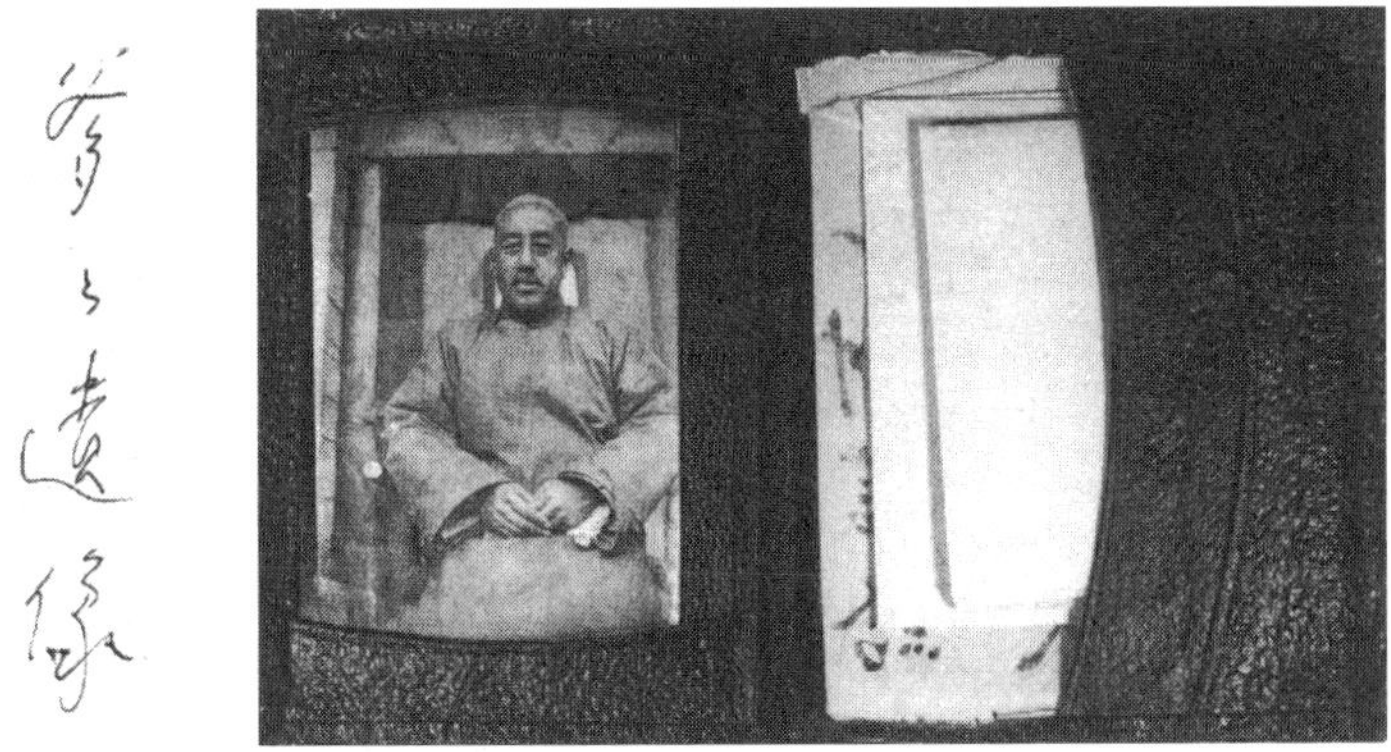

（右）恩来伯父が建国以前に肌身離さず持ち歩いていた黒革の小物入れ。中には機密文書、穎超伯母への手紙と祖父（恩来伯父の父親）の写真が入っていた。（左）写真の裏に、伯父は「父の遺影（爹爹遺像）」という４文字を書いた。

睡眠時間も限界までけずっていた。彼は敵機の襲撃を逃れるため防空壕に潜んでいるときでさえ、副官が掛けてくれたカンテラのそばで文書や電報を真剣に読んでいた。そんなとき祖父は、いつも灯火のつくる影のなかに腰を下ろすが、彼のよもやま話に付き合っている暇は息子にはなかった。言うまでもなく、伯父は祖父の孤独をじゅうぶん承知しており、不安にも思っていた。

　ある日の午前、祖父は唐詩集を手に、紅岩村の小さな果樹園をひとり散策していた。

　すると、「周お爺さん、おはようございます！」と、ある若い女の子が挨拶してきた。彼女はほかの人のようにすぐには立ち去らず、歩きながら祖父と世間話をしはじめた。祖父は目が生き生きとし、満面の笑みを湛え、とても喜んでいた。それまで心のなかに溜まっていた話が堰をきった洪水のごとく流れ出て、唐詩を吟じたり、よもやま話をしたり、ひさしぶりに顔をほころばせた。あっという間に正午がやってきた。しかし、祖父はまだ話に花を咲かせ、「お嬢ちゃん、話相手をしてくれてありがとう。お名前は？」と聞いた。

1940年、恩来伯父と穎超伯母が祖父に贈った写真。写真には「お父様、翔児、超児」と書かれている（周恩来の字は翔宇)。これとまったく同じ写真が伯母の母・楊振徳のもとにも届き、「お母様、超児、翔児」との落款があった。困難極まる革命の中で、これは正に貴重な家族愛を表現したものではないだろうか。

「張穎《ちょうえい》と申します。いまは周副主席のもとで仕事をしています。ここ数日、体の調子があまりよくないので、休暇をとらせていただいたのです。ここに来る間際、私は周副主席に呼び止められて、『張さん、頼みごとがある。私はあまりの忙しさに、父のことを放ったらかしてしまったんだけど、彼はきっとつまらなく思っているだろう。紅岩村に行ったら、もし差し支えがなければ、父の話し相手をしてくれないか？』と頼まれましたよ。」

息子の依頼であったことを知り、祖父は感無量だった。

「恩来はあれだけ忙しいのに、わしのことを思っていてくれて、こんなことをしてくれること自体がとてもありがたいことなんだ。わしは父親の務めを果たすことができなかった。それを思うと、悔しい気持ちでいっぱいで、彼が仕事で来られないことをべつに責めるつもりはない。」

「もちろん、あなたは他人じゃないから、本当のことを言うよ。わしはわが子になんの不満もないけれど、お酒を飲ませてくれないことだけはどうしても納得できないんだ。血圧が高いから、ひとりで飲みすぎると転んでしまうから、山道に迷うから、あるいは特務に捕まってしまうから、と言って止められてばかりだった。でも、そのつど『わしはもう六十歳だ。ほかになんの楽しみもないし、紹興酒の里の出だから唯一好きなのが酒だ。言い方は悪いが、もし酒がなければこの数十年間、よその地でひとりぼっちで暮らすことなんてできなかったよ。食事は粗末でもかまわん。でも、酒がなくてはなあ』と反論していた。息子のところに戻っても酒の話はしなくていい。元気だから、心配するなとだけ伝えてくれればいい……」

一九四二年六月の下旬、伯父は鼠径ヘルニアを発症し、重慶の歌楽山医院で手術を受けることになった。祖父に心配をかけさせまいと、まわりの人は真実を教えなかった。しかし七月五日、祖父も急に高熱を出して伯父とはべつの病院に搬送されてしまった。伯母がお見舞いに行くと、彼は「息子は来ないのか?」と繰り返すばかりだった。

伯母ははじめ、祖父の病気のことを伯父には黙っていた。六日、伯母が祖父のそばでずっと世話を焼いていると、伯父のお見舞いに行ってきた事務所の同志が彼の手紙を持ってきてくれた。

今週土曜日の退院は延期になった。手術から十九日間の静養が必要とのことで、退院は七月十一日、来週の水曜日になった。つまり、あと二、三日待つ必要がある。そこで、あなたに父と相談してほしいことがある。もし父が二十八日(新暦の七月十一日)当日にお客さんを招待したいなら、私を待たなくていい。興ざめさせたくはないんだ。もし後日、家族で祝いたいなら私の帰りを待てばいい。とはいえ、私の知るかぎり父は迷信をとても信じている人だ。だから、きっと誕生日当日に祝うことにするだろう。息子の私がいるかどうかはそれほど大事なことではない。とりあえず、父のわがままを許してやってくれ。

伯父は病身であるにもかかわらず祖父の誕生日をずっと気にかけていていたが、一方の祖父の病状は悪化の一途を辿っていた。そこで、手紙を受け取った伯母は、秘密を打ち明けることにした。彼女はベッドのわきで、「あなたのお父さんは悪寒を催したのち発熱し、熱は四日も下がっていない。お医者さんにマラリアと診断された。でも、私がいるから心配しないで」と伯父に宛てて手紙を書いた。なんということか、十日に祖父は永遠の眠りについた。そのおりに伯父からまた手紙が届き、それを読みながら、いつもしっかりしている伯母も思わず嗚咽を漏らしてしまった。

董必武《とうひつぶ》は手紙を受け取り、小さな声で読み始めた。

私は父のことを少し心配している。しっかり休養するよう伝えてくれ。私はこっちで彼の健康を祈っているから。お父さんはマラリアだけでなく、年も年だし、体力はあるけれど酒の飲みすぎで内臓も痛めているに違いない。だから、彼を治すには、まず体内でかっかする熱を下げ、胃もたれを改善して睡眠をよくとることだ。食べ物は量がすくないほどよいだろう。そして、栄養があり、消化のよいものを食べるとよい。たとえば牛乳、豆乳、お粥、クッキーなどがおすすめだ。干しうどんは禁物だ。もし熱がなかなか下がらず、便の出も悪いのであれば、胃洗浣腸もすすめる。マラリアとしてだけ見ないのが賢明だと思う。

董必武は涙ぐんで嘆き、みなに相談をもちかけた。

「恩来はこれまでお父さんに全身全霊で仕えてきた。親孝行の彼がもしお父さんの病死を知ったら、精神に大きなショックを受けるにちがいない。これは彼自身の回復にとってきわめてよくないことだろう。」

そのため、祖父がなくなったことは、伯父が退院するまで秘密とし、棺は紅岩溝内に預け、伯父が帰ってから葬送することを全員で決めた。

しかし、勘の良い伯父をごまかすのは容易ではない。たったの三日で真実がばれてしまった。実の父の逝去から三日経っていることを知らされると、伯父の顔は一瞬で真っ青になり、病で弱った体からは力が抜け、ぺたりと地面に座り込むと涙がこぼれ落ち、慟哭した。彼はすぐに退院し、みなに支えられて事務所まで辿り着いた。そして、悲しみを抑えられず、彼は涙ながらに大声で所長の銭之光を叱責した。

「なぜ早く知らせなかったんだ?」

銭之光が黙っているのを見ると、伯父は伯母を怒鳴りつけた。

「こんな大事なことをなぜ私に黙ってたんだ? ここまで一緒にやってきたのに、まだ私のことをわかってないのか?」

その叱責に伯母はただ涙を流すだけで、返す言葉もなかった。

その夜、伯父はだれの話を聞く耳も持たず、霊堂のなかで、夜が明けるまでずっとひとりで祖父を見守っていた。

中華民国三十一年(紀元一九四二年)七月十五日、重慶で出版された『新華日報』の広告欄に、伯父は自分の父親の訃報を載せた。内容は以下の通りだ。

訃報

父、字は懋臣、本名は劭綱。連日の不調により、中華民国三十一年七月十日、突如心不全、胃拡張と脾腫に見舞われ、不治のまま同日夜十一時に永眠した。享年六十九歳。息子の恩来もその時期に病を患い、中央病院で治療を受けていた。父の不調は聞いていたが、昨日（十三日）帰宅してから、親孝行を放棄して三日経っていたことを知らされた。誠に痛恨の極みであり、死ぬまで悔やみ続けるだろう。妻の穎超はそばにおり、納棺を見守ってくれた。本日（十四日）明け方、副都の小竜坎の陽の当たる場所に父を埋葬したので、涙ながらに訃報を伝える所存である。皆様からの供物は一切受け取らないことを何卒ご了承いただきたい。

息子　周恩来、嫁　鄧穎超

中華民国三十一年七月十四日　重慶にて

話によれば、いままでのところ、恩来伯父は自分の父親の訃報を新聞に載せた唯一の党・国家指導者だそうだ。

訃報が公表されると、蔣介石ら国民党政府の要人たちもお悔やみの手紙を出したり、紅岩村まで弔いに行ったりしてくれた。毛沢東主席に電報を打つときも、伯父は悲しい気持ちを抑えることができず、「父が逝去した。死に水を取れず、悲しみの極みである。これは一生悔やみ続けることになるだろう。その翌日に棺を埋葬した」と打った。すると、毛主席はすぐに返信し、「お父様の逝去に対し、政治局全員で哀悼の意を表す。どうか気を落とさず、お体にお気をつけください。今後も仕事で過労にならないようご自愛ください」と、戦友としての友情を伯父に示すとともに、祖父の逝去に哀悼の意を表した。

伯父の書いた手紙と電報を読み、当時その場にいた童小鵬、張穎の詳しい説明を聞いて、私は共産党の上層部にのし上がっても、実の父に対する伯父の孝行心が変わらなかったことを身にしみるほど理解した。彼は「父の遺影」を毎日のように肌身離さず持ち歩き、これは七、八年間も続けられた。きっと実際の行動をもって、「お父さんの最期は看取れなかったが、心のなかではお父さんのことをいつまでも思い続けている」と言いたかったのだろう。伯父とつきあいのある多くの外国人は、彼のことを「水を飲むとき、井戸を掘った人のことを忘れず」、「川を渡ってから橋を取り壊す」ようなことはしない、真心をもって接してくれる人だと振り返った。実際、親戚づきあいにおいても、伯父はまったく変わらなかった。年配者に対し、彼はつねに「一滴の水のような恩にも、湧き出る泉のような大きさでこれに報い」、親孝行を徹底することを自分の務めとして果たしてきた。

伯父はふだんの私たち姉弟との会話のなかで、祖父に触れることはとてもすくなかった。ただ、一九六四年八月、親戚たちと話していたさいに、「親父には同情している」と一言もらしただけだった。

1960年、伯父と伯母、貴陽にて。

一九七四年四月末になると、一番上の弟、秉鈞が、北京出張の合間に時間を割いて西花庁を訪れた。そのとき、伯父は仕事に取り組むときのきちんとした服装ではなく、めずらしくあの継ぎはぎだらけのパジャマをまとい、ゆったり腰掛けて彼と世間話をした。もちろん、伯父が不治の病にかかり、医師たちに休養を命じられていたことを当時の秉鈞が知る由もなかった。いや！　休養というより、わずかな休憩と言うほうがふさわしいかもしれない。意外なことに、そのときの会話で、伯父は自分の父への思いをみずから語ってくれた。

「おまえのお祖父さんにはとても同情している。彼には能力がなかったし、正直者で、その生涯で月給が三十元をこえたことがなかった。しかし、彼は悪いことは一度もしなかった。そればかりか、私を守ってくれたことさえあった。」

この話は、秉鈞にとっては、いまだに記憶に新しいものだ。これは伯父が亡くなるまえに、心の底から発した言葉だったのだ。

第四章　国家のニーズに従い、職業を選択する

1970年9月、秉建と周恩来伯父、鄧穎超伯母、西花庁にて。

一　恩来伯父のコネを使おうなどと思ってはならない、自分の力で努力するのだと、穎超伯母は真顔で念を押した。北京師範大学女子付属中学校から、私は夢に向かって旅立った。

北京師大付属中学校に通った三年間は、私にとっていつまでも美しく、生き生きとした忘れがたい歳月だ。というのも、この三年間は、私の考えかたを変えたもっとも重要な時期だからだ。

それは一九四九年九月、新学期が始まる直前のことだった。穎超伯母は厳しい口調でつぎのように言った。

「共産党幹部が歴朝歴代の官僚といちばん違うのは、心から人民に奉仕し、人民の勤務兵として働くというところです。ひとりが出世して権勢を握れば一族郎党までそのお陰をこうむるような古い風習の台頭は絶対に許しません！　だから、人生の道行きにおいてあなたは、伯父のコネを使うなんてことははじめから望まないほうがいい。なにごとも自分の努力を頼りにしていかなければなりませんよ！」

この言葉を私は生涯忘れなかった。それによって、十二歳の私は人生ではじめて約束の重さを知ったのだ。

入学時、私は幹部の子弟の集まるクラスに割り当てられた。そのころの幹部の子弟は延安などの革命地区から北京に入ったばかりの子どもがほとんどで、年齢もばらばらだった。多かれ少なかれ、彼女たちには陝北の訛りや河北の訛りがあり、着ている服に大差はなく、政府に供給された群青色のレーニン服姿だった。そのなかの聶力《じょうりき》、劉松林《りゅうしょうりん》、任遠志《じんえんし》らのお姉さんたちはいずれも私より一年上だ。

学校の環境は比較的質素なものとはいえ、あの時代にしてはかなりよいものだったと言えなくはない。衣食住を親が用意しなくても、月に七万元（通貨改革後の七元に相当する）を払えば食堂でお腹を満たすことができた。また、顔や足を洗うための冷たい水が一年中用意されていた。ただし、生理が来たときは、木札を持っていけば給湯室からお湯を少し汲んでくることも許された。もちろん、給湯室のお湯は飲用水として毎日提供されていた。

私のいるクラスには解放区から来た学生がかなり多い。彼女たちは苦労を厭わず、ルールをきちんと守り、おたがいに気を遣いながら日々精進していた。寮では、だれかが歯磨き粉や石鹸を使い切ると、すぐにとなりの人が自分のものを使うよう勧めてくれる。また、だれかが病気にかかると、指名しなくてもみな先を争って治療食を届けたりもする。そこでは、それまで体験したことのない姉妹以上の深い愛情を味わうことができ、寮に足を踏み入れるたびに、私はまるで家に帰ったような親しみを覚えたものだった。

師大女子付属中学校在学時の著者（左から2番め）、クラスメイトと撮った記念写真。

はじめて学校から西花庁に帰ったとき私は、食卓の伯父と伯母が口を開くのも待たずに、みずから興奮して感想を話し出した。それを聞いた伯父は微笑みながら首を縦にふり、一方で伯母は、「彼女たちは革命地区の輝かしい伝統を受け継いでいます。あなたはまだそのような勉強はしていないし、試練も受けたことがないのです。でも、いま気づくことができてよかったね。これは前に進む第一歩に繋がるよ。彼女たちに遅れをとらないように頑張って！」と私を励ましてくれ

式典が終わったあと、著者と馬静蘭はわざわざ記念写真を撮りに行った。

た。

九月一日、学校が始まってから、オリエンテーションと授業を受ける以外の私たちの課外時間は、すべて十月一日に行われる中華人民共和国の建国式典の準備に充てられた。学校の教員と学生全員が『団結すなわち力なり』、『解放区の空は晴れ渡った空だ』、『われら労働者にこそ力あり』など、軽快で力強い歌を習い、「赤いランタンの舞」のステップと手の動かしかたを練習した。ひとりひとりの手に赤いランタンを持たせるために、学校は各クラスにコーリャンの茎をたくさん配り、五角星の骨組みを作らせた。さらにその表面に、みんなで学校が配った半透明の赤い紙を貼り付け、内部のいちばん下の部分に小さなロウソクを一本載せられるほどの円形のトレーを設置した。

一九四九年十月一日、昼食を済ませると全員が集合し、どきどきしつつも誇らしい気持ちで天安門に足を運び、中華人民共和国の建国式典を盛大に祝った。毛沢東主席が、「中華人民共和国、中央人民政府が本日、成立しました」と、全世界に響き渡るような声で宣言すると、天安門に集まった何十万人の人びとは歓喜の涙を溢れさせ、おたがいに抱きあって祖国の誕生を祝福したのだった！　広場は沸き立ち、銅鑼や太鼓の音は天まで響き、私たちはそれに合わせて歌ったり、ダンスをしたりして喜びを表した！　夜の帳が降りると、今度は赤いランタンの中のロウソクに火をつけ、何百人もの女学生が、事前にアレンジした「赤いランタンの舞」を広場のみんなのまえで誇り高く披露し、この盛大な式典にさらなる喜びを添えた。

これは生まれてから十二年のあいだに私が参加した、もっとも盛大でにぎやかなイベントだった。だから、その後もずっと忘れられず、ことあるごとに振り返ったものだ。

当時は、新しい中国が誕生したばかりなので、学校は学生の人格育成にとても力を入れていた。校長の彭文と蘇霊揚が国内外の情勢に関する講演を頻繁に行ない、その言葉はとても生き生きとして説得力のあるものだった。たとえば、「国があっての家、新生中国の主人公として、いつでも国家の行き先に関心をもたなければならない。」このような言葉は人の心を大きくし、血を騒がせ、責任感、使命感といったものを感じさせずにはいられなかった。一方、私が天津の小学校に通っていたころは、そのような教育は受けたことがなかった。

一九五〇年、朝鮮戦争が勃発すると、学校は宣伝活動を大々的に展開し、それに応じて私のクラスでも十五、六歳のクラスメイトが何人か志願軍に出願した。入隊許可をもらった彼女たちの浮かれた顔を見て、私は羨ましくてたまらず、求人コーナーで人混みを懸命に掻きわけて申し込もうとした。

「お名前は？」募集の担当者らしき人が聞いた。

「周秉徳と申します！」背が低いのに気づかれないように、私は爪先立ちで大きく見えるよう工夫した。

「何歳ですか？」

「十三歳です！」と声を張り上げて叫んだ。

けれどもそれを口にしたとたん、担当の人が激しく頭を左右に振った。

師大付属中学校および女子付属中学校の劇団に参加した私は、冬休みの間に農村に行き、朝鮮支援、「三反」「五反」運動、また『婚姻法』などの宣伝をテーマとした劇を7日間にわたって披露した。それにより、私は成長することができた。

「だめだめ！　小さすぎる。次の人、どうぞ！」

相談の時間も、相談の余地すらも与えられなかった私は、あたかも醜いあひるの子のごとく、人びとのあたたかい微笑みのなか、あっという間に人混みから弾かれてしまった。

これを知った伯父は、応接間に立ち、腕組みをしながら大笑いした。

「志願軍がおまえを受け入れるわけないだろう。こんなちびっ子が朝鮮に行ったとして、いったいだれがおまえの面倒を見るんだ？」

「前線でアメリカ人を打ち倒して、国を守りたいんだもん！」と言い返したら、鼻の奥がつんとした。

「その考え方自体は悪くないが、現実を見ないとな！　祖国を守る人ももちろん必要だけど、建設する人も必要なんだよ！　おまえはまだ小さいから、いまのうちにしっかり勉強しておけば、将来国に力を捧げるチャンスがいくらでもある！」

伯父の声は優しく落ち着いており、聞く者を心服させずにはいられないような力がある。私がうなずいたのを確かめてから、彼は続けた。

「それに、支援といってもいろんなかたちがあるじゃないか。後方で適齢の青年に積極的に応募するよう呼びかけたり、各界の皆さんに飛行機や大砲を買うための寄付をお願いしてもいいんだよ！」

伯父の話を聞いて目からうろこが落ち、私はうんうんと頷きながら、笑顔を取り戻した。そういえばたしかに、志願軍を支援するべく、有名な豫劇〔豫州発祥の伝統演劇〕俳優の常香玉《じょうこうぎょく》がチャリティ公演の収益で飛行機を寄付したそうだ！　じつは学校では、クラスメートの康冷と周士琴の影響を受け、私は北京師大付属中学校と北京師大女子付属中学校が共同で設立した劇団にすでに入っており、伴奏グループに配属され、太鼓や銅鑼を鳴らす係を担当していた。まれに役者として出演するチャンスもあった。当時、劇団では『王婆さんは平和を望んでいる』、『朗報』、『山があるかぎり』など、朝鮮支援をテーマとする民歌、秧歌《ヤンコー》劇[15]、活報劇[16]がつぎつぎに創られ、のちに農村や工場で上演するととてもよい宣伝になった！　また、私たちもチャリティ公演の収益金を寄付して戦争に自分たちなりに貢献をしたのだ！

1952年、師大女子付属中学校在学時の著者。

あとで知ったことだが、伯父は国家の総理であるにもかかわらず、朝鮮戦争にさいしてはずっと前線の作戦指揮と志願軍の物資補給をみずから取り仕切っていた。戦争に勝利しても、彼が勲章をもらうことはいっさいなかったが、そのずばぬけた貢献を歴史と中国の人民はけっして忘れることはないのだ。

二　ソ連映画『村の女教師』に心を動かされた私は、北京市の師範大学に入り、中国の村の女教師になることを決心した。

一九五二年、春から夏へと季節が変わろうとするころに、私は中学卒業の時期を迎えることになった。子どもたちのなかで、最初に職業の選択に直面したのはいちばん年上の私だった。いつも「成績優秀褒章」をもらっていた私は、先生から見ても、クラスメイトから見ても、高校に合格する能力が十分あるし、本来なら高校卒業後、大学に入学してもソ連に留学してもまったく問題はないはずだった。しかし、そのころ『村の女教師』〔一九四七年、ドンスコイ監督〕というソ連の映画が上映された。主人公のバルバナが村に身を投じ、小学校教育に心血を注ぐシーンを見て、私は深い感動を覚えてならなかった。とりわけ、自分の教え子がエンジニア、パイロット、医者、農芸師、俳優、作家など祖国の発展に必要とされるさまざまな人材になったことを晩年の彼女が知ったのを見て、私は体中の血が沸き立ち、村の小学校教師とはどれほど神聖で偉大なる存在なのだろう、とつくづく思うようになった。

あのころの私は四六時中『村の女教師』のテーマソングを口ずさみ、いつもその先生のように目を細めにっこりとし、夢のなかで子どもたちに「先生、こんにちは」と幼い声で呼ばれ、それが嬉しくて目を覚ましたこともある。

土曜日に西花庁に帰り、みんなで食卓を囲むと、私はつい興奮を抑えきれなくなってしまった。

「恩来伯父さん、穎超伯母さん、言いたいことがあるの。お二人の意見もお聞きしたいから。私は高校に行かないことにした。卒業後は師範学校に行くつもり。」

「いいじゃない。七母と一緒だね！」伯母の目はパッと明るくなり、ほっとして微笑みを浮かべた。

「私は十六歳で教師になりましたよ。教師はとてもやり甲斐のある仕事です。ましていまは、とりわけ国に必要とされているしね。」

言い終えて、伯母は黙々と食事をしている伯父に視線を向けた。

「なぜ黙ってるの？ 私はいいと言ってるのに。」

箸を食卓に置き、私の方を一瞥すると、伯父は伯母のほうを向いた。

「教師はおまえひとりで十分だろう。秉徳にはもっとよく考えてもらわないとな。つべこべ言ったら逆にプレッシャーになってしまうだろう。あとで後悔しても取り返しがつかないからな。それに、秉徳は両親の意見も聞かなければいけない。」

伯父の思惑どおり、家に帰って両親に自分の夢を語ると、父がなにか言うまえに、母が反応した。

「秉徳、おまえは成績がいいのだから、このまま高校、大学に進学したほうがいいわよ。女の子はかならず自分の特技を持たなきゃならないからね！」

中学校卒業後、私は自ら進んで北京師範学校の入学を申し込んだ。これは校内で注目を集め、3年生に向けて自分の思いを語るように学校から頼まれた。写真は共青団のチームメンバーが送別会をしてくれた時に一緒に撮ったものである。

「お母さん、お母さんも教師でしょう。なぜ私が教師になるのに反対するの？」

「教師になるのに反対しているわけじゃないのよ。ただ、進学のチャンスをあきらめるのは腑に落ちない。だって、高校を卒業してから師範大学に行っても教師になれるじゃない？」

「お母さん、いま、国はまだ貧しくて立ち遅れてる。とくに農村ではたくさんの子どもが教育を受けるチャンスすらないし、これでは大人になっても文盲のままだよ。彼らには小学校の先生が必要なんだ。私はソ連のあの女教師のようになりたい。農村の子どもたちを、国家の重責を担うような人材に育ててあげたい。私ひとりの力よりも、何千何万人の学生の力のほうが、ずっと大きな貢献をすることができると信じているから。それができれば十分だと思うわ！」

「ソ連といえば、ひとつ注意しておきたいことがあります。母さんはいままで生きてきて、女にとって特技がどれほど大事なことか、痛いほどわかっている。もしかつて、おまえの（母方の）お祖父さんが私にロシア語を勉強させなかったら、六人の子どもをもつ私は、たとえ新生中国に力を捧げたいと思っても、一介の専業主婦から中学校の外国語教師に転身することは無理だったのよ！　北京師大女子付属学校の高校を卒業したら、ソ連に留学するチャンスがたくさんあります。あなたは成績優秀でよい学生だから、高校を卒業したら伯父さんが根回しをしてくれなくても、ソ連に留学できる可能性はとても高いの。こんなよいチャンスをこのまま手をこまねいて逃してもいいの？」

「お母さんがいま言ったことは、クラスの担当の先生もクラスメイトも言ってたよ。成績がよくてどの分野でもずば抜けてるから、高校卒業後は必ず留学できるとか、慎重に考えてほしいとかね。でもお母さん、私はこの数日、本当に真剣に考えた。時代はもうむかしとは違う。物事を考えるにあたっては、一個人の成長じゃなくて、国家のニーズを優先すべきなんだよ！　だから、やはり私は師範学校に入って、村の女教師になりたいの！」

「そうか。そうと決まれば、父さんと母さんはもちろん応援するよ。」父は口数こそ少ないが、その一言ですべてが決まった。

一九五二年、私の願いはついに叶い、北京師範学校に推薦入学することになった。北京師範学校には七十年の歴史があり、名の知れわたった作家である老舎先生も数十年前はこの学校で教育を受けていた。

北京師範学校卒業時、同級生の趙素勤と校門の前にて。

ここの教員のレベルは高く、人格もとても優れていた。三年間の勉強を経て、私はようやく北京東郊区の第三中心小学校に配属され、村の教師になるという夢を現実にさせるにいたった。

卒業まぎわに、学生の四分の一は師範大学に進学できるとの通知を受け取った。そのため、多くのクラスメイトはわれ先にと応募した。しかし私は、自分の態度をつぎのような文書で示した。

「現在、数えきれないほどの児童が入学できないままの状況に置かれている。そのおもな理由は、教師が不足していることにあると思われる。国が三年間も私たちの育成に取り組んでくれたのだから、私たちは、すぐに第一線に赴き、すべての児童に入学のチャンスを与えなければならないのだ。」

学校党支部は私の思想的意識の高さに気づいたのか、卒業前に、私を党員として仲間入りさせた。そのころ私は、十八歳になったばかりだった。

三　私たち姉弟六人のうち、四人が軍隊を経験した。そのつど伯父は異なる態度を示したが、「党と国家のニーズをみずからの第一希望とする」という原則を貫くことに変わりはなかった。

私の弟と妹たちの人生は解放軍と因縁が深く、四人があいついで軍装を身につけた。ところが、時代が移り変わるにつれ、それに対する伯父の態度も変化を見せ、まったく異なる要求をすることさえあった。しかし「党と国家のニーズを自分の第一希望とする」ことだけはけっして変わらぬ鉄則とされていた。「文化大革命」が起こるまえ、高校を卒業した者の第一志望は大学進学か、ソ連留学かのどちらかだったが、恩来伯父は兵士になれと言った。「文化大革命」が起こると、大学は募集を中止し、若者たちは続々と軍隊に入ったが、伯父は今度は軍を離れて農村に行けと指示した。

一九六一年の夏、いちばん上の弟、秉鈞が高校を卒業した。その日、穎超伯母が私に電話をくれた。

「秉徳、秉鈞に明日西花庁に来るよう伝えて。恩来が彼に用があるから。」

翌日、秉鈞は嬉しそうに私の職場にやってきて、扉を閉じると、興奮した面持ちで言った。

「姉さん、伯父さんがなんのために俺を呼びつけたか、当ててごらん！」

「大学受験のことかしら？」と私は微笑んで答えた。

「五〇％正解かな！」秉鈞はいたずらっぽく瞬きした。

「昨日食卓で、伯父さんはこんなふうに切り出した。『秉鈞、おまえがもうすぐ高校を卒業すると聞いたから、お祝いにご飯を奢ることにした！　ついでに、これからどうするつもりか、伯父さんに聞かせてほしい』。俺はその場で思った。伯父さんがわざわざ家に呼びつけたということは、かならず彼なりの考えがすでにあるんじゃないかってね。だから伯父さんに、どのようなアドバイスがあるのか、単刀直入に聞くことにした。すると、伯父さんもずばりと、『秉鈞よ、大学を諦めてはどうかな』と言ったんだ。だから、俺は『どうして？ 成績とふだんの行いから見ても、清華大学に問題なく合格できると先生にも言われたよ』と聞き返した。」

「伯父さんはなんて言ったの？」と私は思わず促した。

「自然災害で国の農業の生産は不況に陥ってしまったから、とくに力を入れて発展させなければならん。今年の徴兵は都市部に重点を置いているので、おまえにも軍に入ってもらいたいと思っている、と伯父さんは言った。いいよと俺が即答すると、伯父さんはすぐに笑顔になって、真っ黒な眉毛が吊り上がった。そして、彼は興奮して言った。『国務院会議でみんなに言っておいた。今年の徴兵は都市の青年を対象にしたい。私たちは兵士出身だから、私たちの子どもたちも軍隊でしっかり鍛えてもらいたい、とな。するとみんなが、口にするのは簡単だけど、総理には息子がいなからなあ、とざわめいたんだ。たしかに私には息子がいない。でも甥がいる。甥を軍に送り込むことができ

1961年、入隊前の秉鈞（左から2番目）、恩来伯父、維世姉さん、金山と、西花庁で。

るんだ！』彼はもちろん俺のことを言ってるわけだけど、そこで俺は、学校でパイロットになるための健診を受けて各値が基準に達したから、いま最後の政治審査を待っているところだと打ち明けた。それを聞いた伯父さんはあきらかに少しがっかりしていた。『陸軍に行ってほしかったな。野戦部隊は苦労が大きいぶん、成長も早いと思う。でも空軍のパイロットに選ばれたなら、それもたいへんなことだから行けばいい』って。しめくくりに伯父さんは、こう言った。『秉鈞、ひとつ約束してくれないか？　もしパイロットがだめだったら、陸軍に行ってくれ。』俺は二つ返事で承諾した。そして、伯父さんはわざわざ成元功に注意したんだよ。この件についておまえたちは手を出すな。秉鈞が服役したいなら、自分で武装部に申し込みに行けばいいからなって。」

けっきょく、秉鈞は政治審査に合格し、見事にパイロットに選ばれた。一九六一年、彼は航空学校に入学し、連隊で必死にもがいているうちに高く評価され、一九六二年にははやくも中国共産党に入党した。卒業後、彼は広州空軍の飛行部隊で戦闘機を操縦することになり、部隊で三十年あまりも働いたあと、一九九二年に故郷に復員した。

四番めの弟の秉華はといえば、彼は一九六五年に高校を卒業したのち、正規の手順をふんで兵役に服することになった。それについて、伯父は賛同しながらもなんの口も挟まず、一般の高校生が服役するさいにふむべき手順に従って入隊させた。三年後、彼は復員した。

一九六八年の夏、一番下の弟の秉和と妹の秉建は、みずからすすんで毛主席の提唱する「農山村に下れ」という政策に呼応し、延安と内モンゴルにあいついで旅立った。別れぎわに、十五歳になったばかりの秉建が西花庁に行き、伯父と伯母に別れを告げた。母の手によって育てられたせいか、西花庁にめったに足を運ばなかった彼女は、幼いころから伯父を怖がっていた。だから、西花庁に行くたびに、伯父に話

（左）延安に下放された秉和。（中）内モンゴルの遊牧地に旅立った秉建。（右）内モンゴルの草原で上手に馬を操る秉建。

しかけられると、彼女はいつも口では答えるが、目はうつむいたままで、顔を上げることさえ憚っていた。

しかしあの日、彼女は伯父が怖いなどぜんぜん思っていなかった。むしろとても優しく感じた。伯父は彼女の手を握り満面の笑みで言った。

「本当に大きくなったなあ！　内モンゴルに行くことを、私と七母は断固支持する。おまえが労働大衆と団結する道を歩み、モンゴルの人民とともに辺境の建設に尽力することを、私たちも心から望んでいる。さあ、これから行く場所を地図で見せてくれ。」

そう言うと、伯父は老眼鏡をかけ、秉建の指差すところをじっくり探しはじめた。場所が確認できると、彼はその地のの気候、牧草地、民族の特徴をよく知った口ぶりで説明してくれた。そして、噛んで含めるようにつづけた。

「秉建、よく覚悟しておきなさい。困難を事前に想定するんだ。中国には、すべてのことは事前に準備すれば成功し、準備しなければ失敗するという古いことわざがある。何事も、事前に甘く考えていれば、いざ困難にぶつかったときに人は簡単に動揺してしまう。今回の行先は少数民族地域だが、その地のしきたりをきちんと守ることが大事だよ。ふだんおまえは牛肉と羊肉は食べないと聞いているが、放牧地に行ったらがんばって食べなければならない。お腹を満たすことができなければ、あそこではとても生きていけないよ。あとは牧草地に行ったら、あそこの牧民たちを謙虚に見習い、民族の団結を守ることだ。」

秉建が内モンゴルに行ったあと、伯母が短波放送の受信できるトランジスタラジオを彼女に贈ろうとした。そのさい、伯母は私に言った。

「秉建のいるところでは新聞も読めないから、性能のよいトランジスタラジオを贈りたいんだ。そうすれば、彼女はニュースを好きなときに聞ける。党の方針と政策や、国の大きな出来事のことを学んだり、興味をもつことができるし、意識の高い新しい牧民になれるんだ。あなたが買ってきてくれないか、私がお金を払うから。」

私がラジオを買ってくると、伯母はすぐにスタッフに依頼し、内モンゴルの秉建のもとへ郵送させた。その後、伯父と伯母は秉和と秉建の成長をずっと見守ってくれた。林彪と「四人組」の破壊活動で精神的疲労が限界に達していたにもかかわらず昼夜を問わず働きつづけ、一日の睡眠時間は三、四時間にも満たない伯父だったが、貴重な時間を割いて秉和と秉建から届いた手紙を一通一通読み通し、かならず返信するよう伯母に念を押していた。

「彼らに、慢心してはならない。自分に厳しくしてさらに一歩前に踏み出すんだ、と伝えておきなさい。」

秉建はモンゴル族の服装を身につけ、自分の馬に乗って放牧する姿の写真を伯父と伯母に送ってきた。それを見ながら、伯父は安心した表情で笑った。

「いいね。秉建もやっと草原に生きる娘のようになった！」

二年後、秉建は現地の徴兵に応募して入隊した。北京軍区の新兵強化訓練を終え、軍装姿で西花庁に足を踏み入れた彼女の、そのはしゃぎようといったらなかった！　伯父と伯母が自分の二人の兄の入隊を喜んでいたことを、彼女は知っているのだ。だから、自分の軍装姿を見れば、伯父と伯母はきっとそれ以上に喜んでくれるだろう。しかし、彼らが口に出した最初の言葉に彼女は驚き、おそらくそれは彼女にとって生涯けっして忘れられないものとなった。

「秉建、軍装を脱いで、内モンゴルの草原に戻ってくれないか？　あそこは天地の広い場所だとおまえも言ってたじゃないか？」

秉建は慌てて説明した。

「私は裏口から入隊したわけじゃない。健診と政治審査を受けて、きちんと合格したんだよ。」

伯父は首を左右に振り、その表情は強張った。

「手続きをふんだとはいえ、内モンゴルにはあれだけ人がいるのに、どうしてよりによっておまえだけが選ばれたんだ。それはうちの面子を立てるための決定じゃないのか？　特別扱いされては困る。絶対にだめだ。」

本当は秉建は軍営に残りたかった。しかし、彼女には絶対に守らなければならない信条がひとつだけあった。それは、伯父の言うことに絶対に従うことだ！　そして部隊に戻ったその日、彼女は涙ながらに上司に離職届を出した。部隊のほうは、本心から彼女を引き留めたかったらしく、すぐに手続きをするのは控えた。というのも、物事というものはしばらく放っておけば、どれほど重大なことでも些細なことになり、やがてたいしたことでなくなると思われたからだ。しかし、この件だけは例外だったようだ。二日

秉和の唯一の軍服姿。

も経たないうちに、彼女の上司に伯父から電話がかかってきて、「その子を内モンゴルに戻さなければ、私が命令を出すぞ！」と叱責されるはめになった。

このようにして秉建はけっきょく軍装を脱ぎ、内モンゴルの大草原にふたたび帰った。四か月半兵士をしていた妹は、こんどは知識青年宿舎には戻らず、あえて牧民のゲルに住むことにした。それは、今回の一件で彼女にもようやくわかったからだ。

「伯父さんが周恩来だからこそ、私はこの草原でいちばんふつうの牧民として生きていかなければならないのだ」ということを。

ほぼおなじ時期に弟の秉和も軍隊に入り、下放された延安から新疆のカシュガル市に移った。自分の軍装姿の写真を伯父、伯母に送ったときの彼の心境は、おそらく妹の秉建と同じものだっただろう——二人を喜ばせたい。ところがほどなくして、伯母から手紙が届いた。

「秉和、私と伯父さんはあなたからの手紙を読みました。兵士になるのはよいことですが、農村もとても大きな舞台であり、そちらにいてもあなたは大活躍できると思います。だから、あなたは延安に戻り、革命地区の人民とともに、厳しい環境のなかで自分を磨き、鍛え続けるべきではないか、と私も貴方の伯父さんも考えているのです。」

手紙を読んだ秉和はいやいやながらも離職の手続きをすませ、延安にふたたび戻らざるをえなかった。

このようにして、彼の解放軍歴はわずか三か月半で終わり、妹の秉建よりさらに一月みじかいものとなった。

一九七一年四月、貴州から北京へ出張したとき、私は夫の母の家に泊まり、仕事が忙しすぎて伯母に挨拶することもできずにいた。しかし、三日目の早朝に、伯母から電話がかかってきた。

「秉徳、北京に三日間も来ていたのに、なぜまだうちに来ないの？」

私はすぐさま西花庁に駆けつけ、しばらく世間話をしたが、伯母は弟と妹の入営のことをみずから切り出した。

「軍に入ること自体はよいことですよ。でもいま、全国の何千何万人の青年学生が農村に下放されてつらい日々を送っている。そんななかで、厳しい生活環境に我慢ができなくなり、入営を利用して農村を離れようとする幹部の子弟が一部出ているのです。このままでは、農山村で見識を広げ、心身を磨くという毛主席の青年たちへの指示が実行できなくなり、人民にも悪い印象を与えてしまう。だから、厳しすぎるかもしれないけれど、『私たちは農村を去ってはならない』ということを、秉建、秉和には率先して自身の行動で人びとに示してほしいのです。」

なるほど。おそらく私がすぐに伯父と伯母を訪ねなかったので、弟と妹の件で私の心にしこりが残っていると勘違いされてしまったのだろう。実際に、私にもよくわかっている。一九六八年に私たちの父は逮捕されており、取り調べを受けている最中だった。もし、弟と妹が総理の甥と姪ではなかったら、当時、農村に下放されていた知識青年にとって唯一の正当な逃げ道であった入営のチャンスは、けっして彼らにはまわってこなかったはずなのだ！

「七母、あなたと伯父さんの決定に、母も私もなんの不満もなかったのよ！　だって、秉和と秉建が農村や辺境に戻ることは、国家と人民への寄与であるばかりか、党の権威を維持することにおいてもとても有利なことだもの。それに、厳しい環境にいたほうが人はその能力をよりいっそう高めることができると思う。そのへんは私にも経験があるから、秉建と秉和もきっと理解してくれるはずよ。まあ、なんにせよ秉建は四か月半も部隊にいたのだから、悔しく思うのもしかたがない。ついこのあいだ、秉建が秉鈞に一通の手紙を書いたそうよ。兵士にはなれなかったけど、この四か月半はとても貴重な思い出だ、と。そして、軍人用の綿入れ布団を欲しがっていた。それをかければ、夜、バターとミルクの香りが漂うゲルのなかで、思い焦がれた戦友たちのそばに飛んでゆく夢を見て、情熱溢れる軍人の生活を味わうことができるって……」

「秉建はずいぶん感情が豊かだね！」

伯母は満足げに頷きながら言った。

「彼女の要求は行きすぎたものじゃない。兄として、秉鈞は願いを叶えてあげるべきよ。」

「秉鈞もそう思ったらしい。彼はすぐに軍需倉庫に駆けつけて、十二元払って布団を買ってきたの。いまは、それを小さく梱包して草原に送るところだよ。」

「いいわね！　このまえ彼が会議に出るために北京に来たとき、私は彼に言いつけたの。兄妹はかならず一丸となって、お互いに助けあわなければいけませんよって。これは両親と国家の負担の軽減につながるからね。あなたは一九五五年に就職してから毎月、家に二十元の仕送りをしてきました。これは給料の三分の一に相当する金額だと私にはわかっています。これからは手分けしましょう。秉鈞が秉宜を、あなたは延安に近い西安にいるから秉和を、私と伯父さんのほうは秉建を、それぞれ援助してはどう？」

「いいよ！」私はすぐさま快諾したが、万感胸に迫るものがあった。これまで、伯父と伯母はわが家を支える大黒柱のような存在だった。彼らは自分の生活レベルを下げても、けっして権力を濫用し、親戚に便宜を与えるようなことはしなかった。一方で、彼らは親戚への援助を自分の務めと見なし、それは国家の負担を軽減するため共産党員がなすべき行動である、と考えていた。そして、自分だけではなく私たち六人にもそうするよう教え込んでくれた。「文化大革命」という非常時に、伯父と伯母は私たちの精神的支えだった。彼らの教育なしには、今日のように親密に助け合う兄弟姉妹の間柄は、私たちの間には生まれなかったのだ。

四　「周総理の姪と言えば、造反派があなたを捕えて尋問することは絶対にないだろう！」しかし、私はきっぱりと断った。

一九六五年十月、私は夫の沈人驊《しんじんか》について西安に赴き、西安市軽工業人事課で幹事の仕事を割り当てられた。平日は会社の寮で暮らし、週末は町から三十八キロ離れた郊外の空軍工程学院の兵舎に戻る。だから、毎週月曜日の朝が訪れると、私はまるで戦場を突進する戦士のように、朝食を急いですませるや否や、バス停に飛んでいくのだった。一刻たりとも遅刻してはならない。というのも、郊外のバスは少ないのだ。もしも始発のバスに間に合わなければ、あとの乗り換えがいかにうまくいっても遅刻は免れないからだ！あのころ私はまだ若く、子どももいなかった。それもあってか、朝早く起きて夜遅く帰る生活をつらいとは思わなかったし、むしろ北京の生活と比べると、なんとなく楽しみが増えたような気がしていた。

私は幼いころから寮の食堂を利用しており、西花庁に帰っても外食することが多かった。ときには恩来伯父と穎超伯母と一緒に食事をすることもあったが、それも調理師が作ってくれたもので、私はただ食べるだけだった。休日に家に帰り、こんどこそ母に料理を作ってあげようと思いきや、台所にはおばさんがいたし、母のほうも、せっかく帰ってきてくれたのだからと、台所に入ることを許さなかった。結婚したあと、私は一年間夫の母親の家に住んでいた。そのあいだは、仕事から帰ってくると、すでに料理が食卓に並べられており、義母はにこにこしながら、「お帰りなさい。手を洗ってご飯を食べよう！」と促してくれた。要するに、いまや三十歳の母親になろうとする私は、北京にいたころから、料理を作ったことがまったくなかったのだ！

西安に着いた当初、人驊は「四清運動[17]」に参加するため一時的によその村に行っていた。私の住む兵舎では、三、四世帯ごとにひとつの台所を共用することになっていたが、私がそこに入ることはほとんどなかった。というのも、食事は兵舎の食堂で済ませることができるし、まれに入っても石油コンロでお湯を沸かす程度の用だった。ある日曜日、人驊がもうすぐ帰ってくると聞き、何か月も苦労した彼はきっとろくな食事を食べられなかっただろうと思った。そこで、私は市場から鶏を一羽買ってきて、おいしい鶏のスープを作って夫を慰労することにしたのだ。すべては準備万端だ。ご飯を蒸すのははじめてだから、焦げたり生のままになったりしないように、私は食堂のやりかたに倣って米を飯ごうに入れ、水をいっぱい注いでから飯ごうをお湯の入った鍋に入れて蒸した。飯ごうを開けると、つい先ほどまではっきり分離していた米と水が、溢れんばかりに膨れ上がったご飯に変わった。台所で、私は嬉しくて思わず叫び出した。

「ほらほら、ご飯できあがったよ、できあがった！」

しかしつぎの瞬間、隣人の目つきから、私はこんなメッセージを読み取った。

「三十歳ちかくの大人がご飯を蒸したぐらいで、なにもそんなに喜ぶ必要はないだろう！」

私は舌を出してほくそ笑んだ。

残念ながらスープのほうは不運にみまわれた！一・五キロの灯油を燃やし尽くしたものの、鍋に詰め込まれた小さな鶏はスープのなかで彫刻のように硬いまま、箸で刺しても弾かれてしまう。隣人の何人かのお姉さんたちに「診断」してもらっても、葱、生姜、塩、料理酒はすべて入れてあるから、問題なさそうだ。そのとき、彼女らのなかのひとりがふと尋ねた。

「塩はいつ入れたの?」

「もちろん塩は葱、生姜、料理酒、鶏と一緒に鍋に入れたわよ!」

「どうりで灯油が一・五キロあっても足りないわけだ!」

「あと一・五キロ使っても硬いままだよ!」

「塩は最後に入れるんだ!」

お姉さんたちはわれ先にと理由を教えてくれたが、私は悔しい思いでいっぱいだった。本当にバカだ、せっかく鳥を買ってきたのに調理もできない、と自分を責めるばかりだった。

しかし人驊は私の料理に対し、賞賛を惜しまなかった。

「さすがわが妻。僕が歯ごたえのある鶏肉が好きだと心得てるんだね。うまい、うまいぞ!」

その日、私たち二人は鶏のスープを鶏肉ごときれいに食べ尽くした。

人驊が帰ってからというもの、私は台所を利用することが増え、他の人たちがどんな調味料を使

1965年、著者と夫・沈人驊、西安の軍営にて。

い、なにをどのように調理するのかを覚え、あとで真似してみるよう心がけた。そうするうちに少しずつ腕前が上がり、私は自分の料理が一人前になったのを心のなかで嬉しく思った。

しかし、月に叢雲花に風〔よいことは長続きしない〕。「文化大革命」が幕をあけると、人事課の幹部である私は、ほどなく造反派の批判の的となった。彼らは局長たちの決めた後継者リストを渡すよう求めてきたが、いうまでもなく私は拒んだ。つぎは、幹部たちの過去の過ちを覚えているかぎり摘発するよう言われたが、これも私は断った。党の幹部でありながら、組織の原則に違反してたまるものか！ そのため私は「保皇派[18]」と認定され、くりかえし尋問、吊るしあげを受けさせられるはめになった。あるとき、課長を連行する予定だった造反派たちは課長を見つけられず、私を「代役」として連行した。西北局のなかのなにもない部屋に私は閉じ込められ、床に敷かれた数本の藁の上で、三日間をすごした。幸いなことに、季節はまだ冬ではなかったが、そうでなければあとで後遺症におそわれたはずだ。私は官僚でもなければ、これといった「罪」も見当たらなかったので、三日後ようやく釈放された。

オフィスで、代役としてひどい目にあった私を見て、課長はとても申し訳なく思ったらしく、感慨深げに言った。

「秉徳、周総理の実の姪だと言ってくれれば、造反派があなたを閉じ込めることはなかっただろうに！」

私はきっぱりと首を振った。人事記録のなかでは、入党志願書に周恩来の名を記入した以外、どの履歴書においても私は総理との親戚関係に触れなかった。人事課の者たちでさえ、人事記録を読んで真実を知った課長を除けば、だれもこのことを知らなかった。

しかし、仕事において、私は伯父と伯母との約束を守り、いちばん真剣に向き合い、最善を尽くしてきた。だから当時、職場に人がいるかどうか、郊外のバスが運行するかどうか、街で武力闘争があるかどうかにかかわらず、毎週の月曜日に私は必ず出勤したものだった。

一九六八年の夏、私は二番めの子を授かり、妊娠七か月になっていた。ある週末、仕事が終わると、私はカバンを二つさげて急いで帰路についた。ところが、交差点に辿り着くと、デモ隊が向こう側のビルのなかの人たちと対立しているようで、なにかのスローガンを叫びながら行進していた。はじめは口げんかのようだったが、石やレンガを投げつけるまでにエスカレートし、突然、ビルの最上階から銃声と空気の裂ける音が響きわたった。

「やつらは銃を撃ってきたぞ！　早く隠れろ」

叫び声が聞こえるとデモ隊は大混乱に陥り、人びとはわれ先にと走りだした。私も逃げたかった。しかし、七か月のお腹を抱えているうえに、カバンを二つ手に持っていたから、どうしても足を踏み出せなかった。あっという間に、私は人混みのいちばんうしろにとり残された。銃弾がたえず背中の壁や目のまえの地面を穿ち、半尺ほど近くに撃ち込まれたものもあった。私は恐ろしさに足がふらついていたが、それでも奥歯を噛み締めてまえに踏み出した。頭のなかにあるのはただひとつのことだけ。

「私はひとりじゃない。お腹の赤ちゃんのためにも足を止めてはいけない。命あるかぎり、最後の一息まで走ってみせる！」

冷や汗が目に入ったが、それをぬぐう暇もない。曲がり角に辿り着くと、そこを曲がってべつの通りに入った。銃弾が方向転換することはないのだから、ここなら安全だとわかり、私はようやくレンガの壁にもたれかかってはあはあと荒い息を吐いた。先ほどのことを思い起こすと、あらためて身がすくむようだった。

伯父と伯母のまえでは秘密はいっさいなかったし、私はこれまでもなにもかも打ち明けてきた。しかし、このことだけは彼らに話さないことにした。というのも、伯父はあまりにも忙しく、疲れ果てていたので、これ以上心配をかけてはならないと思ったからだ。北京に避難することなど微塵も考えなかった。かつて伯父と伯母が言ったように、すべては組織に従い、組織を頼りにしなければならない。自分の職場だけが自分の居場所なのだ。

「文化大革命」のあいだ、私は「喜ばしいことだけを知らせ、悪いことは知らせない」という主義を貫いた。伯父と伯母の負担を分担してあげられないばかりか、余計な迷惑をかけては絶対にだめだと思ったからだ。

一九七四年、上役の指示で北京に呼び戻された人騨に従い、私も北京に帰ってきた。西花庁に挨拶に行くと、私の帰京を知った伯父は目をかっと見開いて厳しい口調で聞いた。

「秉徳、なぜ戻ってきた？　私と関係のあることか？」

「安心して。違うよ！」伯母が伯父に注意してくれた。

「恩来、秉徳はあなたの姪であるだけではなく、人騨の妻でもあるのよ。軍人の家族は軍人についていくものなの。」

五　「周秉徳が周恩来の親戚だなんてことはありえない！　たとえ親戚だとしても、遠い遠い関係だろう。そうでなければ、私たちと同じ苦労をするわけがない。」

とても印象深いことがあった。三十年がすぎたいまとなっても、私は鮮明に覚えている。

一九六八年の夏、雨あられのごとき銃弾砲火を浴びた私は、日もすっかり暮れてから、ようやく二つのカバンを抱え、重い体を引きずって兵舎に戻った。心臓はまだどきどきしている。足がふらつき、階段を登る力すらない。むかしであれば、たとえどれだけ疲れていても、すぐにベッドにもぐりこみ、一晩ぐっすり眠れば翌日は元気になっていたものだ。しかし、いまはそういうわけにはいかない。私はお腹が空いてもがまんできるけれど、赤ちゃんがお腹を空かせてはいけない。そこで私はカバンを置き、元気をふりしぼって台所に入り、コンロの火をつけて麵を作った。そして、味もよくわからぬまま、あっという間にそれを食べた。

台所では二人の隣人のお姉さんがお皿を洗っていた。

「周ちゃん、帰りが遅いね。どうしたの?」ひとりのお姉さんが声をかけてきた。

「町に出勤してたよ。」私は微笑みながら答えた。

「あら、なぜ町に行ったの? 武力闘争があったんじゃない? 知らなかったの?」

「銃で狙われたよ。銃弾からなんとか逃げてきたんだ。いま、すごく疲れてるから、おやすみ。また明日。」

私がふらふらと部屋に向かうと、うしろから二人の囁きが聞こえてきた。

「彼女、周総理の親戚なんだって。」

「周秉德? でたらめ言うなよ! 彼女が周恩来の親戚なわけないよ! 百歩譲ってそうだとしても、めちゃくちゃ遠い親戚にちがいない。そうじゃなきゃ、私らと同じ苦労なんてするわけがないだろう?」

私は扉をそっと閉じた。いつもにこにこ笑い、度量の大きい私だが、今日だけはやけに不安を覚え、周りが見えなくなってしまった。私は伯父が贈ってくれた結婚祝い——枕元にかけている伯母が撮った廬山の写真のまえに立ち、ひどくつらい気分におそわれた。思わず引き出しを開けた。大切にしている伯母の手紙を取り出すと、優しい伯母の微笑みが浮かび、あたたかい伯母の手を握ったように感じられた。ここ数年、私たちが健やかに育つようにと、伯母がどれだけの手紙を書いてくれたか、私たちは数えたことがない。とくに五〇年代、伯父と伯母が広州に療養に行ったとか、北戴河《ほくたいが》の会議に参加したとか、いつも伯母は返信をくれた。そして、手紙を読むたびに、母親であるかのような愛情に心が温まるものだった。今日はどれということもなく無作為に、伯母の手紙を一通手に取った。便箋の右下に斎白石先生の墨菊が咲いている。伯母は高潔で雅やかで、寒さに強い菊の花が大好きなのだそうだ。その見慣れた、連綿体の草書が目に飛び込んできた。

秉徳へ

ご無沙汰しています。

何度も返信をしようと思いましたが、つい今日まで引きずってしまいました。私のことを怒っていませんか？　どうか許してください。返信を待ち焦がれていたことでしょうね？

広州にいるあいだに、あなたから二通の手紙をもらい、とても嬉しかったです！　それによって、あなたたちがダムを建設した詳細や、はじめの「懸命に、着実にやる」から、のちの「上手にやる」へと、やり方が変化したのを知ることができました。なにより喜ばしいのは、あなたが末端組織に入り込み、大衆工作のなかで成長を遂げたことです。党の政策の正しさを、あなたが身をもって、あらためて証明してくれたのです。秉徳、ぜひよく学び大いに張り切って、密接に大衆と結びつき党の指導を仰ぎ、早く無駄なく、立派に光栄なる任務を達成、ひいては目標以上に達成してください。あなたに返信していなくても、遠い広州にいても、私はつねに蜜雲ダムのことに関心を寄せています。いまもラジオであなたたちの春節祝いの生放送を聞いていますよ。

耳寄りな情報を教えます――これは北京に戻るまえから、北京に戻りしだい真っ先に教えるつもりだったことであり、あなたがもっとも気にしていることでもあるでしょう。私の体調はだいぶよくなりました。今後は、もっと人民に奉仕できると思いますし、もっと活躍の場を得られるでしょう。あなたはきっと喜んでくれるでしょうね！　また、恩来伯父さんのことですが、彼は仕事で忙しく、寝不足気味で最近少し痩せてしまいました。でも体は健康だから、安心してください。私ができるだけ面倒を見てあげます。生活と仕事のバランスを調整することで、どうにか改善できるでしょう。私たちのことは心配しないでください。いま、あなたのやるべきことは、仕事に精進しつづけ、技術を極め、たえず進歩することです。これは私たちの切なる希望でもあります。私の青年たちへの手紙はあなたもすでに読んだと思いますが、もしなにかアドバイスがあれば、ぜひ教えてください！

南方でサンダルを一足買ってきました。娘の三人のだれかにプレゼントしたかったけど、維世、粤生は二人ともあなたに譲りたいと言っています！　帰ったらご褒美にあげますよ。握手とハグを捧げます！　労働〔ダム建設での肉体労働〕、仕事〔西安市軽工業局での仕事〕、思想、いずれにおいても成果をあげられるよう願っています。

七母より

一九五九年五月七日

伯母の手紙を読むと、私は伯母に手を握られているような気持ちになった。伯父と伯母の声と姿、笑顔

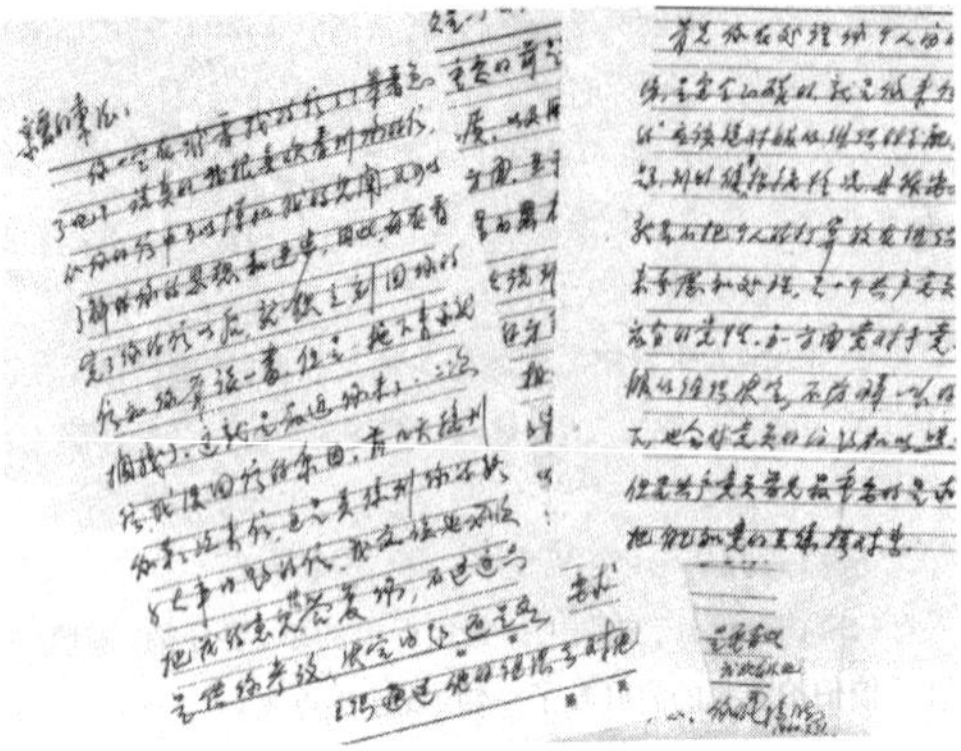

穎超伯母がくれた手紙の一部。

がくっきりと目に浮かんだ。

一九五五年、北京師範学校を卒業した私は、十八歳の若さで中国共産党に入党させてもらった。伯父と伯母から教育を受け、深く影響されたこともあり、共産党員は党と国家のニーズに従うべきだという原則を私はしっかり守っていた。それゆえ、自分で選んだ教師の仕事も二か月間しか続けられず、すぐに朝陽区委に転任し、粛清の仕事に携わることになった――当時は中小学校の共産党員の教員があまりにも少なかったからだ。

一年後、私は組織から東北への出張調査に派遣され、青年党員がいなかったので、女性の共青団員を連れて行くことになった。出発が近づいたある日の正午、西花庁を訪ねたら、タイミングよく出かけようとする伯父と鉢合わせになった。彼は不思議そうに聞いた。

「秉徳、今日は土曜日じゃないな。なぜ戻ってきたんだ?」

「明日、人を連れて東北に出張調査[19]に行くことになったんだ。土曜日は来られないから、今日のうちに伯父さんと七母に会いにきたってわけ。」

「え? なんだって?」両手を腰にあて、太い眉を吊り上げて目を見開き、伯父はふたたび確認した。

「秉徳、もういちど言いなさい。人を連れて東北へなにをしに行くの?」

「東北へ出張調査に行くの！」私は大声でくりかえした。

すると、伯父は声を上げて笑い、伯母に言った。

「穎超さん、秉徳の話を聞いたか。彼女なんて自分もまだ子どもなのに、明日人を連れて出張調査に行くんだってさ！」

「秉徳を見くびらないで。」伯母は微笑みながら反論した。

「こう見えても、彼女は共産党に入党してからもう少しで二年になるのよ！　あなたと私が天津の覚悟社にいたころ何歳だったか覚えてる？　私は十五歳、あなただってたったの二十一歳！」

「そうだそうだ！」私は伯母を応援するほどに気持ちがすっきりした。

「まあまあ秉徳、ひとつだけ覚えておきなさい。出張調査はとても重要な仕事だ。真剣に、慎重に、事実に基づいてやらなければならないよ！」伯父は私の肩を叩きながら念を押した。私はうんうんとうなずいた。

1956年の著者。

伯父があまりにも忙しかったので、ことあるごとに私は伯母に相談をもちかけていた。二人がよその地に出張しているときでも、私は伯母のほうに手紙を出すことにしていた。二、三通出してはじめて伯母から一通の返信をもらえるぐらいだったが、もちろんそれでも文句はまったくなかった。なぜなら、私の手紙は、自分の仕事と思想状況に関する報告が多かったからだ。返信を望んでいないといえばそれは嘘になるが、私は幼いころから他人には寛大にふるまい、思いやりをもつように育てられてきた。伯父と伯母が仕事で忙しく、まして伯母の体が病弱であることを思えば、すぐに返信ができないのは当然のことなのだ。

　ある日、伯父の散歩に付き添っていると、不意に「秉徳、働き始めてから何年たった？」と聞かれた。

「三年よ。」

「課長になったか？」

「課長？　なるわけないでしょう！」私は平然と言った。

「私たちの部長は処級で十四級、副部長は十六級、下の幹事たちでさえ十八、九、二十級の人ばかりだよ。彼らをさしおいて、二十二級の私がどうやって課長になれるというの！」

　たしかにその後、私は科級さえ設置されていない区委宣伝部で、なんの肩書きもなしにまるまる十年働き続けた。仕事は高く評価されていたにもかかわらず、職務の階級が上がったことはなかった。それについて、伯父と伯母はなにひとつ文句を言わなかったし、私もなにかの「長」になるために頭を悩ませたことはない。ましてや、伯父か伯母のコネを使い、伯父の管轄する国務院に入れてもらうなど思ってもいなかった。一方、伯父と伯母もそれを理由に私を批判したことはなかった。むしろ末端組織で着実に働き、

1956年10月15日、母が私たち5人（秉鈞はこのとき学校にいた）を西花庁に連れていき、恩来伯父に会わせてくれた。

かつ高く評価される私を好ましく思っていたようだ。

北京の水不足を解消するため、伯父はみずから調査、研究を行い、専門家との議論を経て、ついに郊外に蜜雲ダムを建設することを決議し、二十万人の出稼ぎ労働者を派遣してダムの建設に当たらせた。一九五八年八月から一九六〇年十月にかけて、私は蜜雲ダム朝陽区の支隊で働いた。

一九六四年、私は結婚した。一九六五年の年初に夫の沈人驊は西安に転勤し、五月になると中央政府から通知が届いた。

「北京市の人口を減らさなければならない。北京で働いている夫婦の場合、一方が北京で仕事をしていなければ、もう一方は男女問わず北京を離れ、相手の所属している場所で再就職すること。」

上司からこの通知を受け取ると、私は即座に、「中央のご指示に従い、八月に子どもを産んで産休が明けたらすぐに西安にまいります」と承諾した。

出発するまえに、伯父と伯母に別れを告げにいったら、食事をご馳走されることになった。偶然なのか意図的なものか、四品の料理のなかで唯一の肉料理は醬油で煮込んだ羊肉とにんじんの炒めものだった。私はむかしから羊肉の匂いが苦手なので、羊肉に箸をつけたことはなかったけれど、今日は一転、大きな塊肉を口に入れ、おいしく食べられた。それを目の当たりにした伯母は咄嗟にその真意を汲んだか、にこにこしながら冗談半分に言った。

「秉徳、あなたもずいぶん成長したのね。西北には牛肉と羊肉が多いのを知って、郷に入れば郷に従えと、もう練習しはじめたのかな！」

ところが、伯父は別のことに気を取られていたようだ。彼は食事の最中に、急に箸を置いて聞いてきた。

「西安に行ったら、子どもはどうするんだい？」

「北京のお祖父さんとお祖母さんのもとに残していくわ。」

「なぜ西安に連れていかないんだ?」

「数か月前、私は休暇を取って西安に行ってきたの。そのとき、人驊の所属する部隊が郊外に駐留していて、町から三十八キロも離れていることがわかった。となると、私は毎週月曜日に郊外発のバスで町の職場に行かなければならないし、平日は寮に泊らなければいけない。よりによっていま、人驊は地方の四清運動に派遣されて部隊にはいない。私ひとりでは子どもの面倒を見ながら仕事するのはとても無理だわ。それにあの子はお祖父さんとお祖母さんにとって初孫だから、目に入れても痛くないほど可愛がられているし、彼らに任せればなにも問題はないわよ。」

「もちろん問題はないとは思うが、子どもは両親よりも祖父母に可愛がられると言うからな。もし子どもがお年寄りのもとであまりにも可愛がられていたら、だめになってしまうんじゃないかと心配してるんだ。」

「伯父さん、安心して。人驊とはもう話がついてる。私が新しい環境に慣れて、子どもが保育園にいく年になったら、西安に迎え入れるつもり。」

「それならいい。」伯父は満足げに微笑んだ。「子どもは小さいころから厳しく躾けないと。甘やかしてはいけない!」

伯父と伯母は私が夫に従って北京を離れることについて、まったく不思議に思わなかったし、それを制止しようともしなかった。彼らから見れば、党の政策に従うことはすべての共産党員の義務であり、だれにとっても例外はない。ましてや伯父の親戚たるもの、とくにその模範になるべきだろう。伯父は見知らぬ土地に行く私になにが起こるかなんてまったく心配しなかった。現地の知り合いに面倒を見てくれるよう頼んでみることも考えなかった。むしろ彼は、北京に残された子どもがお年寄りに甘やかされたらどうなるか、ということを不安に思っていた。そうだ。伯父と伯母の人生の辞書には、奮闘と修練という二つのキーワードしかないのだ。彼らは人民に、党の事業に、すべての知恵と愛を捧げた。しかし、身辺の人、とくに親しい人に対しては、厳しさが愛を上回った。あるいは、愛が厳しい要求のなかに密封されていると言ってもよいだろう。真に勇敢になり、人として成熟してからでなければ、厳しさこそが真実の愛だということは理解できないのだ。

1965年10月、著者の第一子・沈清の生後70日。西安に行くまえ、私は義父・沈謙、義母・張絢とお別れの記念写真を撮った。

実際、そのような理屈はすべて分かっている。しかし、なぜ今日にかぎって冷やかしの言葉に耐えられなかったのか？　私は伯母の手紙をもとどおりに戻しながら自嘲した。床に倒れている布製の青いカバンを目にした瞬間、ひとしきり動悸がした。「ああ、ついさっき死神とすれ違ったんだな。まだ平静さを取り戻せてないみたい」と、私は開き直った。

第五章　愛情の耐えられない軽さ

1925年、周恩来伯父と鄧穎超伯母、汕頭にて。伯母によれば1920年代、若い男女は公の場で馴れ馴れしくしてはならないとされていた。そのため、このようなポーズで写真を撮るには旧習を打破する精神が必要だった。

一

十八歳になった私は就職してまもなく、キューピッドの矢に射抜かれた。それをきっかけに、瀟洒で格好いい恩来伯父が、なぜ地味な見た目の穎超伯母に恋い焦がれたかがわかった。また、恋というものは甘いだけのものではなく、もっと深い意味を含んでいることもはじめて知った。

一九五五年の夏、私は師範学校を卒業すると、仕事の割り当て志願書で村の教師を志望した。それは、村では教員不足の状況が都市より深刻であり、私たちのような師範学校の卒業生をとても必要としていると思ったからだ。私自身、村での厳しい生活になんとか耐えていけるように、心の準備をしていた。しかし、北京市朝陽区第三中心小学校に着任の報告に行くと、そこには街と店があり、学校には電灯（石油ランプかと思っていた）と電話があった。教室はレンガでできており、校門の近くにはバス停がある。それを見て私はたいへん満足し、気持ちよく仕事を始められたのだった。この一件で私はある人生の摂理を知り、いまなおそれを実践し続けている。

人生に現実を超える期待をしなければ、いつまでも楽しく、満足して生きていける。いわゆる「足るを知れば常に楽し」である。

教員生活が幕を開けた。私は四年生の担任に指名され、読み書きと算数を教えることになった。正直に言うが、私は心から自分の生徒を愛している！　毎日のように教室の三十人あまりの子どもたちに向き合っていたが、彼らは都市の子どもたちほど清潔ではなく、服もぼろぼろで継ぎはぎだらけのぐちゃぐちゃなものばかりだった。女の子の髪の毛は鳥の巣のようにぼうぼうであり、男の子は目垢を付けたままで、聞くまでもなく朝、顔を洗わずにやってきたに違いない。しかし、村での生活が長くなると、彼らは都市の子どものように朝寝坊などしていないことがわかった。その服についた青草も、布靴とズボンについた露もすべて、なにかを物語っている。彼らは、夜明けに鶏が鳴くのも待たずに起床し、荒野からドクダミやヒツジグサを摘んで持ち帰り、そして冷めた饅頭《マントー》か黍餅《きびもち》をくわえて必死に学校に走ってくるのだった。

不思議なことに、教壇にはじめて立ったとき、私は少しも緊張しなかった。それは、子どもたちの目つきに、希望、興奮、憧れがあるのをきちんと読み取ったからではないだろうか。努力すれば、近いうちにその子たちを、ソ連映画『村の女教師』のストーリーのように、国家の必要とする人材に育ててあげることができると私は信じていたわけだ。

ある日、校長の劉熹から任務をひとつ与えられた。区教育局は各学校に当該地域で三年以内に入学する予定の子どもの数を統計し、村ごとにその名前のリスト、人数をまとめてほしいとのことだ。私は数日かけて本業の合間に任務を遂行したが、そのあいだ、若い派出所の所長に多大な支援と協力をいただいた。また、私の仕事における態度のよさも彼に深い印象を与えたようだった。

ところが、教員生活が始まって二、三か月が経ち、ようやく子どもたちの名前を呼ぶのにも慣れた私は、彼らを卒業まで見届けるどころか一学期すら過ぎぬうちに、区委宣伝部が数名の若い党員を求めているとのことで転勤させられることになった。その日、私は校長室に呼ばれ、転勤命令が下ったので、明日、朝陽区委宣伝部に着任を報告するよう命じられた。子どもたち、村のみんなを放りだしていくわけにはいかないと言ったが、答えは一言だけだった。

「党員はすべて党の事業に従うべし。」

それで、私はあっさりと承諾した。そこを出れば、美しい教師の夢が永遠に破れてしまうことも知らずに。

別れぎわ、あの若い派出所の所長が、好意と名残惜しさを示したのを私はかすかに感じた。しかし、当時十八歳になったばかりの私は、男女の恋というものの知識をまったく持ちあわせていなかった。

「周先生、区委に行っても友だちとして会ってくれませんか?」

「もちろんですよ!」私は屈託なく答えた。

「それに、あなたはいつも区公安分局に行っているんじゃないですか? 会うチャンスはまたありますよ!」

「そう、そう、そうですね!」所長は顔をほころばせ、「そう」を三たび連発したのだった。

土曜日の夜、西花庁に帰ると、私は歌を口ずさみながら、調理師を手伝って料理を運んだり、ご飯をよそおったりした。

すると、「秉徳、その顔は恋でもしたのか?」と、ついさっきまでオフィスにいた恩来伯父が食卓につくと、椅子の背もたれに寄りかかって腕組みし、首をかしげてにっこりと聞いた。

さすが気の利く伯父だ。何事においても彼の目をごまかすことなんてできやしない! 私はすぐに顔が燃えるように赤くなり、思わず吹き出してしまった。

「まさか。秉徳はまだ三か月しか仕事してないでしょう!」穎超伯母は箸をとりながら言った。

「その笑いは認めたようなものだよ。信じないなら彼女に聞いてみなさい!」伯父は饅頭《マントー》を一口噛むと断言した。

「食事のあとに、伯父さんと七母には報告するつもりだった。でも見破られた以上、いま打ち明けるね!」

そして、私は所長と知りあった経緯や、区委に異動を命じられたのがきっかけで関係がはっきりしたことをことごとく白状した。

「どうして小学校の教師を辞めたんだ？　区委に移ったのは、私に関係があることか？」伯父の口調は一瞬厳しくなった。「おまえが少しでも北京の近くにいられるようにわざわざ手配してくれたのか？　やはり政府機関じゃなくて、末端組織でおのれを磨いたほうがよいと思うけれど、そちらの人事に直接手を出すわけにもいかないしなあ。」

「私は伯父さんの名前を掲げて頼んだわけじゃない！」真面目な話に関しては、かならずしっかりと対応しなければならない。「私のすべての履歴書のなかで伯父さんと七母との親族関係が記録されているのは入党志願書だけ。朝陽区には伯父さんの姪だと知っている者はまずひとりもいない。いま、数人の党員が区委に入れられたのはあくまで粛清工作をするための一時的な措置よ。」

「私は秉徳を信じてる。恩来、恋人の話を続けさせて！」伯母は促した。

そこで私は話題をもとに戻した。「最近区委の同志から聞いた話では、所長自身は党員で、仕事においても大衆との関係においても高く評価されているそうよ。でも、彼の父親が一貫道の壇家なんだって。」

「一貫道の壇家？　それ、大丈夫なの？」意表をつかれ、伯母は思わず口に出した。

この頂門の一針に、私はぎょっとした。そういえばいままで、「一貫道」がどういうものなのか、私はあまり知らなかった。たんなる年寄りの迷信としてぼんやりと受け止めていただけだった。しかし、当時の政治情勢において一貫道は反動的な秘密結社と認定されており、人びとに敬遠される存在だった。

「若者はだれもが恋愛を経験するものだけど、相手を選ぶときにまず考えなければならないのは志が同じかどうかということです。むろん、相手の家庭環境も考慮しないといけないけどね。」

覚悟社のメンバーの一部。後列右端が周恩来、右から３番めが郭隆真、前列右から３番めが鄧穎超。

そして、伯父はみずからの経験を語ってくれた。

「秉徳、私が七母と結婚するまえ、パリで交際していた女性がいたのを知ってるか。」

伯父がとつぜん、伯母と私のまえで自分の恋愛遍歴を明かしたものだから、驚きすぎて注意が逸らされ、張りつめていた神経も思わず緩んでしまった。

「七母、それは本当なの？」

「そうよ！」伯母も表情が和らぎ、にこにこしながら続けた。

「五四運動のころ、私はわずか十五歳でした。街頭で演説したり、文明劇[20]を演じたり、まるで元気いっぱいの男の子みたいだったのよ。だから、恋愛なんかはたから頭になかったわけ。あなたの伯父さんは私より六歳上だけど、中華の復興と救国の事業に身を捧げるのを志としていたから、独身主義を貫いていた。その後、彼は覚悟社の郭隆真《かくりゅうしん》と張若名《ちょうじゃくめい》と一緒にフランスに留学したのだけど、あのころ覚悟社の同志たちはみな、もし周恩来が独身主義を捨てて結婚するなら、張若名がいちばんふさわしい相手だと騒いでいたのです。」

「最初はたしかに順調だった。」伯父は話の穂を継いだ。

「パリで私たちは中国少年共産党に相前後して入党した。その当時、マルクス主義を勉強するさいに用いた方法は、教え合い、学び合い、というものだった。張若名はフランス語が上手だったから、いつも講師に選ばれていた。その後、彼女は講義の原稿をまとめて少年共産党の機関紙『赤光』に発表し、共青団中央がこれをマルクス主義の入門書に採録さえしたんだ。でも、のちに出自の問題で彼女は党内で審査を受けることになり、さらに社会運動、政治活動に関わったことでフランス警察に何度も尾行、尋問されてしまった。それで、彼女は悔しさと不満を覚えたらしく、しばらく考えた結果、政治活動と党から離れ、フランスで学業を続け、帰国後にこれを活かす道を選んだ。たしかに、祖国に貢献し、中華を復興させるのは私たちの夢だ。五四運動のまえは、私も教育こそが国を救うとか、科学こそが国を救うと信じていた。日本のように軍国主義で危機を乗り越えることさえ望んだことがある。ところが、歴史が証明しているように、これらの道の先はいずれも塞がっていた。だから中国が独立、富強を求めるならば、武装兵力で政権を奪取することこそが唯一残された道だったんだ。私はマルクス主義を不変の真理として信奉している。無産階級《プロレタリアート》の革命のために生涯奮闘し、命を落とすことも辞さないと誓った以上、自分の生涯のパートナーも同じ志をもち、革命の困難と苦痛に耐えられる人でなければならないんだ。この点において、七母は一〇〇パーセントふさわしい選択だった。そして私は張若名とけじめをつけ、七母に頻繁に手紙を出すようになり、プロポーズするに至ったのさ。」

「どうりでフランスに行った当初は手紙もくれなかったのに、きゅうに驚くほど積極的になったわけね。絵葉書をくれたり、人に手紙を送らせたりして、こちらは意味がわからなくてすごく緊張したわ。」過ぎ去った歳月に思いを馳せたか、伯母の笑みには少女のような気恥ずかしさが滲み出ているように見えた。

私の恋人がふさわしい人かどうか、伯父はついになにも言わなかった。そのかわりに彼は自分の経験を語り、恋愛をするときの決まりごとを教えてくれた。しかし、これは私の直面する現状になにかヒントを与えてくれたのではないかと、私は考えをめぐらせ、伯父の真意を汲み取ろうとした。

食事後、伯母の指示で、伯父の散歩に付き添うことになった。私にはわかっていた。これは伯父にもっと相談しなさい、という伯母の意図によるものだ。

「伯父さん、ちょっと聞きたいんだけど。伯父さんは七母を選ぶと決めたとき、張さんになんて説明したの?」

「秉徳、初恋はとても美しいものだ。それにさよならを告げるのはなかなか難しい決断だよ。最初私は何度も、しっかりしろ、とか些細なことで離党するな、とか党に残るよう勧めてみたが、しかし彼女はもう疲れた、政治を離れて文学の研究に集中したい、と言って聞く耳をもたなかった。彼女の離党で決心がついたんだ。それで、私は自分の恋愛や結婚に関する考えかたを説明して、その場で別れを切り出した。」

「伯父さん、そのような決断はつらくなかったの?」私は伯父に聞いていると同時に、自分にも聞いているのだ。

「もちろん平気じゃいられなかったよ。」私に向けられた伯父の眼差しは、真摯でまっすぐなものだった。「秉徳、おまえはもう大人なんだ。この世の男女のあいだには、恋人という関係のほかに、友情という関係もある。だから、妻になれなくても、友達のまま付き合うことだってできる。張若名の場合、私たちは天津で半年くらい一緒に牢獄に入れられたことがあるから、彼女の人柄は十分に理解している。彼女は、革命を諦めたからといって敵の側に寝返って私たちを裏切ったわけじゃない。だから、その後も友達として付き合っていくことができたわけだ。」

三十年後、鄧中夏《とうちゅうか》の息子と張若名の息子から、私はひとつのエピソードを聞いた。

一九二八年、伯父はある会議のためソ連を訪れ、帰路は安全に考慮し欧州でいちど乗り換えることにした。そのさい鄧中夏は、彼の新婚の妻のためにお土産を買ってきてくれるよう伯父に頼んでいた。彼が言うには、三か月も臭い飯を食べてやっと貯めた少しばかりの手当だから、どうしても最高のお土産を買ってきてほしいとのことだ。フランスに着くと、伯父は張若名のもとへと向かった。革命から身を引いたとはいえ、友達を裏切るようなことは絶対にしないと張若名を信じていたからだ。事実、そうだった。彼女はリヨンで伯父を敵から守っただけでなく、銀色のスイス製腕時計をお土産に選んでくれた。のちに鄧中夏は、彼の妻はその時計をたいへん気に入っていると教えてくれた。鄧中夏が南京の雨花台で犠牲になってから二十年が過ぎたある日、伯父は彼の妻に再会した。会話のなかで彼女はその銀色の時計のことにふれ、中夏が残してくれた大事な記念品だから、いまでも大切にしまっていると言った。

「張さんはその後どうだったの?」

「張若名はフランスのリヨン中仏大学で文学の博士号をとって、一九三一年、夫の楊堃と一緒に帰国した。はじめは北京の大学に務め、のちに雲南大学中文学科の教授になった。一九五五年四月、私がインドネシアのバンドンでアジア・アフリカ会議に出席し、帰りに昆明を通りがかったとき、陳毅と一緒に張若名夫婦を訪ねたよ。伯母は、彼女は古い友人だから、いまどうなっているか見たかったのに、と集合写真を撮らなかったことをすごく残念に思っていた。」

私は、伯父がパリで初恋の彼女に別れを告げるさい、なにを言ったか知りたかった。同じようにすれば、私の初恋も、穏便なかたちでけじめをつけられるのではないかと思った。しかし、伯父はずっと仕事に没頭している。ばたばたと出入りする彼の姿と、一晩中消えない灯りを見ていたら、つい口を開くのも恥ずかしくなってしまった。でも、女の直感でいえば、伯父は自分に厳しく、パートナーの選定に絶対的なルールを設けていたが、他人に対しては間違いなく寛容な態度をとっている。恋人になれなくても、友達でいられる。革命を友情の起点にできなくても、愛国心において共通の話題が見つけられる。まさにこれが、さまざまな分野で彼にたくさんの友人ができた大きな理由だろう。それがあったからこそ、政治的な立場が正反対の人に対しても、愛国という共通の目標、ひいてはその人柄への尊敬から、彼は何度も手を差し伸べ、危険から救い出したのだ。

その後、私はあの所長のもとを訪ね、自分は社会人になったばかりだし、まだ若いし、数年間は恋愛をするつもりはない、だからもう私のことは諦めて、もっとふさわしい相手を探してくださいと言った。それと同時に、いままでしてくれたことや、私への好意に感謝し、今後は助け合うようなよい同志、よい友達になりたいと伝えたのだ。

二　中ソ関係は日増しに緊迫しつつある。それは、ソ連に留学中のある大学生と私との、悲しい運命を決定づけた。二十六歳になっても私は未婚のままだった。

一九五、六〇年代、だれかの家にもし二十代の未婚の女性がいたら、その母親が心配するのは当然のことだった。もちろんうちの母も例外ではない。一九五八年の夏、母の友人のひとりが自分の親戚を紹介してくれた。

彼はモスクワに留学している大学生で、夏休み中、北京に一時帰国していた。はじめて会ったとき、情熱に溢れ話術の達者な彼は、私の心にとても深い印象を残した。そして、私はわずか一か月の間に何度も彼にデートに誘われ、ついに私も彼を西花庁に誘い、穎超伯母と一緒に陶然亭に遊びに行ったのだった。

その日、伯母のまえでも彼はおおらかでさっぱりしており、みんなで楽しい一時を過ごすことができた。モスクワに戻ると、彼はすぐに手紙をよこし、この「一目惚れ」の縁に心から感謝した。

「あなたのことをとても気に入っています。これからも連絡を取りあいませんか？　次回の北京での再会を心から楽しみにしています！」

それを読みながら、私は顔が熱くなるのを感じた。

私は大学に行ったことがない。大学生の人と結婚して家庭を作り、まるで先生のような彼に見守られ、そして私も彼を応援できたらよいな、と思ったりもした。ましてやあのころ、ソ連に留学できる人は比較的優秀で、群を抜いた好青年ばかりだった。私自身は性格がおおらかなほうだから、夫も心が広く、まっすぐでしっかりした人がよい。筆をとって返信しようとしたとき、ふと思った。もし彼との関係を進展させるなら、さきに伯父と伯母に意見を求めたほうがよいのではないか。彼らのまえでは、私はなにも隠す必要がないから。そこで、密雲ダムで働いていた私は、すぐに筆をとって、目下の状況を伯母に詳しく説明した。

その後、返信を待ち望む日々がつづいた。ある日、それがようやく届き、私は急いで開いた。

秉徳へ

返信を待たせてごめんなさい。待ちわびていたでしょう？　じつは、あなたからの手紙をいつも楽しみにしています。それを読むたびに私は、見聞を広げることもできれば、あなたの考えや成長を確認することもできます。しかし、毎回返信しようと思いながらもつい引きずってしまい、そのためここ最近のあなたからの二通の手紙にも返信できませんでした。先日、三通めの手紙を受け取りました。

これはあなたの人生に関わる重要なことだから、できるだけ早く返信することにしました。ただし、こちらの言うことはご参考までに。最後に決めるのはあなたです。

まず、プライベートのことに関するあなたの考え方はまったく正しい。すなわち、「彼は組織の命令に絶対に従うべきだ」、「プライベートのことは状況を見てあとで決めてもいい」ということです。これは個人の利益を優先しない考えかたの表れで、共産党員として備えるべき最低限の覚悟です。一方で、党員が組織の決定に従うかぎり、仕事の妨げにならない範囲で、党は党員のプライベートにも適切に配慮します。しかし、なによりも共産党員は自分に厳しく要求し、党との関係をうまく処理すべきでしょう。

そして、共産党員が伴侶を選ぶとき、もっとも重要な前提として、政治上の条件と素質の良さ、愛し合っているかどうかなどが挙げられます。見た目はふつうでよいのです。

あなたと彼の関係に関して言えば、私はあなたの方針、考えかたとやりかたに同意しています。二人がすでにお互いのことをよく知り、なお好きになっているのだから、恋愛関係を明確にしたほうがよいのではないでしょうか。それは彼にとって仕事上の研修であるばかりか、将来的にはあなたたちの強い絆の結びつきと、幸せをもたらすでしょう。そのうえで、お互いのことをもっと理解しあい、二人の愛が確かなものかどうかを見極めるほうがよいのでは、と思います。この期間はけっして長いものではありません。来年の三月か四月、ちょうど花咲く麗らかな春に、彼の研修は終わります。もちろん、今回の研修を終えて、上からなにか新しい指示があれば、たとえば仕事の必要上、来年の三、四月になるまえに帰国するなどということになれば、そのときにまた状況を見て結婚の期日を決めればよい。もちろんこれはあくまでも私個人の考えであり、組織がそう決めたわけではないことをここで断っておきます。

最後に、ひとつだけアドバイスをします。あなたは、自分の所属する組織に依頼し、彼の組織を通して彼のことをもっと聞いたほうがいいと思います。そのほうが相手のことをより全面的に理解することができるのではないでしょうか？　直接接するよりも、そのほうが相手のことをよりはっきり書きなさい。あなたの手紙を読んでも、この三文字の名前がなんなのか、私も恩来伯父さんも読み取れませんでした。名前さえわかれば、彼のことを聞き出してあげたり、あなたの役に少しくらいは立てるかもしれません。でも、やはりいちばん大事なのはあなたが組織に依頼することですよ。

以上が私の意見です。役に立ったかどうか、教えてくれると嬉しいです。いま私は北京にはいません。でも、返信は北京宛てでかまいません。私も伯父さんも元気ですので、どうか安心してください。

七母同志
一九六〇年七月三十一日

伯母の書いた通りに、私は物事を進めた。

半月後のある土曜日の午後、私は西花庁に帰った。伯父と伯母は北戴河に行ったのを知っているから、部屋の本を一冊、両親の家に持ち帰って読むつもりだった。ところが、門のあたりで、ちょうど車から降りてくる伯父と鉢合わせになった。

「伯父さん、北戴河に行ったんじゃなかったっけ？」

「用事があって戻ってきた。」伯父は私の手を握り、続けた。「明日は日曜日だね。あとで一緒に北戴河に行こう。七母がおまえに用があるから。」

「わかった！」私は、きっとあの話だろうと内心では思いつつ、すぐに承諾した。伯父はあまりにも忙しすぎて、私たちの結婚などに構っている余裕がなかった。しかし、ずっとあとになってから、私にもようやくわかった。じつは一九五八年から一九六〇年にかけて、伯父は「反冒進」問題で毛沢東主席に厳しく批判されていた。彼は中央に辞任届すら提出し、西花庁もいっときは「門前冷落して鞍馬稀に（門前は寂れ馬に乗った金持ちの客人も稀だ（白居易『琵琶行』）」といった様相を呈していた。しかし、私たちが西花庁で伯父が悩んでいるところを見たことはない。彼は私たちのまえで、いつでもゆったりと落ち着きはらい、元気にあふれて、まるでこの世には彼の解けないこま結びや、彼の越えられない火焔山[21]などどこにもないかのようだった。

伯父のあとについて西花庁に戻ると、彼はオフィスに入り、私はいつものように応接間で本を読み始めた。伯父のオフィスは立ち入り禁止の看板こそなかったが、子どもの私たちにとっては「禁区」だった。私たちどころか、伯父とともに革命に身を投じた一蓮托生の伯母でさえ、入るまえにノックをしなければならなかった。しばらく経つと、伯父はなにかの書類が届くのを待っているのか、応接間に出てきて私と世間話を始めた。

「伯父さん、今日は専用列車で北戴河に行くの？」建国当初、私は伯父と伯母とよく一緒に車で観劇に行ったり、頤和園に遊びに行ったりしていたが、伯父の専用列車に乗って北京を出たことはない。北戴河に行くなどなおさらのことだ。

伯父はうなずいて、話をさっと変えた。「秉徳、ひとつ相談したいことがあるんだ。いい？」

「もちろん！」と私は答えた。

「結婚は二十五歳を過ぎてからにしてくれないか？」伯父の輝いた目がじっと私を見つめている。「女の子は二十五歳になってからでもいいよな。早すぎてはいけない。わが国は人口の多い大国だ。一九四九年の統計ではまだ四億五〇〇〇人だったけど、数年も経たないうちに、早くも五億をこえている。だから、私たちは産児制限をしなければならないんだ。工業、農業の生産発展が人口増加のスピードに追いつかなければ、人民がお腹を満たすことすらできなくなる。それでは国の富強なんて口先だけで終わってしまうんだ。私の考えでは、中国のように人口基数が大きすぎる国では、産児制限は必須だ。おまえたちの世代から晩婚を心がけ、子どももできるだけ遅く、少なく生まなければならない。どうだ、二十五歳以降に結婚してくれないか？」

一九五〇、六〇年代、女の子は二十歳、遅くても二十二、二十三歳になれば結婚するものだった。私のクラスメイトの何人かは母親にすらなっている。しかし、伯父の話を聞くと私はとても納得し、総理の姪としてそれなりの責任を負うべきだとも思った。だから、「問題ない。もちろん問題ないよ！」とこころよく約束した。「伯父さんがそういうなら、私は従うまでだよ！」

「よし！」伯父は心から笑った。

汽車が動き出した。車輪はぐんぐん加速し、車体が揺れている。伯父はテーブルに座り、まわりが見えなくなるほど文書の決裁に没頭していた。近くの窓際に私は腰を下ろし、どんどん過ぎ去っていく景色を眺めながら、心が温かいものに包まれるように感じた。

伯父の提言した晩婚に対し、私はあまり深く考えることもなく、そうしようと決めた。じつは一九五六年、毛沢東主席は馬寅初《ばいんしょ》の人口理論を批判し、「人が多ければ議論も多く、熱意も高まり、意気込みも強まる」と述べた。三十年後に聞いた話だが、馬寅初を批判の銃口から救うために、伯父は当初、彼に反省を勧めていた。しかし、馬教授は伯父を尊敬していたものの、彼の勧めを聞き入れなかった。内心では迷ったり苦痛を覚えたりしていたが、彼は最後まで反省を拒み、中国は産児制限をすべきだという立場を貫いた。

そのころ伯父が述べた産児制限の考えといい、遅く少なく生むという考えといい、じつはいずれも馬寅初の主張とぴったり一致している。しかし、なぜその「人口論」に賛成しているにもかかわらず、伯父は馬教授に毛主席への反省を勧めたのか？『周恩来選集』第一巻と『毛沢東思想学習』における伯父の論述を精読して、私はやっと答えを見つけ出した。

われわれの中国社会は立ち遅れており、党内や革命団体にもそれが反映されている。その表れとして、正しい意見でも皆は往々にしてすぐに理解することができない。待つか、説得するか、認めてもらうには苦しい過程を経なければならない。

じっくり考えた結果、私は、伯父の不本意な行動はまさに中国の実情をはっきり認識しているゆえのものであることがわかった。中国のように封建主義が深く根ざした国家を相手に、変革を実現しようとしても、一朝一夕でできることではない。紆余曲折の道を辿らなければならないのだ。もし私たちが自分の祖国を心から愛するならば、その欠点を認めたうえで、改造にともなう痛みにも耐えなければならない。

伯父は堅実な革命家だ。総理である以上、彼が生涯に歩むべき道は、まさに「文化大革命」のころに胸につけられたバッジに書いた五文字のとおり、「人民に奉仕」することなのだ。彼が物事にあたるさいの最高規範は、「党に対してもつべき責任は人民に対するそれと一致する」ということだった。党性を堅持するとともに、人民に責任をもつ。党の団結を維持してはじめて、中国の革命を前に進めることができる。たしかに、すべてを捨てる覚悟で挑むのは簡単なことだ。しかし、伯父はなにもかもを捨て去り、自分の気持ちのままに暴走するような人ではない。彼は自分の名誉や地位は捨てることができても、国家の安全や農民の幸福に背を向けることができない。物事の進むべき方向性を見据えたならば、時期が来るのをただひたすら待つ。不本意であっても現実に折り合いをつけて気長に待つのだ。そして、現実が指導者の目を研ぎ澄ましたときにはじめて全員の力を合わせ、党内の問題を一気に解けっしていく。考えてみるがよい。もし伯父が「文革」に屈せずに経済と生産をとりしきっていなければ、国の経済の行方はどうなっていたことか？　もし伯父の斡旋によって監禁され、拘留され、逮捕された幹部たちの命が救われていなければ、[22]一九七四年の鄧小平の復帰は実現できただろうか？　のちの整頓〔整備・再建〕運動と改革開放を推し進める中心的人物が、その時代が到来するまで生き延びられただろうか？

1950年代、恩来伯父と穎超伯母、北戴河で。

北戴河に着くと、伯母は私を親しげに抱きしめ、海辺に連れ出した。私たちは黄金色の砂浜を散歩しながら会話を交わした。私のまっすぐな性格をよく知っているからか、伯母は単刀直入に述べた。

「秉徳、例の子なんだけど、中国駐ソ連大使館の留学担当部局に聞いて、だいたいの状況が把握できました。彼は共産党員で、学業においては向上心が強く、とても努力する人らしい。ただし、彼の欠点は、自分のことだけを考えるふしがあって、学業でほかの中国人留学生をあまり助けたりしないところだそうです。それに、ソ連の女の子たちとのつきあいかたも少し問題視されているようだね。まあ、それぐらいかな。これからどうするかは自分で決めなさい。」

正直に言うが、伯母の口調は落ち着いていて内容も客観的なものだった。彼女は私たちの交際に明確に反対こそしなかったものの、賛成もしなかった。ただ、その男はあなたにふさわしい人物ではない、と伯母が考えていそうな雰囲気はなんとなく伝わってきた。そこで、私は迷うことなく、即座に態度を表明した。

「じゃあ終わりにする！」

翌日、伯母は私を北戴河の町に誘い、ある小さな店に入ると、だれも気づいていないのを確認してから言った。

「ここに来たからには、お土産を買わないとね。この店のクッキーの箱はすごくきれいなの。好きなのをひとつ選んで！」

私は箱のなかにどのようなクッキーが入っているか、まったく関心がなかった。ただそのなかでいちばんきれいなブリキの箱はすごく気に入った。このようなクッキーは、当時の私の収入からすれば、本当に贅沢なもので、ふだんはとても手が出なかった。

「七母、その黒地に赤牡丹模様のが好き！」

それ以来、伯母に買ってもらったこのクッキーの箱を、私はどこで暮らしていても大事にそばに置いていた。

どうもソ連の留学生とは縁が深いらしく、ほどなくして、ソ連から帰国した孫維世の妹の孫新世《そんしんせい》がもう

（左）1961年、孫維世姉さんと著者、西花庁にて。（右）1942年11月、穎超伯母と葉挺将軍夫人・李秀文およびその長女・葉揚眉。

ひとりの留学生を紹介してくれた。私の記憶では、その方は上海出身で、妹も北京の大学に通っていた。ある日、熱心な新世は彼らを西花庁に誘い、それを知った伯父もたいへん喜んだらしく、即座に成元功に言いつけた。

「私の給料から一〇〇元を維世にあげなさい。秉徳とその二人、新世夫婦、維世夫婦のために四川飯店の食事を手配してくれ。」

「秉徳、私の言ったこと、まだ覚えているか？」

出かける直前、伯父はわざわざ注意してきた。

「遅く結婚し遅く出産するんだっけ？」私はいたずらっぽく瞬きをし、彼の耳に近づけて低く言った。

「遅く結婚するというのは、恋愛をしてはいけないということじゃないからな！」伯父は笑いながら言った。「おまえの恋愛を応援していなければ、私が奢るわけがないだろう？」

現在の私たちの宴席は、通常数百元、ときには数千元、数万元もかかるが、終わってみればなにを食べたかなどすっかり忘れてしまい、そのうえお腹がちっとも満たされていないことに気づいたりするものだ。しかし、三十八年前、伯父の一〇〇元で私たち八人が四川飯店で食べたあの料理は、時が流れて料理の名こそはっきり覚えてはいないけれど、そのおいしさ、満腹感、浮かれた気持ちはいまだに記憶に新しい！　それはちょうど一九六〇年、中国が経済危機に陥ったころのことだった。ふだん職場で食べる食事の量は定められており、一日に平均四〇〇グラムだった。また、油は一か月に二五〇グラムしか支給されていなかった。新鮮な豚肉にはほとんど無縁だったから、宴会なんてなおさらだ。そのため、伯父が奢ってくれたあの食事は、余計に記憶に深く刻まれたのだ。

今回は伯父と伯母の意見を求めなかった。というのも、彼の父が資本家だと聞いて、私は、いいや、政治上の条件が第一だと自分に言い聞かせていたからだ。あの時代、お金持ちの家は当然のように特別視されていた。私は伯父の親族関係を自分のせいで複雑化したくないのだ。

維世姉さんのこととなると、私は胸が痛んでたまらなくなる。あれほど情熱的で活発なよいお姉さん、才能溢れる話劇の監督、滅私奉公した優れた党員だったのに、「文化大革命」の初期に、江青と葉群の共謀で監獄に閉じ込められ、一九六八年十月十四日に獄中で急死した。伯父と伯母は彼女のことを心からかわいがっていただけに、死の知らせを受け取ると、遺体の解剖を強く求め、この烈士孤児〔両親が革命に殉じた孤児〕の死因を究明しようとした。ところが、「遺体は荼毘に付した」との返事がすぐに届いた。とても人に顔向けできない、なんと卑怯なやり口だろう！

当時、私は産休中で北京にいた。西花庁を訪れ、伯母からこの話を聞き、私は自分の耳を疑った。しかし、道理がまったく無視されたあの時代は、なにが起きてもおかしくはなかった。私は憤慨して伯母に聞いた。

「かりにも彼女は国家総理夫婦の義理の娘じゃないか。捜査員はそれを知らないの？　彼女がソ連修正主義の特務だなんてことはありえない！　どうして彼らはそんなことができるの？」

伯母はじつの娘のようにかわいがっていた義理の娘を亡くした苦痛に堪えながら、ゆっくりと答えた。

「秉徳、知っていますか？　私たちの養子になった人はみな、不幸な目にあった。私と恩来伯父さんは義理の息子、義理の娘をたくさん迎えていると言われているけれど、じつはそんなことはないのです。本当は義理の娘が三人いるだけ。ひとりは葉挺将軍の長女の葉揚眉ですが、幼くして恩来と一緒に飛行機事故に遭い、亡くなってしまった。もうひとりは恩来の南開大学の同窓生、諶小岑《しんしょうしん》の娘の諶曼里《しんばんり》。でも、延安にいたときに大雨で洞穴住居が崩れ、彼女はその下敷きになってしまった。唯一残った維世は私たちと一緒にすごした時間がいちばん長くていちばん親しかったのに、いま、こんな酷い死にかたをしてしまうなんて！」

そして、彼女は平静を取り戻し、落ち着いて続けた。

「でも、生きている私たちはしっかりしないとね！」

それから二年が経った。私はすでに二十五歳になり、一九六〇年代当時の感覚では、「売れ残った」女性と言えなくもない年頃になった。ある日、北師大女子付属中学校時代に一年上の先輩だった聶力姉さんがにこにこしながら、ある若い将校の写真を渡してくれた。ああ、なんと野性味溢れる精悍な美男子だろう！　聶力姉さんは彼のことを細かく教えてくれて、締めくくりにこのように言った。

「ソ連留学を終えた者のなかで、各方面に優れた同志は軍隊傘下の科学研究機関に送り込まれたんだ。ほとんどの人は少尉レベルの待遇で入ったけど、そのなかで彼はいちばん優秀だったから、いきなり中尉レベルの待遇を受けたのよ……」

私は聶力姉さんの目を信じていた。それでも、その若手の将校と実際に会ったら、彼女の眼力の確かさに敬服せざるをえなかった！　まさに、背が高く、肩幅が広く、眉目秀麗な男なのだ。彼は大人しくも情熱的で、落ち着いているがユーモアに溢れ、仕事において強い向上心を持ちながら、私への細やかな配慮を忘れなかった。彼に出会って私はふたたび一目惚れを信じたのだった。私たちの会話は弾み、知らぬ間に堅苦しさは消え、お互いに打ち解けた。彼はモスクワの赤の広場、レーニンの墓前で撮った写真を差し出し、私は喜んで受け取った。

「あなたの写真を一枚いただけませんが？」

彼の申し出に私は頬を赤らめ、胸をどきどきさせつつ、ためらうことなく数枚の写真を渡した。

いつものように、私は恋人ができたことを伯母に報告した。

数日後、それは秋も深まったある週末、夕食がすんだあと、「秉徳、話したいことがある」と私は伯母に声をかけられた。

伯母の話したいこととは、間違いなく彼のことだとすぐにわかった。そこで、伯母のティーカップを持ってあげて、応接間に向かおうとすると、

「秉徳、庭に行こう。」

「外は風が強いよ。大丈夫？」

「コートを着て、マフラーを巻くから大丈夫よ。」

私たちは腕を組み、西花庁中庭の小道に沿ってゆっくりと散策した。私の成長をその目で見守り、私の性格をすべてわかっているからか、伯母がなにかを話すときは、遠回しな言いかたをせず、いつもずばりと要点をつくものだった。その日もいきなり主題に入った。唯一違ったのは、彼女の口ぶりがいつよりも

厳しかったことだ。

「秉徳、聶力が紹介してくれた男は人柄も学業も優れていて、いま二人が順調に交際しているのはわかっています。でも、現在、中ソ関係は決裂し、ソ連の国家保安委員会はあらゆる機会を狙い、留学生を含め利用できるかぎりのチャンスと手段を駆使して、中国の各方面の情報を手に入れようとしてる。私はむかし恩来と白区で地下工作をしていたから、そのようなことは嫌というほど熟知しています。敵対する双方は、親戚関係を利用して相手側に潜り込むことが多い。すると、往々にして相手は内部から簡単に崩れていくのです。」

「考えてもみて。いまあなたが付きあっている彼はソ連に留学していたから、彼のことを知るソ連の学生もきっとたくさんいるはずです。もし二人が夫婦になって、頻繁に西花庁に出入りしていたら、ソ連側がこの隙につけこんできたりはしないだろうか？　その可能性を私たちは前もって考えておかなければなりません。あなたはどう思う？」

話を聞くときは、言外の意味をしっかり捉えなければならない。伯母は、はっきりと反対はしなかったが、私には彼女の本音がわかった。そこで、少しもためらうことなく自分の態度を示した。

「七母、私は絶対に七母たちの安全を守るし、仕事のニー

穎超伯母、西花庁の海棠が咲き誇るころに。

ズを優先します。安心してください。いくら好きでも、彼とは別れる！」

するとと伯母は安心したようにに頷き、私の手を握って言った。

「秉徳、七母はあなたを信じてる！」

その後、私たちは歩きつづけ、話題は変わっていった。

伯母はこの浮世の辛酸を舐めつくした革命家だ。彼女が会話の場を庭にしたのは、中ソ関係が決裂したこのおり、「壁に耳あり」を警戒したからだろう。

のちにどんな言い訳でその若手将校と別れたかは覚えていないが、たしかに私たちはきっぱりと連絡を断った。それからというもの、ソ連帰りの学生に対し、私は心の扉を固く閉ざすことにした。中ソ関係の緊迫化は、私とソ連留学生との結ばれない運命を決定づけたのだった。

当時、その優秀な同志にはまったく未練がなく、すれ違いの結末をまったく残念に思わなかったと言ったら、それは嘘になる。彼はたしかに私の心を打った。それに、私は聶力姉さんの目を信じ、自分の直感を信じていた。彼はきっと優秀な人材になり、中国の軍備の近代化に貢献できると思った。

しかし、私の人生にはもっと重要な、けっして破ってはならない原則がひとつある。すなわち、プライベートなことよりも、伯父と伯母にとっての大局を優先することだ！　恋愛は私のプライベートなことだが、恩来伯父と穎超伯母の姪である以上、自分の幸福を求めるために、彼らに少しでもリスクをもたらすようなことはしてはならない。なぜなら、伯父は私にとってひとりの親戚というまえに、中国共産党と中華人民共和国の重要な指導者であるからだ。そして、十八歳の若さで共産党に加入した私は、当時、党と国家の利益をなによりも優先することを誓ったのだ。

あとでほかの人から聞いたが、伯母は私をつぎのように称賛していたそうだ。

「秉徳は私たちのことをとても理解してくれる聞き分けのいい子だ。」

それを聞いて、私は嬉しく思う一方、なんだか言い表しようのない複雑な気持ちを覚えた。

時は移り、三十六年後の今日、もはや恋愛はもっとも好まれ、もっとも広く議論される話題になった。またそれは、自分らしくあること、自由を求めること、利己的であることなどの代名詞にすらなっているようだ。はじめて私の恋愛話を聞いた若い友達のなかには、残念に思う人もいれば、「どうして簡単に妥協したの?」と不満に思う人もいた。ともあれ、私は彼らの眼差しに共通する意見を読み取った。

「おまえはあの時代が作った順従な道具だ。本当の愛を追い求める勇気がなかったのだ!」

私は弁解したくないし、後悔もしていない。たしかに、私の愛情には時代の印が刻まれている。しかし、愛情というのは昨今の流行歌が唱えるような「甘ったるいもの」でも、「たとえ実らなくても大切にしたい一時の幸せ」でもない。もし「事業を追求すること」と「共通の責任を負うこと」——これは双方と双方の家族への責任も含まれるが——への配慮がなければ、愛情は日差しを浴びていない苗のように、天をつく大木には永遠になれない。すなわち、末長く幸せな愛情が欲しいのならば、甘ったるさやロマンティックさだけを求めてはならない。仕事においても向上心をもたなければならないし、相手や相手の家族のために力を尽くす覚悟と、実際の行動力も必要になる。そのような夫婦こそが、長い歳月のなかで頼り合い、助け合い、苦楽をともにできる理想的な夫婦なのだ!

三　「天」から落ちてきた美男子・人驊は、恩来伯父と親交のある沈鈞儒先生のいちばん上のお孫さんだった。私たちの結婚式は十月一日に行われ、その日、穎超伯母がみずから結婚祝いの品を届けてくれた。

一九六三年、二十六歳の私はまだ未婚のままだった。「皇帝は急がないのに、宦官が急ぐ〔当事者よりもまわりの者が心配している〕」と母がいつも口にしていた諺は、このころまさに現実となった。あいかわらず私はにこにこして、ちっとも悩んでいなかったが、五十歳も近くなった母は「鍋の上の蟻」のように居ても立っても居られなくなった。なぜかはわからないが、私は結婚について気に病んだことがない。私は人受けがよいから、この世には私にふさわしく、私を愛してくれる人がきっといる。ただ、いまは時期尚早で、出会いがないだけだと信じている。ところが、このような「いいかげんな話」は、母をいっそう苛立たせ、彼女は私がどうかしていると思い始めた。考えに考えた末に、彼女は恩来伯父の元警衛秘書である何謙おじさんの家に助けを求めた。

「王姉さん、あわてないで。」何謙の奥さんがお茶を出してくれた。

「あわてずにいられるものですか！　私は二十六歳のときに子どもを二人も産んだのよ。このまま引きずったら彼女はあっという間に三十になってしまいます。そのころにはもう結婚できなくなってしまうのでは？　秉徳のことを、お二人になんとかしていただきたいのです。」

「そうだ、沈先生の息子さんはどう？」何謙は光明を見いだしたかのように、奥さんに聞いた。

「どこの沈先生ですか？　その息子さんはおいくつ？　お仕事は？」母は大きく目を見開き、機関銃のように質問攻めにした。

「沈謙のことですよ。彼はもともと中南海の外来診察所にいましたが、いまや広安門病院の副院長になりました。ここの三階に住んでいます。その息子さんはたしか沈人驊といって、今年三十三歳、空軍大尉、大学卒業、共産党員、技術関連の仕事をしていて、四か国語ができるそうですよ！」

「あら、それは知らなかった！」鴨がネギを背負ってくるのを見たかのように、母はうきうきした。

「そうですよ。毎週日曜日に娘さんがお見舞いに来るから、娘さんがいることは知っていたけど。沈鈞儒《しんきんじゅ》先生がお亡くなりになられたさいに、追悼式にいちばん上のお孫さんとして彼が姿を現したんですよ。それで、沈先生には軍人の息子がいて、しかもまだ結婚していないのをはじめて知ったのです。」

「本当に？　見た目はどんなですか？」たしかに、これだけ条件のいい男が三十三歳にもなってまだ結婚していないというのは、見た目に問題でもあるのではないかと疑われてもしかたがない。

「背が一八〇近くあって、謙虚で穏やかでかっこいい男ですよ。なぜまだ結婚していないのかは聞いたことがないですね。でも……」

1963年、沈人驊。

「二人を引き合わせたら？」二人が口を揃えて言った。

そういうわけで、何謙の家で、私は「天から落ちてきた」と言われた（理由のひとつは彼が空軍に所属しておりいつも空を飛んでいるから、もうひとつは何謙の家より上の三階に住んでいるからだ）沈人驊に会った。目のまえのこの男はたしかに言葉通りの美男子だ。彼は口数が少なく、いつでも微笑を浮かべ、だれが話していても、礼儀正しく丁寧に耳を傾けていた。

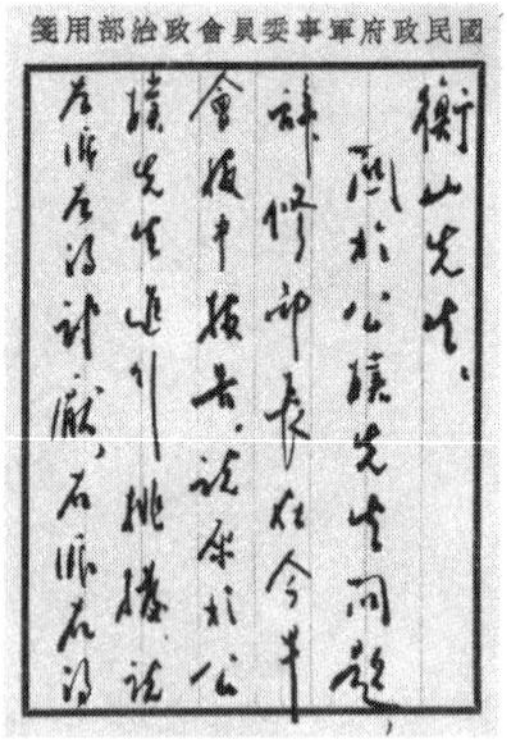

（左）画家・楊之光（人驊の友人）が人驊の祖父・沈鈞儒のために描いた肖像画。（右）1938年6月、李公朴が逮捕されたことについて恩来伯父が沈鈞儒に送った手紙。1日のうちに2通送ったことからも、事態の緊急性がうかがえる。

「王先生、ここにいらっしゃったからには、三階の両親にも会ってくれませんか？」という彼の言葉が、私たちの関係をさらに一歩まえに推し進めた。

あとで教えてもらったが、彼は一目で私の輝やく無邪気な笑顔に魅了され、この人にしよう、と心のなかで自分に言い聞かせたとそうだ。もちろんそのときは、私が周恩来の姪だということを彼は知らなかった。もし知っていたら、おそらくすぐに家に誘うなんてことはなかっただろう！

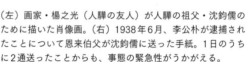

人驊の両親に会うなり、二人の謙虚で優しい笑顔に親しみを覚えた。アパートの下で何謙の話を聞くと、沈先生はドイツに留学した医学博士だそうだ。彼は漢方医学の研究に力を入れ、医療技術と医師としての道徳を兼ね備えていたので、国務院の寮に住む人びとは病気にかかるとみな彼に診てもらい、彼のことを非常に尊敬していた。一方、沈先生の奥さんは専業主婦とはいうものの、気品と教養があり、人に接するときはとても礼儀正しく優しい。あとで彼女から聞いたが、はじめてあったときに、彼女は私の穏やかな顔つきと善良な心が気に入ったとのことだ。

伯母が私の結婚をつねに気にかけているのを知っていたから、人驊と知り合ったその週末、西花庁に帰るなり、私はことの一部始終を彼女に報告した。人驊の祖父が沈鈞儒先生だと聞いて、伯母は顔をほころばせた。

「沈鈞儒先生のことはよく知っていますよ。彼は党の古い友人、四人兄弟でいちばん上の彼がいちばん進歩的だった。」

「七母の知り合いなの？」

「知り合いどころか、とても親しい関係ですよ！」

1960年8月、6つの民主党派が出席した座談会で、劉少奇と周恩来は民盟中央主席・沈鈞儒の発言を聞いた。

堰を切ったように伯母は語りはじめると、沈家に関わる数十年の歴史が巻物のように私の目のまえに繰り広げられた。

「沈鈞儒先生は歴史にその名を残す七君子のひとりで、一九三七年、南京であなたの恩来伯父さんとはじめて知り合ったのです。沈先生のほうが二十歳あまり年上だけど、恩来とは一見して旧知の如く、会ってまもなく二人は打ち解けました。抗日戦争の重心が重慶に移ったとき、沈先生はよく曾家岩を訪れて、大事な問題について恩来にアドバイスを求めていました。先生は何度も中国共産党への加入を打診されたけれど、入党しないほうが国家のためになると思われたので、亡くなるまでずっと党外のボリシェヴィキのままだったの。恩来は党中央を代表し、彼のことを党外における左翼リベラル派の模範だと高く評価したことがあります。」

「抗日戦争にさいして、沈先生の娘さんである沈譜《しんふ》も重慶

1940年12月10日、沈譜と範長江は重慶で結婚した。沈譜、沈鈞儒、範長江および王炳南と連れ子・王黎明の記念写真である。

にいて、製紙工の仕事をしていたのです。あのころ私は彼女の一方通行の連絡人をしていて、彼女がメディア業界で著名な範長江《はんちょうこう》と恋愛をしているのを知りました。偶然、その範長江もじつは共産党員で、恩来が連絡人を務めていたのよ。彼らは私と恩来それぞれ仕事の報告をしたあと、結婚の許可を求めてきたのだけれど、結婚してから相手も共産党員だと知ったのです。」

「沈先生の長男にあたる沈謙《しんけん》のほうは、抗日戦争中ずっと上海にいました。汪兆銘《おうちょうめい》政権は彼の優れた医療技術に目をつけ、高額の給料で院長として招聘しようとしたけれど、彼は断固として断り、租界のなかで二人の同窓生とともにクリニックを開きました。戦乱の時期は、なにもかもが不足していました。彼は優れた技術をもつ医者でしたが、高価な特効薬を買うお金がなかったために、二人の息子を栄養失調による急病で亡くされてしまったのです。戦争が勝利に終わり、上海に戻った沈鈞儒先生は長男の家に住むことになりました。私と恩来が南京から上海に行くときに、先生をお訪ねしたけど、あいにく留守にしていて沈謙夫婦が代わりに接待してくれました。」

「沈先生が長男の沈謙を褒めているのを私は自分の耳で聞きましたよ。普段は文弱な書生に見えるけれ

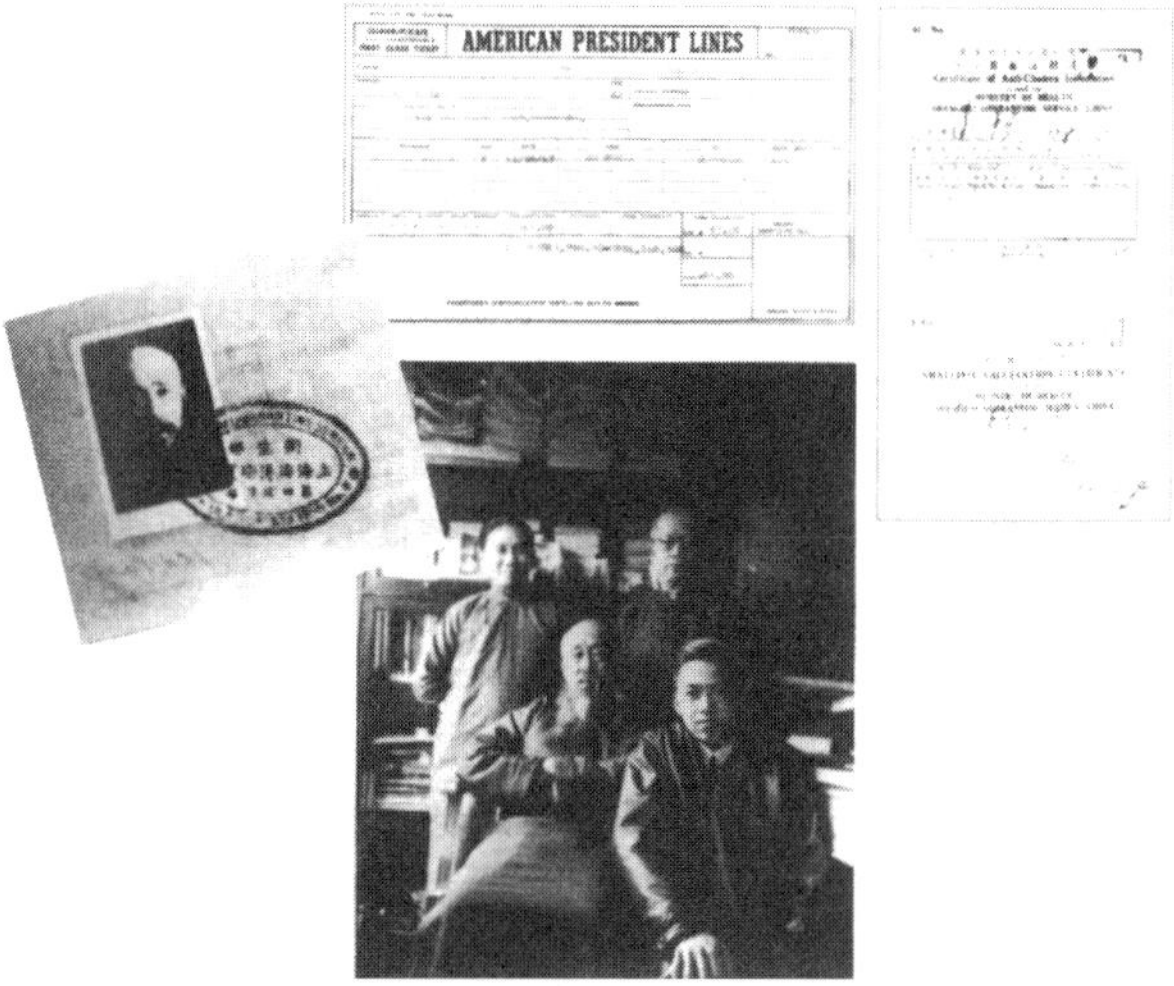

1947年、民主同盟本部は国民党政府に違法団体と宣告され、活動停止に追い込まれた。メンバーが次々と逮捕、暗殺されるなかで、沈鈞儒は香港での再起を期し、11月26日夜、偽名を使って密かに船に乗り、香港に赴いた。これは上海を去る前に、自宅で長男の沈謙、その妻・張絢、孫の沈人驊と撮った記念写真である。

ど、緊急時は意外に落ち着いて機敏に対応できるって。国共の和平交渉が決裂したあと、国民党からの働きかけを免れるため、沈先生は香港に行くことにしました。ところが出発当日、国民党の特務が突然、先生を『誘いに来た』のです。沈謙は扉を大きく開けた応接間に彼らを座らせ、お茶をいれてあげながら、家族に父を連れてくるよう言いつけました。このとき大門から車のエンジン音が聞こえてきたのです。特務があわてて見やると、沈先生がいつも乗っている車が矢のように飛び出していったところ。特務は『また今度』と憎らしげにひとこと言い捨てると、急いで追いかけていきました。そして沈謙はすぐに裏口に駆けつけると、事前に用意しておいた別の車に沈先生を乗せ、汽船の埠頭まで送っていったのです。」

「国が解放されたころ、沈先生はすでに古希を迎えていました。北京での一人暮らしはたいへんだから、恩来は相談を持ちかけることにしました。『いま私たちには医

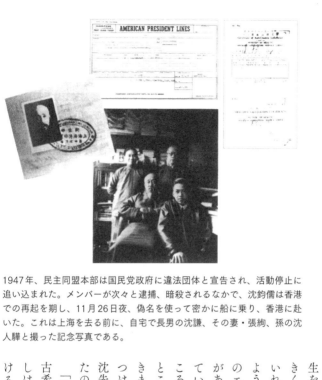

師が必要です。先生もそばに子どもがいたほうがいいでしょうから、いちばん上のご子息を北京に呼んだらいかがですか?』と。もちろん先生は喜んで引き受けてくれました。そのころ上海では、沈謙はすでに病院の院長に任命されていました。しかし、父親の意志を知った彼はきっぱり辞退して、一家で北京に引っ越してきたのです。」

「沈謙は中南海外来診察所の内科主任を務め、人びとの評判も上々でした。彼は西域区の人民代表大会の代表にも選ばれたのです。中南海選挙区の投票では毛主席、劉主席、朱徳委員長と恩来も彼に一票を入れたんですよ!」

「もちろん、父親が英雄だからといって、かならずしもその子孫が英雄とはかぎらない。沈人驊の人柄や性格がいいかどうか、今後の人生を彼と一緒に歩んでいけるかどうか、あなた自身でしっかり見極めていかなければなりませんよ。」

私はうんうんと頷き、賛成した。

おそらく神様もこの縁に賛成しているだろう。人驊とはじめて出会った一九六三年十二月ごろ、彼は済南空軍第五航校に勤務していた。ふつうであれば、お互いのことをよく知るに至るまで、二、三年はかかるはずだ。ところが偶然にも、空軍工程学院が北京の空軍学院のなかに創設されることになり、そのため早くも一九六四年の春節に人驊は北京に呼び戻され、翌年西安に移る予定の空軍工程学院創設に参与することになった。週末になると、彼が私のところに来るか、二人で一緒に北海や頤和園に遊びに行ったりした。小さいころから祖父の教育があまりにも厳しすぎたせいか、彼は口下手だ。私が十回ぐらい話しかけても、彼は三、四回しか答えない。しかし、彼は向上心が強く、優しくて心が細やかで、そのうえ文章の技巧がとても素晴らしく、情趣に富んでいる。私たちのことをよく知っているあるおばさんがかつて彼にこっそり聞いたことがあるそうだ。

「秉徳はよく喋るのに、あなたは口数が少ない。これから一緒に暮らしていけるのかしら？」

すると、彼は笑顔で答えた。

「彼女がおしゃべりなら、その話を聞く聞き手が必要ではありませんか？ 私はその聞き手ですよ。」

本当は、私にもよくわかっているのだ。彼は心のなかでは自分の意見をしっかりもっており、私があれこれ言ったところで、最後に決断をするのはいつも彼のほうだ。

しばらく経つと、私たちがお互いに、愛し合い、頼り合っていることにどちらも気づいた。言い換えれば私たちは、本当の意味で心が通い合うようになったのだ。

それは春のある週末、午前十時半ごろ、私は電話で人驊を西花庁に誘った。中南海の西北門に入ると、彼は急に聞いてきた。

「今日、総理はいるの？」

「もちろんだよ！ 七母が電話で言ってた。今日は伯父さんもちょうど家にいるから、あなたに会いたいって。」

「ちょっと緊張してきたな。」

軍装姿の人驊は手に汗を握り、鼻先まで少し汗が滲み出ていた。

「緊張することはないのよ！」

私は笑いながらそれとなく空気を和らげようとした。

「部屋に入ったら、目のまえの人は総理じゃなくて、ふつうの伯父さんだって思えばいいじゃん。」

とはいえ、伯父が応接間に入ったとたんに、人驊はさっとソファーから立ち上がり、右手を帽子の脇にぴったりつけてきれいな軍隊式敬礼をすると、「総理、こんにちは！」と口にした。

伯父は頷き、人驊の手を握って微笑みながら聞いた。

「人驊、あなたは秉徳よりも年下なのかい？」

「私のほうが上です。今年三十四歳になります。彼女は二十七ですから、七歳年上です！」人驊は真剣に答えた。

「見えないな。とても見えない。あなたは見た目がとても立派で、秉徳よりも若く見えるよ！」

不思議なことに、こんなふうに言われたら、さきほどまで身が引き締まっていた人驊も気が緩んだのか、落ち着きを取り戻した。

「人驊、『兵役法』には『一人息子は兵になってはならない』というルールが書いてあるけど、なぜそれを破ったんだい？」

伯母がにこにこしながら話しかけた。

「朝鮮戦争が勃発したとき、私はまだ大連工学院で無線通信を専攻する学生でした。祖国を侵略から守るのは中国人としての責任ですから、軍に入隊する決意をしました。もちろん、反対されると思ったので、はじめは両親には言えませんでした。ですが、祖父に手紙を出したところ、すぐに応援するという旨の返信が来ました！」

「党外の民主的人士、左派の模範――沈鈞儒先生はたしかにその称号に恥じないな！」伯父は心から賞賛した。

食卓には料理がすでに用意されており、伯母はみなを席に誘いながら言った。

「人驊、あなたはここがはじめてだから、調理師さんにいつもより二品多く作ってもらったのよ。さあ、食べながら話しましょう！」

「人驊、お母さんはなんという苗字だい？　どこのご出身？」伯父はご飯を二口食べてから聞いた。

「母の苗字は張で、浙江省海塩の出身です。」

「海塩？」伯父は箸を持つ手をいったん止め、首を少しかしげてさらに聞いた。「張元済《ちょうげんさい》とはどんな関係？」

「張元済は母の伯父にあたります。」

「なるほど！　彼のことはよく知っている。長年党に協力してきたひとだから、とてもいい！」伯父は微笑みながら賞賛した。

帰り道に、私は張元済が中国商務印書館の創設者だと知った。一方、伯父とはじめて対面した人驊のほうは、「総理は党外の友達が本当に多いんだなあ！　あの反応と連想は神技だね！」と感嘆しきりだった。

一九六四年九月、それは天高く馬肥ゆる秋のある日だった。伯父の家の応接間に足を踏み入れると、ちょうど伯父がソファに腰掛けて新聞を読んでいたので、「伯父さん！」と私は歩みよった。

「秉徳、なにをそんなに喜んでいるの？　めでたいことでもあるのか？」本当に伯父の鋭い目をごまかすことはいっさいできない。

「伯父さん、私は十月一日に結婚するよ！」

「本当か？」新聞を置き彼は問い返した。

「伯父さんはまだ覚えてるよね。二十五歳以降に結婚するって私が約束したことを。今年で私は二十七になります。約束をきちんと守ったでしょう！」私は笑みを浮かべて聞いた。

すると、伯父も笑みを浮かべ、ラックの並んでいるほうを向いて、その上に置いてある大きな額縁を指

恩来伯父が贈ってくれた結婚祝い、穎超伯母が撮影した廬山含鄱口の風景写真。

差すと、「秉徳、この写真を持っていきなさい。二人への結婚祝いだ！」と言った。

「私にくれるの？　やった！」私は驚いた。それは伯母が廬山で撮った写真だ。含鄱口の山頂に、趣向を凝らした二つのあずまやが建っており、ふわふわと漂う白雲の切れ間にときに現れ、ときに消える。とても生き生きした風景写真であり、『中国撮影』という雑誌に掲載されたこともあるほどだ。伯父がとても気に入っていたので、伯母はわざわざ二一インチまで引き延ばし、額装して応接間のラックに置いており、いずれ壁にかけるつもりでいた。

それをもらって以来、西安にせよ貴州にせよ、北京にせよ、どこに引っ越しても、私はそれをずっと枕元にかけていた。というのも、伯父がみずから送ってくれたとても大事な結婚祝いだからだ。

一方、伯母は自分の娘を嫁に出すような勢いで、シルクの布団カバー、毛織の布団カバー、毛布、枕カバーから蓋のついたティーカップ、飴を入れるガラス瓶まですべてて揃えてくれ、いずれもきれいで実用的だった。私はそれらを段ボール箱に入れ、さらに大きな風呂敷で包み、自転車の荷台に縛りつけると、すべて彼の母親の家に運んだ。それを見ると、「時代は変わったね。お嫁さんが自分で嫁入り道具を持ってくるなんて」

と彼の母は首を横に振りながら笑った。

　私はそれまでに友だちや同僚の結婚式に何度も参列し、席をいくつ設けるか、どんなしきたりに従うべきかなど、まるで新郎新婦をあざ笑うかのような厄介事をまの当たりにしては、とてもつまらない思いをしてきた。だから、私は彼の両親にある提案をした。

「私たちはみんながやるような結婚式はしたくない。」

著者と人驊。

　二人は快諾してくれた。

　それで、九月三十日の夜、私たちは両親、人驊の姉とその夫、「仲人」の何謙夫婦とまず家で「一家団欒の食事」をして、十月一日には食事の代わりに飴、果物、瓜子《グアズ》、ピーナッツ、お茶だけをテーブルにならべ、北京の親戚や友人たちを招待した。客人が多すぎた場合、先に来た者には、後から来る者に席を譲ってもらう、自由な流水席[23]を設けた。

　十月一日は祝日だ。あのころは毎年、国慶節〔建国記念日〕になると天安門の前でデモが行われ、爆竹が放たれ、長安街では午前中と夜に厳戒令さえしかれた。にもかかわらず、その日、結婚のお祝いに来てくれる親戚や友人たち、人驊の戦友たちはあとを絶たず、みなはきゃっきゃと笑い興じ、思う存分に盛り上げてくれた。

　その日は人驊の伯母の沈譜さんと伯父の範長江さんもお祝

人驊と著者、双方の両親。

いに来てくれたので、私と人驊はお茶をいれたり飴を渡したりしてもてなした。

「お姉さん、おめでとう。これまで男ばかりの部隊にいる人驊をさんざん心配していたものね。ほら、いまやすごく素敵な嫁さんを見つけられたじゃない？ 見ためもきれいで振る舞いもおっとりしているね。」

沈譜さんは人驊の母親の手を取り、そう言った。

「そうそう。人驊は恵まれた子だわ！ 秉徳は性格が大らかで優しくて、分をきちんとわきまえている。会ってすぐに人驊にならってお父さん、お母さんと呼んでくれたのよ。仲違いなんかしたことがない。」

このとき穎超伯母と秘書の張元も大きなカバンを提げて入ってきた。

三階まで登ってきたばかりで、体の弱い伯母は少し息が上がっている。私はあわてて彼女を座らせ、お茶を差し出した。

「恩来は国慶式典のイベントに参加しなければ

ならないから、私が代わりにお祝いに来ました。うちの秉徳は行き届かないところもあるかと思いますが、ぜひご指導のほどよろしくお願いします！　あら、沈譜、長江同志、こんにちは。お二人もお祝いにいらしたのですね！」

「お姉さま、こんにちは。人騂たちのことでお騒がせしてしまったとは。」沈譜さんが伯母に歩みより、二人は握手を交わした。昔の上司をまえに、彼女は驚きを隠せなかった。

「お姉さま、こんにちは！」範長江さんも近づいて握手を求めた。メディア業界の先輩とはいえ、彼も伯母の来訪に、やはり戸惑いを覚えていた。

「来ないわけがないでしょう。秉徳は恩来のいちばん上の姪ですよ。いままでずっと、私たちが夫婦で見守ってきたのだから、自分の娘が結婚するような気分ですよ。」と言ったとたんに、伯母は状況を飲み込んだ。

「あら、お二人はまだ知らなかったのですね？」

「よかった、よかった！」

沈譜さんははっと悟ったように、長江さんに向かって感慨深げに言った。

「お父さんは晩年、総理を自分の友人のように思っていたからね。もし彼が天国でこの夫婦の縁を知ったら、きっと喜んでくれるでしょう！」

あとで西花庁へ伯母を訪ねたとき、彼女は、「あなたのお舅さん、お姑さんは本当に素直で心の優しい方だわ。人にちっとも見せびらかしたりしない」と心から賞賛の意を示した。

第六章　「大躍進」の中国、「門前冷落して鞍馬稀に」の西花庁

一九五八年、「大躍進」が始まると、私は密雲ダムの建設に携わる二十万人のなかのひとりとなった。熱気あふれる工事現場で、私は毎日あかるく働き、闘志を燃やしていたが、この一年のうち半年以上も恩来伯父と穎超伯母が西花庁にいなかったことに疑問をもった。

一九五八年といえば、読者のみなさんはすぐに、国民に多大な損失をもたらしたあの災難を思い浮かべるだろう！　たしかにそれは大げさな風潮が横行した時代だった。しかし、私でもそうなのだから、多くの中国人は「山中にいたために」、「廬山の本当の姿を知らなかった」〔「灯台もと暗し」の意〕だろう。

ほかの人はともあれ、私にとって一九五八年はもっとも心が沸き立つ一年だった。党員になって三年の月日が過ぎていたものの、当時二十歳と少しの私の物事に対する考え方は、いかにも単純なものだった。私は、「人が必ず天に勝つ」、「十五年でイギリスを追い抜く」ということを心から信じ、「人間に胆力があれば土地はそれに見合った収穫をもたらしてくれる」といった痛快な民謡をいつも口ずさみ、「大いに意気込み、高い目標を目ざし、多く速くむだなく立派に、社会主義を建設する」という党中央の総路線〔社会主義建設の方針と任務〕を、諸手を挙げて擁護していた！　毎日、私は奇妙で詩的な幻想に溺れており、あたかも「一階にも二階にも電灯と電話がある」[24]共産主義社会がすぐ目のまえで、微笑みかけ、手招きしているようだった！

「共産党がなければ新中国はない。」

その時代を生きた区委の同志、北京市および全国の工業・農業・商業・文化教育に携わる人びと、さらに軍人も含め、多くの一般庶民は私と同様にこの言葉を固く信じていた。党中央が決定し、提唱することはすべて正しい。それに従って歩いていけば、かならず共産主義建設はすぐに実現し、幸福な生活を送る

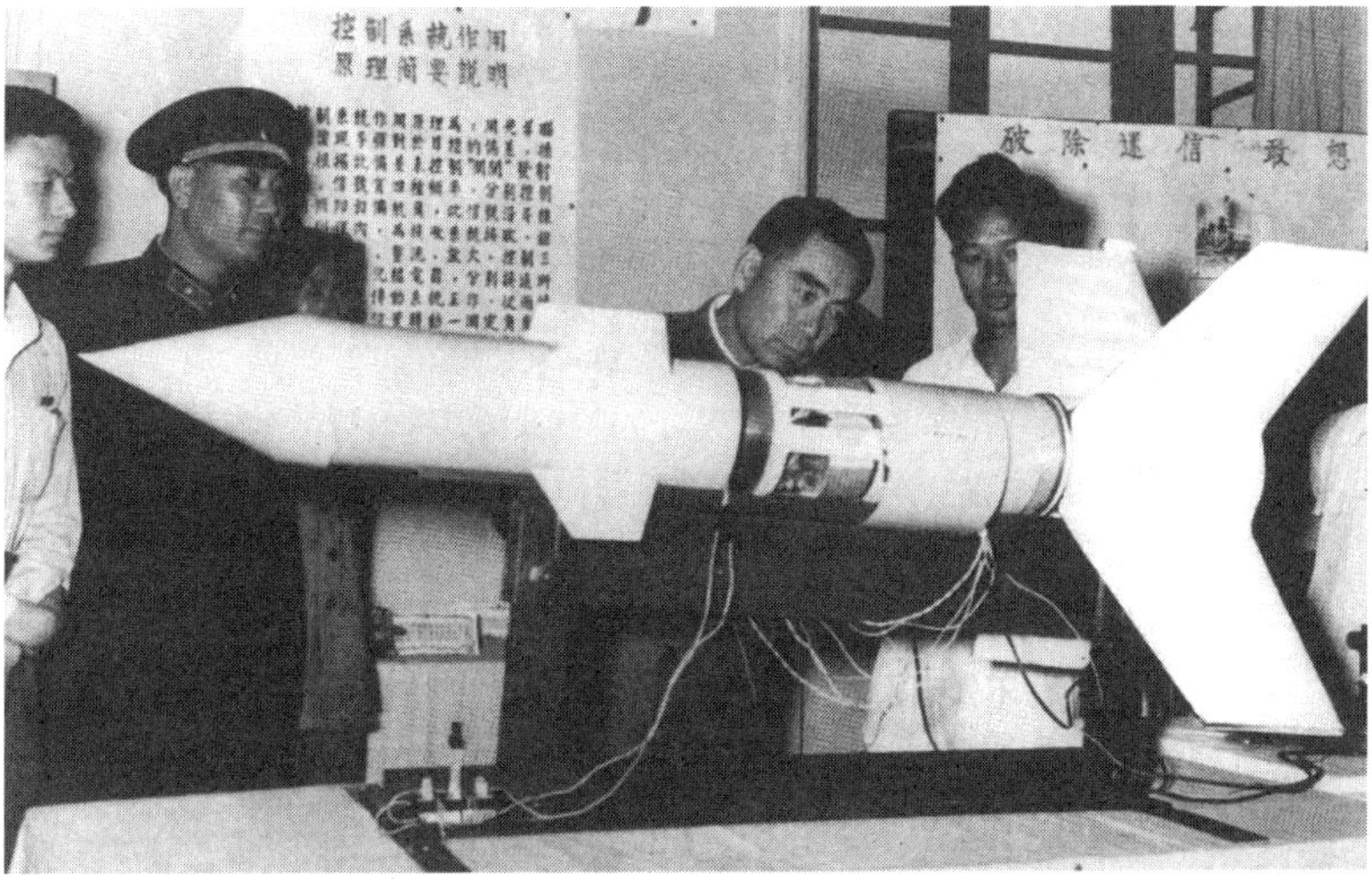

1958年、恩来伯父は国防科技部門主催の「八・一」祝賀展示会に出席した。

ことができるようになると思っていた！　そして、中国共産党のリーダーである毛沢東主席を、私は全国の国民と同じように心から愛し、尊敬していた！

　いまになっても、私は当時の考えかたを恥ずかしいとは思わない。むろんそのような感情のなかには可笑しくも悲しい時代の烙印が押されていたが、それがすべてではないのもたしかなことだ。古い中国を生き抜いてきた人であれば、とりわけふつうの労働者であれば、一九五八年、中華人民共和国が九歳の誕生日を迎えたとき、だれもがやはり生まれ変わった国を見て、誇りに思わずにはいられなかった！　古い中国の近代史を読み終わった本と言うならば、それもけっして忘れることのできない本である。なぜなら、それは今日と未来に果たすべき大きな責任を背負っているからだ。

　イギリスの作家ハン・スーイン（韓素音）は、私にこのように言ったことがある。

「新中国は成立してすぐ鎖国した、と言われているけれど、なぜそのようなことを言えるのか、私にはぜんぜん理解できません。貴方の伯父さんの態度は昔からとても開放的で、鎖国などしたことがありません。むしろ中国を封鎖しようとした張本人はアメリカ人ではありませんか！　なぜ歴史を尊重しないのでしょう？　台湾海峡を遊弋したアメリカ第七艦隊を忘れたのか、中国国民航空が封鎖され、国際路線がわずか一本になってしまったことを忘れたとでも言うのか？」

喬冠華《きょうかんか》外相も、九回も彼を訪問した私の親友のひとりに感慨深げに言った。

「毛沢東主席の率いる中国共産党は中国人民を本当の意味で立ち上がらせた。外交面で、毛主席は中国人民になんの負い目もない！」

百年間、中国は蹂躙されつづけ、気づけば傷だらけの身となった。八か国連合軍の砲火が清王朝の玄関を壊してから、孫文が君主制を廃止し、中華民国を樹立するまで、中国の一般庶民は王朝の衰退がもたらした混乱のなかで、ついに希望を見失っていた。ところが、一九二一年に誕生した中国共産党は、小さな火花が広野を焼き尽くすほどの勢いをもち、中国人民を率い、二十八年間も不撓不屈の精神で戦ってきた。国民党の残酷な包囲攻撃に直面したさいも、日本軍による「三光作戦」〔殺し尽くし、焼き尽くし、奪い尽くす〕で打撃を受けたさいも、勇敢な共産党員は彼らの青春、鮮血、ひいては命までをも捧げ、中華人民共和国の土台を築き上げた。長いあいだ外国の侵略を受け、白人に軽蔑されていた中国人がその苦境を脱したのだから、気持ちが清々しないわけがない！　そして、国民党の暴政から解放され、晴れて国の主人公となった一般庶民が、新中国の成立を誇りに思わないわけがない！　要するに、全体的に見れば一九五八年、そういった民族の誇りと愛国心が国民のなかで燃えさかっていたのだ。ましてや当時、私は伯父が毛主席に名指しで批判されていたことをまったく知らなかった——これはあの時代、党内の秘密だった。だから、あの時代についての私の記憶はけっして単調なものではなく、いま思い返しても美しいさまざまな思い出が心に残っている。

もちろんより重要で、幸いなことに、一九五八年、私は土法炉の建設と製鉄もしていなければ、農村に行き生産量の過剰報告もしなかったことだ。「水増し問題」の渦に巻き込まれなかった私は、朝陽区の数千名の人びととともに、北京から百キロ離れた密雲県に赴き、密雲ダムの建設に身を投じていた。この仕事は二年も続いた。

工事現場での仕事はとても忙しくつらいものだった。はじめて長期間家を離れたせいか、私は父と母、弟、妹、とりわけ伯父と伯母のことを気にかけていた。そこで、夜に少しでも時間があれば、私は石油ランプの下で、父と母、伯父と伯母に手紙を書いた。秘書の仕事でついた癖なのか、汚い字で伯父と伯母に迷惑をかけたくないから、彼らに手紙を書くときは、いつも先に草稿を書くことにしていた。その後、四十年がすぎた。この間、私は結婚して家庭を持つ身となり、家は北京から西安へ、貴州からまた北京へと、中国の半分ほどの距離を移動し、西側を一周した。それらの手紙は色が黄ばみ、文字も褪せたとはいえ、ダム建設の記録を完璧に保存したまま現存している。ただ唯一不自然なのは、その二年間、伯父と伯母からの返信が極めて少なかったことだ。それはほかでもなく、彼らが北京にいないときが多かったからだ。そして、私が出張や休暇で北京に戻り、西花庁を訪ねてみても、彼らはそこにはいなかった。当時の私は南寧会議で伯父が批判されていたことを知る由もなく、ただ西花庁がいつもの賑わいを失い、ひっそりとものの寂しさを増していくのを薄々と感じるだけだった。

二　一九五八年、西花庁は一転してもの寂しくなった。「右派から五十メートル」と批判された恩来伯父の内心の苦しみは凄まじいものだった。共産党内で自己批判をもっとも多くしてきた彼も、今度ばかりは言葉につまり、反省書を書く筆はなかなか進まなかった。

一九五五年の末、朝陽区委宣伝部に異動したのち、私は党中央の文書を比較的多く読むようになった。私は恩来伯父の言いつけどおりに、すなわち宣伝部門の幹部として、党の方針政策をしっかり把握していなければならない。文書のほかに、多くの政策が『人民日報』の社説に盛り込まれていたから、それも真剣に読まなければならない、というようなことを真摯に実行し、党中央の文書と「人民日報」の社説に当たるときはとりわけ真剣だった。メモもこまめにしていた。もちろん、それが伯父の報告やスピーチの場合は、余計に親しみを覚え、内容がわかるまで細かく読み返していた。

一九五六年一月のはじめごろ、中央は知識人に関する会議を開いた。私は自分のことをずっと「半人前の知識人」と思っていたので、伯父の発表した「知識人に関する報告」をとても真剣に読んだ。そのなかには、このような言葉がある。

「社会主義の工業化を実現させるために、肉体労働と知識労働の二つを密接に協力させ、労働者、農民、知識人が結ぶ同盟に頼らなければならない。」

また、彼はこのようにも言った。

「いまや知識人は国の各方面の重要な要素となり、その大多数はすでに労働者階級の一部分となった。」

当時の私は、読むには読んだが、その言い回しがなにを意味しているのか、じつはわからなかった。そして、その言い回しの発案者がほかのだれでもなく、伯父だということもとうぜん知らなかった。

鉄人と呼ばれた王進喜〔石油事業で知られる国民的英雄〕と握手する恩来伯父。

一月末、全国政治協商会議第二期第二回会議の期間中、伯父は政治報告のなかで、このように述べた。

「目下、全国の人民のまえに置かれた課題は、各事業を多く、速く、素晴らしく、無駄なく推し進め、国家と人民のニーズに適応することだ。われわれは自分の努力で実現できることに取り組むべきだ。さもなければ、保守主義の過ちを犯してしまう。一方で、現実に背を向け、客観的な条件を無視するようなこともしてはならない。さもなければ盲進の過ちを犯してしまう。」

六月二十日に、『人民日報』は「保守主義に反対する一方、急進的なムードにも反対しなければならない」と題する社説を発表した。

「現在、右翼思想が存在する一方、盲進の傾向も現れてきた。たとえば、農業発展綱要の四十項目は、五年、七年、十二年という段取りをつけた進めかたで実現させる予定だが、一部の同志はこれを二、三年以内にクリアさせようとする。また、一部の工業生産計画は考案された時点で、原材料の供給元の確保と供給、生産、販売のバランスを十分に考慮していなかった。そのせいで、実際の状況とかけ離れ、目標の達成に大きな困難をもたらしてしまった。急進的なムードが、下層部の幹部のみならず、それに先立って上層部の幹部のあいだにも蔓延していることがそもそも問題を深刻化させ

1956年5月26日、国家科学企画会議に参加した代表者が招待されたレセプションで、出席者たちと歓談する恩来伯父。

た要因だ。下層部の盲進は上層部が追い詰めた結果というわけである。」

「右派保守思想に反対する一方で、盲進への反対もおろそかにしてはならない。右派保守思想に反対すると同時に、盲進のやり方にも反対してはじめて、われわれは正しい方向に向かうことができる。」

また、社説は、「保守主義と盲進に反対するときに、われわれは堅実な態度をとるべきだ。外れた道から元の道に戻り、犯した過ちを過不足なく正す。誇張して、なにもかもを保守主義、あるいは盲進の行動に結びつけてはならない。過剰に正せばかえって反対側に走り過ぎ、仕事に害をもたらしてしまう。」

たしかに中国経済の発展に対し、総理である伯父には自分なりの考えがあった。フランスに留学していたころ、まだ若かった彼は確信に至るまで、マルクスの原著を系統的に学び、『資本論』の勉強に全力で取り組んでいた。くわえて、実務的な彼は、いつも地道に物事に当たっていた。それゆえはやくも建国初期に彼は、「独立、民主、平和、統一、富強の新中国を作り、中国を農業国から工業国に変えなければならない」と断言した。「道は一歩一歩、歩むことで作られるものだ。」「われわれが引き受けた中国はどこもかしこも傷だらけで、乱脈をきわめた国だ。」「われわれは廃墟の上に、軽率に高層ビルを立ててはならない。それは安定しないからだ。まず土台を固めなければならない。」社会主義を実現させるには、「十年から十五年、ひいてはもっと長い時間が必要なのだ。」これらの言葉からもわかるように、伯父の考えでは、新民主主義革命は短期間に実現できるようなものではなく、十年、十五年、ひいてはもっと長い時間をかけるべきものだ。そのようにして、国をいまよりも少し強くしてから、社会主義の実現を宣言しても遅くはない。そうしなければ、貧しいままの社会主義を見て、一般庶民はこの道に失望してしまうだろう。

1956年5月、梁思成（右）、孟昭英ら学者たちと歓談する恩来伯父。

中国という広大な土地において、人民戦争理論で奇跡の勝利を勝ち取った毛沢東主席。建国後、原爆という切り札を握るアメリカをまえにしても、頭を下げなかった毛主席。しかし、彼は経済面となると、「人が多ければ情熱も大きい」と考え、「人民戦争」、「民衆運動」の指導における自分の絶対的優位をここでも発揮し、経済なんぞ軍事のように彼の指揮に従うものだ、人は必ず天に勝つ！　といった思い込みに陥ってしまった。彼は経済がより速く発展することを望み、総理に経済建設の指標の修正を何度も強要した。第二期五か年計画の各指標は、伯父と陳雲が百人あまりの専門家を率い、一か月あまりにわたる統計と計算を経てようやく制定したものだ。ところが、それを政治局会議で報告すると、毛主席には「保守的」だと糾弾され、「スピードをあげろ」と要求されるはめになった。

1956年5月、帰国した留学生たちと交流する恩来伯父と聶栄臻。

胡喬木同志は一九八二年十一月四日、一九五六年の「反盲進」を次のように振り返った。

「一九五六年、毛主席が一九五五年冬に執筆した『中国農村の社会主義ブーム』の序言に基づき、各部門、各省市は所定の目標よりスピードをあげ、規模を拡大させ、予算を増やすことになった。そして、四月下旬、毛主席が頤年堂で開かれた政治局会議のなかで、一九五六年のインフラ追加予算案を提案すると、他の同志からは反対の声を浴びせられた。」

「そのなかでもっとも強く反対したのは周恩来同志だった。彼は、予算の追加は物資供給の逼迫を招き、都市人口の増加を煽るなど、一連の困難をもたらすことにつながる、と説明したが、毛主席は閉会を宣言するまで態度を曲げなかった。その後、恩来同志は、『私は総理としての良心に基づき、この決定に同意しかねます』とあらためて毛主席のところに説明しにいったが、かえって毛主席の不興を買い、ほどなくして主席は北京を去った。」

中共中央文献研究室の編纂した『周恩来伝』によると、

国民経済は四月に入ると日増しに逼迫した。そこで五月から、周恩来は盲進の防止、盲進への反対とその修正に身を乗り出した。

五月十一日、彼は国務院全体会議で、「反保守、反右派は去年の八月から始まり、すでに八、九か月も続いている。しかし、いつまでも放っておくわけにはいかない……」とはっきり指摘した。

同じ五月、彼は一九五六年の予算案をめぐり、その問題点と解決案について、李富春《りふしゅん》、李先念《りせんねん》と意見を交換し、予算報告書の起草に取りかかった。報告書には、「保守主義に反対すると同時に、盲進の傾向にも反対しなければならない」という内容が盛り込まれた。

六月一日、その報告書をめぐり、国務院常務会議で議論が交わされ、周恩来は、「客観的状況を無視した生産はけっきょく中途半端に終わるか、粗雑品の氾濫をもたらすかのどちらかだ。」「いったん上げたら、下げるのは容易でなくなる。この教訓を汲み取らなければならない」と述べた。

一方、北京を去った毛主席は南方に姿を現した。ほどなくして、水田で双輪双刃耕耘機を使用している農民を満面の笑みで見る彼の写真が新聞紙に掲載された。ある民主的な人物への手紙で、毛主席は「北京にいたときはすごく重苦しかった。でも南方に来てずいぶんすっきりした」と明かした。

これが毛主席の逆鱗に触れたもうひとつの理由だと伯父にははっきりわかっている。双輪双刃耕耘機は、毛主席が各省で大量生産するよう提唱したものだ。農業機械化を推し進める観点から見れば、これは申し分のないことだ。しかし、まもなく「このような大型農具は南方の水田には向いてない。農民がなかなか買ってくれないから、製品が倉庫で山積みになっている」との声が上がり、国務院常務会議で問題が浮き彫りになった。そこで伯父は即座に、「買いたくなければ無理をしなくてもよい。農民にむりやり購入させてはならない」と述べた。議論の結果、「双輪双刃耕耘機の生産は可能であれば一部の省で生産縮小を検討すべきだ」という結論に至った。

一方、第八期二中全会〔中央委員会第二回全体会議〕のスピーチでも、伯父はそれを特に強調した。

「双輪双刃耕耘機を六〇〇万台生産すると言っていたが、すべての地域でこれが使えるわけではないから、それほどの量が必要ないことは明白だ。この問題は第八回人民代表大会で十分に説明をしたので、ここでの詳述は避けたい。しかし、みなさんには数字の一部を見せたい。今年の生産予定はもともと五〇〇万台だった。そして実際に生産されたのは一七〇万台のみ。そのなかで、何台が売れたと思うか？いまのところ、わずか八〇万台だ。それも、トラスビーム式の耕耘機が一部なかに紛れ込んでおり、今後、返品が予想される。現在すでに一五万台が返品されている。この状況を、各省市の同志はわれわれよりずっとはっきりと把握しているはずだ。六〇〇〇万台は全国のどこでも双輪双刃耕耘機を使う場合の計算値で、とても現実的ではない。主席が仰ったように、現実にそぐわないことはすぐに改めるべきだ。」

現実に目を向け、総理としての良心に基づき、伯父は尻馬に乗らなかった。かわりに彼は、陳雲ら経済部門の担当者とともに、過熱する経済政策を鎮めるよう、「反盲進」の主張を貫いた。

それにともない、社会主義建設の路線をめぐる論争が党内で起きた。

『周恩来伝』の分析によると、

一九五六年に起きたその論争のなかで、毛沢東は周恩来らによる盲進への反対に不満を覚えたようだ。とはいえ、どのような形で展開していけばよいのかは思いつかなかった。一九五七年の秋に入ると、海外ではハンガリー事件が沈静化し、国内では反右派闘争が終わり、第一期五か年計画は予定より早く達成された。情勢の変化にともなって、毛沢東はまた例の問題に重心を移し、それに関する方針もその姿を見せはじめた。当初、二つの新しい状況が毛沢東ののちの決定に影響を与えていた。ひとつは、整風運動〔反対派の粛正〕開始後、ある者が「反盲進」論争を利用し、新中国の経済は破綻した、とか共産党に経済を発展させる能力はない、といった批判を展開したことである。そのため、「反盲進派が右派の攻撃を促した」という見方が毛沢東に植え付けられた。だから、反右派運動のクライマックスが過ぎたあと、彼はふたたび社会主義建設のありかたをめぐる論争に着目し、解決策を模索しようとした。のちの彼の言葉を援用して言うと、「整風で右派保守思想を消滅させる」との結論に至ったということだ。もうひとつは、この年の十一月二日から二十一日まで、毛沢東はモスクワに赴き、ソ連十月社会主義革命四十周年の記念式典に参加し、その後、各国の共産党と労働者党の代表たちと会議を開いたことだ。ソ連共産党指導者との会談で、「ソ連は十五年後アメリカを追い越す」とフルシチョフに言われた毛沢東は、とても興奮し、「十五年後、われわれはイギリスを追い越す」と答えた。その根拠として、彼はイギリス共産党の指導者であるポリット、ゴラン氏との会話の内容、つまり十五年後、イギリスの鋼鉄生産量が現在の二〇〇〇万トンから三〇〇〇万トンに増加する見込みであることをあげた。一方、中国は十五年後、それを上回る四〇〇〇万トンに達するという見込みがあったのだ。

のちに胡喬木《こきょうぼく》はこのように振り返った。

「毛主席はその会議に非常に満足していた。くわえてソ連の人工衛星も打ち上げられたので、確実に勝利はこちら側のものだと思っていた。そのため、彼は東風が西風を圧倒し、イギリスとアメリカを追い越

1952年、北京・先農壇で解放軍が開催した運動会を見学する毛沢東と周恩来。

すと唱え始めたわけだ。」

「毛主席は、発展を加速させる道をずっと模索していたが、国家総動員によって生産は確実に大躍進すると信じていた。」

「彼はモスクワから電話をかけ、一九五六年の『反盲進』は誤りだ、今後はその言葉に二度と触れるな、社会主義の建設は少し急進的にやってもいいと言った。」

反盲進を代表する人物であった周恩来は、あたりまえのように、毛沢東の批判の的となった。

いま思えば、そのころの私は本当に無知だった。新聞といい、文書といい、なんであれ仕事を指導する方針政策として鵜呑みにし、従うまでのこと、とばかり思っていた。それらの社説や報道の背後には激しい対立と闘争があったことを知らなかったし、ましてや一九五八年の「杭州会議」と「南寧会議」が、「右派から五十メートル」とまで言われた伯父の「罪証」になるなど知る由もなかった。周恩来は私の実の伯父だ。しかし、一九五八年の前半に彼が耐えていた大きな圧力、経験していた凄まじい苦しみ、それでもなお堅持していた強い信念を、三十年後、私は事情に詳しいおじさんたちや友人たちから聞き、大量の文献資料を読んではじめて知ることができた！　そのひとつひとつのシーンは、まるでやけに色が強調された油画のごとく、私の心を強く揺り動かし、残酷にももみくちゃにしたのだ……

中央文献研究室の編纂した『周恩来伝』のなかに、このような言葉を見つけた。

一九五八年一月一日、周恩来は〔ムハンマド・アル＝〕バドルに付き添ってふたたび杭州に到着し、続いて二日から四日まで毛沢東の召集した会議に出席した。杭州で開かれたこの二回の会議は、経済建設の方法、政治と実務の関係、技術革命などの問題が議論された。会議中、毛沢東はかんしゃくを起こし、周恩来らの反盲進的主張を厳しく批判した。あとで、毛沢東はこのように言った。

「杭州会議のとき、私は怒っていた。恩来に怒っていたんだ。これは柯老《かろう》（柯慶施《かけいし》）が証明してくれる。そのときは本当に我慢ならなくなったから、何年も溜めこんできた怒りをぶつけたんだ。私はこう言った。おまえの屁理屈なんぞ聞きたくない。なにを言ってるんだ？　ここ数年、私は予算も見なくなった。どうせおまえに無理やりに署名させられるからな。」

毛沢東は周恩来の前でぶつぶつ愚痴をこぼしたこともある。「『農村社会主義ブーム』の序言は全国で大きな反響を巻き起こした。個人崇拝なのか、アイドル化なのかは知らないが、理由はどうあれ、全国各地の新聞紙やさまざまな刊行物にそれが掲載されて、大きな反響があったのはたしかなことだ。こうなると、まるで私が盲進を煽った元凶みたいじゃないか。」

しかし、杭州会議では毛沢東を満足させるような結論が得られなかった。

同書の記載によると、

一九五八年一月十一日、会議は予定どおり南寧で開催された。毛沢東の指名した出席者のなかで、陳雲《ちんうん》、鄧小平《とうしょうへい》、張徳生《ちょうとくせい》、潘複《はんふく》は欠席し、周恩来はイエメンのバドル皇太子を送別するため、南寧への

1958年、恩来伯父は旗を持って先頭を切り、国務院各部門、各機関の幹部たちとダム建設のため十三陵へ向かった。

到着を二日間遅らせた。本来、会議の議題は第一期五か年計画実施状況の総括と、第二期五か年計画および長期的計画の作成のはずだった。ところが、その初日に、毛沢東はふたたび「反盲進」を取り上げ、三中全会以来の「反盲進」批判を一気に最高潮まで押し上げた。

毛沢東は、「反盲進という言葉に触れるな――これは政治問題だ。経済を十本の指で喩えるならば、そのなかの一本だけが、人（労働者、学生）を多めに動員したり、お金を少し浪費したことで、こぶができてしまったと言える。それに対しては、たしかに反対しなければならない。ただし、反盲進という言葉を使ったせいで、ある種の風潮が生まれ、三つのことが吹き飛ばされてしまった。ひとつは速く多く立派で無駄がないこと、ひとつは四十項目の綱要、もうひとつは促進委員会のことだ。これは政治であり、業務の範囲に入らない。一本の指に問題が起きたら、それを治せばいい。かつての『空っぽの国庫』も、『市場の緊張』も半年ぐらいで解決したではないか。ここまでやってきたわれわれ六億人にとって、成果のほうが大きいか、過ちのほうが大きいか？　この情熱を守り、士気を鼓舞し、勇ましく前進すべきか、それとも冷や水を浴びせ、気落ちさせるべきか？」翌日、毛沢東は仕事の進めかたを中心に、さらに意見を述べた。「いちばん恐ろしいのは、六億人の人民がやる気を失うことだ。大衆を信頼し大衆に尽くすという観点から見ても、われわれは六億人の立場に寄りそって仕事をしなければならない。そして、物事を見るときは、主流、支流、本質、現象を見分けるべきなのだ。」「仕事の進めかたも改善すべきだ。今回は総理の提言で、みなさんに遠路はるばるお越しいただいた。私としては、もともと余計なことは言いたくなかった。もうがっかりしたから。」また、彼は「右派の攻撃で、一部の同志は右派の縄張りに入ろうとしている。あと五十メートルだ」とも述べた。これらの厳しい糾弾をうけて、会議は最初から空気が張り詰めていた。

一月十三日、イエメンのバドル皇太子を見送った当日の夕方、周恩来を乗せた飛行機は南寧に着陸した。秘書と衛士らの記憶によると、南寧に行くまえに、いつも落ち着いている伯父は、珍しく不安の表情を浮かべていた。彼はオフィスのなかで眉をひそめ、同じところを行ったり来たりして、足取りもかつての軽快さを失い、重く鈍いものとなった。

『周恩来伝』のなかに、私はこのような一節を見つけた。

一月十三日の夜、毛沢東は周恩来と劉少奇を呼びつけ、深夜まで話しこんだ。十六日の大会で、毛沢東は柯慶施が上海市党代会で行った、『風に乗じ、波を破って前に進め。社会主義の新上海建設を加速させる』と題する報告を取り上げ、みなの前で、周恩来に詰問した。「恩来同志、あなたは総理だ。この文章をあなたは書けるか？」「私には書けない」と周恩来は答えた。「あなたは盲進に反対しているんだろう？　私は反盲進に反対しているんだが」と毛沢東はさらに言った。毛沢東の批判を受け、周恩来と出席した副総理たちは居ても立っても居られなくなった。当初周恩来について南寧に行った経済秘書の顧明はあとでこのように振り返った。「ほとんど毎晩、先念や一波らは総理のところに集まって夜中の二、三時まで、自己批判の言葉遣いについて議論していた。あのころ、情勢はとても緊迫していた……」

二回の杭州会議を経た周恩来は、毛沢東からの批判をまったく想定していなかったわけではない。しかし、毛沢東がそこまで怒り、問題を深刻視するとは思ってもみなかった。一月十九日、毛沢東は周恩来と二人きりで会話をした。その後、大会についての議論が続き、会議が夜八時ごろから深夜一時ごろまで開かれ、周恩来は「反盲進」の問題において責任をとることを宣言した。彼はこのように言った。「『反盲進』という問題は、一時的な（一九五六年夏季から冬季まで）方針上の動揺と誤りだった。生産関係の変化が生産力の飛躍的発展に繋がることをよく認識していないか、あるいは完全に認識していなかったがゆえに、社会主義の革命と建設において、大衆を動員するさいに尻込みするようになり、物だけを見て人を見ず、個別のことを一般的現象や主要な現象と見て、過敏反応に陥ってしまった。これは右派保守主義の思想だ……」「反盲進の過ちに対し、私がおもな責任をとる。」一月二十日、毛沢東は、「盲進は全国人民の意気込みでできたものであり、これはよいことだ。悪いところはかぎられている。しかし、反盲進は前進を二の次にした」と言った。

翌日、彼は会議の内容を総括した。「反盲進」の問題に対し、彼は、三つのことを失い、一部の同志を右派と似たような立場に立たせてしまったことが今回の教訓だと強調した。その厳しい言葉を聞いて、多くの人は反対の意見を控えた。

……

二月二十二日、朝鮮訪問を終えた周恩来は北京に戻った。そのころ北京では政治局拡大会議が開催され、南寧会議の精神を共有するかたちで「反盲進」問題がふたたび批判されたが、南寧会議に比べると、雰囲気はずいぶん和らいでいた。それは、経済を担当する一部の同志が「よく眠れず睡眠薬を飲んでいる」と聞いた毛沢東が、「経済のことは彼らのほかに頼める者がいない」と思ったからだ。「反盲進」の性質について、毛沢東は十八日の会議でこのようにまとめた。「一九五六年の反盲進はどういうものかといえば、それは総路線が正しいなかで、個別の問題に関して起きた意見の食い違いというだけのものだ。」「以後、反盲進のスローガンを唱えてはならない。反右派保守主義のスローガンを唱えるべきだ。」「たしかにそういう傾向が少しぐらいはあるが、反盲進というスローガンを唱えてはならない。」「今年の下半期、みなさんは大きな躍進を見ることができるだろう。あのときよりも大きな躍進を。」

周恩来のような厳しい糾弾を受けた指導者たちは、もはやなんの反対意見も出すことができなくなった。彼らは大局に気を配り、「下手をすると、党が二つに分裂してしまう」という毛沢東の言葉を慎重に受け止めなければならなかった。

いつも賑やかな西花庁は急にもの寂しくなった。対外事務のないとき、伯父はひとりでオフィスに閉じこもり反省書を書いていた。ふだんであれば夜九時以降にならないと、伯父は西花庁のオフィスになかなか戻れない。一見なんの変哲もない椅子だが、彼が座ったとたんに、あたかもフィルム接着剤でくっついてしまったかのように、時間を忘れ、トイレに行くのも忘れ、文書や報告の確認に没頭してしまったものだ。ところが、いまの伯父は筆を取って数文字書いては止まり、眉間にしわを寄せて深く考え、昔のような炯々たるたる眼光もすっかり消えた。かわりにその目つきは、鉛が注ぎ込まれたかのように重苦しく狼狽えている。筆が進まないので身を起こし、机に沿って西から東へ、また東から西へと重い足取りで行き来していた。いつまでも絶えない足音に、外にいる秘書も心を取り乱した。伯父の重苦しい気持ちを察知した部下たちは身代わりになることもできず、せめてこの重い雰囲気だけでもを払拭するために工夫した。彼らは伯父が女性を尊重し、女性に優しいのを知っているから、水亭に置かれていた卓球台をオフィスのとなりの休憩室に運び、屋内の足音がなかなか絶えないときには、女性秘書の許明に明るい口調で、「総理、男女混合シングルスをやりませんか？　私は負けませんよ！」と誘わせた。実際、試合が始まると、彼女はいつもボールを卓球台の真ん中にバウンドさせ、「平和のボール」を打ち続けることで、勝利した伯父の笑いを誘い、リラックスさせようとしていた……

中共党校〔中国共産党中央党校〕は伯父の反省書執筆のための協力役として範若愚《はんじゃくぐ》を派遣してくれた。いつものように伯父は口授し、範若愚は机のとなりに腰掛けてこれを記録した。しかし、考案するのが得意で、いつもなら話に花を咲かせるはずの伯父は、ともすれば黙り込み、なにひとつ言葉を思いつくことができなかった。夜が更けると、自分がいることがむしろ逆効果なのではないかと懸念した範若愚は退席し、秘書室で待機しているうちに、いつのまにか眠りこんでしまった。伯父の足音で目を覚ました伯母は、ぐっすり眠っている範若愚を起こし、「夜もあと少しで明けます。若愚同志、恩来があれだけ悩んでいるのだから、助けてあげてください！」と、塞ぎ込んだ表情で言った。

1958年、北京駅で帰国した志願軍を出迎える恩来伯父。

範若愚が起草した伯父の反省書の中には、「ここ数十年来、私は毛主席と運命をともにしてきた」との一文がある。これを読んだ伯父は首を横に振りながら、「おまえは党の歴史を知らないんだな！　私はたくさんの過ちを犯してきた。毛主席と運命をともにしたのは遵義会議以降だ！」と言った。

昼には、秘書が伯父の指示に従い、蔵書の整理を始めた。伯父のものを残して紐で縛り、借りていたものはもとの場所に返した。これを目の当たりにして、クビになったら周恩来は西花庁を離れなければならないのだ、とみな無言のうちに察した。なぜなら、国務院のオフィスと壁一枚隔てただけの西花庁は、新しく就任する総理に譲らなければならないからだ……

葉飛は陳毅の部下として働く切れ者で、陳毅とは厚い信頼関係がある。それはある日曜日のことだった。中南海を訪れた葉飛が、元首長の陳毅との雑談のなかで北朝鮮にいる志願軍の状況を尋ねると、伯父に付き添って北朝鮮を訪問してきたばかりの陳毅は突然長いため息をつくと、率直に語った。

「今回の北朝鮮訪問で、総理は昼にはふだんどおり元気そうに談笑していたけれど、夜になると部屋に閉じこもり、一人でやけ酒を飲んでいた。つまみもなしに、一杯また一杯と立て続けに飲んでいた。でも、俺にはわかるんだ。彼が酒で悩み事を忘れようとしていたことを！　だから、俺は彼を慰めた。総理、お酒の力を借りてもかえって悲しみは増してしまいますよ。お酒の飲みすぎはお身体に障ります。思いつめないで、歴史は必ず公正な結論を出してくれますよ、と。」

「文化大革命」を経験した葉飛はこのことに触れた時に、目を潤ませて言った。

「周総理の『反盲進』反省会に私も出席した。総理が発言した後、会場は拍手に包まれ、私も拍手した。総理は『過ちと反省を繰り返す』、よい指導者なのだ。そして、陳毅の話を聞いて、私は総理のことをよりいっそう理解できたように感じた。ああ、そうなのだ。総理はしっかりと自分の考えを持っていて、上の指示に振り回されるばかりではない。総理が反省したのは大局を重んじたからだ、と。それで、私は総理のことをより深く敬愛するようになった。」

三月の「成都会議」で、毛沢東は癇癪を起こさなかったものの、やはり「反盲進」の問題に再び言及した。そのことについては、『周恩来伝』の中に以下のように記されている。

「反盲進」批判の「成果」を揺るぎないものにするために、一九五八年二月、毛沢東は成都における会議の開催を再び訴えた。

……

当然ながら、成都会議が解決しようとしたのは三峡ダム建設の問題ではなく、社会主義の構築において、何を指針にすればよいかについてだった。早くも三月九日、会議の初日に毛沢東は「反盲進」の問題を提起し、社会主義の構築には二種類の方法があると述べた。

「一つはマルクス主義の『大躍進』で、一つは非マルクス主義の『反盲進』だ。では、この二者の中からどちらを採用すればいいだろうか？　私からすると、『大躍進』という選択肢を取るべきだと思う。これは様々な問題の解決にも適用できると考えている。」

三月九日から二十六日にかけて、十八日間にわたる会議の中で、「毛沢東はずっと興奮状態にあり」、他人の話に口を挟んだりする以外に、長いスピーチだけでも六回したという。その中で彼は、社会主義の構築にはスピードを求めすぎず、「公の場でこれを止めるかわりに、党内部で事前に明らかにしなければならない。いわゆる空気を少し圧縮するということだ。我々は水増し報告や過大な喧伝をしてはならない。また、名誉を求めて争ったりしないで、地道に実務に当たっていくべきだ」と言った。

しかし、彼はやはり「迷信を捨て去り、思想を解放する」ことに重点を置き、「大いに意気込み、高い目標を目指し、多く速く立派に無駄なく」という総合路線を提起した。毛沢東の考えでは、「過去八年間の経験から学んだことをまとめるべきだ。『反盲進』は方針の問題であり、これを南寧会議で議論したが、目的は共通認識をつくりあげ、仕事を順調に進めることだ。」

周恩来は会議で二回発言した。一回めは外交についての総括であり、二回目は『反盲進』への反省だった。ところが、周恩来の反省は毛沢東にとって満足のいくものではなかった。

……

三月二十七日、周恩来は鄧小平、陳雲とともに北京に戻った。南寧会議以来ずっと苦しい思いをさせられた周恩来には、経済の成果を顧みるための静かな環境が必要だった。もし自分に間違いがあれば、いったいどこで間違えたのか。南寧会議以来の毛沢東の批判はいったいどこからきたのか？　しかし、北京に帰っても忙しい外交活動に追われ、とりわけ三門峡ダム建設にあたって起きた問題は彼から多くの時間を奪った。当時、周恩来の下で働いていたある人物は次のように振り返った。

「思えばそれは周総理にとっていちばん苦しい時期だった。しかし、仕事をするときは以前と同じように真剣にとりくみ、彼は心中の悲しみを少しも顔に出さなかった。」

……

五月五日から二十三日まで、用意周到に準備された第八期党大会の第二回会議が北京中南海の懐仁堂で開催された。……中央委員会の業務報告書では、国内における主な矛盾が次のように分析されていた。

「過渡期、すなわち社会主義社会が構築されるまでは、国内の主な矛盾は無産階級と資産階級との闘いであり、社会主義の道と資本主義の道との闘いであった。この矛盾は一部においては非常に激しく、生きるか死ぬかの敵対的矛盾として現れた。」これは毛沢東の第八期三中全会〔中央委員会第三回全体会議〕の発言のあとで、第八期第一回会議で生じた中国の主な矛盾を解決すべくなされた彼の根本的な変化だった。……報告は次のように強調している。「構築のスピードは、社会主義の革命が勝利を収めて以来、私たちにとって最も重要な問題である。」「社会主義の構築に対する党中央と毛沢東同志の主張は明確で一貫したものだ。すなわち、速く、立派にさせるような方法をとり、遅く、下手な方法は排除しなければならない。にもかかわらず、一部の同志はこの問題において、『右は左よりまし』、『遅いのは速いのよりまし』、小股で歩くのは大股で歩くよりまし、といった古びた観念を持っている。」ゆえに、「確実に存在する右派保守思想をたえず批判することが、いまや必須となった。」……五月八日から断続的に続いた十日間にわたる会議での発言において、「思想の解放、自由な発想と大胆な行動」を呼びかける声がすべてを凌駕した。

大会において、周恩来と陳雲はまたも「反盲進」の問題に対し、反省を強いられた。その前に、毛沢東は五月十五日に陳雲と周恩来とそれぞれ長時間会話を交わした。どのように反省するか、これに周恩来は葛藤した……反省を示す発言のまとめ役を担当した範若愚秘書は、次のような回想を記している。

……ある日、周恩来同志は私に言った。今度の発言では主に「反省」する。「反盲進の過ちを犯し」てしまい、これが南寧会議で取り上げられた……また、周恩来同志の話では、「過ちを犯した」ことについてはすでに毛沢東同志と面に向かって話した。その原因は自分の思想が毛同志の思想に追いついていないことにある。だから、毛同志の思想を懸命に勉強しなければならない。それを言い終えると、周恩来同志は原稿の冒頭部分に取りかかった。彼が口頭で述べ、私はその内容を文字にした。このとき、陳雲同志から電話がかかってきた。陳雲同志の話はわずか一、二文しか聞き取れなかったが、電話機には音量増幅器がついていたので、周恩来同志の話は言うまでもなくはっきり聞き取れた。しかし、電話を切ったあと、彼の話は明らかに躊躇いがちになり、ときには五、六分経っても何も言い出せなかった。そのとき、私は反盲進についての彼の心の葛藤、それゆえに相応しい言葉が見出せない彼の苦しみに初めて気づいた……

最後に、彼は手ずから原稿を一文字一文字訂正し、いくつかの段落を付け加えてから、これを印刷して政治局常務委員と書記に提出した。原稿が返されると、周恩来同志はまずそれを読み、そして字がはっきり読めるよう、修正意見の書き写しと印刷を私に依頼した。政治局常務委員と書記の修正意見は、一部内容の削除と過度な自己批判をしないことだった。これを読んだ私は緊張がようやく和らいだが、十数日も原稿起草に取り組んできた周恩来同志をふと見ると、彼の両鬢に白髪がまた増えた気がした。

大会で『反盲進』の過ちに触れたときに、周恩来は「主な責任者は私です」と述べた。そして、自らの心境の変化に触れると、「私が毛沢東同志に反対したのは、社会主義建設の規模と速度に関する指針上のことでした」、「かなり長い間、問題の深刻さがここにあることを私は認識できませんでした」。

このころ、世の中は「大躍進」がもたらすことになる種々の災難をまだ経験しておらず、物事の行く先に見通しがつけられなかった。それとは対照的に、苦しみに苛まれつつも、周恩来はすべてをきちんと整理すべく力を尽くした。

……

第八期第二回会議の閉幕後、周恩来は「国務院総理を引き続き担当してよいのか」という問題を党中央に提起し、同じ時期に彭徳懐も「国務部長を辞任する」と申し入れた。二人の申し入れは六月九日、毛沢東が召集した中共中央政治局常務委員会で議論され、「今の職務を引き続き担当せよ、これを変更する必要はない」との結論に至った。

……

このとき、周恩来の直面した局面は困難なものだった。にもかかわらず、彼は党の決定に従い、総理という重荷を担ぎ、奥歯を噛み締めて前に進むことにした。

第八期三中全会で、社会主義建設に関する党内の論争には一段落がつき、実務的な視点から盲進に反対し、経済建設のルールを尊重すべきとする意見は敗北した。「反盲進」に対する行きすぎた批判は大きな政治的圧力を醸成した。これによって異なる見解を主張しづらくなり、集団指導〔多数決による政治体制〕は大きな打撃を受け、党内の雰囲気が一変した。くわえて、党幹部の中には毛沢東を積極的に支持する人が非常に多かったので、「左」の過ちの独走はどうしても避けられなかった。このように、国家全体が経済のルールに目をつむり、成果を焦る「大躍進」の大波に乗り上げ、もはや誰もこれを止めることができなくなった。

大局を守るために、周恩来伯父はただちに中央会議の精神を実際の行動に反映させた。一九五八年の後半、必要な外交活動でどうしても北京にいなければならない時を除けば、彼は残りの時間を利用し、広東や上海、黄河や工事現場に行き、農村、工場、工事現場の第一線で調査、研究をした。

太陽がカンカンと照りつける七月、広東に調査に行くと言った伯父に対し、羅青門同志は「こんなに暑いのに、北戴河で一休みとまでは言わなくとも、せめて北方の調査にしてくださいよ」と反対した。しか

1958年8月、恩来伯父は陳毅、賀龍とともに外賓に付き添って、中国初の原子力科学技術研究基地である中国科学院原子力研究所を見学した。

し、伯父はかたくなに首を振り、「広東に行くんだ！　暑い天気、熱い心、熱い調査じゃないか！」と答えた。そして、彼は一人の学者を連れて広州に飛び、そこからまた広東の新会県に赴いて水稲の育種を調査した。

伯父は新会県委員会の提供してくれた招待所㉕を拒み、表通りに面した県委員会のオフィスの二階にベッドを設置し、七日間も泊まった。暑い時に、新会県の人びとは裸足に下駄を履いて街に出ることを好むようで、下駄が敷石にぶつかるたびにカランコロン、カランコロンと音を立てていた。この音は夜になるととても耳障りで、夜半までずっと鳴り響き、そして夜が明けるまえにまた聞こえてくる。だから、耳ざとい伯父はもちろんのこと、寝つきのよい成元功ですら、まるで耳元で鳴っているようなこの騒音に邪魔されてよく眠れない。部屋の中はとても蒸し暑い。扇風機がないので、伯父と随伴するスタッフたちはそれぞれ一枚の芭蕉扇に頼らざるをえず、少しでも扇を手放すとまた汗でびしょびしょになる。夜中になると、あまりにも眠すぎ、疲れすぎて、ようやくみなまどろむのだが、夜が明ける前に早くもカランコロン、カランコロンと、またも軽快な音に一行は眠りを破られ、目が覚めると体も顔も汗びっしょりだ！ 伯父は全身にあせもができて、目も血走っていたが、それにもかかわらず、彼は元気いっぱいに工場や農村を見学したり、県民と丁寧に交流したりした。新会農場を視察したさい、上機嫌な彼は「新会労働大学」という校名を揮毫し、別れ際には「農民と労働者、都市と農村が一体をなし、肉体労働と知識労働が一体をなす」と、農場への期待を真っ白な紙に書き残した。

新会県で開催された廃棄物リサイクルの展覧会に参加した伯父は万感胸に迫り、筆を揮って自分の感想を文字にした。

「全国の商業部門は社会主義建設における党の総路線の導きのもとで、新会に学び、リサイクルを重要な仕事の一環として廃棄物を回収し、使えないものを使えるようにしなければならない。また、加工を重ね、それを多機能的なものに作り替え、節約を心がけ、古いものを新しいものに変えるべきだ。建設を無駄なく行い、社会をよりよく改造するために、各業界のみなさんは一丸となって密接に協力しあい、生産とサービスを全面的に発展させていかなければならない。」

一週間後、伯父は上海第三、第一鋼鉄工場、ケイ素鋼工場の生産現場に姿を現し、労働者と技術者、幹部らと交流した。座談会で報告を聞き、生産状況を尋ねたあと、もてなしの食事が用意されているにもかかわらず彼は食堂に入り、労働者たちと同じように列に並んで、二分のご飯を一〇〇グラム、五分のキャベツの炒め物をひとつ、一分のスープをひとつ買い、労働者たちと話しながらおいしそうに食べた。上海市の馬橋鎮に田んぼを見に行ったときは、一畝〔約一〇〇平方メートル〕あたりに十二万穴も植えられていると聞くと、「密植は度を超えないように、それと公社のみなさんに食べ物と休憩時間をたっぷり与えなさい」と注意した。

黄河花園口で深刻な洪水が発生したとの急報を受けると、伯父はすぐに飛行機で視察に行き、黄河水利委員会の担当者を呼びつけて報告を聞いた。そして、夜になっても雨に濡れながら、広場で鉄道会社の職員に励ましの言葉を送り、幹部、技術員とともに深夜まで鉄道修復の方法を検討していた……

伯父と接した幹部、技術員も、労働者、農民、兵士たちは、だれひとりとして総理の優しさを忘れられず、その彼が党内で毛沢東主席に厳しく批判されるなどとは思ってもみなかっただろう。

（上）1958年夏、北京郊外の玉泉山農業社を視察する恩来伯父。（下）1958年7月2日、恩来伯父は広東・新会に到着し、新会労働大学の題字を書いた。

1958年2月末から3月の初めにかけて、恩来伯父は李富春、李先念、王任重らと武漢から揚子江を遡り、長江三峡ダムの立地を調査した。

中央の呼びかけであれば、伯父はたとえそれがなんであれ、みずから努力して実践した。成都会議では、最後の議題について毛主席がこのように言った。

「今回は詩をいくつかプリントしたが、古いものばかりだ。新しい民歌〔短歌〕を作ってほしい。それで考えたのだが、みなさんが手分けして、行政機関、学校、部隊、人民団体ひいては工場で、実験的に作ってみてほしい。方法としては、たとえばひとりに紙三枚を与え、一週間後あるいは二週間後にできあがった民歌を提出してもらうなど。思いついたものをそのまま書いてくれればいい。時間はあまりかからないだろう……民歌も詩の一種だ……」

伯父も詩を二つ作ったことがある。広東新会県食料局が開催した道具改革展示会に参加したとき、彼は即興でこのように吟じた。

「工場を戦場に、刀や槍を創り、一日を十日に、夜間に日の出。」この詩がだいぶ気に入っていたのか、彼は北京に戻ると陳毅に見せた。

陳毅は総理のことを兄のように慕っているから、単刀直入に言った。「ああ、この世では詩人になれる者が総理になれるとはかぎらない。あなたは総理になれましたが、詩人になれるとはかぎりませんね！」

それを聞いた伯父は吹き出した。おそらく陳毅は若かりしころの伯父の律詩を読んだことがなかったから、彼に詩作の才能があることを知らなかったのだろう。

正直に言えば、四十年まえに起こったこれらの出来事をはじめて聞いたとき、私は胸が熱くなるのを感じた。しかし、その一方でどう考えても納得できないことがひとつあり、これを実際に経験した人たちに尋ねずにはいられなかった。

当時、恩来伯父は心から自分の間違いを認めていたのか？　その反省書は伯父の本心を反映していたのか？

自分は間違っていないと思っていたならば、なぜ伯父は毛主席と議論せずに、むしろ自己批判を急いだのか？　伯父は偽善的で臆病な人だったのか？　伯父は官職を失いたくないからそうしたのか？

なぜ、毛主席の一言で、みな黙ってしまったのか？　もし力を合わせて正しい意見を固持すれば、たとえ毛主席でも聞かざるをえなかっただろう。

それに対する張勁夫《ちょうけいふ》同志の答えに、私は目から鱗が落ちた。

「毛主席に対するわれわれの信頼は、紅衛兵が林彪にそうするように植えつけられたものではない。これは迷信かといえば、そうでもない！　革命に参加して以来、土地革命、五回の反『包囲攻撃』、長征、第二回国共合作、八年間の抗日戦争、三年間の解放戦争など、われわれが、今度こそ毛主席が間違った、コミンテルンが正しかったのだ、と思うたびにいつも、あとでそれがまったくの誤りとわかる、という動かぬ事実がこれを証明している。そのため、われわれの頭にはこんな概念が植えつけられてしまった。毛沢東は戦略家だ。彼はいつも私たちより高い位置に立ち、遠くを見ている。だから、意見が異なるたびに、自分は毛主席のレベルに達していないのだから、きっと自分のほうが間違っている、毛主席についていけば絶対に問題なしだ、と思い込んでいた。」

『百年恩来』のインタビューを受けたさい、薄一波《はくいっぱ》は一九五八年の「南寧会議」と「成都会議」をつぎのように評価した。

「反盲進への批判は不適切なものだった。批判しすぎて、のちの盲進にゴーサインを出してしまった。事実が証明するように、不適切な過度の批判やあら探しは党内の民主制に害をもたらし、党の決定の正確さに害をもたらしてしまう。例の批判は、半年あまりも続き、その影響の大きさは党の歴史においてけっして見逃せないほどのものである。それはある種のシンボルとも言えるだろう。建国以降、党内の民主制は正常から異常へと転換しつつあり、これが鶴の一声で物事が決められる分岐点になった。これらのことをわれわれは身にしみて実感していた……先日、こういったことを話した。総理は『軽いものを上げるのは重いものを上げるが如し』と言った。彼は万事に慎重な人で、ことあるごとに毛主席、党中央に報告していた。われわれなどよりもずっと行き届いていた。けれども、なにもかも報告していては、政府の立場はどうなるのか？」

伯父も同じ意見だっただろう、と私は思った。

ところが、伯父が四川省革命傷痍軍人教養院の公演隊のために書き写した一九五八年六月二十九日付の詩を読んで、私はまたも驚いた。

われわれの心は党に永遠の忠誠を誓う。
われわれは祖国の子どもで、
毛沢東の戦士だ。
戦場で敵を懐刀で切り裂き、
障害者になっても恐れない兵士の私たち。
その熱い血は大波のように沸き立ち、
その精力は松柏のように永遠に満ちている。
祖国を愛し、敵人を恨むのはわれわれの個性、
困難の克服はわれわれの才能。
強い意志の持ち主よ、
この心こそ永遠に朽ちることなし。
目がなくても本を読め、新聞を読める。
両手がなくても字を書け、琴を弾ける。
両足がなくても早く歩け、早く走れる。
困難は臆病者のまえにしか存在なく、
多くの試練に耐えてきた兵士の足を止めることができない。
祖国の運命はわれわれの運命、
お互いの心は強く結びつきひとつと化す。
社会主義はわれわれの魂、

党こそ育ててくれた母なり。
現実に背いた幻想をいだきたくはない、
歩むべき道ははっきりしている。
社会主義の大厦〔ビルディング〕には鋼鉄が必要だが、
われわれは小さなネジになりたい。
ああ、愛する党よ、われらの母！
あなたが、生きる意味を教えてくれた。
あなたが、力と自信を与えてくれた。
ああ、愛する党よ、われらの母！
心臓の鼓動が続くかぎり、
共産主義のために断固として闘争する！

劉渝生《りゅうゆせい》同志の詩を書き写し、四川省革命傷痍軍人教養院公演の記念とす。

周恩来
一九五八年六月二十九日

伯父が朱德、陳毅ら中央の指導者と政協例堂に傷痍軍人の公演を観にいったのは一九五八年六月一日の夜だった。出演者たちによる軽快で美しい楽曲、高らかに響く歌声、生活の息吹に満ち溢れた踊りは、いつも観衆の喝采を博していた。ひとつの出し物が終わると、伯父はいつも率先して拍手を送り、休憩時間に入ると、干玉梅《かんぎょくばい》（四川省民政庁の副庁長、党委書記）を目のまえに呼びつけ、「とてもすばらしい公演だ。よくやったなあ。あなたたちは軍人だから、各方面で率先垂範の役割を果たさなければならない」と微笑んで言った。「中国人の風格、精神を外国人にも示さないといけないな」と、となりに座る陳毅も言った。

公演が終わると、すでに夜の十時近くになっていた。伯父、朱徳、陳毅ら指導者は舞台に登り、みなと

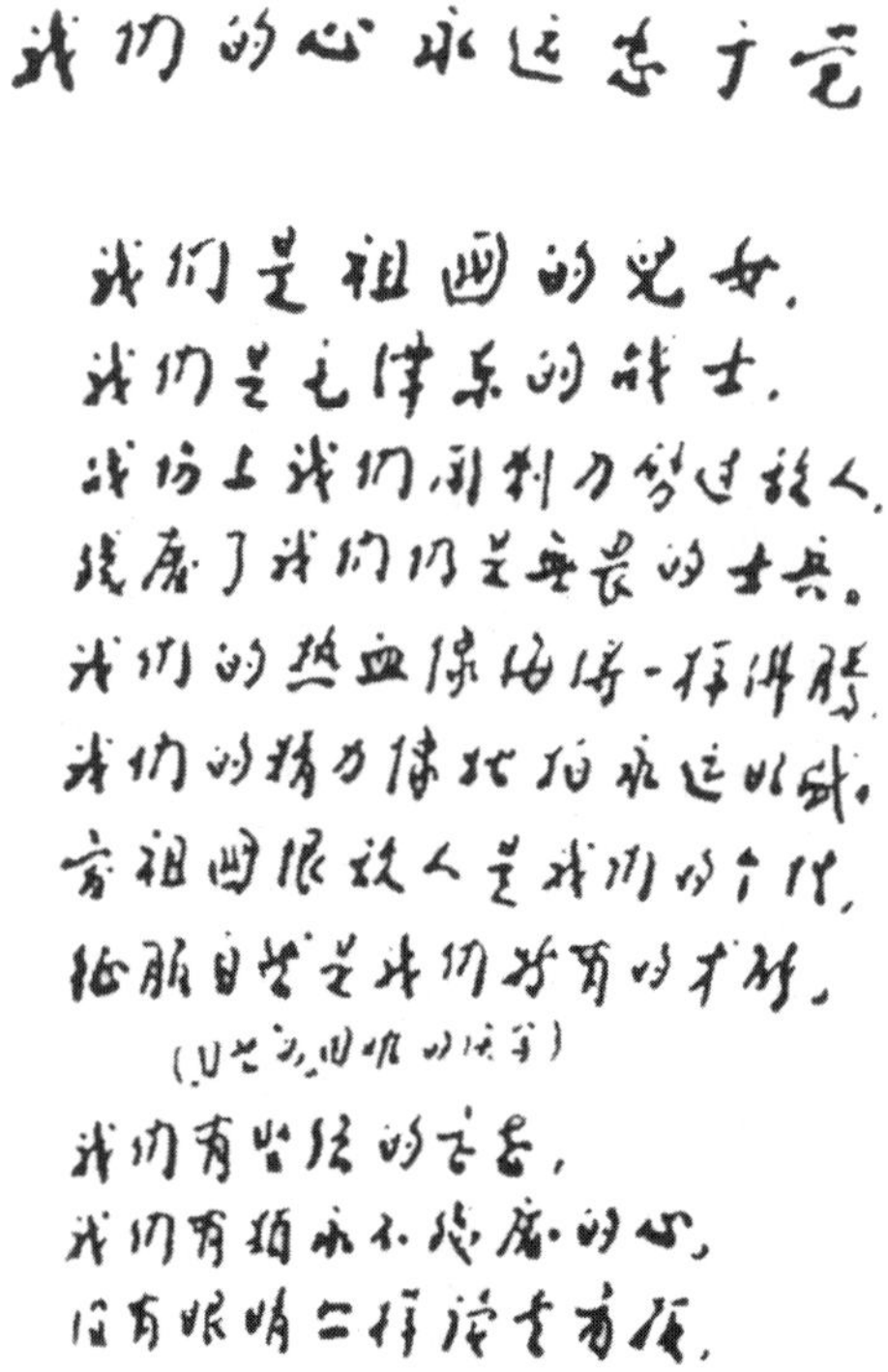
我们的心永远忠于党

我们是祖国的儿女，
我们是毛泽东的战士，

劉瑜生の詩を書き写した恩来伯父の手蹟（部分）。

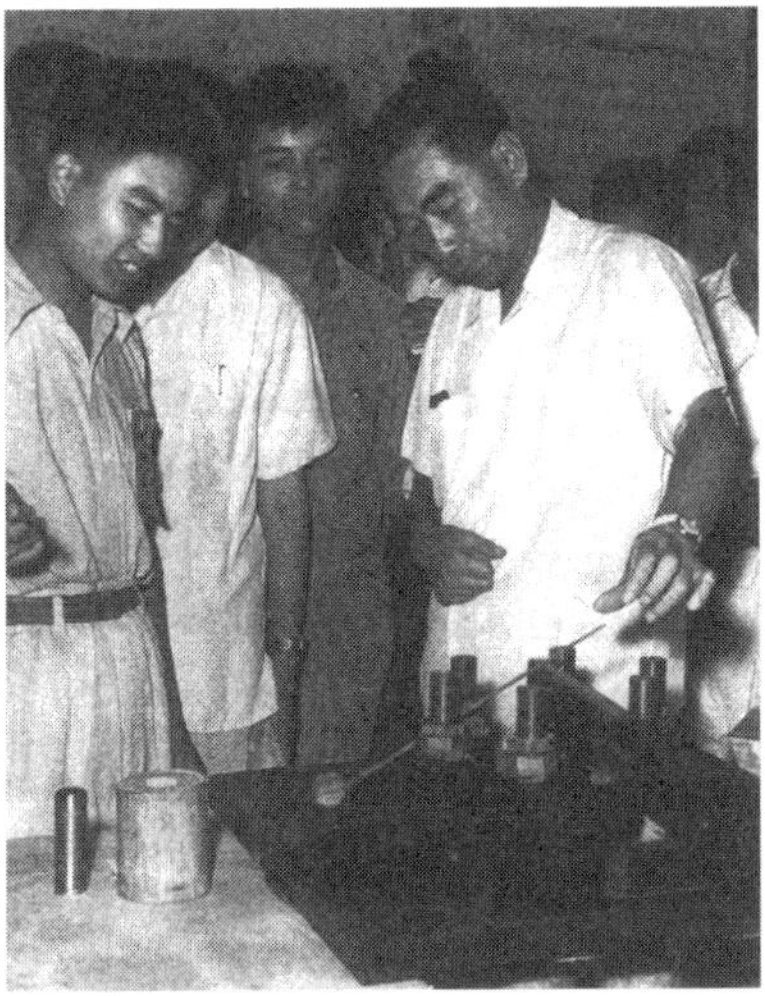

1958年8月、清華大学卒業生による卒業設計展覧会での恩来伯父。

丁寧に握手し、挨拶をした。女性ソリストの何長俊に足が不自由になったわけを尋ねたり、易如元の負傷した箇所を心配そうに尋ねたりしてから、伯父は張家琛のまえで立ちどまり、「先ほど詠んでくれた『われわれの心は党に永遠の忠誠を誓う』は心に響きました。劉渝生同志は今日いらっしゃったのかな？」と聞いた。すると、「劉渝生は生まれながらに足が不自由なので、来られませんでした」と出演者たちは答えた。「彼に敬意を表する。この詩はとてもすばらしいので、新聞に掲載したい。」そう言うと伯父は、続けて出演者たち全員を称えた。「みなさんは人民の戦士で、人民の芸術家だ。」出演した医師や看護師に会うと、伯父は、「みなさんはとても偉大な仕事に従事しています。傷痍軍人に奉仕するのはとても名誉なことです」と激励の言葉を送った。このとき、豪快でさっぱりしている陳毅が、冗談めかして「総理も革命の傷痍軍人ですよ」と紹介した。彼の話は出演者と伯父との距離を一気に縮め、みなが幸せと温かい気持ちに包まれた。最後に、伯父ら中央の指導者は全員と集合写真を撮った。

それから二十日以上経った六月二十九日、伯父は手ずから書き写した劉渝生の『われわれの心は党に永遠の忠誠を誓う』を出演者たちに贈呈した。総理の真蹟を抱えると、みなはわれ先にと回覧し、気持ちを沸き立たせた。

その後、公演隊は北京の大学や専門学校および一部の国営企業のみならず、東北、華東、華南も巡業し、各レベルの指導幹部と大衆から熱烈な歓迎を受けた。

いまにして思えば、公演を観に行った六月一日、伯父が総理の職に留任できるかどうかはまだわからなかった。ところが、公演隊のためにその詩を書き写していたころ、政治局常務委員会は彼の留任をすでに決定していた。こうして見れば、『われわれの心は党に永遠の忠誠を誓う』という詩は彼の心の声をもっともよく表していたのではないか！　中国共産党は、伯父のような崇高な理想をもつ者がいたからこそ、そして伯父が「祖国の運命はわれわれの運命、お互いの心は強く結びつきひとつと化す。社会主義はわれわれの魂、党こそ育ててくれた母なり。現実に背けた幻想はしたくない、歩むべき道ははっきりしている。社会主義の大厦は鋼鉄が必要だけれど、われわれは小さなネジになりたい」という覚悟で仕事に当たったからこそ、一個人の恨みを捨て、祖国と人民のために奥歯を噛み締めて刻苦奮闘し、万難を乗り越えて邁進することができたのだ！　祖国と人民を愛することこそ、革命性の存続を可能する魂であり、共産党ひとりひとりの真の魂なのだ！

のちに、「大躍進」がもたらした災難を身を以て経験した毛沢東は、ついに考えをあらためた。伯父が制定した第二期五か年計画は当初は批判を浴びせられたものの、「大躍進」という大きな挫折を経て、ようやく毛沢東に肯定された。一九六〇年、目標が高すぎたことから得た教訓に言及したとき、彼はこのように言った。

「一九五六年、周恩来同志が立てた第二期五か年計画は、その多くの設定値、たとえば鋼などに三年間の余裕を与えており、すごく助かった！」

三　密雲ダムの工事現場には、ほかのところで見たような「ロマンチック」な「大躍進」はなかっ

た。**恩来伯父は六回にもわたり現場を訪れ、ダムの立地から品質の管理までいちいち厳しく監督していた。そのおかげで、当時できたダムはいまなお首都に恩恵をもたらし続けている！**

恩来伯父さん

ご無沙汰しています。「灯籠祭」にさいして新年のご挨拶を申し上げます。本当はもっと早くに申し上げるべきでしたが、なかなか手紙を書く時間がなく、どうかお許しください。

いま、お身体の具合はいかがでしょうか？　十分に寝ていますか？　国家と世界の平和と幸福のためにも、健康管理と睡眠の管理をしっかりしてくださいね。とくに七母が留守で注意することができないときは、仕事と休憩のバランスを取るよう、ご自身で心がけてください。これはけっして余計な話ではなく、伯父さんが注意しなければならないことだと私は思います。そうでしょう？

密雲ダムに来て四か月半が経ちました。去年十一月にいちど北京に帰り、運よく伯父さんにもお目にかかれました。いま、伯父さんと七母、西花庁の同志たち、そして、父や母、弟と妹たちのことを思うと懐かしい思いでいっぱいです。とくに伯父さんたちと一緒にいるときは、いつも貴重な提言をいただきましたね。本当に帰りたいです。でも、仕事の都合でそうするわけにはいきません。ご安心ください。この気持ちが仕事に影響を与えることはありません。ここではいつも、たいへん忙しいですから。

……

これは一九五九年年の初め、私が密雲ダムの建設本部、朝陽支隊で働いていたときに伯父に書いた手紙

1959年、密雲ダム建設用の砂や石を輸送する汽車の上に立つ著者。

の草稿だ。還暦を過ぎたいま、四十年前に書いたこの手紙を読み返すと、二十一歳の自分の考え方がいかに単純であるかを思い知らされつつも、その真心はたしかなものだった、と感慨にひたらずにはいられない。

一九五八年十一月のその日、私は長い旅路を経て、西花庁に戻った。

「成元功おじさん！　こんにちは！」

伯父のオフィスの扉まで辿り着くと、衛士長の成元功が目に入った。

「お帰りなさい！」

成元功は私と握手を交わし、微笑んで言った。「密雲で焼けたね。少し太ったかな！」

「密雲の水は甘くて体にいいのよ！　ほら、棗《ナツメ》も買ってきた。とても甘いの。洗っておいたから食べてみて。」

「うん、甘い！」成元功がひとつ味見した。「今年の夏、総理と一緒に密雲県に行ったとき、ある同郷人の家で雨宿りをしたら、杏をいただいた。それもすごく甘かった！」

「伯父さんが夏に密雲に行ったの？」私は不思議に思った。密雲ダムの工事は十月末に開始されたではないか？

「そうだよ。人を連れてダムの立地を見に行ったんだ！」成元功の話を聞いて私にもようやくわかった。

六月二十六日、十三陵ダムの工事現場で労働したばかりの伯父は、灰色の普段着に布靴、麦藁帽子という姿で、習仲勲《しゅうちゅうくん》、万里《ばんり》、阮泊生《げんはくせい》、趙凡《ちょうはん》と張光斗《ちょうこうと》、馮寅《ふういん》ら幹部と専門家に付き添われ、密雲行きの乗用車に乗り込んだ。今回の目的は密雲ダムの立地を選び、途中でじきに竣工すると思われる懐柔ダムを視察することだ。車が密雲県南碱場村潮河の河原に着くと、ひどく揺れられていたにもかかわらず、還暦の伯父は疲れを知らぬかのように足早に歩き始めた。その日は日差しが炎のように暑かった。しかし、伯父はかまうことなく歩きながら、ときには遠くを眺めたり、ときには近くを観察したりして、地形、地勢と河の流れる方向を細かく研究した。そして、検討中の場所に辿り着くと、彼はそこに横たわる木材に腰を落とし、地面に置かれたダムの地形図と設計図を見ながら、みなとともに案を練りはじめた。伯父はときに質問し、ときに熟考し、ダムの質をいかに保証できるか、最小の代価で最大の福祉をもたらすにはどうすればよいかを深く考えていた。細かく検討し、研究の成果をくりかえし比較した結果、伯父は白河を主ダムに、九松山などを副ダムにすることに同意した。

1959年、密雲ダムの模型を視察する恩来伯父。

潮河を見たあと、伯父はみなを乗車させ、すぐに白河に向かうよう指示した。あのころ、潮河から一七・五キロも離れていた白河に行くには、突貫工事の、舗装さえされていない一本道に頼るしかなかった。山道は凸凹がひどく、渓水の横切るところを何箇所か通過した。車は激しく揺れながら、ついに白河のあたりにある渓翁庄に着いた。車から降り、伯父のあとについてみなはごろごろと石の散らばる河原を歩き、川の西岸に渡った。ところが、坂の半ばまで登ったとたん、逆巻く黒雲が西北より押し寄せ、雷がごろごろと鳴るなか、土砂降りになってしまった。このときみなの視線は伯父ひとりに集まり、雨が止んでからでもよいのでは、と勧めた。しかし、「大雨が降っていれば流れの方向がはっきり見えるから、場所の確認には有利だ」と伯父に一蹴された。しかし、雨脚は強まり続け、足元の丸石もいっそう滑りやすくなった。そこで、伯父は嫌々ながらもみなの意見を聞き入れ、とりあえず雨宿りすることにした。全員が伯父に付き従い、侯という苗字の農家にお邪魔した。部屋に入り、水を拭き取ると、伯父はオンドル〔床下暖房〕に上がりあぐらをかき、ほかの者もそれぞれ同じようにした。会話を交わすうちに、家の六十歳ぐらいの奥さんがふと来客が周恩来総理であることに気づき、どたばたするほど感動した。しばらくして、彼女はとなりの部屋からカゴいっぱいの杏を持ってきて、オンドルに置いて言った。

「これは私が自分で育てたものですよ。総理、どうぞ召し上がってください。」

杏をひとつ取って口に運ぶと、伯父はおいしそうに食べながら、彼女に公社の人びとの暮らしや、生産隊の生産状況、白河のこれまでの水害状況などを尋ねた。このように優しく親切な伯父に接し、奥さんの緊張も自然に解け、笑いながら答えたのだった。

雨が止んだ。主ダムの場所の確認のために、みなはふたたび車に乗り白河に向かった。調査がずっと続き、午後二時になってようやく車は密雲県に引き返す道についた。雨上がりの道は泥だらけになっていた。

一行が進む最中に、伯父を乗せた車は突如ぬかるみにはまってしまい、アクセルをどれだけ力強く踏んでも抜け出すことができなくなった。

「とりあえず降りて、一緒に押そうじゃないか」と伯父は提案した。

そして、全員は泥水をはね飛ばしながら、必死に車をぬかるみから押し出した。

当日、伯父は仕事のため密雲県に夜七時まで滞在し、その後、車で北京に戻った。

この話を聞いて、私は密雲ダムの立地を伯父が選んだことを知った！　のちの統計で知ったことだが、密雲ダムを建設する一九五八年から一九六〇年の間に、伯父は六回も現場に足を踏み入れ、ダムの設計、建設場所の実地調査から施工中の重要な課題の解決まで、すべて自分で取り仕切っていたのだ。そして、ダムが完成したさい、指揮部の幹部に再三題字を求められたが、「規模が大きいから毛主席にしていただくほうがよい」の一点張りで最後までこれを断りつづけていた。

1958年、標語が書かれた柱の前に立つ著者。

もちろん、一九五八年に一年中伯父のそばにいた成元功でさえ知らないことがたくさんあった。「南寧会議」には彼も同行したが、伯父が「右派から五十メートル」と批判されたことはちっとも知らなかった。会議から戻った総理は表情こそ険しかったが、べつに不思議に思うほどのことでもなかった。彼の目に映る総理はいつも忙しすぎるからだ。全国民の衣食住や、ときには人命に関わり、一刻を争う事態にも気を配らなければならないので、総理は笑うひまもないのだろう。しかし、一方で、彼が少し違和感を覚えたものたしかなことだ。一月とはいえ広西はまだまだ温かく、南寧ではオレンジが食べごろとなり、大きなパイナップルも皮こそ青いが、それを削ぎ落とすと甘い香りが漂ってくる。この二つはどちらも鄧姉さんの大好物であり、真冬の北京では目にすることさえできないものだ。いつもなら、総理はよその地を会議や視察で訪れたら、かならず成元功に「彼女の好きな果物を見かけたら少し買ってあげて」と指示するものだった。しかし、「南寧会議」の閉幕が近づくころ、成元功が例に倣って「総理、ここにはオレンジとパイナップルがたくさんあるから、少し買って北京に持ち帰りますね」と報告したら、「いや！」と答え、伯父は仏頂面をして生硬な口ぶりで、「今回はなにも買わない！」と言った。

成元功はうっすらとなにかが違うような気がした。しかし、つぎの瞬間「総理は忙しいのだから、こんな些細なことで邪魔をしてはならない」と、心の疑問をかき消すことにした。その後、彼はオレンジを数キロ、パイナップルをいくつか選んで買った。

当然ながら、六月九日、政治局が伯父を留任させたことも彼は知らなかった。しかし、総理の座こそ保留されたものの、国家建設において伯父は決定権を奪われ、ことあるごとに中央書記処に報告し、許可を得なければならなくなった。中央の記録のなかで、すでに一般公表されている『周恩来総理と北京』という本に記された、密雲ダム建設についての伯父の指示書はこうしたことをもっともよく物語っている。

同意する予定です。

中央書記処への報告は彭真《ほうしん》同志にお願いします。水電部弁公室にも伝えてください。

周恩来

十月十日

この一九五八年十月十日に書かれた書面による指示を、私は四十年を経てはじめて自分の目で見ることができた。もしもっと早く、一九五八年に「南寧会議」の内容を知っていたら、もしそのとき伯父が不適切に批判され、大きな圧力に耐えながら、条件付きで留任したことを知っていたら、一九五八年十一月、彼と顔を合わせた私の気持ちは、おそらくそれほど弾まなかっただろう!

「秉徳、お帰り!」伯父はオフィスから出てきた。

「伯父さん、こんにちは!」久しく会っていなかったから、私は伯父の手を力強く握りしめ、一緒に応接間に入るとソファに腰を落とした。伯父は私の顔を見つめて微笑んで言った。「いいね、秉徳。肌が赤黒くなっている、顔も丸くなった。元気そうだな!」

「もちろん!」私ははやる気持ちを抑えきれず、堰を切ったように話しはじめた。「伯父さん、私は密雲ダムの建設に参加できて本当にラッキーだったと思っています。北京から密雲の工事現場に移ったら、まるで山谷から大山に登ったように、視界が一気に広がったように感じられる。密雲ダムは工事の規模が大きくて、絶景だよ。行き来する汽車は建築材料を運んでは去っていき、五十台のベルトコンベアーが堤体で昼夜を問わず稼働し続け、二十万もの人びとがいくつかの現場に割り当てられ熱気溢れる様子で働いている。私の所属する九松山副ダムを見ればよくわかる。本当に移山造海というほどの勢いなの! その山はむかしの面影がすっかりなくなって、そこここと溝が掘り起こされている。山には新しい道路が何本も作られて、むかしの道路に取って代わった。いたるところで掘り起こされた新しい黄色い土が盛られているのが見える。この壮大な工事現場で私は、自分が関与している事業がどれほど素晴らしいものかを知る一方で、ひとりの力がどれほど無力なのかも思い知らされたよ。まるで海を離れた一滴の水滴みたいに、事業という大海がないとすぐに蒸発してなくなってしまう。一個人は集団のなかにいてはじめて、自分のかぎられた力を最大限に発揮することができるんだね！」

「そのとおり。社会での居場所を見つけてはじめて、自分の目指す方向性が見え、努力する原動力も湧いてくるんだ！」

伯父は微笑んで話題を変えた。「新中国が成立したあと、私は二つのことにとても関心を持っているが、そのひとつがまさに水利事業だ。秉徳、おまえがいま参加している密雲ダムの建設はとても意義深いプロジェクトだ。もし竣工すれば、この密雲県の北側、燕山の懐にあるダムは潮河、白河の河道にまたがることになり、北京との距離はわずか一〇〇キロになる。だから、私は何度も密雲ダムの指揮部に注意したけれど、速度のほかに、なんと言っても質を確保しなければならない。水利工事を水害工事、あるいはまったく利益をもたらさない工事にしてはならない。われわれは人民に対して責任を持ち、質の保証を大事にしなければならないんだ。」

そう言いながら、伯父は立ち上がり、両手を頭の上に挙げた。

「このダムは首都の東北にあって、上から首都と対峙する。あたかも首都人民の頭上に置かれた水桶のように、いったん倒れたら、あるいは漏れたら、水が大量にこぼれてしまい、人民の服は濡れてしまう。だから、来年の増水期が訪れるまでに、ダムをしっかりと防水できる高さまで建設しなければならない。これが勝負の鍵だ。いいかげんにやってはならないんだよ！」

私は真剣にうなずいた。「濡れる」というのが、数千数百万人の生命と財産が壊滅的な損害を被ることを意味していることがわかっているからだ。その一瞬、自分がどれほど重大な責任を担っているか、この仕事がどれほど誇り高いものなのかをあらためて実感できた。

「ダムのことをもう少し話してくれ。労働者たちの気分はどうだい？　朝陽区支隊の進捗状況は？　なにか問題はないか？」

1959年10月、アメリカのジャーナリスト、スノーが恩来伯父に付き添われて密雲ダムの工事現場を見学した。

「伯父さん、私たち朝陽区支隊は十月の任務を遂行できなかった。堤体の充塡任務はいつもうしろから数えて一か二、三番めでなかなか終わらない。そして、支隊は非常に不利な立場になってしまった。生産性を重視するあまり、生活や思想の面にかまう余裕がなくなり、けっきょく支隊の士気がますます下がるという悪循環に陥ってしまった。現に、労働者のなかには仕事をさぼる人がたくさん出ていて、六〇〇〇人あまりのチームで三三〇人が同時にさぼる事件さえ起きた。しかも堂々とさぼってるのよ。幹部たちにもどうしようもなかったらしい。」

「同時にさぼったなら、きっとそうするだけの理由があったはずだ。食べ物が足りなかったか、疲れはてたか、それとも後顧の憂いがあったのか？　もしさぼった人が現地の住民であれば、そ

1960年9月、竣工寸前の密雲ダムの前に立つ著者。

れはきっと移住先がまだ決まっていないからだな。要するに、幹部たるものは、そういった事情をしっかり把握し、いつでも労働者たちの苦しみを自分の苦しみとして、彼らの生活に関心を持ち続けなければならない。密雲ダムの建設に参加している者は河北省、天津市、北京市の二十八の区と県から来た出稼ぎ労働者だ。いちばん多かったときは一〇万人、二〇万人もいた。もし幹部が身をもって範を示し、大衆のなかに深く入りこみ、労働者たちの生活や彼らが仕事上で直面するさまざまな問題を解決してくれなければ、蜜雲ダムはいつまでたっても完成しない。そうではないか？」

「ごもっとも！」と私は答えた。

工事現場に戻るなり、私は支隊政委に伯父の意見を報告した——彼は支隊のなかで、私と総理の関係を知っている唯一の人間だ。そして、支隊政委はすぐに政工会議を開き、指導員以上の幹部を集めてつぎのように言った。

「われわれはダム建設の北京への貢献や、その意味の重大さを宣伝しなければならない。そして、幹部は率先していちばん条件の厳しい現場に行き、率先して元旦と春節に帰省しないこと。また、食べ物はできるだけおいしく作り、労働者の生活レベルを改善するのだ。」

これを実施したところ、支隊は本当に困難な局面を脱することができた。一九五九年二月から、われわれは毎日の任務を見事にやり遂げ、かつ目標より一五％多く、八日も早く二月の任務を達成した。銅鑼を打ち太鼓を叩きながら、われわれは党委にこの朗報を報告した。

四六時中現場で汗だくだった私だからこそ、この勝利にどれほどの意味があるかを知っているのだ！冒頭に触れたあの手紙は、まさにこの工事現場の机で伯父に書いたものだ。

密雲ダムで、私はまるまる二年間働いた。

一九五九年八月のはじめ、七日間降り続けた豪雨により、潮河、白河は建国以来もっとも厳しい増水に見舞われ、ダムの安全は著しく脅かされた。決壊の緊急警告が何度も出されるなか、二〇万の大群の一員として、私も不眠不休で戦った。技術員たちは一刻たりとも目をそらさずにダムを監視し、洪水との戦いはついに最終段階を迎えた。

その日、労働者たちと雨のなかで土を運搬していると、現場のスピーカーから総指揮官の元気あふれる声が聞こえた。

「みなさん、さきほど総理から電話をいただきました。総理は一五〇〇キロメートル以上離れた廬山で会議に出席中とのことですが、何度も長距離電話をいただいており、密雲ダムの進捗具合はどうですか？ダムの貯水池はどれぐらい増水しましたか、どれぐらい放流しましたか？水位は今どれぐらいですか？と尋ねられました。話の最後に、周総理は総指揮部に指示を出されました。全力でダムの安全を確保せよとのことです。万が一の場合、副ダムに穴を開けてでも、われわれは下流の人民に甚大な損害を被らせてはなりません。また、周総理はみなさん全員によろしく頼むとおっしゃいました。彼は、われわれが心をひとつにすればかならずや洪水を打ち負かし、最終的に勝利を勝ち取ることができると信じているのです！」

となりの労働者たちが感涙にむせたのを私は見た。現場にいる二〇万の人びとはみな、気分が高ぶり、まるで決戦が始まる直前のようにやる気に満ちあふれていた。

総指揮部は一〇万人を動員し、馬庄から下流にある白河の岸辺までのあいだに、長さ一〇キロ、高さ五メートルのダムを築き、金笸籮村、溪翁庄を水害から守った。そして副師長の指揮に従い、軍人たちが馬庄副ダムにかなり大きな穴をあけ、放流の流量を毎秒三〇立方メートルに増大させた。こうして副ダムからの放流は主ダムの安全を守るとともに、両岸の村を水害から遠ざけることができた。

工事現場は沸き立った。

現在まで密雲ダムは三十八年も支障なく稼働しているが、洪水時の最高水位が一五三メートルにまで達したことがある。にもかかわらず、下流の地上や地下に水漏れの形跡は少しも見つからなかった。だからこそ、密雲ダムは地上に立てた「銅の壁」、地下に刺した「鉄の壁」と人びとに讃えられたわけだ。こうして見れば、首都の東北に置かれたこの桶が、人民の服を「濡らす」ことはもはやないだろう。密雲ダムは工事の速さから見ても、質の高さから見ても、稀に見る「世界水利事業史上の奇跡」と言わざるをえない。

『周恩来総理と北京』のなかに、このような一節がある。

「現在、北京市民の使用している水の七〇％から九〇％は密雲貯水池から来るものだ。北京市区の湖沼面積は一〇〇〇〇ヘクタールに増え、建国初期に比べると一・五倍の増大となった。湖沼には毎年四〇〇〇立方メートルの清水が補充されているが、これも密雲貯水池から流れ込むものだ。また、国内外の観光客を数多く引きつけた頤和園、什刹海、北海等の公園の水も、密雲貯水池のものだ。つまり、密雲貯水池がなければ、北京の繁栄と発展もないと言っても過言ではない。」

「青山に囲まれ、波が清らかな密雲貯水池は、首都全体を潤している。これは周総理と二〇万人の労働者が北京人民に捧げた輝かしい真珠なのだ。」

私は一九五八年、批判された伯父がどれほど苦しく、悔しい思いをしたかを知っている。また、あの荒唐無稽な幻想で作られた時代を実際に経験し、大躍進、悪平等主義が民族にどれほど大きな災難をもたらしたかも実際にこの目で見てきた。だからこそ、二年間も力を捧げていた密雲ダムを私は心から愛しているし、それはたしかに、伯父の人柄と態度を反映し、人民、祖国、北京に対する伯父の忠誠心を物語る輝かしい真珠なのだと私は心の底から思っている。

第七章　「文化大革命」の災い

1968年2月、恩来伯父は国務院の工交（工業・交通）、財貿（金融・貿易）、農林関係者およびその直属機関の者たちが出席した大会で、真の意味で幹部を解放し、彼らの力を借りて工業・農業の生産を促進すべきだと強調した。

一　十五歳になる妹・秉建が、穎超伯母の手紙が入ったショルダーバッグを胸に抱きかかえ、とつぜん汽車で西安を訪れた。

一九六六年六月、毛主席の発表した『私の大字報』をきっかけに始まった「文化大革命」により、党内のブルジョア反動路線に対する批判が全国で展開されるようになった。これにともない、わずか数か月のうちにほとんどすべての国家機関が麻痺状態に陥り、部長たちは引っ張り出されて吊し上げられ、正常な仕事ができなくなった。一九六七年五月二十一日、西安から北京に出張してきた私は西花庁にあいさつをしに行った。そこでなにげなく恩来伯父のオフィスに目をやると、仰天してしまった。広々とした机の上も、椅子の上も、地面も、すべて高く積み上がるさまざまな文書や新聞に埋め尽くされているではないか！

その日、穎超伯母の部屋で私は思わず聞いた。「七母、どうして伯父さんのオフィスが文書倉庫みたいになっているの？」

すると、伯母はどうしようもないといった様子で首を横に振った。「本来なら、全国各地から国務院の各部委に報告が提出されて、各部委がそれらの文書を取り扱うべきなのですが、いまはどこもかしこも攻撃されて正常に機能しなくなってしまいました。それで、どの部署の文書かにかかわらず、すべて西花庁に運ばれてきているのです。恩来は昼は政治局会議、大衆会議に参加したり、外賓と会ったりしなければならないから、これではたとえ毎晩寝ないで読んでも、読みきれるわけがありません！　いま、彼の睡眠時間はますます削られてしまっています。私が朝起きても、彼の部屋にはいつも灯りがついている！　このままではどれだけ丈夫な体でも、もつはずがありません！」

「文化大革命」のなかで、林彪、江青らは、党、政府、軍の幹部を攻撃するよう大衆をけしかけた。それを阻止するため恩来伯父はあらゆる手段を使った。この写真は1966年12月、伯父と伯父の庇護を受けた陶鋳（右から1番め）、陳毅（右から3番め）、賀龍（右から4番め）が吊るし上げられた大会の情景を記録したものである。

「七母、伯父さんに注意してよ。」
「私が言っても彼の機嫌を損ねるだけだわ。むしろ向こうにも言い分がたくさんある。国が大きいから、人民が多いから、何億人の生活に関わっているから、放っておくわけにはいかない、とかね。」

案の定、実際に伯父の姿を見ると私は思わず沈み込んだ。彼の頬はげっそりとやつれ、老人斑がひときわ目立っているだけでなく、かつて元気に溢れていた目も、いまや血走り濁っている。あっという間にご飯を食べ終わると、彼は足早にオフィスに戻った。よく見れば、その足取りすらむかしの軽快さと敏捷さを失い、とても重く感じられた。この光景を見た私は居ても立ってもいられなくなった。

ふと、オフィスの扉に貼ってある大字報〔壁新聞〕に気づいた。近寄って見ると、それは秘書、医師たちと伯母の書いたアドバイスだった。いずれも心臓病と診断されたばかり

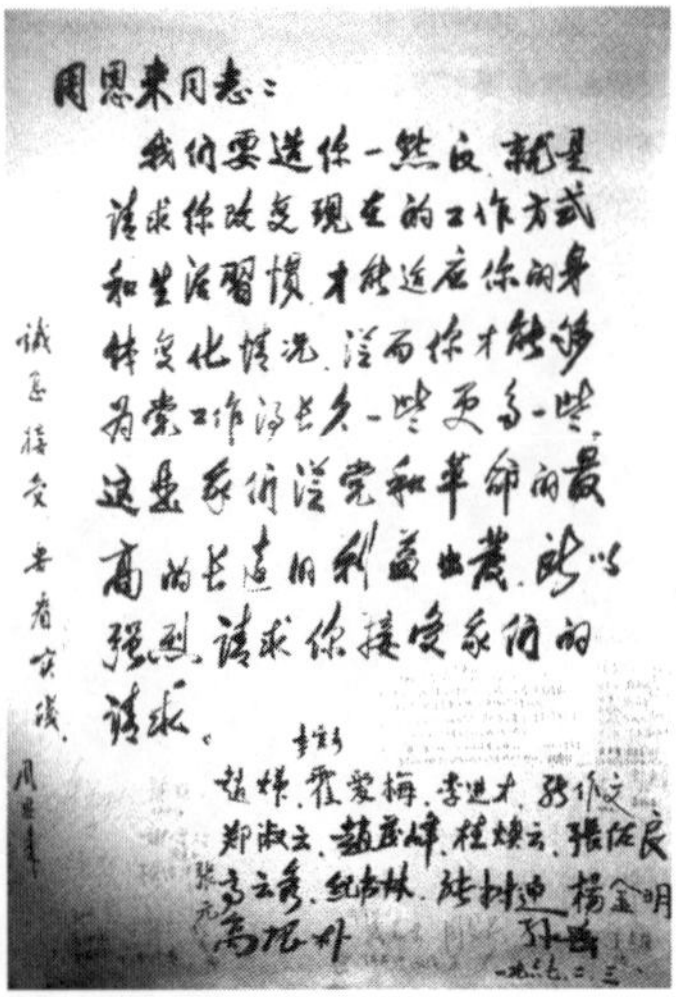

周恩来同志：
我们要送你一些话，就是请求你改变现在的工作方式和生活习惯，才能适应你的身体变化情况，从而你才能够为党工作得长久一些，更多一些。这是我们从党和革命的最高的长远的利益出发，所以强烈请求你接受我们的请求。

（左）恩来伯父のオフィスの前に貼られた大字報。（右）その一端に、著者は小さな文字を数行書き加えた。

の伯父に、仕事と生活習慣の調整や、休憩を求める内容だ。それは二月三日の大字報だそうだ。なかには陳毅、葉剣英、李先念らの署名が入れられ、「真摯に受け入れ、行動に移す」という、伯父自身の決心も記されている。ところが、すでに三か月あまりが過ぎたのに、伯父の生活習慣はむかしのままで、休憩時間もとても少ないままだ！　そこで、署名だけでは足りない、もっと厳しく言わなければならないと思った私は伯父の字のとなりに、二行つけくわえた。

「まだ行動に移していない。言葉通りにしなければならない。」

実際、あの特別な時代に、大字報だけで伯父の健康を保証するなど、しょせん絵に描いた餅にすぎなかった。しかしこの大字報は、戦友、同志、部下と家族が伯父を心から愛していたことの歴史的な証しとも言えよう。そこに署名した伯父の戦友や伯母らはすでにこの世を去ったが、もし天国というものが本当に存在するならば、みなはきっと集まってこの大字報のことを話したりしていることだろう。そして、伯父もきっと感慨にひたっているのではないだろうか。

あの日、私は西花庁で昼食を食べた。食事中、怒りをどうしても抑えきれず、私は西安の各大学の造反派を大声で批判しはじめた。

「よくも陝西省委を攻撃したり、座り込みをしたりできるものね。敵対的矛盾なのか、人民内部の矛盾なのかの見分けもつかなくなって、敵をやっつけるようなやりかたで陝西省委を攻撃するなんて、本当に許せないわ！」

それを聞いた伯父は箸を持つ手をいったん止めて、私を優しく教え諭した。「学生のだいたいの方向性は正しい。十六条に従って党と毛主席を擁護しさえすれば、革命的な学生と認めよう。」

しかし、まだ納得できない私は、思わずはねつけてしまった。「そいつらは幹部を酷い目に合わせたのよ。味方が傷つき敵が喜ぶようなことばかりして、それでもだいたいの方向性が正しいなんて言えるの？」

伯父の口調は一瞬、厳しくなった。「秉徳、省委幹部の立場ばかりに立って、一方的なことを言ってはだめだ。表象を通して本質を見なければならない。」

「伯父さん、これは私だけがそう思っているわけじゃない。同じ意見をもつ人がたくさんいるのよ。西安の党・政府機関で働く大多数の人びとはわけがわからなくなって、不満を覚えているらしい。どうして、数の少ない学生を信じ、大多数を占める一般大衆を信じないのかって」と、私は不服げに言い張った。

その日、帰宅してすぐに伯父の話を書き留めておいたから、いまでも鮮明に覚えている。伯父はその場でかっとなった。「おまえは主観的すぎる。それではだめだ。おまえの妹にも及ばない。妹は理由こそうまく述べられないけど、革命を強く信じているぞ。まあともかく、多数で少数を攻撃するのはよくないことだ。どうして少数派が間違っていると言い切れるんだ？ 最後まで見届けなければ、だれにも真実はわからないんだ。おまえは省委に私を説得するよう頼まれでもしたのか？ 省委をずっとかばっているな。このままだと追い払うぞ！」

「ちがう！ 省委は私という人間の存在さえ知らないよ。」

私はあわてて弁解した。「いま話したのは個人的な考えかた。大多数の人の見方だ。」

「ははは」伯父は笑い出した。そして、一字一句ゆっくりと言った。「私のところに裏口なんてものはない。私の姪甥を通して仕事上の問題を解決しようというなら無駄な努力だ！ 主席はかつて私のことを、誤りより功績のほうが多いと言ってくれた。誤りはたしかにあったけれど、これからも主席と私は、晩節を全うするだけではなく、命が尽きるまで革命を遂行していく覚悟だ！」

じつは、伯父も大多数の党、国家指導者と同じように、毛沢東みずからの仕掛けた「文化大革命」を「理解できなかった、真面目にやらなかった、力強く後押ししなかった。」しかし、中国共産党指導者の一員であるかぎり、党中央の決定を擁護し、実行するのは、彼の神聖なる責務なのだと、何十年も経て、いま私にはわかる。「私は政治的誤りを犯したことがあるけれど、自分の派閥を作ろうなどと思ったことはない」と彼は何度も言っていた。たしかに、中国共産党員としての五十四年間、伯父はつねに正々堂々とし、徒党を組んで私的な勢力をもり立てたことはない。「文化大革命」のはじめごろ、彼は情勢についていくために努力した。そして、私を厳しく叱責したのも、情勢に従うよう、また「文化大革命」に抵抗する心理に陥らないようにに私を導きたかったからだ。

一九六八年と言えば、それはつらく、忘れがたい思い出ばかりの一年だ。それを思い出すたびに、私は胸が痛いぐらいに締めつけられる。

そのころ、西安では武力闘争がますますエスカレートし、たがいに矛先を向けて罵りあうのにも、石ころを投げ合うのにも物足りなさを感じてしまったのか、対立する両派はともすれば銃を構え、銃弾があちこちを飛び交うようになり、おかげで公共バス、とりわけ郊外の公共バスはつねに運休せざるをえなくなった。ある月曜日、夜明けが訪れるまえ、私はあわてて起床し、コートを羽織ると寒風のなか、バス停に向かった。しかし、駆けつけて話を聞くと、昨晩、中心部でまた銃が撃たれたらしく、バスが到着しないので今日もまた運休になるらしい。それを知った私は焦った。バスがなければ、どうやって出勤すればよいのか！　じつは、あのころは職場に行ってもとくにこれといった仕事はなかった。しかし、仕事をすることは私にとって、ご飯を食べることや、寝ること、呼吸することと同じように、生活のなかで欠かすことのできないものになっていたから、いきなり家にいろと言われてもじっとしていられないのだ。だから、私の頭のなかは、どうすれば中心部にいけるのか、ということで埋め尽くされてしまった。歩いていく？　いや、三十八キロも距離があるから、ひたすら歩いたところで夜になっても辿り着かない！　通りすぎる車に乗せてもらおう！　偶然といえば偶然だが、通りすぎる車を待っていたところ、石炭を載せた軍用トラックが駐屯地から出てくるのを見かけた。それで、なりふり構わず車のまえに駆けよってそれを止めた。

「すみません、私はここで働く者の家族です。これから仕事場に行きたいですが、市内まで一緒に乗せていただけないでしょうか？」

「だめだ。もう満席だ。」運転手さんは手を振りながら言った。

「どうにかしていただけませんか？　運転室じゃなくて、荷台のなかでもかまいません！」

「いいのか？　石炭だらけだよ。まあ、それでいいならうしろから入りな。」運転手はトラックを道端に止めた。

「ありがとうございます！」私はウキウキしながら、トラックの中央部に回り、側板を摑んでタイヤに足を乗せると、さらに床板に登り、荷台のなかに飛び込んだ。「もういいですよ、行きましょう！」と、積まれた石炭の上で転んだ私は、汚れを払い落とすのも忘れて運転手に声をかけた。

三〇分が過ぎたころ、トラックは揺れながら市内に入った。そして私は、同じやりかたで荷台から飛び降りると、電車に乗り換えて定刻通りに仕事場に着くことができた。緊張がとけて喜びを感じる一方で、私は、「小便を漏らしてしまったかな」と自分の体に異変を感じた。トイレに行くと、ある年配の女性が驚き叫んだ。

「早く病院に行こう。たいへんなことになってしまった！」

「まだ妊娠二か月だよ。さっきもトラックから飛び降りるぐらいぴんぴんしてるけど、受け入れてくれるかな？」私は戸惑った。

「信じられない。トラックから飛び降りただって？　これは流産の兆しだよ。早く一緒に病院に行こう！」

案の定、病院に着くなり緊急診察を受け、流産の兆候ありと診断された。赤ちゃんをあきらめるか、と問われ、もし産んだら四肢障害などの可能性がありますか？　と私は聞き返した。これに対し、医師は首を振りながら、「ないとは言い切れません。でも、だいぶ早く治療できたから、大きな問題はないでしょう」と言った。しかし私は大きく動揺した。これだけ失血したのだから、もし赤ちゃんが生まれても五体不満足だったら、それには耐えられそうもない。やはりあきらめようか。ところが、手術室に入り、手術

1965年、私たち姉弟5人と両親の記念写真、北京にて。

を受けようとしたところ、突然停電した。翌日にしようかと思ったら、翌日もまた停電してしまったのだ！

人驊が病室に駆けつけたとき、私は冗談半分に言った。「この子には神のご加護があるね。天国に送ろうとしても嫌がっているみたい。」

「そうか？」人驊は緊張した面持ちで答えた。

「緊張しないでよ！」私は笑って慰めた。「治療のおかげでもう血は止まったから、赤ちゃんは無事みたい。二、三日安静にしていれば退院できるって先生に言われたよ。人驊、どうしたの？」

「秉德、伝えたいことがあるんだ。心の準備をするんだよ！」

「いったいどうしたの、早く言って、私は大丈夫だから！」一瞬、頭が真っ白になった。言うまでもなく、それがいい知らせのはずがない。私が見聞きしてきた悪い知らせはあまりにも多すぎたから、もしかして、伯父が、父か母が……そう考えるだけでぞっとした。私は人驊の口に釘づけに

1967年、西安在住時の著者と人驊。

なってしまい、早く話すよう促したが、心のなかでは震えていた。

「六番めの妹さんが昨晩汽車で来た。」ベッドの端に座った人驊は、私の震える手を握り、耳元で囁いた。

「小六《シャオリウ》〔秉建〕？」心がぎゅっとなった。六番めの妹はまだ十五歳だ。生まれてからずっと父と母のもとにいたので、北京市を出たことはない。そんな彼女がひとり遠路はるばる西安まで来たというのは、きっととんでもないことが起きたに違いない！「彼女はいまどこにいるの？　どうしてここに来なかったの？」

「彼女はショルダーバッグひとつで来た。なかには七母の親書が入っているから、無くさないようずっと胸に抱きかかえていたらしい。途中でうとうとするどころか、席を外しさえしなかったから、疲れきっていま家で寝ているよ。」

「伯父さんと伯母さんに何かあったの？」私はあまりの驚きに声がもれた。

「違う。彼らは大丈夫だ！」人驊は低い声で急いで説明した。「あなたのお父さんが逮捕されてしまったんだ。」

「造反派に？」思わず口にした。

「いや、衛戍区《えいじゅ》だ。」(26) 人驊は低い声のままで続けた。「もう少しあとで伝えるつもりだったけど、小六がすぐに戻って伯父さんと七母に報告したいと言うから、今日伝えることにしたんだ。」

涙を堪えながら、私は医師を呼びつけ、「夫の部隊が遠くてお見舞いに来るのが不便です。今後、治療を受ける必要がないなら、いっそ家に帰って静養してよいでしょうか」と聞いた。医師も理解を示し、すぐに退院証明書を出してくれた。退院するまえに、「帰ったらかならず横になって安静にしてください。そうすれば赤ちゃんも一〇〇パーセント大丈夫でしょう」と何度も注意された。私は口先では、はいはいと答えながらも、病室を出たとたんに、涙がどっと目から溢れ出てしまった。そして、バスのなかで口を固く閉じていても、心は千々に乱れていた。冷静になれ、と自分に言い聞かせた。状況がわかったら、打開策がありますように、と心から願った。

私は父親のことを愛している。彼が正直で、情熱的な人だと信じている。体が弱いうえに、退職して何年も経った彼が、党と社会主義に反対するなんて、私にはとても信じられない！　しかし、衛戍区の解放軍に逮捕された以上、組織を信じ、党を信じる以外に道はない。もしかしたら、彼は本当になにかしら重大な問題を、組織にはっきりと説明できなかったのかもしれない。私は大丈夫、こんどの試練もきっと乗り越えられる。もし父が本当に人民と党を裏切ったのならば、もちろん私も縁を切る覚悟はある。かつて伯父が封建的な家庭と決別したように、私も党に導かれて歩み、忠誠を捧げた党のよき娘として生きていこう！

とはいえ、人驊は空軍の将校だ。父の件はかならずや彼に累を及ぼし、彼の政治生命に悪影響を与えてしまう。もし私の父の問題のために彼が復員でもさせられたら、遠く北京にいる彼の両親がどれほどつらい思いをすることになるだろう！　快刀乱麻を断つ。早く決断をしなければならない。自分の幸せを犠牲にしても、人騂の政治生命を守るのだ！　そして、「離婚しよう。あなたを巻き添えにはしたくない！」と私は言った。「なにを馬鹿なこと言ってるんだ？　なにがあろうと、私たちはずっと一緒だ！」と、人騂は顔に怒りを表わしてきっぱりと答えた。

バスが揺れるたびに私は無意識にお腹に手を当てて、このお腹に宿る命に、実際に触れたように感じていた。子どものことを思うと、涙がよけいに止まらなくなった。わが子よ。おまえはこんなときに来るべきではなかった！　すべてはお母さんのせいだ。他人の娘を見て羨ましくなり、自分が退職したあとに、そばに心の通じあう娘がいてほしいから、お母さんのことを嫌がらずお見舞いに来てくれる娘がほしいから、二番めのおまえを産むことにした。ところが、こんなことになってしまった以上、むしろ天国に行ったほうがおまえにとっては幸せだっただろう。そうすれば、生まれてから白い目で見られることはないだろう。家の事情に巻き込まれずにすむだろう。いまさらだが、私はただただおまえが女の子ではなく、男の子であるように、と祈るばかりだった。女の子と比べ、男の子のほうが忍耐力はより強く、お母さんを多少なりとも安心させてくれるからだ！

昨今の考えかたでは、なにかあったら、まず影響力のある親戚に根回しをしてもらうのが肝要だ。職位が高いほど可能性が大きい。実権があるほど効果がある。だから、「あなたには総理の伯父さんがいるのだから、彼に頼めば、衛戍区どころか最高人民裁判所だって、電話ひとつで所長が配慮してくれるだろう！」とみなが思うのは当然のことだ。

しかし、そのときの私は、そんなことなど思いもしなかった！　十二歳から中南海に入り、長年伯父と伯母のそばにいた身だからこそ、彼らのことは十二分にわかっている。伯父はまずなによりも党の指導者であり、そのつぎに私の伯父である、というわけだ。だから、物事に当たるときには党の利益を優先するのが当然だ。党の利益こそ全てを凌駕するのだ。職権を利用し、私利を求めるいかなるやり方でも、たとえそれがただの考えに留まっても、恥ずべきことなのだ！

二　**父・同宇は深夜、秘密裡に逮捕された。捜査に来た解放軍は父の引き出しだけを調べ、去りぎわに母・士琴に念を押した。「子どもを含め、他言無用です。もし隣人に聞かれたら、遠出したと答えなさい。」**

家に帰ると、小六はまだぐっすりと眠っており、手には穎超伯母の手紙がしっかり握られている。私は手紙を読みたくてしかたがないが、妹を起こしたくはないので、こっそり手紙を抜き取ろうとした。しかし、妹の手には力が入っている。私が力を込めて引き抜くと、妹は驚いて目を大きく見開いた。私だとわかったとたんに、「お姉ちゃん」と言いながら、彼女はつらい思いをした子どものように号泣した。私は妹の肩を抱き寄せ、「小六、つらい思いをさせてごめんね！」と優しく慰めた。すると、妹の泣き声はいっそう大きくなった。それで私は慰めるのをやめ、いったん妹を放っておいた。十五歳の子どもにとって、父親が逮捕された驚きを静かにのみこむことは、あまりにも耐えがたいことだからだ。

テーブルランプの下で、私は伯母が小六に預けた手紙を読んだ。手紙のなかで、伯母は繰り返しにこのように強調した。

「あなたたちは正しい立場にしっかり立たなければなりません。それを断固として守り、旗幟鮮明に擁護しなければなりません。」

「あなたたちはいま、とても現実的な困難に直面しています。これはとても大きな試練だから、最後ま

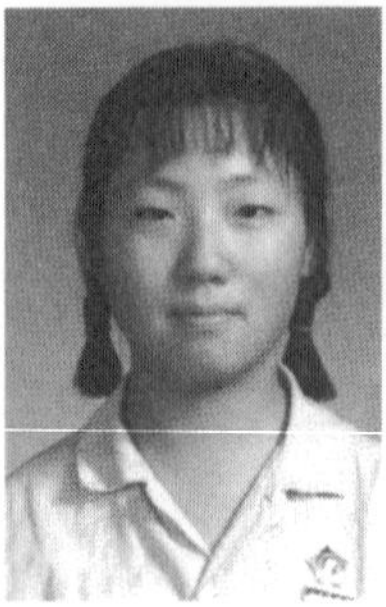

（左）内モンゴルの牧場に下放された秉建。（右）1960年、北京機織衛胡同の庭に立つ父。

で耐えられるよう心の準備をしておきなさい！」

妹は途切れ途切れではあるが、ことの一部始終を説明してくれた。

その日、妹は夜中に目が覚め、トイレに行くため廊下を通り過ぎると、両親の部屋に灯りがついており、低い話し声が聞こえることに気がついた。好奇心にかられ、彼女はドアを開けて入った。ところが、部屋には母のほかに四、五人の解放軍がおり、父の姿は見あたらなかった！

「お母さん、なにかあったの？　お父さんは？」

「大丈夫よ。」母は落ち着いて小六を抱き寄せ、「王同志、これは娘の秉建です。どう説明すればよいでしょうか？」と背の高い解放軍に聞いた。

「秉建、お父さんは遠くに行った。今後、お兄さんやお姉さんがもしお父さんのことを聞いてきたら、そう答えなさい。わかったね？　それから、王先生、明日はいつも通りに出勤して、仕事をしてください。周同宇のことはこちらから学校側に説明します。」

これを聞くと、母も妹も黙って頷くしかなかった。

そして、背の高い解放軍はふたたび母のほうに振り向き、

「王先生、どれが周同宇の引き出しですか？　調べたいものがあるのです」と言った。

あの頃、父と母はひとつの机を共用していた。父は引き出しを二つ使っており、なかにはノート、アルバム、封筒、便箋などが入っていた。例の解放軍は上から下までさっと調べたあと、玄関に向かった。来たときと同じように静かで、隣人を驚かせることはなかった。彼らがたしかに去ったことを確認してから、気の弱い秉建はようやく口を開いた。「お母さん、お父さんはどこに行ったの？　本当に出張なの？」

「あの背の高い解放軍は王っていう人だよ。まえにいちど来て、お父さんを連れ去った。今回は二度め。お父さんの物を調べたかったようね。」

「お父さんは軍管会[27]に捕まったの？」妹は声を震わせて聞いた。

「違います。衛戍区だと思う。」母は妹を抱き寄せて言った。「見てたでしょう。彼らは態度が温和で道理をわきまえている。お父さんはきっと大丈夫よ。ただ、だれに聞かれても、お父さんは遠出した、の一点張りにしてね。これだけは覚えておくように。わかった？」

その夜はやけに寒かった。夜明けが近づくと、寒さと恐怖に耐えられず、妹はついに母の布団に潜り込んだ。十五歳といえばなにひとつ心配ごととは無縁の年頃であるのに、妹の心は母と同じように乱れ、夜が明けるまで眠れなかった。

翌朝、夜が明けると、いつも学校を家と見なし、実の子よりも学生に関心がある母は学校に行った。母は夜七時、八時になっても帰らなかった。妹は朱おばさんと一日中家にいた。外の通りには彼女が水をまいて作ったアイスバーンがあり、つい昨日までスケート靴を履いて楽しく遊んでいたけれど、今日はどうしてもその気分になれなかった。彼女は父のことを心配している。しかし、彼の状況をだれにも聞けずにいた。彼女は自分の部屋に閉じこもり、日が暮れても灯りをつけなかった。父のいない家はがらんとして、温もりが消えてしまったようだった。

鍵を開ける音がして、男の姿が現れた。「父さん！」妹は驚喜して飛んでいった。しかし、灯りがつくと、そこに立っているのは軍服をまとった二番めの兄、秉鈞だった。

「小六、どうして電気をつけないんだ？　お母さんは学校に行ってまだ帰ってきていない。お父さんとお母さんは？」秉鈞は首を傾げた。

「お父さんが遠出したって？　ありえないよ！　一昨日タバコを届けたとき、遠出するなんて言ってなかったもの！」

「本当だってば。昨日決めたんだから。」妹は泣きそうになった。

「いや、絶対なにかあったんだ！　小六、俺に隠していることがあるだろう！」

「本当に遠出したんだよ！」そう言いながら、妹はついに我慢ができなくなり、兄の胸に飛び込んで号泣してしまった。「昨日の夜、衛戍区の解放軍が来てお父さんを連れ去ってしまったの。解放軍に、お父さんは遠出した、と言うように命じられたの。」

「本当か？」驚いた秉鈞は妹の顔を自分のほうに向けさせ、続けて聞いた。「恩来伯父さんと七母には伝えたのか？」

妹は首を振った。そのころ、電話はまだなかったのだ。

さすが七、八年も軍隊にいた中国共産党員であり、優秀なパイロットだけあって、秉鈞は政治意識がとても高く、細部まで考えが行き届いている。目下の情勢が非常に複雑であることを彼は知っている。だから、だれかが衛戍区の者になりすまし、伯父に黙って父を誘拐したのなら、もしくは父を利用して伯父を潰すつもりならば、と思うと心配せずにはいられなかった。それで、このことをただちに伯父と伯母に報告すべきだと、西花庁で育てられた彼は決断した。

公衆電話をとり、秉鈞はその親しみのある番号を押した。「七母、秉鈞です。家で起きたことをご報告したいのですが。」

「わかった。早く来て。」潁超伯母の声は落ち着いている。

秉鈞はすぐに自転車に乗り、西花庁に到着した。庭に入るやいなや、遠くからでも、応接間に通じる階段に立っている伯母が見えた。

「七母、お父さんは間違いなく衛戍区に連れ去られたのですか？」はあはあと息を切らして彼は聞いた。

「そのようです。恩来も私もすでに聞いています。」伯母はとても厳しい表情を浮かべていた。「秉鈞、あなたはどう思いますか？」

「造反派ではなく、衛戍区に逮捕されたとしたら、父には組織に説明しなければならないような問題が本当にあるのかもしれません。私の態度ははっきりしています。私はいつでも党を信じ、組織を信じています。もし審査の結果、父に政治的問題がなく、反党、反社会主義分子でもないとわかればそれに越したことはありませんが、もし悪党と判定されたならば、父とは絶縁します。」

「わかりました。その言葉を聞きたくて呼んだのよ！　もう遅いから、今日は泊まっていきなさい！」

「ありがとうございます。でも、出かけるときに母がまだ帰っていなかったので、家に小六ひとりきりでは心配です。それに、帰ってこの件について母と話さなければなりません。」

「それもそうね。お母さんとゆっくり話したほうがいい。あまり考えすぎず、人民大衆のこと、党のことを信じてほしいと伝えてください！　そういえば、明日には部隊に戻るのよね。出発するまえにちょっとここに寄ってください。恩来も話したいことがあるかもしれない。」

外に出ようとしたところに、恩来伯父の車が帰ってきた。車を降りた伯父は秉鈞を見て少し驚いた。そこで、伯母はさきほどの二人の会話を手短に説明した。

「秉鈞、そのように考えていてくれてよかった。秉徳は西安にいるから、おまえがここではいちばん年長だ。部隊に戻るまえにお母さんとゆっくり話してくれ。自分を追い詰めないようにと言ってやりなさい。まあいわゆる、党を信じ、大衆を信じよ、ということだ！　是非曲直は世間が決めることだからな！」秉鈞の手を握って、伯父は言った。

「伯父さん、部隊に戻ったら、父が逮捕された件を報告する必要はありますか？」

伯父は眉をひそめてしばらく考えると、呉（法憲）司令官に会えるかと聞いた。会える、と秉鈞が答えると、伯父は彼に報告するよう指示した。

翌日、秉鈞はふたたび西花庁を訪ねた。十時に伯父が帰ってきて、つぎのように言った。「秉鈞、お父さんのことは空軍の呉司令官に伝えておいた。部隊に戻ったら安心して仕事をしてくれ。部隊の党組織にいつ、どのように報告するかは、あとで七母から伝えさせる。」

……

「お兄さんが七母の親書を預かってきた。」

しめくくりに、小六はこう言った。「七母は郵便だと途中で紛失する可能性があるからと、五〇元を差し出し、汽車で西安に届けるよう私に頼んだの。そして、秉徳にすべてを伝え、客観的に判断させなさい、と言いました。」

翌日、私たちは小六が列車で北京に帰るのを見送った。そして、家に帰ると、私は人驊を座らせ、本音を打ち明けた。

「人驊、父が衛戍区に逮捕されたのには、それなりの事情があると思う。私の知るかぎり、父は大革命が失敗したのち、共産党を離党したばかりか、一九四七年には国民党に捕えられ、半年ぐらい監禁されたこともあります。父は反党、反社会主義分子ではないと信じているけれど、いまさら過去の問題をはっきりさせるのはそれほど簡単なことじゃない。私は心の準備ができたから、必ず伯父さんと七母の言うとおりにします。でも、軍人のあなたにはなんの関係もない。こちらの事情であなたの将来を潰したくないの。だから、人驊、離婚しよう！　沈清は沈家の長男だし、お祖父さんがすごくかわいがってくれているから、親権はあなたに譲る。お腹の赤ちゃんは、男の子か女の子かわからないけど、せめてもの思い出として私に育てさせて……」涙があふれ、私は喉が詰まって物が言えなくなってしまった。

「なにを言うんだ。たとえ天が落ちてきても二人で支えるんだ！」いつもは優しい人驊だが、このときばかりは一転して頑固だった。「伯父さんと七母が言ってたじゃないか。党を信じ、大衆を信じるんだ。私のことも信じてほしい。おまえと付きあい始めたのも、周恩来の姪だからじゃない。正直に言うと、もしはじめからそういう関係だと知っていれば、きっと会いに行かなかっただろう。夫婦になったからには、幸福をともに享受し、苦難をともに分かちあい、試練を一緒に乗り越えるんだ。将来を潰されるとおまえは言うが、じつは私は、軍人が唯一の道だなんて考えていない。もちろん部隊にずっといてもいいけれど、復員してもまったく問題はない。どこにいても、祖国に力を捧げ、人民に奉仕することに変わりはないからな！」

私は目に涙をためて笑った。志を同じくする、率直で善良な夫に出会えて本当に運が良かったと心から思った！

三　赤ちゃんを産んだ一か月後、意外なことに父・同宇を逮捕した張本人がお見舞いに来てくれた。「あなたのお父さんが逮捕されたのは、周恩来の弟だからだ」、彼の一言で私は安心した。

一九六八年の八月下旬、私は二人めの子どもを産むため北京に戻った。娘を産む運がないのか、むかしの願掛けの効果か、こんども男の子だった。しかし、生まれた子を抱きかかえるたびに、私は寂しいような、悲しいような感情に襲われた。というのも、息子を見ると、私は自分の父を思い出さずにはいられなかったからだ。わが子は十か月をお腹のなかですごし、ようやく生まれてきた。しかし、父は六か月も収監されているにもかかわらず、面会は許されず、なにもわからない状況が続いている。党を信じ、大衆を信じるというのは理屈ではわかっている。だからこそ、西花庁を訪ねても、恩来伯父と穎超伯母のまえではいちども父のことを話題にしなかった。とはいえ、父は還暦を迎えた年寄りだし、体も弱い。そんな彼が牢獄の生活に耐えられるのだろうか？　私は心から不安に思っていた。

それは息子がちょうど生後一か月になる日だった。床上げした私は、義母が苦労しているのを見かねて、彼女に気づかれないように子どものおむつを洗っていたところ、「秉德、だれかお見舞いに来たよ！」と呼ばれた。

応接間に出ると、目の前にいるのはまったく見知らぬひとりの解放軍の軍人だった。彼は力強く、たくましい体格をしており、誠実そうな笑顔を浮かべている。私が口を開くまえに、彼は進んで握手を求め、古い友人と再会したような自然で親しい口調で述べた。「周秉德同志ですね。こんにちは。私は王金岭《おうきんれい》、北京衛戍区の者です。うん、似ている、すごく似ている！」

「なにに似ているというのですか？」私は一瞬なにがなんだかわからなかった。

「あなたは周さんに似ている。お父さんの周同宇にね！」

「父のことをご存知ですか？」

「知ってるどころか、とても親しくしているよ。今年の初めに彼を連れて行ったのは私だ！」その軽快な口ぶりは、悪人を捕まえたのではなく、友達を連れ去っただけであるかのように聞こえる。

1968年9月、第二子・沈桐出産後の人驊と私、北京の自宅にて。

「本当なの？」話が終わるのを待ちきれず、私は質問を連発した。「父の体調はいまどうですか？　どこの監獄に閉じ込められているのですか？　疑いは晴れたのでしょうか？」

そう聞きながら、涙がどっと溢れ出た。

「本当に親思いなんだね。どうりでお父さんも、あなたのことにふれたとき、涙を流したわけだ。」王金岭は憚りなく言った。「あなたが出産したばかりなのに、父親のことで思い悩んでいるんじゃないかと彼が心配しているから、私が様子を見に来たんだ。安心しなさい、お父さんは元気だよ。」

「父はどうして逮捕されたのですか？　なんの問題があったんですか？」

「問題は、しいて言えば彼が周恩来の弟であることだな！　ほかにはなんの問題もなかったよ！」

「本当？」私はまだ腑に落ちなかった。

「すべての外部調査は私が造反派に同行して行ったから、

資料はぜんぶ読んだよ。問題ない、安心して！　周さんは人柄もいいし、賢い人だ。何年何月、だれがなにをしたか、ぜんぶはっきり覚えているし、理路整然と話してくれた。造反派が罠を仕掛けても簡単にはかからなかった。彼は罪を逃れるために人を陥れたりしなかったし、罪が確定した人に対しても、落ち目につけ込んで痛めつけたりはしなかった。なかなかのものだ！　先月面会に行ったとき、彼は泣いていた。」

「どうして？」

「四六時中閉じ込められて、新聞も読めないしラジオも聞けない。半年以上経ったのに、外のことがまったくわからない。彼は自分のことで、総理や子どもたちに迷惑をかけているんじゃないかと心配しているようだ。」

「父に会わせてもらえませんか？」

「それは私にはどうにもできない。」王金岭は首を横に振った。「でも、私はひとつのことを思いついた。人に頼んで『参考消息』〔日刊新聞〕を彼に買ってあげたんだ。それを読めば、あなたたちの状況はわからなくても、総理の動向はわかるだろう！　私はあなたのお母さんのところにもよくお見舞いに行っている。あなたのいちばん下の弟と妹はそれぞれ延安、内モンゴルに出発してしまい、家にお母さんがひとりぼっちになってしまった。あなたのお母さんは、家賃が高いからあそこにひとりで住むのはもったいないと言っている。でも、本当の気持ちは私にもちゃんとわかっているんだ。お父さんは遠出したと隣人に話していても、半年以上も帰ってこないとなると怪しまれてもしかたがない。いま、私はあなたのお母さんに新しい家を探してあげているところだ。」

「王同志、本当にありがとうございます！」また涙が溢れてきた。

「感謝するほどのことではないよ。責務を果たしたまでのことだ。では失礼する。とにかく安心しなさい。焦らないで。疑いの晴れる日はかならず来るから！」

翌日、私は西花庁に恩来伯父と穎超伯母を訪ねた。組織から父親の近況を聞いたつもりでいた私は、喜び勇んで言った。

1998年1月8日、王金岭と私たち姉妹3人は毛主席記念堂の周恩来展示室で伯父を悼み偲んだ。

「昨日、取り調べに関わっている王金岭解放軍同志がお見舞いに来てくれたんだ。彼が言うには、お父さんが逮捕されたのは伯父さんが実の兄であるからで、本当はなんの問題もなかったって。」

「王金岭はなにを言っているんだ！」伯父は仏頂面になり、その場にいた人驊に言いつけた。「明日、今後は言いかたに気をつけろと彼に注意してくれ！」

私は悔しくてならなかった。心のなかでは自分の愚かさのためによい人に迷惑をかけたとたえず自己批判していたが、それでも伯父の言うとおりにするしかなかった。翌日、人驊は王さんが残してくれた住所のメモを頼りに彼の家まで辿り着くと、伯父のメッセージを伝えた。私と同じように、人驊も王さんには申し訳なく思ったようで、別れぎわに謝った。

「私たちの考えが足りず、あなたが批判されてしまい、本当に申し訳ありません。」

意外なことに、王さんは意味深長な笑いを浮かべた。人驊も軍人だから、軍人同士のストレートなやり取りとでもいおうか、王さんは人騺の耳元で言った。「大丈夫！　総理が私を褒めるときは、いつも組織を通して伝えていた。外部調査をよくやってくれた、お疲れさま、とか、敬意を表する、とかね。でも、私への批判は子どものおまえたちを遣わせて伝えてくれた。これは私への示唆だ。考えてもみろよ。褒めるときはみなに知られるように、怒るときはみなに知られないようにしている。こんなふうにしてくれることを、私はただただ心強く思う。大丈夫、大丈夫！」

それ以来、王金岭は母や弟と妹のことをずっと気にかけてくれて、私たちも親友として付きあいを深めた。しかし、王金岭は、「文化大革命」が幕を閉じたあとにようやく、本当の事情を詳しく話してくれた。

一九六八年、王金岭は野戦部隊から北京衛戍区に配置替えされ、最初に引き受けた任務は父――周恩来総理の実弟を逮捕することだった。くわえて、この逮捕状は総理がみずから署名したもののようだった！

その日、王金岭は命令どおりに謝富治《しゃふじ》のオフィスに入ると、なんの前ぶれもなく、書類を渡された。それを確認すると、周恩来総理がみずから署名した、周同宇を即時逮捕するという逮捕状だった。わきの空白に、周総理が豆粒大の楷書で注釈を付けている。「妻：王士琴。娘三人：周秉德、周秉宜、周秉建。息子三人：周秉鈞、周秉華、周秉和。住所：北京機織衛胡同二十七号」

「これは外交部の紅衛兵が江青同志に報告した案件だ。」謝富治は淡々とことの次第を説明しはじめた。「そして、江青同志が総理処に直接報告し、総理は直筆で批准した。だから、ぜひとも有能な幹部に処理してもらいたい。おまえを選んだのは、おまえを信じているからだ。」

「この周同宇というのはどんな人ですか？」王金岭は咄嗟に事件の深刻さに気づいた。

「周総理の実弟だ。」

「総理の実弟？」頭のなかにがんがん響くようだった。「周総理がみずから実弟の逮捕状に署名したと？」

「そうだ。厳密に言えば、これは無産階級司令部の内輪もめだ。頭を使え。真実を突き止め、無産階級司令部の心配事を除去するんだ。私はこれから会議だ。実務については傅崇碧《ふしゅうへき》司令員が指示を出す。」謝富治の口ぶりはいかにも政治家らしく、言い方はシンプルで客観的、どちら側についているのかぜんぜん読めない。言い終えるや否や、彼は出ていった。

王金岭もそれについて外へ出た。彼は傅崇碧司令員のオフィスのドアをノックしながら、心のなかでさまざまな思いを巡らせた。「神よ、総理でさえ自分の弟を守れない。それどころか、自分の手で逮捕状に署名するなんて、いったいどんなやばいことをしたんだ？　私はどうすればいい？」

「おまえを野戦軍から呼んできたのは、おまえの戦闘力を信じているからだ。紅衛兵と正面からぶつかってこい！」軍服をまとう傅崇碧司令員の大きな声はよく通り、態度はとてもはっきりしている。「この案件は紅衛兵が仕掛けたものだ。周同宇は王光美の兄と何度か食事をしただけなのに、陰謀だらけの『食事会』だの、スパイ活動だのと騒ぎやがって！　これはまったくの捏造だ、あいつらはわざとことをエスカレートさせようとしている！　さすが江青も行動が早い。この案件が彼女のもとに報告されるや、有無を言わせず、総理にそれをぱっと突きつけたんだ。」

「周総理の相談役に頼まれて、私はすぐにアドバイスをした。つまり、紅衛兵にでたらめをやらせるより、衛戍区に拘留するかたちで、周同宇の身の安全を確保したほうがいい。意地汚い悪党の手に落ちて陥れられたり、殺害されたりするのを防ぐためにもそうすべきだ！　石炭部の張霖之《ちょうりんし》部長が殴り殺されたのがいい例じゃないか！　総理は私の意見を採用してくれた。ただ、実際に筆を執ると、彼は少し考えて、『拘留』を『逮捕』に変えたんだ。やはり総理の考えはより行き届いている。拘留だと時間が短いし、家宅捜査もできない。しかし、逮捕だとぜんぜん違ってくる。」

この期に及んで、王金岭は事態の深刻さを徹底的に理解した。彼は眉間に皺をよせ、傅崇碧司令員の命令を真剣に聞いた。

「この任務はたしかにとても難しい。かつ政治性、機密性も非常に高いから、勇気があるだけでは足りない。知恵も必要なんだ!」

傅司令員は続けた。

「これは紅衛兵が仕掛けたものだ。目標を逮捕したからといって、紅衛兵をすぐに切り捨ててはいけない。だから、彼らには引き続き調査をしてもらうことにする。ただし、案件の行方を左右する者はおまえでなければならない。どうすればよいか、これはひとつの難題だ。もうひとつ、もし総理の弟が逮捕されたことが世の中に知られたら、悪い了見を起こした者は、きっとこれにかこつけて周総理に攻撃を仕掛けてくる。だから、周同宇が逮捕されたことは、おまえと俺以外、だれにも漏らしてはならない。一般大衆が知るまでの時間をできるだけ長く引き延ばすんだ。なにかよい方法はあるか?」

「一番めの難題はクリアできます! 私は野戦部隊で偵察課長を経験しているので、いますぐ周同宇の家の周辺を偵察してきます。任務は夜中に秘密裡に行えば、だれにも気づかれないと保証できます。」傅司令員の説明から、逮捕の真意が彼を守るためであることを知ると、王金岭はずいぶん気が楽になり、頭の回転も早くなってアイディアがどんどん湧いてきた。「二番めの難題については、傅司令員の指示をしっかり覚え、絶対に紅衛兵にチャンスを与えないこと。そして、周同宇はわれわれがついているかぎり、絶対に安全です!」

「よし!」傅崇碧司令員は両手で王金岭の両手を力強く握り、声を上げた。「周総理の許可が下りた。今日から周同宇一家のことはおまえに任せる。覚えておけ。おまえは一個人のためではなく、無産階級司令部のために心配事を除去するんだ。無産階級司令部のために戦おうじゃないか！　周総理はすでに国事に心を砕いている。あまりにも忙しく、疲れすぎている。彼の裏庭に火災が起こらないようにするのはわれわれの責務だ！」

今日は「無産階級司令部の心配事を除去する」という言葉を二回聞いた。傅司令員に向かって、王金岭は右手を帽子のひさしに当てて厳かな敬礼を送り、出征する戦士のように誓った。「司令員、ご安心ください。かならずや任務を全うします。」

当日深夜二時半ごろ、ライトを消した軍用ジープが父の家から五〇〇メートル離れた道路に停車し、行動の敏捷な兵士が家の外にある棗《ナツメ》の木を踏み台にして壁に登り、そっと屋根を越えると庭のなかに飛び降りた。そして、彼が内側から門を開けると、王金岭は人を連れてさっと侵入し、事前に用意しておいたマスターキーで玄関のドアを開けた。応接間に足を踏み入れてから、彼は灯りをつけ、低い声で私の両親を起こした。

王金岭は逮捕命令を伝えたあと、まず父に身なりを整えさせてから外の車に連行し、ふたたび屋敷に戻ってきた。このとき、母は小六を抱き寄せ、応接間で呆然と座っている。

「王士琴さん、われわれが命令に従い周同宇を逮捕したのは、彼が王光琦と食事をともにしたことがあり、それが反革命の食事会だったとの告発を受けたからです。しかし、劉少奇が絡んでいるのかどうか、目的はなにか、それが反革命の食事会なのかどうかに関しては、調査をする必要があります。上の指示により、僭越ですが、これから家宅捜索をさせていただきます。」そして、王金岭は低い声で母に説明した。

「心配する必要はありません。王さんは調査の対象ではありません。お子さんたちも大丈夫です。先生とお子さんたちの引き出しはいいので、周同宇同志の引き出しだけを調べさせていただきます。」

父は二つの引き出しを使っている。王金岭はその二つを調べたあと、ノートと一冊のアルバムを持ち帰った。視界の端に、妻の憎悪と子どもの恐怖を読み取った彼の心には巨大な石がのしかかり、造反派ですらやらない悪事を犯してしまったように感じた。彼の性格上、いますぐ、パニックに陥ったこの親子に真実を教えたくなってしまった。彼女たちを守るためだということも、これからの計画も、彼自身の考えも。しかし、ふと、鏡に映る自分の帽子の上の赤い五角星を一瞥した瞬間に、落ち着きを取り戻した。彼は唇を噛み、なにも話さないことにした。軍人たる者は忠実に命令を実行し、話すべきでないことは、たとえ一文字たりとも話してはならないからだ。そして、去りぎわに、彼は母に念を押した。「王先生、周同宇が逮捕されたことはだれにも言わないでください。これは規律です！　もしだれかに聞かれたら、遠出したと言ってください。」

「子どもたちには？」母は聞いた。

「同じようにしてください。」少し考えてから、王金岭は答えた。「私は王と申します。また参ります。」

二日後、王金岭は造反派を呼びつけた。体格がたくましく、背の高い彼は、傲慢でもなく卑屈でもない口調で言った。「おまえたちが周同宇が悪人だと告発したんだね。中央の指示に基づき、われわれは調査チームを作ることになったが、今日はリーダーを選ばないか？」

「われわれは毛主席の紅衛兵だ……」

「おまえたちは紅衛兵だが、私は解放軍だ。私こそが名実ともなった兵士だよな！」王金岭は笑顔こそ浮かべているが、だれにも譲らないという威勢があった。

「では、あなたを推薦しよう！」

1979年、私たち姉弟6人と両親、家の中にて。

「よし。私をリーダーに選んだからには、みなさんは私の命令に従わなければならない。ここで約束してほしい。今日から、周同宇との面会は、私ひとりでは行わないし、おまえたちも単独で行ってはならない。外部調査は私たちが一緒に行う。取り調べも同じだ。われわれの目的はただひとつ、この案件の一部始終を明らかにし、真実を突き止め、中央に報告することだ。」

このようにして、東北でも上海でも広東でも、外部調査に行くたびに王金岭はチームのリーダーを務めた。また、周同宇の取り調べにも、王金岭はかならず立ち会った。ときには、造反派が威嚇したり、強引に罪を認めさせようとしたが、「王リーダー」が居合わせていては暴力に頼ることもできなかった。ほんの数か月のうちに、王金岭は案件の全容を明らかにした。ところが、「周同宇同志を衛戍区に閉じ込めたまま、劉少奇特別捜査本部に引き渡す。王金岭はこの案件から外す」という命令が下された。そのため、周同宇の案件は未解決のままになってしまい、父は七年間もの獄中生活を強いられ、一九七五年五月、ようやく釈放されたのだった……

王金岭は父の案件の担当を外されたものの、あいかわらずよく家に足を運び、母を慰め、手伝ってくれていた。一方で彼は、父が閉じ込められている部隊に頻繁に通い、父の状況を聞き出したり、妻や子どもの近況を伝えたりした。父は新聞を通じて外で起きていること、とりわけ自分の兄の政治動向を知りたがったので、王金岭は人を遣わせて、何種類かの新聞と『参考消息』を差し入れた。

「中」に閉じ込められた七年半のあいだ、父は最後まで頭がはっきりしており、いくら誘導尋問を受けても混乱することはなかった。「特別捜査本部の人は劉少奇を打倒するための根拠として、王光琦がアメリカで工作員としての訓練を受けたことを、お父さんに供述させようとした。しかし、いくら脅迫してもお父さんは同意せず、けっきょく彼らの目論見は外れてしまった。」

私は、出所したばかりの父の姿を永遠に忘れることができない。

七年間会わないうちに、父は頭に霜を置き、げっそりとやせ衰えていた。ホルモン注射をされたせいか、顔はむくんでいる。さらに痛ましいことに、彼の両目に宿っていた光は消え、表情はまるで死人のようだ。もうかつての、あの生き生きとした父はどこにもいないのだ！ 私は堪えきれず、父を抱きしめて大泣きした。私には想像できない。家族にも会えず、たった一枚の『参考消息』で世界と繋がっていた父は、この七年間をいったいどうやって耐えてきたのか。彼の心はきっと終わりのない後悔と、不平のなかに浸かっているに違いない！

「秉德、泣くな、泣くな！」父は涙ぐんで言った。「俺と同じところに閉じ込められていたのがどんな人物か、知らないだろう？ みな、部長以上の大物たちだよ！ 兄さんが俺という小舟を大船に繋いでくれたおかげで、危険な浅瀬を越えることができた。さもなければ小舟はとっくに転覆していただろう！　この七年間、俺は毎日のように自分に言い聞かせたんだ。俺みたいな小物は、本当に取るに足らないような存在だ。彼らが俺を苦しめたのは、兄を苦しめたかったからだ。だから、どれほど大きな圧力をかけられても、俺は強く生きてこられたんだ。」

一九七九年五月三十日、伯父が亡くなってから三年四か月後、胡耀邦《こようほう》の主宰により、中国共産党中央組織部幹審局は多くの幹部や同志たちの名誉回復に取り組むと同時に、父の再審においても、彼が中央特別捜査本部に押し付けられた無実の罪を覆し、公正な結論を下して父の名誉を回復してくれた。再審結果は最後に次のように書いてある。

「王光琦同志たちとの食事会には特になんの問題もない。これは冤罪であり、是正して名誉を回復すべし。」

こうして、政治的に生まれ変わることのできた父の心は沸き立った。十一年間も背負わされた冤罪がようやく晴らされたのだ。この冤罪のために父は心身ともに疲れ果て、母も、私たち子どもも否応なく巻き込まれ、くわえて彼の兄である周恩来伯父にも大きな迷惑をかけることになってしまった。いま、伯父はすでにこの世にいないが、それでも彼は伯父に一言伝えたかったろう。

「兄さん、俺は無罪だよ。」

今回のことで精神的に解放されたのか、七十歳を超えた父は、病弱で杖なしでは歩けないにもかかわらず、四番めの弟の妻、李玉樹に付き添ってもらい、バスに乗り、親戚や友人たちのところにこれを知らせて回った。

「無罪だ。無罪になったよ！」

彼はこの生まれ変わりをどれほど大切にしていることだろう！

こうして父は、わが家での一家団欒の楽しみを数年間味わい、その波乱万丈の人生への償いとも言えるような安らぎを一時的に手に入れた。ところが、疾病はまたも彼を苦しめ始め、一九八五年五月十三日、彼は八十一歳で病に斃れた。葬式を盛大にやってはならないとの遺言があったので、母は私たち子どもを連れ、数人の親戚、親友らとともに、北京病院に設置された小さな告別室で父を見送った。そこには、たくさんの花々が飾られており、真んなかに置かれたのは七母、鄧穎超伯母から義弟、同宇へ送られた花かごだった。

よく見ると、この部屋は九年前に伯父に別れを告げた場所ではないか！　同じ場所での、異なる二つの場面。しかし、そのどちらも、私の記憶に永遠に刻み込まれたのだった。

第八章　苦い栄光

1974年5月30日、毛沢東主席と周恩来総理が生前最後の握手をした瞬間。

一　敵の仕掛けた三十年前の「伍豪啓事事件」を利用し、恩来伯父を失脚させようとする人がいた。この件は伯父の一生の心残りとなった。

一九六八年八月下旬、私は産休をとって西安から北京の義母の家に戻り、第二子である沈桐の出産準備をしていた。

ある日、穎超伯母に電話で誘われ、私は西花庁を訪ねた。動きが鈍重で顔が汗まみれの私を見ると、伯母は急いで顔を洗うように勧め、スイカを少し食べさせてくれた。そして、疲れがとれたのを見て、彼女は切り出した。

「秉德、二番めの子を産んだら、上の子の陳清はどうするつもりなの？」

「そうだね。お義父さん、お義母さんとはもう話がついている。下の子と上の子を交換するつもり。陳清も三歳だ。そろそろ私たちのもとに帰してもらわないとね。それに、保育園の集団生活にも慣れさせなきゃ。」

私の答えを聞いて、伯母は満足そうな表情を見せた。もしかしたら彼女は三年前、西安に行くまえに私にかけてくれた言葉、「子どもは自分で育てなさい。お年寄りのところに預けて、かわいがられすぎると子どもの成長にはよくない」を思い出していたのかもしれない。

そして、話題はさっと変わった。こんどは、伯母は真剣な表情で私におどろくべきことを教えてくれた。要約すると、三十年前に敵が恩来伯父の名を騙って発表した転向声明が、いままた、だれかに持ち出され、伯父を攻撃する口実に使われた。しかし当時、中央ではこれについてすでに真相が突き止められていた。一九四三年、延安整風のさいにも、明確な結論が党によって出されていたはずだ。それがいわゆる「伍豪啓示事件」である。締めくくりに、伯母はこのように言った。

「いまの情勢は複雑だから、なにが起きてもおかしくない。あなたはふだんよその地で働いているけれど、なにがあろうと、絶対にあなたの恩来伯父のことを誤解しないでね。これは恩来からの伝言でもあります。」

一九七二年の後半、北京に出張したさいに、伯母はまたこのように言った。

「数年前、あなたに『伍豪啓事事件』のことを教えましたが、中央はその問題をさらに明らかにしたいらしく、今回は毛主席のご指示で、恩来は中央の高級幹部会議でもういちど説明することになりました。しかも、録音もするらしい。後世の人びとにこのことをわかってもらえるように、中央と各省は文書資料と録音の両方を保存し、档案〔公文書〕に入れることが義務づけられているそうです。」

伯母は、これらの話を秉鈞と秉宜にもそれぞれ伝えていたらしい。

私はそれに対し、中央がすでに結論を出しているのだから、心配することはないと思っていた。とりわけ「四人組」が打倒され、十年の動乱〔文化大革命〕も昔話となったいま、とりたてて話題にする必要もないと見ていた。しかし、ある特別な日に、伯母はまたもこの話をみずから切り出してきた。このときはメモをとったので、当時の話を細部まで詳しく再現することができる。

一九七九年の国慶節に、十一年間も内モンゴルに下放されていた妹の秉建が結婚することになった。相手は拉蘇栄《ラスロン》というモンゴル族の若い歌手だった。内モンゴルにいるからには、モンゴル族の青年と結婚したほうがいいというのが存命のころの伯父の願いだった。伯父は他界してしまったが、秉建はいま、その願いを実現させ、モンゴル族の男を夫にした。このことを伯母はたいへんに喜んでおり、いちばん下の妹弟も結婚したのだから、みんな一緒に西花庁でお祝いをしようと提案してくれた。

（左）1979年10月、新婚夫婦の拉蘇栄と周秉建。（右）1979年10月2日、穎超伯母と私たち姉弟夫婦6組。前列：李玉樹、秉建、鄧穎超、拉蘇栄、岳五一。中列：秉宜、劉軍鷹、秉徳、沈人驊。後列：秉鈞、任長安、秉和、秉華。

われわれもとても喜んでいた。これまで、全員が北京に集まり、六組の夫婦が同時に伯母の家を訪れるのはなかなか実現できなかった。くわえて、私たちが一人前になるまでの伯母の苦労を思えば、いまや所帯持ちになった私たちは、どれほど感謝してもしきれないのだ。そこで今回は、感謝の気持ちを込めて、「十月二日に家を訪ねたあと、北京飯店で西洋料理をごちそうする」とを決めた。その誘いを、伯母は喜んで引き受けてくれた。

それは十月二日の九時ごろだった。私は夫の沈人驊、秉鈞は妻の劉軍鷹《りゅうぐんよう》、秉宜は夫の任長安《じんちょうあん》、秉華は妻の李玉樹《りぎょくしゅ》、秉和は妻の岳五一《がくごいつ》、そして秉建は拉蘇栄とともに、西花庁で一堂に会した。伯母はぴったりしたスーツをまとい、とても元気そうに見えた。われわれは新郎新婦にそれぞれ大きな赤い花をつけたあと、伯母の左胸にも一輪の生花をつけてあげた。喜んだ彼女はまず全員と庭で集合写真を撮り、そして、私たち六組ともそれぞれ記念写真を撮った。

それをすませると、伯母は私たちを応接間に迎え入れ、このように話した。

「今日は中華人民共和国建国三十周年記念日の翌日です。

1979年10月2日、穎超伯母と著者、人驊。

秉建も結婚したし、かつての六人がいまや十二人に増えました。それに、めずらしいことに（ここで彼女の気持ちは高ぶった）、今日は全員がここに集まってくれた。本当に心から嬉しく思います。みなさんもふだんはそういうチャンスがなかなかないものね。」

「せっかくだから、結婚祝いのほかに、私は大事なことを話します。若い世代のみなさんにも、過去の歴史を少しくらい知ってほしいからです。」

「それは三〇年代初頭に起きました。当時、党内に顧順章という裏切り者が出ました。彼は国民党の特務と結託してあなたたちの恩来伯父を陥れ、『伍豪らの転向声明』を偽造したのです。しかし、党中央はすぐに事件の真相を突き止め、適切に解決しました。」

「ところが一九六七年の前半、文化大革命初期のころに南開大学の『八一八・裏切り者を捕える集団』という団体が古新聞からその声明を見つけ、宝物でも得たかのように戚本禹《せきほんう》に渡したのです。のちに恩来もこのことを知りました。（これを恩来伯父が知った経緯について穎超伯母は教えてくれなかったが、大量の資料、文献から判断すると、それは一九六七年五月十二日、資料を受け取った江青が、鬼の首を取ったように、なんの調査もせずにいきなり林彪、周恩来、康生に手紙を出し、声明の書き写しを彼らの目の前に突きつけたからだと思われる。手紙にはこのように書いてある。

1979年10月2日、穎超伯母は西花庁の奥の応接間で、私たち姉弟6人に、「伍豪事件」の一部始終を語った。

「彼らは反共声明をみつけた。首謀者は伍豪（周××）と書かれている。彼らは私との面談を要請してきた。」五月十九日、江青への手紙で、周恩来は次のように返事した。「伍豪らの転向声明は敵のでっち上げにほかならない。」「私は当時中央ソビエト区にいた。上海の康生、陳雲同志は敵の陰謀と見抜き、対応策をとった。」）これは偽造されたものです。四人組がこれを利用して恩来を陥れようとすることなど百も承知。真実を知る者が証拠を毛主席に渡すと、主席も、これは敵のでっち上げだ、信じてはならない、と確認してくれました。」

「一九三二年二月十八日前後でしょうか、上海のいくつかの大手新聞社が『伍豪らの転向声明』をあいついで転載しました。落款の部分は、伍豪ら二四三人、つまり、恩来の名前だけがわかるように書かれていたのです。」

「じつは一九三一年十二月、恩来はすでに江西の中央ソビエト区に到着していたので、その声明は裏切り者の顧順章と国民党特務が偽造したものです。一般庶民は伍豪の名を知りませんが、それが共産党内部ではだれもが知る名であることを、顧順章ははっきり理解しているからです。共産党内に数多くの裏切り者が出た、というメッセージを発信することで、党内の同志を動揺させる狙いだったのでしょう。そして、彼のもうひとつの目的は報復でした。この人物はかつて情報セキュリティーの仕事をしていたので、仕事の必要上、党内の組織、人員構成などの秘密は、彼の家族の多くが知るところとなっていました。ある日、彼は漢口で身をうまく隠すどころか、手品を堂々と公の場で披露してしまいました。けっきょく国民党の特務に捕まって寝返り、なんと蔣介石に面と向かって党の機密を暴露したいと申し出たというのです。この情報を中央はすぐに入手し、拠点と人員をすばやく移動させました。しかし、彼の家族も私たちのことを知っています。災いを未然に防ぐために、われわれは彼らの口を封じ、それによって、党は危うく危機を脱することができたのです。顧順賞は報復のために、新聞に懸賞金付きの指名手配を出し、裏切り者を金で買収しようとしました。しかし、思うような結果は出せず、国民党と共謀して伍豪転向声明を偽造したというわけです。」

「各新聞社に報道されたこの声明の真偽の証明に関しては、当時上海にいた同志はずいぶん苦心し、迂回戦略をとりました。彼らは上海『申報』に、

『伍豪さまへ

本月十八日に寄稿していただいた声明は、保証人が保証を拒否したため、手続きを完了することができなかった。よって、このたびの掲載は実現できなかったことをお知らせする』という新聞社広告部の通知を載せて、既存の声明が偽物であることを明らかにしたのです。」

「そして、党は公の場で、より有効な手段でデマを打ち消しました。つまり恩来が、もうひとつの別名、周少山の名において、フランスのバハ弁護士を通して声明を発表したのです。一九三二年三月四日の『申報』は『バハ弁護士が周少山の代理人として発表した緊急声明』と題する文書を掲載しました。内容は――来所した周少山氏のお話によると、『彼は、かつてたしかに伍豪という筆名で文章を書いていた。最

近、伍豪ら二四三人の転向声明が各社に報道されたので、これを見た国内外の親戚、友人から確認の電報と電話が殺到した。彼は文章を書くときのみ伍豪の名を使い、対外的な活動でこれを使ったことはない。よって、当該報道の指す伍豪は彼本人ではなく、二四三人の同時転向も彼とはなんの関わりもない。これは彼の名誉に関わることであり、誤解され、悪党につけ込まれるおそれのあることである。ゆえに、弁護士に依頼を通して声明を発表するとともに、親戚、友人のご関心に感謝の意を表する。』この声明は、結論をさらに確実なものにしたのです。」

一九六七年五月、伯父は真実を一日も早く明らかにすべく、西花庁のスタッフ全員に三〇年代の新聞を調べ尽くさせ、伯父が上海を離れ、顧順章が寝返って報復したことについての報道、党中央の主導により『申報』の広告部が掲載した声明、そしてバハ弁護士の声明などを見つけ出して真実の証明に用いた。

「恩来はその一部始終が細かく書かれた手紙を毛主席に送りました。なかには証拠となる記事のコピーも入れておきました。これらのコピーは十数冊あり、中央の指導者たちのところに分けて送ったところ、毛主席は、『確認済み。中央文革グループが預かる』という指示書を出したのです。」

伯母は重々しく続けた。

「一九七二年六月、『批林整風』(28)の報告会で、毛主席がこの場を借りて真相を明かしたほうがいいと恩来に勧めたので、彼は言われたとおりに説明を行い、三〇年代に上海にいた陳雲に証言してもらいました。その結果、中央政治局と毛沢東主席の意見にもとづき、これら音声資料と文字起こしおよび関連文献、史料を公文書とし、中央档案館〔公文書館〕に保存したうえで真実を周知し、他人に悪用されないように各省、市、自治区の党委がそれぞれ一式を保存する、との決定が下されたのです。しかし、この決定は実施されませんでした。」

「いまや四人組は粉砕されました。組織はこれに関する資料の作成と詳しい説明を求めています。」

「みなさんはもう大人だから、ことの一部始終を知ったほうがよいでしょう。」

「私たちの革命は成功を収め、四人組は粉砕されたけれど、新中国のために命を捧げた無名の英雄たちを忘れてはなりません。顧順章が裏切ったさい、われわれはどこからその情報を得て、迅速に移動できたと思いますか？　それは、国民党の特務機関で秘書を担当する私たちの地下党員がいたからです。映画監督の銭江《せんこう》のお父さん、銭壮飛《せんそうひ》同志は、情報を手に入れるや否や、上海に駆けつけ党中央に報告してくれました。その後、中央ソビエト区にも行き、革命に大きな貢献をしてくれました。残念なことに長征の途中、貴陽に着いたときから、彼の消息はぷっつり途絶えてしまいました。彼は犠牲になったのです。われわれは彼を記念すべきです。彼のような烈士たちを偲ぶべきです。」

「それまでの革命において、私たちは日本の侵略者を打ち破り、国民党の反動的支配を覆すことだけを考えていました。人民が主人公となるような新中国を作るためなら、いつでもすべてを捧げ、命を捨てる覚悟さえしていました。だから、こうして生きのびて新中国の誕生を自分の目で見られるなんてまったく思わなかったし、官僚になるなど、もってのほか。犠牲になった同志と比べれば、私たちはただの生存者にすぎません。屍の山のなかからかろうじて這い上がった生存者なのです。私たちに残されたのは、特権を享受する権力ではなく、仕事を真剣にこなすことへの責任です。だから、みなさんも同じようにまじめに働き、名誉や利益を争い求めてはなりません。つねに無名の英雄を思い出し、数千数万の烈士を見習いなさい！」

伯母の話を聞き、われわれはあの時代のことをよりいっそう理解した。そして、「伍豪事件」にも特別な関心をもつようになり、それに関する文献や史料を調べた。

この件に関しては、いつまでたっても伯父の心が晴れることはなかったようだ。前述した一九七二年六月の中央会議の決定は、四人組の妨害により実行に移すことができなかった。彼らは上海に人を派遣し、「伍豪事件」の証拠を探し続ける一方で、「批林批孔批周公」(29)、『水滸伝』批判、投降派批判などを大々的に行い、その矛先を伯父に向けた。

一九七五年、伯父の病状は悪化し、九月二十日には手術を受けることになった。しかし、四人組がこの問題にかこつけて、またも波風を立てるのではないかと心配した彼は、手術室に入るのも躊躇った。そこで、彼は音声資料と文字起こしをもらい、震えた手で自分の名前と報告の日付を記入し、「一九七五年九月二十日、手術室に入る直前に」と、さらに署名の日付と場所を付け加えた。そして、手術室に入ろうとすると、彼は大声で、「私は党に忠誠を、人民に忠誠を誓った。私は投降派ではない！」と言った。これは二度と目が覚めないかもしれないという覚悟のうえでの叫びであり、最後の最後まで、身の潔白を守り通す決心の表れだったのではないだろうか！　しかし、この世に永遠の別れを告げるときになっても、願いは叶わぬままだった。

「文化大革命」が終わったあと、一部の専門家が「伍豪事件」を深く細かく研究調査した。それにより、有力な証拠が大量に発見され、真実はようやく明らかになった。

二　**「歴史的任務を全うする」か、「延命する」か、二者択一の選択肢の前で、恩来伯父は躊躇なく前者を選んだ。仕事のために生きる、というのは伯父にとって、けっして口先だけの言葉ではないのだ。**

（左）1973年4月23日、恩来伯父、大寨にて。（右）1973年、穎超伯母、大寨にて。

この大寨《だいさい》虎頭山を背景にした恩来伯父と穎超伯母の二枚の写真は、最期の面会の前に伯父と会ったとき、彼の手から直接受け取った記念品だ。それが、死が目前に迫っていた伯父からのお別れのプレゼントだということを、あのときの私は思ってもみなかった。だからこそ、いまなお当時の愚かで鈍感な自分が恨めしくてならない。

一九七四年五月三十一日午前、軍人の夫の転勤にともなって北京に戻った私に、伯母から電話がかかってきた。「秉徳、お昼を一緒にどう？ 私と恩来は家で待っているよ！」と、受話器から彼女の優しい声が聞こえてきた。

「いいよ！」とすぐに承諾した。机のカレンダーに目をやりながら受話器を置いた私は胸がどきどきした。今日は金曜日だ。あと二日で日曜日がくるのに、どうして西花庁に呼ばれたのか？ もしや、父について新たな情報が入ったのか、あるいはなにか問題でも起きたのか？

一九七三年六月、私は父のことで伯父、伯母に手紙を書き、自分の考えを述べたことがあった。

ここ数年、私たちは父を、もし彼が「死刑に処すべき罪を犯したとしても、口を挟んではいけない」という恩来伯父の言葉どおりに扱ってきた。最初から、私も、弟や妹たちも正しい立場に立ち、組織の決断を断固として擁護し、父とは一線を画して毛主席の革命路線についた。だから、ここ数年は、父のことについて伺いを立てたこともなく、自分に厳しく、世界観の改造に取り組み、職責を果たしてきた。

しかし最近になって、階級、路線闘争の複雑化にともない、とくに帰京してから耳に入った数々の情報から、私はこれまでの考えを改めざるをえなくなった。つまり、父の逮捕にはなにかほかの目論見が絡んでおり、彼の口から恩来伯父の過去や家庭、生活、人間関係などの情報を聞き出そうとする企みがあるのではないか、と考えたりもしたのだ。そして、五年が過ぎたいまになっても、なんの結論も出されず、釈放もされない。これは、父を解放することで取り調べの中身が明らかになることを恐れているからではないか。

以上はあくまでも勝手な思い込みで、個人の推測にすぎない。私の知っていることはあまりにも限られている。ここでは、不謹慎と知りながらも、大胆に私の本音を吐き出そうと思う。ご参考になればそれに越したことはないが、もし間違っていたら、ぜひご指摘、ご指導をお願いしたい。私に悪意はまったくなく、処分の取り消しを求めようなどとは考えたこともない。ただ、このことに関しては、細部にまだはっきりしていない部分があるのではないか。こう思うのはおもに以下の理由による――

一、王金岭は、父には大きな問題はないといつも口にしている（今回一弁[30]の人が母に面会を勧めたときも、大きな問題はない、敵対関係ではないと繰り返し強調していた）。

二、「大きな問題はない」というのなら、なぜ判決をなかなか下さないのか？　「案件は中央一弁に移ったが、劉少奇の事件があまりにも重大すぎて、まだ彼の順番が回ってこない」というのが王さんの説明だ。周同宇はたしかに取るに足らない人物だが、彼は周同宇という一個人ではなく、彼と恩来伯父との関係をだれもが知っているはずだ。にもかかわらず、なぜ伯父の立場を考慮せず、親戚の身分を明らかにしようとしないのか？　なぜ敵に隙を与えるような真似をするのか？

三、事件の捜査官と世話役を異なる人が担当しているため、王さんは父の生活面しか知らず、捜査の進み具合がまったくわからなくなってしまった。この件はもともと謝富治同志が担当しており、北京衛戍区の傅崇碧が直轄し、王さんが実務に当たっていた。傅氏の失脚により黄作珍《こうさくちん》が王金岭の上司として監督するようになったが、王さんの話によると、のちにこの件および当事者はともに「一弁」の管轄下に移され、世話役だけが王さんに任されているとのことだ。彼の話では、いま彼は、すでに衛戍区を離れ、郊外の某部で教導員を担当しているが、他の仕事の引き継ぎはすべて済ませており、「周氏の家族の面倒を見る」仕事だけが残されたようだ。このように、彼は父の生活面にはいつも関心を寄せてくれているものの、捜査の面では大きな問題はない、の一点張りで、実際に手を出すことができないまま今日に至った。

四、周同宇は一九七一～一九七二年のあいだに白内障にかかり、失明寸前となって長期間入院していたと聞いている。今回、母がお見舞いに行ったときも、大きな写真すらはっきり見えないとのことだった。もしそれが、だれかが故意に彼を失明させようとしたのではなく、ただの病気だとしたら、なぜ治療期間がそれほど長引いたのか。なぜ比較的容易に治療できるはずの白内障が完治しなかったのか？

五、王金岭は一九七一年以来、私の家族と会うたびに、「彼は歳も歳だし、体が弱い。牢獄のなかで死ななければよいが」と言っていた。じつは、彼がそのようなことを言うまで、私はそんなことは考えたこともなかった。しかし、彼らが最悪の事態を想定しているにもかかわらず、放置しているならば、「牢獄のなかで死ぬ」のを恐れるどころか、むしろそれを望んでいることを意味しているのではないか。彼が生きて出所し、取り調べの内容が暴かれ、それが恩来伯父の罪証集めに関わるとすれば、それこそ危惧すべきことだ。

私たちは簡単に他人を疑ってはならない。しかし、ここ数年の争いを経験して、一部の人は、簡単に信用してはならないとも思うようになった。事実を並べたうえで、分析によって結論を出すべきだと思うが、この結論についても、私は正しいかどうか確信がもてない。だから、ここで勇気を出して恩来伯父と七母に本音を言った。ご参考になるかどうかわからないが、もし間違っていたら、ぜひご指摘、ご指導のうえ、理由を教えてくれるようお願いしたい。私は組織が父を取り調べたこと自体になにも不満をもっていないし、彼への処分の取り消しを求めるつもりもない。ただ、これほど複雑な状況下で、悪党を全部掘り出したのか？　故意に波風を立てる者はいなかったのか？　ということをはっきりさせたい。

この手紙への返信はなかった。十一月の初めごろ、人驊と西花庁を訪ね、伯父に、貴州の工場で生産したものが品質が悪いうえに生産性も低いことを報告したら、伯父は眉間にしわを寄せ、唇をきつく結び、げっそりとした頬にはいかにも老人といったしみがいっそう大きく、多く見えた。その憂鬱な顔を目の当たりにして、私は胸がぎゅっと痛んだ。伯父も七十歳あまりになった。心配すべき国家の大事があまりにも多いのに、父のことで私がさらに負担をかけてはならないと心のなかで思った。

父の件で、海外のあるマスコミが、「周恩来は自己保身のため、自分の弟を見殺しにした」とのコメントを出した。事実、「権力は利用できるうちに利用しないと期限切れになってしまう」という立場で見ると、この行動は永遠に理解されないだろう。周同宇は私の父親であり、私に命を授けてくれた人物だ。小さいころから彼にかわいがられ、大切に育てられてきた私が、彼の行く末を気にしないと言えば嘘になる。とりわけ彼の身体が衰弱し獄中で死んでしまうかもしれないと聞くと、よりいっそう問題が早く解決してほしいと思うし、彼の出所と一家団欒を願ってやまない。しかし、「文化大革命」中、どちらかといえば、私は伯父の立場をより心配していた。とくに父が逮捕されてから、私はいつも父の気概のなさを責めていた。かつては革命から身を退き、定年退職後にはこんな面倒を起こして、父は伯父にさんざん迷惑をかけている！　かつて伯父から毎月二〇〇元の生活費をもらっていたときに、四番めの祖父が伯父と父を育てたように、周家には伯父が甥姪を育てる伝統があることを言い訳にして私は心の平静を保った。父の逮捕をきっかけに私はこのバランスを失い、強い罪悪感に苛まれ、父のやったことを心底恥ずかしく思い、伯父と伯母に申し訳なく思っていた。私は、伯父の名誉と仕事に影響を与えないよう、父の件に早く決着をつけてほしかった。彼の仕事は全国国民の衣食住に気を配り、高齢の幹部たちの保護と救出に努め、全国、全党の安定のために精一杯努力することだ。だから、伯父の総理の権力を利用し、父親を自由にするなどということを、私はまったく望まなかった。

この日、西花庁に入り、伯母を見たとたん、私は急いで理由を聞いた。すると、伯母は笑いながら言った。「あなたの恩来伯父さんがそうさせたのよ。秉徳がくるから一品多く作るようにと調理師さんにも伝えたらしいわ。」

食事中、伯父はいつもの早食いではなく、非常にのんびりしているように見えた。彼は微笑んで、私に両端が曲がって尖っている形のパンを渡し、「秉徳、このパンを食べてみなさい」と言った。

私は一端をかじって口に入れると、食感はさくさくし、香りが口中に漂い、すぐに溶けてしまった！

「どうだ、うまいか?」

「すごくおいしい!」私はまた大きな一口を頰張ると、「数日会わないうちに、また調理師さんの腕が上がったのね!」と褒めちぎった。

「あはは、これは調理師が作ったんじゃない!」伯父が笑った。「これは正真正銘のクロワッサンだ。小平同志がフランスで買ってきてくれた。フランスに留学したとき、みながこの、皮がさくさくして中は柔らかいパンが好きだったことを彼はまだ覚えているんだ。」

伯父は少しだけ食べて、箸と取り皿を戻した。しかし、彼は退席するわけでもなく、何度も料理を取り分けてくれた。私は伯父がずっとこちらを見つめているのを目の端で捉えていた。その目つきはとても優しく、親密なものだった。いままでほとんど見たことのない光景だ。いつもの彼は、食事の時間もできるだけ切り詰めており、世間話をする暇などまったくなかった。ホームパーティでも、西花庁のスタッフとの会食でも、彼はいつも、だれよりも先に退席していた。みんなに気をつかわせず、自由に食べさせることが目的のひとつだが、あまりに忙しいのもたしかなことだ。だから、足早にオフィスに戻り、仕事に没頭するのが彼の食事後の決まりごとと言ってもよい。

「伯父さん、また痩せたね。顔色も悪そう。さいきん夜更かしした?」食事後、ソファに腰掛けると、私はつい我慢できずに聞いてしまった。「伯父さんはもう七十歳を越えているのよ。よぼよぼとまでは言わないけれど、もう若い男子とは違います。無理をしたらだめ。伯父さん、七母、そうじゃない？」

「たしかになあ。痩せたって見てわかるかい？　いまちょっと病気にかかって、しばらくのあいだ入院しなければならない。明日から入院だよ！」と伯父が笑った。

「本当なの？」

「もちろん。いまは小平同志が仕事を取り仕切っているし、外交上の戦いにも勝利したから、安心して入院できるんだ。」

「よかった！」私は宝物でも手に入れたように嬉しくて手を叩いた。「伯父さん、ようやく悟ったんだね。ずっと仕事に追われて休む時間もろくになかったのだから、入院したらぜひたっぷり、ゆっくり休んでね！　伯父さんはもともと体が丈夫なほうだし、休憩が足りないだけなのよ。入院したら、昼は健康診断を受けて、夜はぐっすり眠ること。これを半月も続けたら、いや、できればひと月続けたら、きっと昔のように、あふれるような元気がもどってくるよ！」

「がんばってみよう！」

長いあいだ、私は伯父が身体の健康を保っていることをずっと喜ばしく思っていた。彼は人並み以上にエネルギッシュで、行動は敏捷で、歩き出すとその足取りは速く力強い。冬でも彼は、いつも薄着で外国人の客を空港で迎え、真冬であっても帽子を被らない。いつも伯父が西花庁の応接間から外出しようとすると、うしろから若い衛士があわててコートを渡す。彼は歩きながら、コートを羽織り、袖に腕を通し、そうしているあいだに、すでに七、八メートルは歩いて門を出てしまう。衛士が小走りで追いかけないと車のドアを開けるのも間に合わない。

1965年3月23日夜、ルーマニアの議事堂宮殿で逝去したゲオルゲ・ゲオルギュ＝デジに献花する恩来伯父。

成元功はむかしこのように言った。一九六五年三月二十三日、伯父の率いる中国共産党代表はルーマニアに到着し、二十四日にはゲオルゲ・ゲオルギュ＝デジの葬式に参加することになっていたが、当日の早朝、彼は、今日の外の気温は氷点下一八度ととても寒いから、中山服の下にマオクー〔毛糸のももひき〕と厚いセーターを着たほうがよいと伯父に進言した。伯父はふだん国内でもっとも寒い時期ですらマオクーを履いたことがなかったから、「そんなに寒いのか？」と問い返した。そのとき、タイミングよく馬列《ばれつ》ロシア語担当秘書が雪まみれの姿で駆け込んできたので、伯父は「馬列、外は寒いか？」と聞いた。猛牛のような体格の馬列が、「寒くない」と答えたので、伯父はマオクーを履くことを拒んだ。けっきょく、いくら成元功が勧めても、伯父はシャツの上にニットのベストを着ただけだった。

送葬の最中は大雪が降りしきり、寒風も骨の髄まで染みるようで、葬列の行進はじれったく感じられるほど遅かった。埋葬にまつわる儀式を行う時間をさらに計算に入れると、戸外にいる時間は五時間近くになってしまう！　東ヨーロッパの首脳たちはいずれも厚い皮のコートにふわふわの毛帽子、皮の手袋といった姿でまん丸になっているが、それでも寒気で顔がぱんぱんにむくみ、鼻は紫色に染まってじっとしていられないほどだった。それとは対照的に、ニットベストに中山服を着こなし、葬列のなかでただひとり薄着でいっそう精悍に見える中国の総理は、血色がよく余裕しゃくしゃくで、背筋はピンとして足取りもしっかりしている。その格好よさと悠然たる態度は多くの「先輩」たちを驚かせ、彼らに羨ましがられ、「どんな薬を飲めば、周総理はこれほどの寒さに耐えられるのか」とひそかに通訳に聞いてきた人さえいた。

一方、本当はさすがの伯父でも寒いはず、と思うと成元功は心配でいてもたってもいられず、馬列もあたふたした。だれもが、帰国後に総理はきっと大病にかかるだろうと最悪の事態に備えた。しかし、不思議なことに、帰国した伯父にはなんの不具合もなかったどころか、それまで通りに夜を昼に成し、会議に出席したり、外賓に会ったり、文書の決裁をしたりしていた。ここにいたって成元功と馬列はようやく胸をなでおろし、伯父の体の頑健さに心から驚嘆した。

ところが一九六〇年代、とりわけ「文化大革命」以降、伯父は党の安定と威光を保つ一方、年配の幹部らを守り、「解放」し、さらに全国八、九億人の衣食住にも配慮しなければならなかったため、体力と精神を激しく消耗し健康を大きく崩した。伯母によれば最近、伯父は頻繁に心臓病の発作を起こしているそうだ。だから私は伯父が入院することを知っても、ようやく伯父に寝る時間ができる、ぐっすり眠れば彼の心臓はむかしの「力強さ」を取り戻すだろう、としか思わなかった。その病気の深刻さを理解しておらず、これが最期から数えて二回めの面会となることなど知る由もなかったのだ。

「秉徳、こんど入院したら、会う機会も少なくなるな。」伯父は落ち着いた口調で言った。私を見つめる目つきは重々しかったが、優しさもこもっていた。「仕事をがんばれ。子どもにはしっかり躾をしなさい。」そう言うと、彼は手元に置いてあった七インチのカラー写真を手渡してくれた。「この二枚の写真は去年、七母と大寨虎頭山で撮ったものだ。一人一枚のつもりだったが、おまえにやるよ。」

「本当?」私は驚き、喜んだ。記憶にあるかぎり、伯父に直接写真をもらうのはこれが二回めだ。一回めは結婚するまえだった。それは伯母が撮った廬山の風景写真で、『中国撮影』という画報に掲載されたことがある。伯父と伯母はそれをとても気に入ったらしく、二一インチに引き延ばし、額装して棚に置いていた。しかし、私が結婚すると聞くと、伯父は手ずからそれを贈ってくれた。

伯父はうなずいた。

「ありがとう!」私は写真を大事にしまいこむと、嬉しさがこみ上げてきた。もちろん、不吉な予感などまったくしなかった。

もしそのとき、伯父の病気が膀胱癌で、翌日に手術を受けることを知っていたら、私もそれほど呑気にしていられなかっただろう! しかし、事実、私はなにも知らなかった。

「秉徳、お母さんは元気か? 思えば、七、八年は会っていないな!」伯父は感慨深げに言った。

「まあまあ元気だよ。でも、母はいつも父のことを口にしている。」これまで、伯父を悩ませるような話題を避けるため、ずっと父に関する不安を意識して隠していたが、伯父がみずから話題にあげたものだから、心に任せて思わず口をついてしまった。私にはわかるのだ。伯父は心が細やかで優しい。だから、父が逮捕されても母に対する態度を変えなかった。

一九六八年、父が逮捕されてまもなく、伯父と伯母の指示に従い、私たち兄妹六人はすみやかに立場を明らかにした。「もし周同宇が本当に特務だったならば、いっさいの縁を切る。審査によって特務ではないことが証明されれば、これまでどおり父として尊敬する。」しかし、母はどうしても腑に落ちない様子だった。彼女はことあるごとに、私たちにぶつぶつ小言を言ってきた。「お父さんの頭がぼけたと言うのならまだしも、なぜ『特』の字〔特務、スパイ〕に関わったんだろう? なぜこんなことになってしまったんだろう？ 食事会に行くとき、彼らが特務だと知らなかったんだろうか？ 考えてもみなさいよ。彼は退職し、六十歳を過ぎてもう若くはない。あとは人民の退職金をもらって安らかな老後を送るだけなのに、なぜそんなことをしたんだろう？」私たちは最悪の事態を想定し、母にひとつひとつ、捜査本部が示した父の「罪状」を説明した。しかし、いくら説明しても、母には自分なりの言い分があった。「お父さんは物事の是非をわきまえられないお人好しなんだ。素性の知れない人に対しても親切すぎる！ そんな彼が、自分のお兄さんと子どもたちを顧みずに、特務などやれるだろうか？ お父さんのことはおまえたちが一番よくわかっているはずです。ふだんの話し方も考え方も、とても進歩的で、特務をするなどありえません。」

　子どもを産むために西安から戻り、西花庁に伯父と伯母を訪ねたさい、近況を聞かれると、私は母の「活思想」[31]を包み隠さずに伝えることにしていた。その間、伯父はただ静かに話を聞くだけで、なんの評価もしなかった。ところがいちばん下の妹が、党員でもない母は時代遅れだ、この期に及んでも父と一線を画そうとしない、などと母を見下すような態度をとると、伯父は、声を張り上げて妹を叱責した。「自分のお母さんを見下すなんて許せないぞ！ お姉さんのおまえがちゃんと教えてあげなさい。党員でないことがなんだと言うんだ？ 彼女はあなたのお父さんの妻だ。問題の深刻さを認識できないのは無理もないし、教えてあげればいいだけのことだ。なにより、おまえたちがこの世にあるのはお母さんのおかげだということを、いつまでもしっかり肝に銘じなければいけない！」

「秉徳、おまえのお母さんが私のことを責める気持ちはよくわかる。実の兄である総理がなぜ、弟を庇ってくれないのか、とでも思っているだろう。でも、弟が六年あまりも隔離され、取り調べを受けているのを見て、実際、兄の私が他人事のようになにもせず、じっとしていられるわけがないだろう。もちろん、相手が国民党ならば、口をきかなくともこちらの面子を見て釈放してくれたことだろうが、しかし、私たちは共産党だ。守らなきゃいけない組織のルールというものがあるんだ！　劉少奇事件捜査本部は私の管轄ではないから、お父さんのことに自由に介入する権力もない。だから私たちは組織の判断にまかせて、ひたすら待つほかに選択肢はない。そういえば、去年くれた手紙はお父さんにも読ませた。秉徳、おまえはむかしよりずっと成長し、党内闘争の複雑さをよく理解している。おまえはいちばん上の子だから、秉鈞と一緒に妹弟たちの心をまとめて、お母さんを慰め、親孝行をするんだよ。お父さんの問題は私が生きているうちに解決できると思う。」

正直に言えば、私は心を大きく揺さぶられた。伯父との二人きりの会話、かつ人生の先達と若輩者としてではなく、大人同士の平等な立場で交わした会話は、これが最後の一回となった。私は丁重に頷き、承諾した。そう、旧中国のような封建王朝や国民党のなかでは、役人同士が互いに庇い合い、ひとりが権勢を握れば一族郎党みなそのお陰を被ることができた。しかし、私たちは共産党だ。党のルールに違反するようなことは当然してはならないのだ！

「四人組」が粉砕されたのち、私は伯父が当時直面していた危機をはじめて知った。

「文化大革命」の初期にはすでに、陳毅が、「文化大革命の目的は新文革と旧政権との矛盾の解消だと喧伝されているが、行き着く先は第一に劉少奇の打倒、第二に周恩来の打倒だ」とはっきり指摘していた。劉少奇が打倒されたあと、周恩来は「四人組」の目の敵になり、「伍豪転向声明」はまさに「四人組」による、事実を歪曲し伯父を死地に追い込むための毒剣だった。彼らは獲得した権力を利用し、とっくに結論づけられていたこと――江西ソビエト政府が発表した公告（「伍豪転向声明」は敵が発したデマであり周恩来はすでにソビエト区に到着していた）と、『申報』で弁護士が発表した声明、および当時上海に残っていた党内同志の証言等があった——を蒸し返していざこざを引き起こした。「四人組」は真実を知らぬ大衆を扇動し、「周恩来は裏切り者だ」との風評を立て、「嘘も何千回何万回と繰り返せば真実となる」とでもいうような手口で伯父を打倒しようとしたのだ！

1939年、周恩来はソ連に向かうまえに劉少奇と延安で記念写真を撮った。

張穎さんの回想を聞き、私は伯父の苦衷をいっそう理解した。

「文化大革命」中、栄高棠《えいこうとう》元国家体育運動委員会副主任も隔離され取り調べを受けるはめになったが、その息子の楽天は心臓病の発作で危篤状態となり、半昏睡状態のなかでお父さん、お父さんとしきりに呼んでいたという。かたわらで看病していた母親はそれを聞き、涙に暮れ、胸が張り裂けそうだった。やむをえず彼女は、総理宛に、栄高棠に病院に来て息子の最期を看取ってほしい、という旨の手紙を書き、張穎に西花庁まで届けるよう依頼した。しかし、一通めの手紙は送ったきり返信はなかった。二通めもなしのつぶてだった。楽天がたえず父を呼ぶのを見かね、三度めに張穎が西花庁を訪れると、総理がちょうど在宅していた。

抗日戦争期間中、重慶の中国共産党中央南方局機関は革命の大家族だった。1941年、穎超伯母が栄高棠の子・小楽天を抱きかかえた自分の写真を壁に貼ると、恩来伯父は上機嫌に詩をつくり、伯母を「大楽天」と、自らを「賽楽天」と称した。そして、この詩は革命の楽観主義的精神を表していると述べた。

「二回も決裁したよ。栄高棠はまだ病院に来ていないのか？」伯父は驚いた顔で聞き返し、即座に手紙に同意の二文字を書き、ベルを鳴らして秘書に持って行かせた。秘書に手紙を渡すまえに彼は、「事態は一刻を争うから、ふつうの処理では間に合わない。この手紙を栄高棠が拘留されているところに持っていきなさい。私が署名したのだから、栄高棠にすぐに病院に行け、と言いなさい」と念を押した。秘書が出かけてからずいぶん時間がたったにもかかわらず、伯父は黙り込み、眉間にしわを寄せ、腕を組んでゆっくりと行ったり来たりし、気持ちを落ち着かせようとしていた。そして、深いため息をつくとようやく口を開いた。

「張穎さん、楽天くんのために三度も手紙を届けてくれたけど、隔離された元老級幹部のことは、政治局の七人の署名があってはじめて有効になるのを知っているか？」

伯父はルールをしっかり守る人であり、なにが起きてもつねに、みずからすすんで責任をとろうとすることは、張穎にも十分わかっている。彼女は部下として、伯父から上層部についての話を聞いたことはなかったが、このときだけは例外だった！

外部の人にしてみれば、とりわけ林彪が失脚して以来、伯父はいまをときめく有力者となり、いわゆる「一人の下、万人の上」の座に就いていたから、なんでも意のままにできると思われていたにちがいない。それゆえ、文革中に何年も投獄されていた年配の幹部たちでさえ、「私がどんな人間か、周恩来、おまえが知らないわけがない。一年、二年なら仕方のないことだが、どうして七年、八年も私を閉じ込めるんだ？」と文句を言わずにはいられなかった。しかし、権謀術数をめぐらしたり徒党を組んだりしない伯父が、あくまでも政治局の七票のなかの一票にすぎないことを、どうすれば彼らにわかってもらえるのだろうか？　伯父に決定権はない。だからその時を待ち、機会をとらえ、毛主席の同意を得たうえで幹部たちをグループごとに順番に釈放するしかないのだ。正直なところ、栄高棠が息子の最期を看取れたのは、伯父の権力のおかげというより、解放軍における伯父の威信と声望のおかげだと言うほうが正しい！

その日、伯父はもっと話を続けたかったようだが、彼の体調を考え、早く休ませるために、こちらから暇を告げた。西花庁を出た私の心ははずみ、思わず『洪湖の水、波が波を打つ』という古い歌を口ずさむと、十数年まえに戻ったような気がした。私は伯母の「配慮」に従い、門のまえで伯父を出迎え、その散歩に付き合った――伯父はリラックスするといつも古傷のある右手で拍子を打ち、『洪湖赤衛隊』の挿入曲を正確かつ滑らかに歌ったが、となりの私も彼と腕を組み、拍子に合わせて歩き、一緒に歌ったものだ……

そうだ。小さいころから伯父は休憩さえすれば健康になると信じていたからこそ、一九七四年のそのときも、そうに違いないと思っていた。伯父にとって最大の問題は休む時間がなく、治療を受ける時間がな

1974年5月、訪中したマレーシアのアブドゥル・ラザク大統領（左端）と会見する恩来伯父。これが国賓のために開いた生前最後の宴会となり、その後すぐに入院して治療を受けることになった。

かったことだ。入院してたっぷり休めば、治らぬ病いはないのだ！　私は伯父が癌になるなどと考えたことはなかった。なぜなら、癌は心が弱り、憂鬱な人がかかる病だから、いつも元気にあふれ、自信と力に満ちた楽観的な伯父には無縁と思い込んでいたのだ！

二十数年後、中央文献研究室編纂『周恩来年譜』〔一九九七年刊〕をめくり、一九七四年五月のスケジュールに目を通すと、思わず涙が溢れてしまった。二十九日、伯父は毛主席に付き添ってマレーシアのラザク総理と会見し、その後、身体が極度に衰弱し、いつ医師の応急措置が必要になってもおかしくないような状況下で、予定どおりに中国とマレーシアの国交樹立をめぐりラザクと会談した。

そのころ、伯父は膀胱癌にかかってすでに三年めになり、癌の悪化で血尿が出ており、小便をするたびに四〇〇～五〇〇ミリリットルの血を失っていた。医師である卞志强主任の話を引けば、「当時、外で待機していた医師や看護師はみな心が宙ぶらりんになってしまい、周総理がトイレに行くたびに恐れおののいていた。多量の失血により、彼の血圧はいつゼロになってもおかしくないような状況だった。」

長年伯父に仕えた張樹迎《ちょうしゅげい》おじさんは当時のつらい場面を思い出すたびに戦慄が走るという。「血尿のた

入院中も恩来伯父は頻繁に外賓と会見しなければならなかった。1974年10月、病院でデンマークのポール・ハートリング大統領と会見する伯父。

め、総理の尿道口は血塊に塞がれてしまい、尿が出なくてとても辛かったようだ。痛みに耐えられないとき、彼は床の上を転げ回り、そばで見ていた俺たちは涙を流すばかりで、なにもしてあげられなかった。しかし、不幸中の幸いとでもいうべきか、転げ回ることで血塊が移動し、総理は排尿できるようになった。そこで俺たちは、彼が外賓を接待する福建庁のとなりのオフィスにベッドを設置して、総理が排尿できないときは、ベッドの上を転げ回らせて血塊の排出を促した。しかし一九七四年五月に入ると総理の病状は悪化し、転げ回っても効果がなくなってしまった。そして、総理は毛主席に手術を受けたいと申告し、六月一日の入院が決まったわけだ……」

一月～五月の総理の仕事量の記録に基づく統計によると、この五か月合計一三九日のうち、総理が一日一二～一四時間働いたのは九日、一四～一八時間働いたのは七四日、一九～二三時間働いたのは三八日、二十四時間絶えず働いたのは五日あり、一二時間以内に収まったのはわずか一三日にすぎなかった。そのほか、三月中旬か

1975年1月16日夜10時、病院で訪中した日本日中経済協会の稲山嘉寛会長と会見する恩来伯父。

ら五月末までの二か月半、日常的な業務以外に、周恩来は合計二一回各種中央会議に、五四回外交活動に、五七回その他の会議と会合に出席した。

文献研究室による正確な統計は、他人にとってはなんの変哲もないただの数字かもしれないが、私にとってはあらためて伯父の心の道行きを辿るよすがだった。これらの数字に基づいてさらに計算すると、病状が日増しに深刻になりつつあったこの五か月間、伯父の労働時間は一日あたり一七～一八時間にも及んでいる！　伯父はみずからの行動で、生きる意味に対する彼の姿勢を記した。すなわち、彼の生きる意味とは、党のために、祖国と人民のために仕事に努めることだ。伯父の一生、とくに晩年になると、彼は日に日に迫りくる死神から時間を奪い返し、かたくなに命の限界に挑戦していた！

あとで医師に聞いた話では、一九七四年十二月、医療チームは彼の大便に血が混じっているのに気づき、大腸癌の可能性を危惧してただちに精密検査を要求したが、伯父は毛主席に第四期人民代表大会の準備状況を報告するため、長沙行きの便に乗ってしまった。国務院総理、副総理と部長をだれが担当するかは、国の建設、人民の生活に関わることだからだ、彼は「私が歴史の舞台に立ったからには、歴史的任務を全うしなければならない」と医師に答えた。日ごろ伯父の健康にもっとも関心をもっていた葉剣英元帥も、「あらゆる手段を駆使し、周総理が無事に帰れるようにしてくれ」と伯父に付き添った医師と看護師に再三に言いつけた。

たしかに、「歴史的任務を全うする」ことと「延命する」ことの二者択一を迫られ、伯父は前者を選んだ。彼がもっと利己的になり、仕事をほったらかして、その恵まれた医療環境をうまく活用さえしていれば、寿命を延ばすのはけっして難しいことではなかった。しかし、彼は自分の命を縮め、死ぬまで働き続けることを選び、自分のため、伯母のため、ひいてはわれわれ周家の子孫たちのために生きのびることを放棄した。仕事のために生きるというのは、伯父においてはけっして口先だけの言葉ではなかったようだ。一九五八年、批判を浴びせられ、悔しい思いをしたときも、彼は仕事を捨てられなかった。一九七二年に癌にかかったときに、彼が捨てられなかったものも、やはり仕事だった！

もしそのころの私が、伯父が一日十七、八時間も働き、病気に苦しんでいるのを知っていたら、軽い気持ちで暇を告げることもなかったし、電話で彼を「非難する」ような馬鹿なこともしなかっただろう！

三　私は恩来伯父に会えず、電話で彼を「非難」したが、「その日が来るのは当然のことだ」と、伯父は平然と答えた。

恩来伯父が入院したあと、私は一、二週間おきに西花庁を訪れ、穎超伯母に会うたびに病院にいる伯父のお見舞いをしたいと伯母に求めた。しかし、伯母は、「だめよ。治療の効果を確実にするために、中央政治局委員以外では私だけがお見舞いを中央に許されている。他人が行きたい場合は、中央文革グループ

1975年4月、恩来伯父と鄧小平は病院で、朝鮮労働党中央総書記、朝鮮民主主義人民共和国主席の金日成と会見した。

もしくは中央政治局常務委員の許可を得なければならない。あなたの気持ちと挨拶は私が伝えておきます。」

　私はとまどった。ただのお見舞いがはたして伯父の治療に影響を与えるのだろうか？　しかし伯母がそう言うからには、「規定」を破るわけにもいかない。幸いなことに、伯父が病院で外賓を接待したというような情報はたえず新聞で報道されている。白黒写真なので彼の顔こそはっきりは見えないが、そのぴんとした背筋とゆったりした身振りを見るだけで安心できた。そのうえ、父の周同宇も釈放された。最終判決こそ下されていないが、父の過去の問題を利用して伯父にちょっかいを出すようなやつはもういないだろうと、私の気持ちはずいぶん楽になった。さらに、鄧小平同志は「整頓」に力を入れており、長年「是を非（是を非とし非を是とする、これを愚という（荀子））」とされていたものが見直され、人びとはだれもが春の気配を感じ、幸せな未来が身近にあるように感じていた。

一九七五年五月十二日午後、伯父専属の王力看護師から電話がかかってきて、用事があると言う。仕事場から彼女の住む北京病院の寮に駆けつけ、顔を合わせたとたん、私はただごとではないと感じた。彼女の目はどうして赤く腫れているのだ？　こちらが口を開くまえに、王力はすでに涙をあふれさせ、私の手を握り啜り泣きながら言った。

「秉徳、なんとかして！　なんとかしてください！」

「どうしたんですか？　早く教えて。」私はじりじりした。

「昨日、総理が北京病院の患者さんを見舞いに来られたのです。いらっしゃるまえに、周尚珏《しゅうしょうかく》、鄭淑雲《ていしゅくうん》、焦紀壬《しょうきじん》や私など、かつて彼のそばで働いていた医師や看護師は、彼が通りがかる予定の廊下に顔を出すよう伝えられました。もちろん私たちとしては喜ばしいかぎりのことです。だって、彼は総理ですよ。私たちは一介の医師、看護師に過ぎず、彼のもとを離れて十年以上たっているんです。あなたの伯父さんがまだ私たちのことを気にかけてくれているなんて、これ以上の感動と喜びはありません！　そうして、私たちは廊下で総理が来るのを待ちました。総理が来ると、みな握手を求めたり、歩きながら会話したりしてとても喜んでいました。総理はむかしと少しも変わりませんでした。私たちの家族や仕事のことを熱心に聞いてくれて、とても和やかな雰囲気のなかで会話をしました。私たちも、お大事に、快復するまでしっかりと休んでくださいと何度もお伝えしたのですが、突然総理は鄭淑雲を振り向いて聞きました。『私はあと一年もつか？』と。それを聞いてみな固まってしまったのです！」

「伯父さんの病気はそんなに重いのですか？」

これは私にとってもまさに青天の霹靂であり、涙が頬を伝い流れるのを感じた。

「秉徳、あまり心配しないで。」

王力があわてて慰めてくれた。「総理が振り向くときはすごくしゃきしゃきしていたから、重い病気にかかっているとは思えなかったです。とはいっても、いつも事実に即して物事に当たっている方だから、わけもなくそんなことを言ったりはしないと思います。だから、私たち全員がその場で泣き出して、逆に総理に慰めていただいてしまいました。ああ、その日、私たちは不安で眠れぬ夜をすごしました。病気にかかってしまったのだから、総理は積極的に治療を受けるべきです。でも、そんなネガティブな気持ちでは治療の効果が減るばかりか、かえって体に良くありません！　考えに考えて、あなたに助けを求めることにしました。どうか総理に会って、説得してください！」

「わかりました。いますぐ西花庁に行きます！」

駆け足で王力の家を出た私は、バスに割り込んで乗り、まっすぐに中南海へと急いだ。途中で私は、「恩来伯父に会うまではけっして家に帰らない」と決心した。

応接間で私は激昂し、堰を切ったように王力から聞いた話を繰り返し、最後にこのように言った。「七母、私はお見舞いに行かなければならない。そんなふうに病気と向き合っていてはだめだと伯父さんに言い聞かせたい。このままでは彼の治療にとってよくないばかりか、みなの心も傷つけてしまいます。この一件はとても重大です。北京病院で働いているお医者さんや看護師さんはたいへんなショックを受けていて、みなとても耐えられないと言っています！」

「でも、規制があるのだからそれは叶いません！」と伯母は落ち着いて対応した。

「そんな！　いや、絶対に伯父さんに言わなければならないの！　七母、お願い、なんとかして。今日のうちに伯父さんに会って、彼の間違った姿勢を正したいの！」

いつもの大人しい私はもう姿を消し、そこにいるのは自己を制御できず、他人に交渉の余地さえ与えない頑固な人間だった。

私の狂乱ぶりを目の当たりにしたものの、さすがに中央の規定にも配慮しなければならず、伯母はしばらく考え込んでから赤電話に手をのばし、「三〇五病院周恩来の病室に繋いでください」と言った。そして、私のほうを振り返り、「秉徳、電話で伯父さんとゆっくり話しなさい」と言った。

「秉徳なのか?」電話から聞こえる伯父の声は、あいかわらず優しくて余裕のあるものだった。

「うん、私だよ。伯父さん、こんにちは!」

「仕事は決まったか? 子どもたちは元気か? 一緒に住んでいるのか? 最近家に帰ったか? お父さんとお母さんは元気かい?」

どの質問にも私と家族への配慮が満ちており、もし私が北京病院に行っていなかったら、そして、「私は一年もつのか」と伯父が言ったのを知らなかったら、きっと喜んで質問にひとつひとつ答えていただろう。しかし、いまの私は焦り、いらだち、とてもそんな気分ではない。そのうえ伯父の体力を消耗させたくないから、「みんな元気だよ」の一言でその場をしのぎ、単刀直入に言った。「伯父さん、今日電話したのは、伯父さんの間違った言い方と考え方を正すためです。」

伯父は私がもっとも尊敬し、憧れている人物だ。彼の話すことはすべて、正確で叡智に満ちていると信じて疑ったこともない。そんな私が、今日は、「間違った言い方を正す」と言うものだから、伯父もさすがに驚いたようで、「どうしたんだ?」とすぐに聞き返した。

私は厳しい口調で、しかし心が締め付けられるような思いで答えた。「昨日北京病院のお医者さんと看護師さんたちになんとおっしゃったの?」

伯父はあきらかに昨日のことを思い出したようだったが、「あれは冗談だよ。電話で話すほどのことではない」と軽く一蹴した。

「伯父さん、その冗談がどんな悪影響をもたらしたか、ご存知ですか!」私はついに痺れを切らした。すると、伯父も問い返してきた。「どこから聞いた? だれが言ったんだ?」しかし、この質問自体がことの確かさを裏付けるものだ。

私は質問に正面から答えず、「とにかく知っているの。しかも、王さん、鄭さん、焦さんたちはみな泣いてしまって、一晩じゅう眠れなかったのも知っています。今日知らされた私も途方に暮れて泣いてしまいました。」

「泣くほどのことじゃない。あれはただの冗談だよ。百歩譲って本当だとしても当たりまえのことじゃないか。共産党員は弁証的唯物論を堅持する。いずれその日がやってくるという自然の法則に従わなければならない。それに私はもう七十七歳だぞ。これだけ生きてまだ足りないとでも言うのか? 世の中には思いもよらぬことが多々あるんだよ!」

この話は、私を慰めているようにも聞こえたし、いざというときに備えて心の準備を促しているようにも聞こえた。

「足りない、足りない! 党と国はまだ伯父さんを必要としている。伯父さんは革命のために引き続き貢献をすべきなのに!」私は仕事の話で伯父の生きる意欲を刺激しようとした。

「いまも努力しているところだ。でも、あまり急かさないでくれ。去年の六月一日に入院して一年経つが、その間、外の空気を吸ったこともない。いまの私はまさに温室の花のように、生命力が弱い。大草原や広々とした天地のもとで育った花こそが、たくましく生きてきれいに咲くことができる。」

「それなら退院して家に帰ろう！」

「それはおまえの七母しだいで、私が決めるものではないよ！　それに、家の温度は体の回復に適しているとは限らない。」

1975年3月、病院でガイアナ共和国のバーナム総理と会見する恩来伯父。

「ならもっと遠いところに行こう。しばらくの間、南方で療養すればいいじゃない？　いまは四六時中お医者さんと看護師さんに囲まれて、考えるのは病気のことばかり。それで気持ちがすっきりするわけないでしょう？」

私は本当に甘すぎた！　あとで知ったことだが、伯父は入院してからの一年間ですでに四、五回の手術を受けており、一日たりとも病院を離れられず、医師と看護師の目を逃れることもできなかったのだ！

「療養もいまの私に適しているとは限らない。」

伯父はまた嚙んで含めるように説明しはじめた。

「お医者さんと看護師さんだって一日中病気のことを口にしているわけじゃない。でも、彼らに囲まれているのは確かだな。いまはお医者さんと看護師さんが多すぎて、逆にこちらが彼らを安心さ

1975年1月、恩来伯父は第4期全国人民大会第1回会議で、病気を押して『政府工作報告』を行い、偉大なる4つの現代化の目標を再度強調した。

せるために苦労しているぐらいだ！」

「伯父さんに二つの努力をお願いしたいの、いい？　ひとつは、夜にはたっぷり寝て、昼には少し運動し、日差しに当たることです。」

十二歳に西花庁に住むようになって以来、私は伯父が夜通し働き、夜が明けてからベッドに入るのを知っていた。寝るまえに睡眠薬を飲んでもせいぜい数時間しか眠れなかった彼は、昼になると昼食をとる伯母と食卓に囲むが、彼が食べるのは朝食だった。その後、車で西花庁を出て、会議に出席したり、外賓に会ったりして、夜中まで帰ってこなかった。

「おまえは知らないだろうが、ここの部屋にはいちおう廊下があって冬には日差しが入ってくる。このごろはだんだん入らなくなってきたけどな。かといって、突然外に出て日差しを浴びるわけにもいけない。一年も外に出ていなかったから、身体を慣らさないとな。この部屋は通気が悪いから、空気の入れ替えにちょっと手間がかかる。」

「もうひとつ、体操をしてください。七母も体操を続けて、体の調子を整えていたじゃない！」

「体操は彼女には向いている。彼女の病気にはな。」

「伯父さんも自分の判断でしっかり体操をしたほうがいい！」私はまだ空気を読めず、自分勝手なことを言い張った。

仕方なく、伯父も「努力するよ」とお茶を濁し、そして、また私を慰めた。「ただの冗談だからな。彼らには世話になったから、北京病院に行くついでに会うことにしたけれど、会ったらつい口を滑らしてしまった。私も、今度いつ会えるかわからないと思うと感傷的になってしまい、鄭さんにでたらめを言ってしまったんだ。本当は、彼女は私の病気のことも知らないし、彼女がそれを知る筋合いもない。所詮冗談にすぎない話だよ。それが小さな騒ぎを起こしてしまうとはな。」

「小さな騒ぎどころか大騒動だよ」と私はすぐさま正した。

「おまえたちの間だけじゃないか？　これ以上広めてはいけないよ！」

「知っている人数は少ないけれど、ひとりひとりの心のなかでは、大きな騒ぎなの！」

「これはいかん！　おまえたちは共産党員で、唯物主義者だ。いずれ人はその日を迎えることになる！おまえも心の準備をきちんとしておきなさい」と、伯父の口調は急に厳しくなった。

「伯父さん、それはあまりにも残酷すぎるよ！　人民のために、国家のために、伯父さんがやるべきことはまだ山ほどある。」私は泣きじゃくりながら言った。

すると、伯父は少し口調を和らげた。「秉徳、だれにでも最期の時はくる。私だって同じだ。でも、たとえ私がこの世にいなくなっても、代わりの人はきっといる。私より仕事のできる人がな。」

私はまだ納得できず、「伯父さん、もちろん仕事のためだけじゃない！　家族の立場で考えてください。私たち家族は、いまの伯父さんを心配しています。どうか、どうか元気になって」と言った。

「家族、親戚であっても、同じように受け入れるんだ！　人はいずれいなくなるものだ。なにも恐れることはない！」

ふつうに考えれば、伯父の考えはもはや十分にはっきりした。ところが、発想を切り替えられない私は、まだ彼が冗談を言っていると信じ込み、「その日」が来るのはまだ先なのに、そのような考え方をしていては治療効果に悪影響を与えるのではないかと心配した。それで、私はあらためてお願いした。「伯父さん、お体にお気をつけて、治療を積極的に受けてね。そして、あの言葉を口に出すのはもうやめよう。冗談であってもまわりの人には耐えがたいものだし、伯父さんの健康を損ねることにもなってしまうんじゃないかしら？　もう疲れていると思うから、電話を切るよ。ゆっくり休んでくださいね。人驊も伯父さんによろしくって！」

時計を横目で見たら、二〇分も経っていたようだ。そばで静かに座っている伯母に催促されたわけではないが、伯父を疲れさせるのが心配なうえに、私が言いたいことははっきり言ったから、早く休ませることにした。

「そうか。私からもよろしくと伝えておいてくれ。彼の仕事は忙しいか？」伯父は会話を終わらせる気がないらしく、またも世間話を始めてしまった。

「彼は元気だけど、仕事はちょっと忙しそう。」

「お父さんとお母さんは元気か？　家に訪問客は多いか？」

伯父の心配そうな口調に私の心はまたも動かされた。父が釈放されたことは伯父もきっと知っている。伯父は父が取り調べを受けたことを理由に父に構うのをやめたりはしなかった。何年経っても、「寂しがり屋で友達を作るのが好き」という父の性格を忘れたこともなかった。

「二人とも元気だよ。でもお客さんはあまり来ないな！」

それもしかたのないことだ。父は釈放されてから病気がちになったうえに、父のかかわる事件に結論が出されたわけではない。病弱で外に出られないのはさておき、たとえ父がみずから友達を作ろうとしても、「歴史問題」のレッテルが貼られていては、だれも面倒なことに巻き込まれたくはないだろう！

「ご両親を訪ねたら、かわりによろしく伝えてくれ！　二人の子どもは元気か？　甘やかさないように気をつけなさい。ところでおまえはいま、どこで働いているんだっけ？」

一九七四年のはじめ、軍人の夫について北京に戻ってから伯父が入院するまでのあいだ、私は仕事がずっと決まらなかった。だから、そのときすでに一年近く働いていたにもかかわらず、伯父は私の所属を知らなかった。

「北京アクセサリー輸出入会社に配属されたよ。北京市外貿局の傘下です。」

「それなら、どんなものがコストが低くて外国為替を多く獲得できるかを研究しなければならないな。農村のものを多く輸出するんだ。農民の収入を増やし、外国為替を稼ぎなさい。職場でしっかり勉強するんだよ！」

「わかった。話が長くなって伯父さんも疲れたよね。ゆっくり休んで。」

「これから外賓に会う。非公式で。」

「七母もすぐに会いに行くよ。」

「待っているから、早く来いと伝えてくれ。それではまた。」

穎超伯母と腕を組んでともに車に乗ると、車は西花庁、中南海の北西門を出て、府右街を北に進んで丁字路にさしかかり、運転手の楊さんはそこで車を止めた。そこで私は伯母に別れを告げて車を降りると、この黒づくめの乗用車が三〇五病院に向かうのをじっと見送った。降りたところに立ち尽くし、私の心は五つの味(32)の入った瓶を倒したかのように混じり合って、さまざまな思いでいっぱいになった。伯父に自分の本音を伝えられて多少はすっきりしたものの、胸が締め付けられるような不満も感じずにはいられなかった。厳密にいえば、西花庁と三〇五病院は道一本、高い壁二枚を隔てているのみで、直線距離は五〇〇メートルにも満たない。いわば目と鼻の先であるにもかかわらず、伯父の姪である私のお見舞いが許可されないのは、なんと理不尽なことだろう！

四　みずからの油断で、恩来伯父と会う最後の機会を逃してしまった。これは永遠に取り戻すことのできない失敗であり、私にとって一生の後悔となった。

一九七五年五月二十日、私が恩来伯父と電話してから一週間あまりたったころ、昼休み中に突然、穎超伯母から電話があり、喜ばしい情報を教えてくれた。「恩来は用事でしばらくのあいだ退院することになりました。午後には西花庁に少し寄ってくれるとのことだけど、あなたはずっと彼に会いたがっていたでしょう？　来る？」

「やった！」私は途方もない喜びを覚えずにはいられなかった。思えば、伯父が入院していた一年間、彼とはいちど電話で話したきりなのだ。本当に会いたい！　そこで私はすぐに自転車に乗り、府右街のほうへまっしぐらに飛んでいった。

西花庁に駆け込み見渡せば、庭には花の香りが漂い、木々は緑に染まり、小鳥たちの囀りが響き渡り、見慣れた景色も伯父の帰還のためにいっそう美しく見えた！　そして、裏庭に足を踏み入れるなり、応接

1975年6月9日、病院で恩来伯父はフィリピンのマルコス大統領との共同声明に署名し、この日、両国の国交が樹立された。

間から笑い声が聞こえてきた。玄関から入ると、微笑みをたたえた伯父が東側のソファーに座り、両足を少し低めの腰掛けに載せている。伯母は頭を上げて私を見ると、大声で呼びかけた。「秉徳、恩来の隣に座りなさい!」

私は伯父をじっと見つめた。彼の顔は一年前よりも少しやつれており、しみも多くなったような気がした。頭にはさらに白髪が増え、目の輝きもかつてより薄れていた。しかし、身なりは依然として整っている。背筋がぴんとして、表情には余裕があり、いかにも頼もしく感じられた。完治したのだと思った私は、すぐに彼のまえに駆け寄って手を握った。

「伯父さん、いつ帰ってくるの?」

「それは私が決めることではないぞ。お医者さんのいうことを聞かなければならない」と伯父は答えた。

よくまわりを見渡すと、驚いたことに医師と看護師たちもみな同行していた。応接間のソファーや竹の椅子に、むかし伯父の下で働いていた秘書たちも何人か座っている。

「子どもたちを連れてこなかったのか?」伯父の声はあいかわらず大きくよく通る。

「伯父さんのお身体に障るんじゃないかと心配で……」

1975年7月1日、恩来伯父は病院でタイのククリット・プラーモート総理と会見し、この日より国交を結ぶとする共同声明に署名した。これは彼が署名した最後の外交文書であり、来訪した外国の総理と会見するのもこれが最後となった。

「連れてきてくれたらよかったのに。ずいぶん長く会っていないからな。」伯父の口調には残念そうな響きがあった。そして、彼は指を折って数えた。「沈清《しんせい》は一九六五年生まれだから、いま小学三年生になっているはずだ。沈桐《しんとう》は一九六八年生まれだから、そろそろ入学するころかな？」

　私は涙をぐっと堪え、胸の奥で自分の慎み深い性格を恨むとともに、伯父に祖父としての幸せを味わってもらうために二人の息子を連れてくるべきだったと後悔した。

　全員が伯父の体調に関心を寄せていた。口々に食事はきちんととっているか？　夜はよく眠れるか？　これまでの勤務時間、休憩時間を見直し、夜は寝て昼に少し仕事をしてはどうか、と……一時間後、伯父はそろそろ病院に戻らなければならないと言った。そこで、私は彼の耳元で、声を潜めてお願いした。「一緒に写真を撮ってもいい？」

1975年8月26日、病院で恩来伯父はカンボジアのシハヌーク首相（前列左から4番め）と会見した。これが良き友人であった2人の最後の会見となり、伯父にとってもシハヌーク首相は彼が生前に会った最後の外国の首相となった。

すると、伯父は私の手を握り、低い声で答えた。「ほら、家には年配の同志たちやお医者さん、看護師さんがいるから、写真はこんどにしような！」

私は素直にうなずいた。思えば前回、伯父とともに写真を撮ったのは一九六四年、私が結婚するまえだった。一九六〇年代、人驊と結婚し子連れで中南海を訪れたときも、「文化大革命」中、何度も中南海で伯父と会っていたことも、写真は一枚も撮らなかった。当時の規定では、伯父のような党と国家の指導者の場合、新華社の記者が写真を撮り、ネガフィルムもすべて新華社に保管されることになっていた。私はほんらい規定を遵守する人だから、伯父が私の父に贈った「ゾルキー」のカメラを西花庁に持ち込んで写真を撮ったことはいちどもなかった。しかし、新華社の記者がいつでも伯父のそばにいるわけではない。

一九七五年六月十五日は日曜日だった。その

1975年9月7日、訪中したルーマニア共産党代表団のヴェルデット団長と病院で会見する恩来伯父。外賓と会うのもこれで最後となった。

日の午前、伯母がみずから電話をかけてきた。「秉徳、今日はなにか予定がありますか？　恩来が帰ってくるから、また会うチャンスですよ。」

伯父と前回会ったのは五月二十日だから、それから一か月も経っていない。ということは、伯父の病状は確実に好転していて、今後はもっと帰宅できるようになるのだろうと私は思った。そこで、私は伯母に正直に言った。「人驊の同窓生が数年ぶりに訪ねてきたので、彼らにご飯を作らなければならない。また今度にしよう！」

「わかりました。では小咪と秉華によろしく伝えてね。前回も顔を出してくれなかったから。」

「了解。かならず伝えておくわ！」

私はすぐに秉宜に電話をかけたが、秉宜はあいにくなにかしらの用事で留守にしており、ついに繫がらなかった。あとで衛士長の張樹迎さんに聞いた話では、彼は運転手の楊さんに、車で小咪を探してもらっていたが、残念ながら見つけられなかった。こうして、私たち姉妹は秉華を除き、伯父に会う最後のチャンスを逃してしまったのだ！

伯父が亡くなってから後悔しても、後の祭りだった。ことに伯父の年譜でこの文字を読むと、涙が泉のごとく、とめどなくあふれでて、自分を許すことがどうしてもできなかった！

六月十五日　西花庁に行き、すぐに病院に戻った。これは周恩来の生前最後の西花庁訪問となった。

六月十六日　三月二十六日に受けた三回目の大きな手術後の病状および治療状況を手紙で毛沢東に報告した。その間、「予後はよく、消化器が正常に機能し、潜血もなくなった」が、「膀胱の出血は止まらない」とあり、癌細胞もしばしば検出されていたとのことである。中央常務委員四人が議論した結果、膀胱鏡手術を予定より早く実施することが決められた。手紙には、「いまところ体はまだ耐えられており、体重は三〇・五キログラムだ。すべて正常なので、憂うことはない。主席におかれましても、なにとぞご安心ください」とある。そのほか、手紙では、健康と仕事のために、毛主席も「早く眼病を治していただきたい」と綴られていた。毛沢東がこの手紙を読んだ当日の夜から翌日の明け方にかけて手術が行われた。

伯母は組織の規律をきちんと守る一方で、家族への愛もとても大事にしていた。伯父が病院にいるあいだ、彼女は中央の規定に従い、親戚のお見舞いを固く拒んだのにくわえ、伯父の病気の深刻さを私にすら少しも漏らさなかった（もし伯父の体重が三〇・五キロしかないうえに、手術の苦痛にも耐えなければならないと知ったら、私はその日、なにがあろうと西花庁に駆けつけたことだろう）。ところが、伯父が西花庁に帰るチャンスがあるたびに、伯母はすぐ、みずからの目でその成長を見守ってきた二人の姪に伝え、家族愛をもって伯父を癒すとともに、私たちの伯父に会いたいという願いも叶えてくれた。彼女の身分と経験に即して、それはじつに非の打ち所のないやりかただった！

それなのに、私はまったく軽率にその得がたいチャンスを逃してしまった。いまなお、ときどき思う。

西花庁で育った二人の子が会いに来てくれなかったことに、伯父はきっと心を痛めただろう。もしわれわれが行っていたら、伯父は最後の集合写真を撮ってくれたかもしれない。なぜなら、前回集合写真を求めたさい、伯父は私の耳元で、「今日は人が多いから、また今度にしような」と囁いたからだ！　みずからの病気の深刻さを知り、西花庁に帰るのはこれが最後だろうと意識した彼は、今度こそ集合写真を撮るつもりだったのかもしれない。もちろん、決別とも言える団欒で、伯父にはなにか伝えたいことがあったのかもしれない。父のことについての考えだとか、遠い辺境の地に暮らす秉和と秉建への望みごとがあったのかもしれない……たとえなにも言わなかったとしても、私たちの来訪は、彼にとってある種の慰めであり、一家団欒の楽しみだったに違いない。

最後に伯父と会えなかったのは、「四人組」の妨害のせいでも、距離のせいでもなんでもなく、夫の同窓生にご飯を作ってあげるというちっぽけな理由によるものだった。これを友だちに白状し、自分の「鈍感さ」を責めると、聞いた者のだれもが、「あなたは鈍感どころか、大馬鹿だよ！　あのころ、周総理が病気にかかったと知ると、全国の人びとが八方手を尽くして、その病状を聞き出そうと躍起になっていた。上層部の情報筋と関わりのない私たちでさえ、総理が不治の癌にかかったと知って、数多くの奇跡を起こしてきた総理に、今度もふたたび奇跡を起こしてほしいと願っていた！　にもかかわらず、西花庁の七母につきっきりのあなたが、自分の伯父さんの病気が悪化しているのを知らなかったと？　それが最後になるかもわからない面会のチャンスを大事に思わなかったと？　なんだよ、主人の友だちにご飯を作るなんて。あなたは伯父さんに会いに行き、男たちには自分でラーメンでも作らせればよかったじゃない。それはべつに難しいことではないよね?!　ご馳走できなかったのは伯父さんに会いに行くためだと知れば、本当の友達ならけっして小言は言わなかったはずよ。たとえそのときは少しぐらい文句を言われても、あと

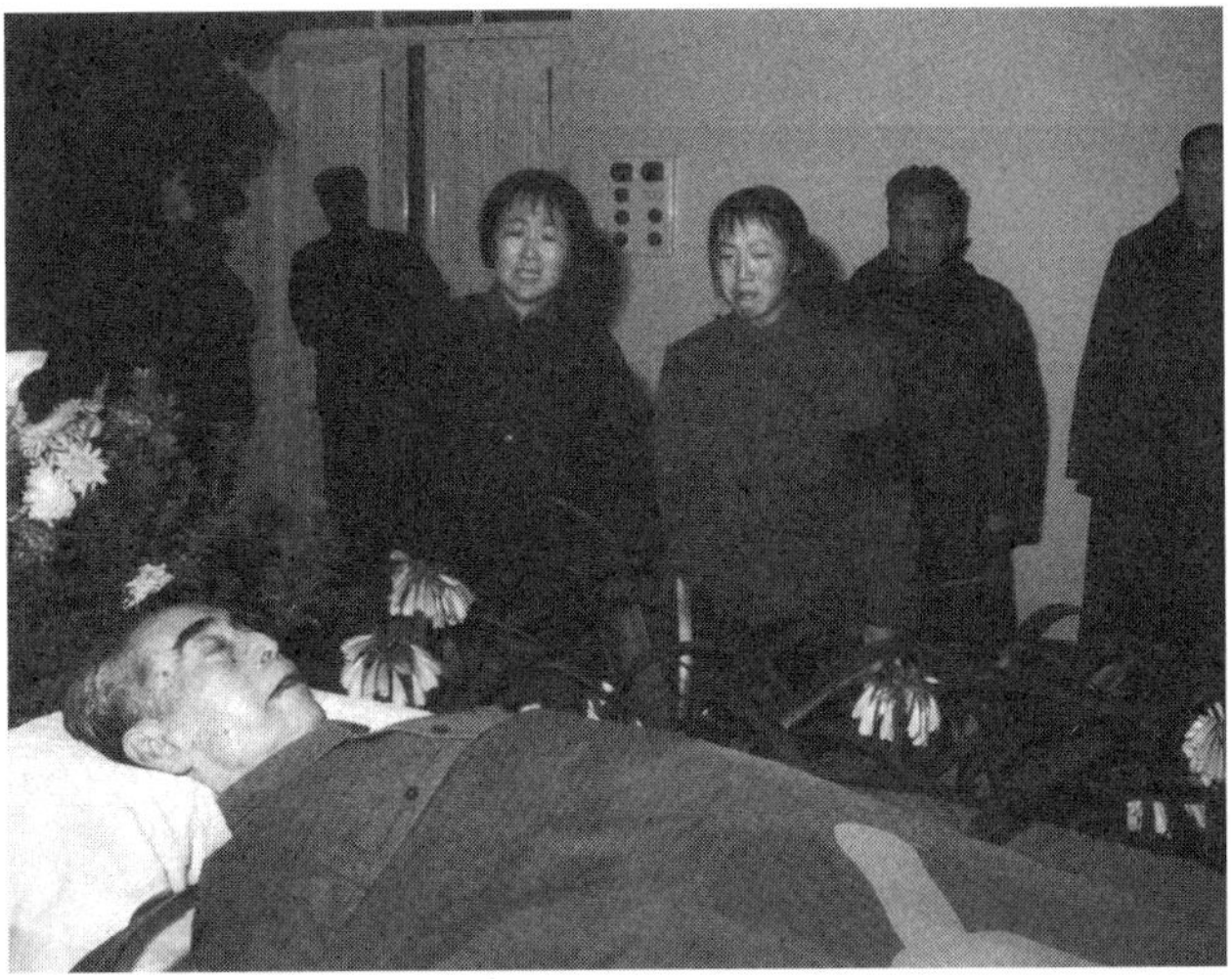

恩来伯父に別れを告げる著者と秉建。

で真実――あなたのいちばん親しい伯父さん、周恩来総理に別れを告げに行っていたと知れば、きっと理解してくれただろう。そうでなければ、人間味のあるいい友達とは言えない！」などと思わず口にした。

ごもっともな批判だ。長いあいだ、私はそのことを思い返すのを憚っていた。なぜなら、振り返るたびに、心に何千何万本の矢が突き刺さり、身体を刃物で剔られるように、うしろめたい自責の念に苛まれたからだ。とりわけここ数年、中央文献研究室編纂の『周恩来年譜』や、高振普《こうしんほ》衛士、張佐良《ちょうさりょう》医師らの回想を読んで、私は伯父により近づくことができたし、一九七四年五月三十一日に食事に誘ってくれたのも、写真を贈ってくれたのも、別れを告げる意味が込められていたことがわかってきた。その後の十数回にわたる手術のさいも、そのたびに彼はみなと丁重に握手をし、別れの挨拶を交わしていたという。伯父には、自分の病気が痛いほどわかっていたのだ。だから、彼は毎回のように、帰らぬ人になるのを覚悟したうえで手術台に上がっていた。しかし、そのときの私はなにも知らず、終の別れになるかもしれないというときにさえ呑気に振る舞っていた。けっきょく私は、ひとつまたひとつと取り返しのつかない過ちを犯し、この命が果てるまで自分を許すことができぬほどの痛恨を残してしまった！

骨に刻んだ教訓を汲み取り、永遠に消えることのない悔恨を肝に銘じ、一九七六年から一九九二年までの、伯母が生きた最後の一六年間、私は少しも油断せず、頻繁に彼女のもとを訪ねた。伯母の電話ひとつで、どんなに手が回らなくてもすぐに飛んでいき、できるだけのことをしてあげた。なぜなら、恩来伯父への懺悔を、穎超伯母にも繰り返すのはごめんだと、自分に言い聞かせていたからだ。

1980年冬、西花庁の穎超伯母を訪ねた著者。

手に抱えた鮮やかなバラの花びらとともに、伯母の遺灰を波の逆巻く海に撒くと、涙が頬を伝い流れ落ちた。私は心の奥で黙禱した。「七母、もし伯父さんに会えたら、私の恨みを、自分を一生許せぬほどの後悔の気持ちをどうか伝えてください。そして、いまの秉徳は、むかしのような馬鹿なまねをもう二度としない。秉徳はお年寄りを敬い、子どもを愛しみ、百倍家族愛を大切にしていると伝えてください！」

五　私は納得できなかった。忠誠を尽くした恩来伯父に対する、「矢も盾もたまらず権力を横取りしようとした」などという容赦ない批判に仰天した。癌を患った伯父は最初の手術から最後の手術まで、病状報告書すらすべて自分で書いていた！

歳月の流れとともに、恩来伯父のもとで働いていた人びとの両鬢にも白いものが混じるようになり、多くの人が古希を迎え、幹部休養所に入所し定年退職者の一員となった。しかし、強い責任感と使命感に駆られた彼らが、過去を忘れることは決してできなかったようだ。彼らが口頭で言い伝えたり、筆を揮って文字にしたりすることによって、人びとに知られていなかった伯父のことがつぎつぎと公表され、彼の内面に踏み込むチャンスを与えてくれた。私はその過程において、何度も激しく震撼し、伯父の栄光の背後に隠された苦労の重みを知らされた。

1971年9月13日の明け方、林彪副主席は毛主席暗殺計画が暴露し、逃亡を図ったものの、モンゴルのウンドゥルハーンで墜落死した。この「九一三事件」に対応するため、恩来伯父は三日三晩働き続け、党と国家を危険な状況から救った。これは伯父が事件解決にあたっていた人民大会堂の新疆庁内のオフィスである。

一九七一年九月十三日、林彪が飛行機で国外に逃亡した。この情報が確認されるなり、ミサイルで撃墜しようと提案する者があらわれた。しかし、毛沢東主席は首を横に振り、「雨は降るものだし、娘は嫁に行くものだ。好きにさせればよい」と言った。一方、伯父は林彪を乗せたトライデント機に向かい、「林彪副主席が国内のどの空港で着陸しても、この周恩来が迎えに行く」とメガホンで呼びかけた。この突発的な出来事に対応するため、彼は生活の拠点を一時的に人民大会堂に移し、三日三晩働きつづけた。ここで、あまり人びとに知られていないエピソードをひとつ紹介したい。林彪の逃走が悲惨な結末に

恩来伯父がつけていた記念バッジ。

終わり、彼がみずから滅亡の道を辿ったことを、駐モンゴル中国大使館が人を遣わせ、写真を届けて証明すると、空気が張り詰めていた東ホールは、ようやくいつもの平静を取り戻した。人びとは重荷を下ろして帰路につき、ホールには周恩来、紀登奎《きとうけい》だけが残された。しかし突然、大きな泣き声が、堤防が決壊したかのような勢いで、激しく響き渡った。これは長期にわたり抱えこんでいた重圧が限界に達し、ついに抑えきれずに爆発したものであり、心が張り裂けるほどの痛みをともなう慟哭だった。一瞬、紀登奎は呆気にとられた。もしその目で実際に見ていなければ、いま、こんな泣き声を出しているのが他のだれでもなく、壁に顔を向けて肩を震わせている周恩来だなど、とても信じられなかっただろう。ついさきほど、みなと同じように久しぶりの笑みを浮かべ、祝杯をあげて不幸中の幸いを祝っていた周恩来だ！　今日のように感情の制御を失った総理を、紀登奎ははじめて見た。あまりの衝撃に、いつも反応が敏捷で口の達者な彼も取り乱し、つっかえながら言った。「総理、総理、林彪らの墜落死は不幸中の幸いで、われらにとってはいちばんよい結果だと言えます。総理は喜ぶべきではないですか？」しかし、口に出すや否や、自分が先ほどの総理の話を復唱しただけであることに気づいた。周恩来が振り返ると、肩はまだ震えており、皺だらけの顔は涙にまみれていた。彼は首を横に振りながら、嗄れた声で繰り返した。「おまえにはわからない。おまえにはわからない。」

1964年10月、恩来伯父、毛沢東、劉少奇、朱徳はミュージカル『東方紅』に出演した役者たちと交流した。

中央に転勤して以来、紀登奎の目に映る周恩来は、いつもゆったりと落ち着いており、楽観的だった。事実、その通りだ。外見だけで見れば、総理は背丈も中ぐらいで、どちらかといえばスリムな体型と言える。彼の顔は典型的な江南生まれの人の特徴をそなえており、眉目秀麗で気品があり、〔古来美しさで知られる〕西湖のあたりの柳を重ね合わせずにはいられない。しかし、実際に彼のもとで働いていた人の話によれば、外交において一触即発の危機に直面したときでも、複雑に錯綜する党内情勢に巻き込まれたときでも、彼は悠揚迫らぬ態度で対処し、尽き果てぬほどの知恵と精力をもっていた！　彼はまるで困難を克服するためにこの世に生まれ、困難であればあるほど、危険であればあるほど、より力が湧き出し、アイディアがあふれ出るようだった。世の中に、彼の頭を下げさせるようなことはなにもなかった。この点で、切り立つ崖に根を下ろした黄山の奇松——美と力の完璧な融合を連想させずにはいられない。

「文化大革命」が終焉を迎えたのち、紀登奎はようやく周恩来の抱えていた大きな苦衷がわかってきた。長らく続いた残酷な動乱は党と政府、軍の古参幹部を壊滅に追い込み、そのため学校は休校し、工場は操業停止を迫られ、全国の草の根から上層部まで、難を免れた者はひとりもいなかった。劉少奇国家主席は「裏切り者、スパイ、スト破り」と決めつけられ、張霖石炭部部長は殴り殺された。どれほど多くの古参幹部が監獄に送りこまれ、どれほど多くの一般庶民が立場が違うというだけで酷い目にあわされたのだろう……そして、今度は、毛主席の「もっとも親密な戦友」と宣伝され、かつその後継者として党章にその名を書き込まれさえした林彪が、妻子を連れて海外逃亡を図り、けっきょくあれほど無様にその生涯を終えてしまった！　一国の総理として、「文化大革命」以来、党が犯したひとつひとつの過ちに、どうして彼が心を痛めずにいられようか！　劉少奇打倒と林彪擁立を主な功績として讃える「文化大革命」をどうして「良い」と言えようか?!　全国の党、政府、軍と国民に対し、彼はどのように説明すれば納得してもらえるのだろうか?!

毛沢東主席は度胸の大きな人物だ。彼は延安にいたころ、原爆を所有するアメリカと世界のあらゆる反動派を「張り子の虎」と一笑に付した。しかし、林彪逃亡事件が発生したさい、毛主席はもはや古稀をすぎた老人になっていた。この件で彼は大きな打撃を受け、ある意味ではこれが致命傷になったとも言える。

一九七二年十二月、人民大会堂の東ホールで会議に出席していた伯父が、ある電話に応答するために離席し、戻ってくると顔面蒼白になっていた。彼はいつもの落ち着きを失い、手を振って「散会、散会」と言いながら、小走りにエレベーターに駆けつけた。張樹迎衛士長が伯父を支えてエレベーターに乗せたところ、彼が身震いしているのをはっきりと感じた。「遊泳池に行くのだ。」その声も微かに震えている。張

1966年3月8日、河北省・邢台地区で大地震が発生した。その翌日、恩来伯父は絶えず余震が襲う被災地に赴き、被災状況を聞き、被害者たちを慰め、「奮起して富強を図ろう！　自力で立ち直ろう！　生産を回復し、故郷を再建しよう！」と激励した。伯父の右後ろを歩くメガネをかけた人物は伯父の衛士組長だった張樹迎、彼の後ろを歩くのは当時中央警衛局副局長を担当していた楊徳中。

樹迎の心をにわかに不安が掠め、きっと毛主席になにかあったのだろうと思った。案の定、遊泳池に行くと、毛主席の寝室は扉も窓も開けっ放しになっていた。ベッドに横たわる毛主席の顔色は青ざめており、唇が紫色に染まり、息をしているように見えなかった。張春橋《ちょうしゅんきょう》、姚文元《ようぶんげん》、江青らはすでにその場におり、距離をおいて冷たい目で見ていた。伯父が入ると、すぐに緊張して居ても立ってもいられない体の医師から状況を聞き出し、病状をはっきりさせると、痰を吸い取る吸引器を急ぎ調達してきた。痰を吸引すると、毛主席は顔にだんだん血色が戻り、大きく息をするようになった。しばらくたつと、目をゆっくりと開いた。これを見て、伯父は重荷を下ろしたかのように主席のそばに駆け寄り、主席の手を握ると、どっと目から涙を溢れさせた。彼は喉を詰まらせながら言った。「主席、主席、権力はまだ主席の手中にありますよ!」この言葉は、伯父のすぐそばに立っていた張樹迎の耳にしっかりと入り、彼は、「党内で毛主席の腹の中をいちばん読めるのは恐らく総理だろう」と感慨深げに言った。そしていまでも、「あなたの伯父さんは毛主席の地位をずっと守ってきた。主席を崇拝していたか、尊重していたかはともかく、所詮これは党のためなんだ! こんな大きな国には、やはり皆を束ねるリーダーが必要だからな!」と、情感をこめて私に話してくれるのだ。

一九七三年十一月、アメリカ大統領補佐官キッシンジャーとの会談を理由として、政治局拡大会議は二十日間にわたって、「もう待ちきれず、政権を乗っ取ろうとするつもりだ」などと、伯父を容赦なく批判した。さらに、江青は「これは第十一次路線闘争だ」と叫びちらした。

アメリカ人と会談するさい、伯父はまず毛主席の指示を仰ぎ、その後、会談の方案を持参し、毛主席に同意を求めるのが定例だった。しかしいちどだけ、会談を終えて朝七時のフライトで帰国する予定であったキッシンジャーが、五時ごろに西花庁に電話をかけてきて、議論したい問題がまだいくつかあると、周恩来に面会を求めてきたことがあった。それを受け、伯父はすぐに遊泳池に電話をかけたが、

1971年、恩来伯父はアメリカの国家安全保障問題担当大統領補佐官・キッシンジャーと極秘会談した。

「主席はもうお休みです」と言われてしまった。会わないわけにもいかないので、中央の精神に従ってやればよいと、彼は車で釣魚台に向かった。そのさい、会談の内容はすべて記録され、主席に報告された。ちょうど張樹迎が当番であった翌日の朝五時、哨兵から「王さんと唐さんが総理に会いがっている」という旨の電話を受けると、彼は急いで報告に向かった。文書の決裁に取り組んでいる伯父は目を下に向けたまま、「来ればよい。とりあえず客間で少し待ってもらいなさい。仕事がすんだらすぐに行く」と答えた。彼女たちが着いてまもなく、伯父は客間に向かった。彼女たちは手に昨日の会談記録を持っていたが、その記録のところどころに赤い線が引かれていた。

1972年、伯父さんは初めて訪中するアメリカのニクソン大統領を出迎えた。

王と唐は赤い線を引いた部分を一箇所一箇所声を上げて読み、そして、「総理はこのように言ったのですか？」と問うた。

対して総理は「そうだ。これは私が述べたことの記録だ」と答えた。

数時間後、彼女たちは暇を告げて西花庁をあとにした。

しかし、二日も経たないうちに、遊泳池から知らせが届いた。

「政治局会議の椅子の数を増やし、外交関係の人を多く出席させ、ともに議論しよう。」

その会議で、根本的な変化が生じた。それまでは、外交を議論するさいの政治局会議は伯父が主宰を務めていたが、そのときから、王洪文が指名されて会議を主宰するようになった。このことからも、伯父が審判を受ける側に立たされたのは明らかだった！

会議は人民大会堂の東ホールで開催されたが、交替で外で待機していた張樹迎と高振普も問題の深刻さをひしひしと感じていた。いつもの政治局会議なら、総理は会場の準備状況を確認するために最初に会議室に入り、そして会議が終わるとスタッフたちと世間話を少ししてから、最後に会場を出ていたものだが、それが一変した。つまり、他の者が席についてはじめて、総理の入場が許され、そして、会議が終了すると総理を最初に退出させたにもかかわらず、なかでは議論が続き、次回の批判方法が検討されていた。これだけではない。会場の外で他の首長を待っている衛士や医師は、もともと張樹迎と高振普とはとても親しく接して気を遣ってくれていたのに、今回は見知らぬ者でも見るかのように二人を避けた。

その後の二十日間、会議室は警備員の立ち入りが禁止され、スタッフは水を出すときだけ入場を許可された。ある日、スタッフの大劉が会議室を出て、給湯室でお湯を汲む張樹迎と鉢合わせると、苦痛に耐えきれなくなった彼は、ついに涙をこぼし、「あいつらはどうして総理にそんなことができるんだ！　あいつらはどうして総理にそんなことができるんだ！」とぶつぶつ漏らした。

また別の日は、会議がずいぶん長引いてしまい、伯父が心臓病の薬を飲む時間になってしまった。そこで、張樹迎はなりふりかまわず薬を持って会場に入った。片言隻語しか聞きとれなかったものの、会場に漂う張り詰めた空気は彼の心を痛めつけ、頭に血を上らせ、心臓をどきどきさせた。彼は自分の耳を疑っていたが、目の前に広がる情景はむりやり彼にこれが現実だと思い知らせた。出席者はみな口を揃えて声を荒らげ、険しい顔で総理と葉剣英を「権益を譲り、国を辱める投降主義」だの、「矢も盾もたまらず権力を奪取しようとした」だのと厳しく批判していた。江青、姚文元は「第十一次路線闘争だ」と提案すらした。

伯父は会議室を出るたびに顔を真っ青にして唇を固く結び、目つきは物悲しく、足取りもよろめいていた。多くの場合、張樹迎と高振普がそばに駆け寄り、両手を彼の脇に入れ、渾身の力でエレベーターまで歩く伯父を支えた。一日中伯父に付き添った二人は胸が刀でえぐられるような思いに苛まれ、「総理とともに監獄に入る」ことさえひそかに覚悟した。

「文化大革命」の初期に、古参幹部たちがあいついで逮捕され、吊るしあげをされていたころ、早くも伯父は玄関のあたりに鞄をかけ、なかに必要最低限の洗面用具を入れた。彼はきっと「もし逮捕され帰れなくなるなら、これを持って行こう」と覚悟していたのだろう。一九七三年十一月、不治の病に冒された伯父はよりいっそう心の準備をしていたはずだ。「伍豪事件」を利用し、劉少奇と同じように彼を裏切り者に仕立てあげようとする人たちがいる。仕事上のミスであれば、たとえそれが路線の誤りだとしても、認識の問題の範疇に入り、人民内部の矛盾として扱われるにとどまるが、裏切り者となれば、不倶戴天の敵対的矛盾として攻撃することが可能になるからだ！　それゆえ、名誉や私利をいっさい気にかけない伯父は、一九七五年のある手術のまえに、前投薬を飲んだあと、病室で中央宛の手紙を書き、手術室に入る直前に、震える手で「伍豪事件」に関するすべての史料に署名したうえで、期日を記入したのだった！

のちに、会議の参加者のひとりからこんな話を聞いた。当時、癌を患っていた総理は衰弱のために右手が震え、「手の震えが止まらないから、代わりに書いてくれないか？」と、むかしよく西花庁を訪れていたある女性に頼んだ。すると、ふだんは穏やかでにこにこしている彼女が、そのつぶらな目を見開き、仏頂面で叱責した。「どうしてですか？　私に報復でもするつもり？　批判の的はあなたなの、それとも私なの？　自分で書きなさい！」

一方、会議の出席者たちはだれもが意気軒昂とし、発言内容をかぎりなくエスカレートさせ、これでもまだ足りないと言わんばかりに批判しつづけた。何十年という歳月が流れたいまでも、私は目を閉じるたびに、あのときの伯父のつらそうな目つきが浮かび、病身の彼が耐えていた千鈞の重圧を感じるような気がしてやまない。

ある人物の話によると、江青らは周恩来を陥れるチャンスを得ると、釣魚台に帰るなりワインを開け、勝利を大々的に祝いあったそうだ。

『周恩来年譜』の記載では、周恩来を二十日にわたり批判したあと、十二月九日に、毛沢東は周恩来、王洪文とそれぞれ話し合いを行い、「今回の会議ではうまくやってくれた。ただし、二つの点で言い間違った。ひとつは、第十一次路線闘争というものだ。そう言うべきではないし、実際、そうではない。もうひとつ、総理は矢も盾もたまらず権力を奪取しようとしたと言うが、それは江青のほうだろう」と述べた。一方、常務委員を増やしたいという江青の意見に対し、毛沢東は、「常務委員は増やしたくない」と答え、江青らのさらなる企てを阻止した。

「四人組」が粉砕されてから、張樹迎が記者のインタビューに応じることはほとんどなく、とりわけ「文化大革命」のことに触れるのを嫌った。しかし、私にはその気持ちが痛いほどわかる。彼は二十八年近く伯父に仕え、側近として伯父を守り、苦楽をともにしてきた。とりわけ「文化大革命」にさいしては、伯父とともに必死に持ちこたえ、苦しみを嘗め尽くしたのだ。だからこそ、一九七六年一月十五日、彼は西花庁党支部代表に選ばれ、「人民の好きな総理」の骨壷を抱え、人民大会堂に足を踏み入れたのだ。また、その日の夜には、彼は激しく冷え込む高空の飛行機から、熱い涙を流しつつ総理の遺灰を祖国の大地に撒いた。それまで彼は、息苦しく胸が締め付けられるような感覚を覚えることがあったが、疲れが溜

（右）1976年1月8日、私の最も敬愛する恩来伯父はこの世を去った。穎超伯母は「党の人だから」というこれまでの原則に則り、葬式の執行を伯父が生前所属した党支部に任せた。写真は伯母が伯父に捧げた花輪を運ぶ張樹迎衛士（左側）と高振普衛士（右側）。（左）穎超伯母が伯父に捧げた花輪。

まっているのだと思い気にかけなかった。しかし、周恩来伯父をあの世に送ったあと、自分が心臓病を患っていることをはじめて知ったのだった。

伯父は自分の病気を掌を指すがごとく知り尽くしていた。初回の検査から毎回の手術まで、毛主席への報告書を書いたのはすべて彼自身だった！

厳密に言うと、伯父が膀胱癌と診断されたのは一九七二年の五月十八日だった。当時の慣例で、病気の実態をただちに「遊泳池」〔毛沢東の住居〕に報告しなければならなかったが、それに対する毛主席の指示はすぐに西花庁のオフィスに届き、「第一、治療をしないこと。第二、周氏と鄧氏に秘密にすること。第三、栄養を十分とらせること」という内容だった。汪東興がのちに解釈したところによると、「治療をしない」というのはすなわち手術をしないということ

恩来伯父が病床で仕事できるよう、伯母は専用のベッドテーブルを設計してあげた。

とだ。陳毅が癌にかかったさい、手術をしたら死んでしまった。謝富治も癌の手術をしたら死んでしまった。つまり、この病気にかかったら、美味しいものを食べて待つしかないというのが、毛主席の含みだった。

しかし、伯父の身体の強靭さをよく知る張佐良医師は、伯父の休息時間を確保し、薬を効果的に服用させるため、「聖旨に逆らい」、真実をありのままに伯父に教えた。言うまでもなく、中央で数年間働いた経験のある張医師は、毛主席の三つの指示には言及しなかった。

「林彪事件」のあと、病を患った伯父は依然として林彪の批判、幹部の解放、外賓の接待、契約の調印に全身全霊で携わり、血尿が検出された同じ年の八月四日、ようやく北京西郊外の玉泉山に行き、仕事をしながら五日間の休暇をとった。きつい仕事が毎日のようにのしかかり、伯父は一日に何度も血尿が出るようになった。そのつど、あまりの痛みにベッドを転げまわり、見ている医師は居ても立ってもいられず、血圧がゼロになるのをしきりに警戒していた。ところが、外賓の接待任務はあとを絶たず、多いときは一日に二、三回もあった。苛立った張佐良医師は、張春橋を見つけると「総理になにかあったら、おまえが責任を取れるのか？」と詰問したが、張春橋は口をへの字に曲げて、憎々しげに「周恩来が外賓を接待しないならば、その悪影響の責任をおまえが取れるのか！」と吐き捨てた。じつは、総理の意見に対する日ごろの彼らの態度を、張医師は嫌というほど知っていた――表だっては逆らわないものの、面従腹背もいいところではないか！　総理の任務の重要性をいまさらわざわざ強調するのは、総理の治療を妨害し、病魔を政敵排除の手段として利用したいからに他にならない。とはいえ、それに対して張医師に唯一できることは、伯父に正直に報告することだけだった。

彼の話を聞いた伯父の顔には、焦りや怒りはなかった。彼は落ち着きはらい、張医師に膀胱癌のステー

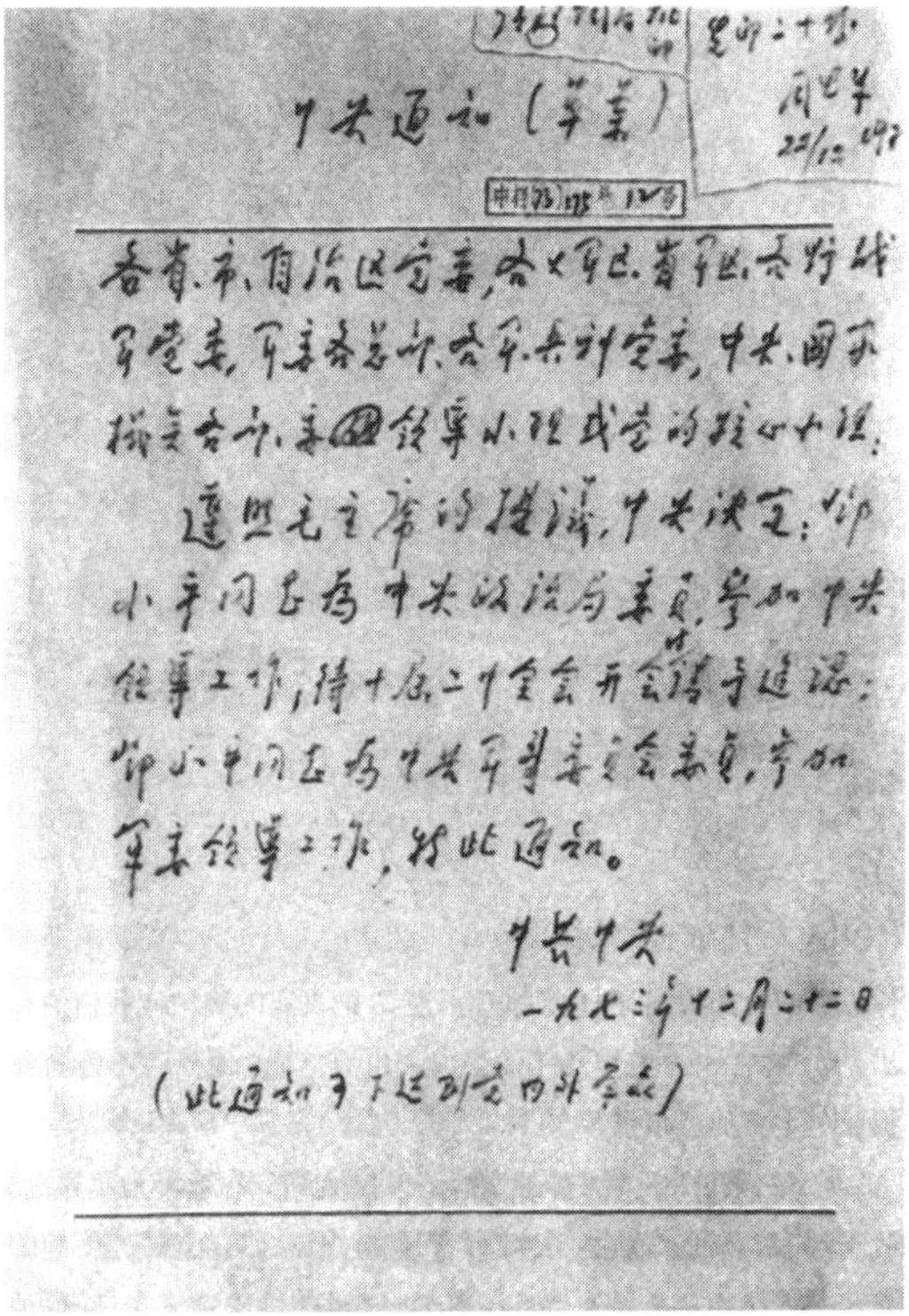
周恩来
22/12 1973

中共中央通知（草案）

各省、市、自治区党委，各大军区、省军区、野战军党委，军委各总部、各军兵种党委，中央、国务院各部委领导小组或党的核心小组：

遵照毛主席的提议，中央决定：邓小平同志为中央政治局委员，参加中央领导工作，待十届二中全会开会时予以追认；邓小平同志为中央军事委员会委员，参加军委领导工作。特此通知。

中共中央
一九七三年十二月二十二日

（此通知可下达到党内外群众）

周恩来の働きかけと毛沢東の提案によって、1973年3月、鄧小平は副総理に復帰し、12月に中共中央政治局入りした。これは恩来伯父が手ずから起草した、鄧小平を中央および中央軍事委員会の指導役とする中国共産党中央の通知である。

ジと治療法を詳述させ、他の指導者の病状を聞くがごとくいちいち入念に質問した。そして、話が終わると、彼は張医師にその内容を書き記させ、「対策を考えるにはこの病気を真に理解しなければならないからな」と言った。

一九七三年三月二日、伯父は葉剣英、張春橋、汪東興を呼びつけ、自身の病気の進行と検査、治療の方針を伝え、その三日後、毛主席に付き添って外賓と接見した葉元帥は、客を見送ったあと総理の病気の深刻さを報告し、血尿を入れた瓶を毛主席に見せた。これにはさすがの毛主席も驚いたようで、即座に検査と治療を許可した。三月六日、伯父は「遊泳池」の会議に出席し、会議が始まる直前に、ふたたび自分の病状および検査・治療のスケジュールを毛主席に手短かに報告した。このように、伯父はじつに彼らしいやりかたで、三月十日の検査治療のチャンスを手に入れた。

『周恩来年譜』の五八二ページをめくると、そこには伯父が玉泉山に検査を受けに行く前日、すなわち三月九日のことが記されており、彼は二つの重要なことを断行したとある。

第一、毛沢東主席に手紙を送り、鄧小平の党組織での活動と国務院副総理の職務回復に関する中央政治局での数回にわたる議論を報告した。そのなかで、「政治局は、中央が結論を出し、それを県、団レベルの党委に通達し、各レベルの党委が大衆に説明しなければならないと考えている」と提案し、「小平同志は北京に戻った」とも告げた。当日、毛沢東が「同意」と決裁したあと、周恩来はただちに汪東興にも伝え、かつ鄧小平の職務回復に関する中央の文書および添付資料を鄧小平自身に読ませ、意見を伝えた。十日に、中共中央は『鄧小平同志の党組織生活と国務院副総理の職務回復に関する中央政治局の決定』を発表した。

第二、中共中央政治局会議を主宰し、毛沢東の意見に基づき、年始以来の病気の進行状況を簡単に説明した。また、病気の悪化を防ぐため、検査と治療の具体的なスケジュールも報告した。そして、政治局に二週間の休暇を求め、かつ以下のことを提案した。自分が留守している二週間のあいだ、政治局会議の主宰と報告書の署名は葉剣英に、活動組織と宣伝の決裁および報告は江青、張春橋に、中

恩来伯父の遺骨を抱える穎超伯母。

央軍委事務の処理および報告は葉剣英に、国務院事務の処理および報告は李先念と国務院業務グループに任せる。また、幹部政策および幹部の進退問題は紀登奎、李徳生、汪東興などが対応しやすい順から立案し、政治局会議の議論を経て毛沢東に報告し、許可をもらうこととする。

翌日、政治局会議で議論した事項を毛沢東に報告すると、毛氏は「同意」と決裁した。

一九七三年三月十日は、一九七二年五月十八日に膀胱癌と診断されてから十か月を経て、はじめて対症療法が行われた日だった。この日から伯父は計十三回の手術を受け、毛沢東主席への報告書も毎回みずからの手で書き上げた。そして、手術が許可されるたびに、彼は仕事の引き継ぎをきちんと済ませ、自分が戻れなくなっても、中央政治局の仕事に影響が出ないようにした。

私は呉階平《ごかいへい》、卞志强《へんしきょう》と張佐良の三人の医師に生涯感謝している。伯父のために、人民の好きな総理のために、彼らは自身の安全を度外視し、伯父が手術を受けようとするころ、はやくも「電子顕微鏡検査で発見した原発巣をレーザーで焼き殺すことが可能であれば、許可を待たずにすぐ実行する」という「攻守同盟」を結んだ。というのも、癌治療は時間との戦いであり、発見と治療が早ければ早いほど、治療の効果が上がるからだ！　伯父が膀胱癌と診断されてからすでに十か月も経っていた。発見当初はまだ初期だったが、いまとなってはもはや一刻の時間も無駄にしてはならない！　総理の命を守るために、彼らは今回の「はじめて」をけっして容易に諦めてはならないのだ。

無影灯の下、電子顕微鏡を通して呉階平ははっきりと見た。総理の膀胱内の癌の原発巣は緑豆ほどの大きさしかなく、位置も有利で、レーザー治療の成功率は絶大なものと思われた。そこで、三人は無言のまま視線を交わすと、呉教授は潔くレーザー照射器を手に取り、電子顕微鏡を見ながら迅速に原発巣を破壊した！

いつも思うことだが、もし私心なく、伯父に真摯に向き合う三人の医師がいなければ、彼が三年近く生き延びることはできなかっただろう！

伯父は科学をよく信じており、ことに専門家の意見をとても尊重していた。飛行機に乗るさいに機長の指示に従うように、病気の治療においては、彼はいつも専門家の意見に耳を傾けていた。伯父は癌に苦しんだ三年七か月と二十日のあいだに、計十三回の手術を受けたが、いずれも医師の意見に従って行われたものだった。一方、医師たちも伯父に病状の真相を隠したことはなかった。だから、毛主席宛の伯父の報告はいつも正確に、詳しく書かれ、その冷静な記述はまるで自分ではなく他人の病状を語っているようだった。

もちろん、例外もあった。

一九七四年の年末ごろ、伯父の大便から潜血が検出され、ただちに治療を受けなければならなくなった。ところがそのとき、彼は第四期人民代表大会を目前に控えており、政権を「四人組」に乗っ取られないようにするために、長沙に赴き毛主席に報告を行わなければならなかった。そして、彼は医師に事情を説明し、「私が歴史の舞台に立ったからには、歴史的任務を全うしなければならない」と感慨深げに言った。

一九七五年十二月には康生が病気で他界した。それまで伯父に隠しごとをしたことのない医師たちと張樹迎、高振普ではあったが、今回だけは最初で最後と、真実を隠すことに同意した。彼らは伯父のために『人民日報』の一面トップであった康生逝去のニュースの記事を差し替えさせ、別の記事を印刷した。というのも、伯父は毎日のように『人民日報』を閲読しており、体調が悪いときは当直の張樹迎、高振普か、張佐良医師に読み上げさせていたからだ。しかし、康生の死因は伯父と同じ膀胱癌だった。もしこの病気

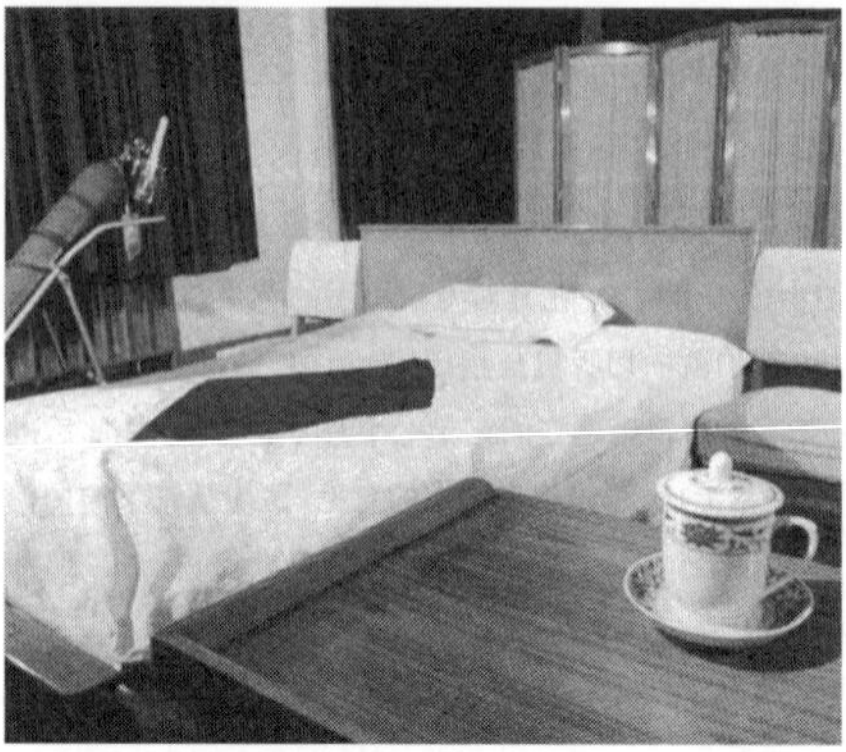

恩来伯父が入院していた三〇五病院の、質素ながらきれいに片付けられていた病室。

を知り尽くしている伯父がニュースを見て、悪い連想でもしてショックを受けたらと思うと、みなは心配でたまらなかった。実際のところ、その日、伯父は昏睡状態で、ニュースを読むどころではなかったのだが……

伯父が亡くなったあと、伯母は私にこう言った。「あなたの伯父は意志が強く、恐れることはなにもなかった。彼は自分の病状をはっきり把握していた。病状の分析、医療報告書、治療計画、毛主席への報告書など、すべて自分で目を通し、不適切なところを添削して主席に送った。しかし、九月二十日の手術（一九七五年）で癌の転移が確認された。そのときは、主席に大きな刺激を与えないよう、報告書はあえて見せなかった。」

一九七五年十二月末、伯父の生前最後の言動に関しては、中央文献研究室編纂の『周恩来年譜』には詳しい記録があり、これは私にとって永遠の思い出となった。

長年にわたって理髪をしてくれていた北京飯店の職員、朱殿華《しゅてんか》が何回も手紙をよこし、理髪を申し出ていたことを聞くと、総理は側近のスタッフに、「朱さんには二十年間お世話になった。いまの私を見たら彼はきっとつらくなるだろう。やはり来させないほうがいい。ありがとうと伝えてくれ！」と言いつけた。

また、葉剣英との話し合いでは、「闘争の方法を考えよう。なにがあろうと『奴ら』(四人組)に政権を奪われるわけにはいかん」と念を押した。

総理が病気に苦んでいるとき、つねにそばで介護していた鄧穎超は、「いざ闘わん、いざ奮い立て、いざ、あぁ、インターナショナル、我等がもの」と、『インターナショナル』を口ずさんだ。

重篤な状態になると、医師や看護師にこう言い付けた。「いまはまだ、癌治療のよい方法は見つかっていない。私が死んだら、解剖して徹底的に検査・研究してくれ。国の医学の発展に少しでも貢献できたら私としてもうれしいかぎりだ。」

一九五〇年代には、死んだら二人の遺灰は祖国の江河〔長江と黄河〕、大地に撒いてもらうこととし、鄧穎超とも合意して約束を交わしていた。また、葬儀については「できるだけ簡略にし、いかなる中央指導者の基準をも超えてはならない。特別扱いしてはならない」と鄧氏に伝えた。そのまえに、心から言いたいことはまだたくさんあるとも述べた。

病魔と粘り強く戦い、最後の時期にさえ、何度も毛沢東の体調を尋ね、ほかの中央指導者たちの健康も気にかけていた。また、覚えているかぎりの党内の指導者幹部、民主党派人士、高級知識分子、文芸界人士およびかつて側近として働いてくれたスタッフたちの境遇、行方に関心を寄せていた。

一九七四年六月一日に入院してから一九七六年一月八日に逝去するまで、大小かかわらず計十三回の手術を受けたのだから、四十日おきに手術を受けていたことになる。体力のあるかぎり、仕事は続けていた。そのうち文書決裁以外では、中央担当者との談話が一六一回、中央部門およびそれに関連する担当者との談話が五五回、外賓の接見が六三回、外賓の付添人との話し合いが一七回、病院で会議を主宰したのが二〇回、病院以外の場所の会議への出席が二〇回、他者を訪問したり、病院以外の場所で会話をしたのが七回だった。

不治の病に冒された重病人で、これほどまでに強い意志をもち、国家、民族の安定のため、人民の幸福のため我を忘れ、耐えがたい病気に苦しみながら仕事をし続けたような人が、はたして伯父以外にいるのだろうか！　一九七五年の八月、九月の間に、むかし伯父のところで働いていた喬金旺衛士がまた戻ってきた。彼を見た伯父の最初の言葉は、「喬さん、私は文化大革命にさんざんやられたなあ！」だった。「文化大革命」の十年間は、伯父の最後の十年であり、もっとも困難で、迷走し、痛々しくも栄光の極まった十年だった！　この十年のあいだ、彼は超人的な意志の力を発揮し、錯綜する複雑な情勢に身を置きながらも各方面の矛盾をうまく処理し、社会の安定を維持しつづけることで、深淵に陥る危機、崩壊の危機から中国を救ったのだ！

第九章　「家族を連れて無産階級に投降する」

1961年の正月、恩来伯父、穎超伯母は北京在住の親戚の一部と出張で北京に来ていた親戚を西花庁に招待した。

一　一九八二年四月十八日午後、まるまる十六年ぶりに父・同宇と母・士琴はふたたび西花庁に足を踏み入れた。このとき、恩来伯父の逝去からすでに六年が経っていたが、十八年前の夏、伯父が家族全員のまえで話す姿はつい今しがたのことのように思い出された。

一九八二年四月十八日は日曜日だった。その日の午後、北京に住む私たち姉弟五人とそれぞれの配偶者は、父と母に付き添い、楽しく語りあいながら西花庁を訪れた。前日の夜、穎超伯母が電話で誘ってくれたのだ。「秉徳、ここ最近は体調が少しよくなったから、お父さんとお母さん、そして北京にいる弟妹たちと彼らのつれにも声をかけて、明日はみな西花庁に集まろう。夕食もかねてゆっくりお話をしようじゃないか。」

「いいね！　楽しみだわ。すぐみんなに連絡するね。」

私は順番に連絡しはじめた。もちろん最初に連絡を入れたのは父と母だった。父は電話のなかで、「いいね、いいね！」とくりかえし、心からの喜びがひしひしと伝わってきた。

よぼよぼの父を支え、西花庁の裏庭に入るや否や、彼の体は小刻みに震え、足取りもあきらかに重くなった。「十六年もたってしまったよ……十六年もたった！　兄さん、会いにきたぞ！」と、にごった目に涙をためて、父はしゃべりつづけた。

胸がぎゅっと締めつけられるようだった。そうだ。おなじ北京城に住んでいるのに、「文化大革命」のさいに、父が逮捕された一件の結論がなかなか出なかったせいで、両親は十六年も西花庁に来られなかったのだ！

「ほら、七母が玄関で待っているよ！」いちばんまえを歩いている目ざとい小六〔秉建〕が言った。たしかに、身なりを整え、花柄のスカーフを巻いた伯母が、玄関でこちらに手を振っている！　弟と妹は母をつれて足取りを早めたが、父の足が不自由なので、私たちは遅れをとった。「秉徳、恩来が開いた家族会議はいつだっけ、覚えてる？」

「忘れるわけがないでしょう！　一九六四年八月二日、金曜日だったよ。記録をとっていたからね！」

時間がたつのは早いものだ！　数えあげればもう十八年前のことなのに、つい昨日のことのように思えてならなかった！

あの日の正午、西花庁は熱気につつまれた。応接間に周家三世代の十五、六人が一堂に会し、伯父と伯母、両親と爾輝の母親陶華《とうか》ら、やや年配の人びとがソファーに座り、われわれ姉弟五人（一番めの弟である秉鈞はよその地で兵隊になっていた）、従兄の周爾輝夫婦、周爾萃《しゅうじすい》と甥の周国盛《しゅうこくせい》、周国鎮は、背もたれの高い竹製の椅子を運んできて、輪をなして腰かけた。一方の私はいつものように、記録をとるのに便利な場所を見つけて座った。職業上の癖なのかもしれない。あるいは姉としての責任感に駆られていたのかもしれない。伯父や伯母と談話するさいは、いつも私が速記役を担当し、あとで整理してから弟、妹たちに書き写してあげた。

伯母は笑みをうかべて切りだした。

「今日は週末を利用して家族会議を開くことにしましたが、まず私が発言し、そのあとに恩来がみなさんに話すつもりです。」

「まずは家族関係について話しましょう。われわれの一族にはさまざまな関係が存在しています。父子関係、母娘関係、嫁と姑の関係、兄弟姉妹の関係、そして、党員団員間の関係、党員非党員間の関係。これほど複雑な関係をどんなふうに捉えればいいでしょうか？」

「みなさんは新中国の主人公であり、遠大な目標をもっているはずです。だから、家族関係についても閉じた箱として捉えず、新たな関係づくりに努めるべきなのです。われわれの家庭は、平等、民主、和睦、団結を重視しなければなりません。平等というのは、たとえば私は秉徳、小咪（秉宜）にとっては七母で、国鎮にとっては祖母です。しかし、私がみなさんに接するときは民主的な態度をとるし、みなさんも私の言うことをすべて聞く必要はない。これは年配の人たちが若者たちを尊重するということ。逆に、若いひとたちも年配の人を尊重し、正しいことはきちんと聞きいれ、間違ったときは喧嘩や口答えをするのではなくて、なにが正しいかをはっきりさせなければなりません。平等、民主は、年配の人を尊重しないこと、親孝行をしないことを意味するわけではないのです。さまざまな問題を解決するにあたっては、民主的な環境があってはじめて、家庭の仲は睦じいものになります。兄弟のあいだ、父子のあいだに認識のずれが生じるのはどうしても避けられないことです。でも、それはいずれも人民内部の矛盾であり、これらを解決するには、はじめから両方をまとめる立場に立ち、批判と自己批判を通して目的の達成を図らなければなりません。くりかえしますが、喧嘩ではなく、道理を説くのです。批判と自己批判をするときは、この新たな家族関係を基にしなければなりません。」

「つぎに、年配の人たちは若者たちに、労働の重要性を説かなければなりません。党員も、団員も、あるいはそのいずれにも属さない人も、だれもが労働を通して自身を鍛え、改造しなければなりません。労働で世界を造る、という道理をわきまえるべきです。」

「三つめは、党・団員と非党員・非団員の関係についてです。前者は家庭のなかで後者をまとめ、原則を堅持しつつ、両者の関係をうまく処理しなければなりません。自分が党員、団員だからといって、偉そうに振る舞ったり、一般大衆を馬鹿にしてはいけない。他人を助けず、むやみにレッテルを貼り、馬鹿にするのは間違っています。党員・団員たるものは人びとの模範としての役割を果たさなければならないのです。他人の成長を助けることなく、自分だけが進歩的になったところで、なにもできないでしょう？中国革命の成功は党員だけの力ではないので、一般大衆を馬鹿にしてはいけない。たとえば、小四〔秉華〕はいい子だから、彼がどんどん成長できるよう助け、善意をもって、党員・団員としての責任を果たすのです。」

「仲良くすると言っても、やはり原則は守らなければなりません。正しいことと間違っていること、良いことと悪いことをきちんと見極めるのです。そのうえで、他人に押し付けるのではなく、説得というかたちで、一回、二回、三回と何度も繰り返し、それで説得できなくても途中で諦めてはなりません。」

「四つめに、私たちの一族のなかの党・団員は、組織性、規律性をもって、他の者を牽引しなければなりません。」

「恩来は金曜日の夜、大学新卒者に向けて演説することになっていますが、先日、国鎮がそれを知り、私に電話して入場券を求めてきました。しかし私は、『あなたの職場に入場券が割り当てられたら行けばよい。なければ行かなくてよい。いずれにしても、親族のルートを使ってはなりません』と断りました。あとで小咪〔秉宜〕、爾輝、桂雲たちも行きたがっていることを成元功が聞いて、『総理オフィスの人たちも行くのだから、子どもたちにもチャンスを与えてください』と、私を説得しようとしてきたけれど、私はそれとこれとは話が別だと反発しました。オフィスの人たちが行くのは組織がそう決めたからです。でも、小咪、爾輝、国鎮たちは、弁士が彼らの伯父や祖父であることのみを理由に入場を許可されてはなりません。これは政治的活動であり、組織のルールに従わなければならないのです。もしこれが劇や庭園遊びなど、娯楽活動で、手元に入場券があるならば、あげてもよいのですが。」

1961年7月1日、恩来伯父と伯母は西花庁で周爾輝と淮安小学校の教師・孫桂雲の結婚祝賀会を開き、爾輝が所属する鋼鉄学院の上司も招待された。

「以上をふまえて、ここで宣言します。私たちは親族に国務院総理がいるからといって、いかなる活動にも参加できると考えてはなりません。困難なときは、私たち二人の給料を喜んで分け合え、支援するけれど、権力によって便宜をはかることはしないので、そのような特権の濫用はどうか諦めてください。われわれは家族関係を組織性、原則性ときちんと区別すべきなのです。それをごっちゃにしたら、かならずや大きな間違いを犯してしまうでしょう。家族関係は組織性、原則性に道を譲り、公私を混同してはなりません。」

「今日は仕事関係ではなく、プライベートな食事会なので、国家公務員の仕事をこれ以上増やすのは申し訳ない。だから、今日は私が指揮をとり、若者たち、子どもたちに厨房から料理を運んでもらいます。そして、食事後は、恩来がみなさんにわが家の歴史を語り、周家という落ちぶれた封建官僚の一族をどのように認識し、理解するべきかを話します。さあ、子どもたち、厨房に行きましょう！」

大きな食卓はたちまち人で埋まり、なにを食べたかこそ忘れたものの、とても美味しくほおばったことはいまなお記憶に新しい。伯母は「どんどん食べて、遠慮しないでね」とたえず声をかけ、三〇分もたたぬうちにみなのお腹はいっぱいになった。多忙な伯父のために、みなすぐに応接間の席に戻ると、伯父が口を開くのを待った。

いつもの癖だが、伯父は両腕を胸のまえで組み、応接間をゆっくりと行ったり来たりした。秉宜のまえに来ると足を止め、清らかな淮安訛りで尋ねた。「小咪、わが国の面積がどれぐらいか言ってごらん。」これを話の切り口として、みなの注意を引きつけた。

周爾輝の妻、孫桂雲《そんけいうん》が咄嗟に答えた。「九六〇万平方キロメートルです。」

「おまえは小学校教員なんだから、知ってて当然だよ！」

伯父は孫桂雲のほうを振り向き、続けて聞いた。「では、一平方メートルは何ムーですか？」

「それは……」孫桂雲の顔がさっと赤くなった。

伯父は、孫桂雲を困らせる気はない、といったそぶりで視線を彼女から外し、秉宜に続けて聞いた。

「小咪、おまえと国鎮はどういう関係？ どの世代に同じ祖先をもつのか、わかるかな？」

「わかりません。」小咪は首を左右に振った。

そして、伯父は振り返ると、こんどは秉華に尋ねた。「小四、おまえと爾輝、爾萃はどういう関係だい？ どの親戚を同じ祖先にもっている？ 私の父親とおまえの父親は同じ人物かな？」

「わかりません。」秉華は正直に答えた。

「それもわからないのか？ 知っているはずなのになあ。」

少し意表を突かれた様子で、伯父はうしろを振り向き、背もたれの高い竹製の椅子に腰をかけると、ゆっくりと、しかし単刀直入に語りはじめた。

「私と同字、爾輝の父親（恩碩、字は潘宇）は同じ祖父を持っている。私たちの世代を年齢順に並べると人が多すぎるから、関係を整理するのが難しい。祖父の名は攀龍《はんりょう》、字は雲門だ。この名には、科挙に合格してほしいという封建的な希望が含まれているけれど、実際に秀才に合格したか、挙人に合格したかまでは私も知らない。彼の下には四人の息子がいて、娘はいなかった。息子のほうを同世代の親戚の年齢順に数えると、四番め、七番め、八番め、十一番めだ。私の四番めの伯父、貽賡（後に曼青）には子どもがいなかった。七番めの劭綱《しょうこう》（貽能）には三人の子がいて、それが博宇、同宇と私だけど、八番めの叔父、貽奎《いけい》の子は潘宇ひとりだけだ。十一番めの貽淦《いかん》にも子どもができなかった。」

「曾祖父光勳公、号して樵水《しょうすい》、この名はまあまあだな。農業に従事するという意味で、正真正銘の紹興人だ。紹興には彼の墓（祖父の攀龍の代に淮安に移り、そこで没した）がある。数年前、紹興県から手紙が届き、光勳公の墓を建て直すか、地下深く埋め直すかと尋ねてきた。一九三九年、私が新四軍で敵と戦ったさい、紹興を通りがかり、家に帰ったことがあった。家の住所は紹興保佑橋百歳堂（十世代上のある先祖が百歳まで生きたから、そこに記念堂を建てて現在に至るが、彼らはそれを修繕しようとしたのだ）だ。一九三九年、ある同族の人物（だれだったかは覚えていない）が系譜図を私に見せてくれた。その系譜図には私の名前も書いてあり、四番めの兄、恩夔の名前も載っていた。きっと六番めの伯父の嵩堯《しゅうぎょう》が紹興に帰ったさいに書き加えてくれたのだろう。その同族の人は私を小舟に乗せ、曾祖父と他の同族の人びと十数人のお墓を見せてくれた。墓は外凰山の上にあって、墓参りもした。ちょうど統一戦線を張るころの話だから、墓参りをしておかないと共産党は祖先を敬わないなどと言われるおそれがあったからな。」

「土地問題はかならず解決しなければならない。中国には六、七億もの人口があるのに対し、耕地はわずか一六、一七億ムーにとどまっているから、一人当たり二、三ムーの耕地しかないというわけだ。今後、人口が多くなるにつれて、一人当たりの面積がますます狭まっていく。ここに二つの道がある。ひとつは単位面積当たりの生産高を上げること、ひとつは都市部の人たちの生産を増やし、利用可能な土地から食品を補充することだ。国の食料不足は改善しなければならないが、密輸や不当に高い金額で売るのを許してはならない。爾輝、孫桂雲、おまえたち共産党員がよい模範になるんだぞ。樵水曾祖父の墓は、手紙によればすでにぼろぼろのようだが、彼らは取り壊すのではなく、建て直すつもりでいたようだ。それに対して私は、建て直してはならないと答えた。取り壊すならまだしも、建て直すのは絶対に禁止だ。たとえ建て直したとしても、こちらが代金を支払ったうえで、やはり墓じまいするだろう、と。もちろん、この問題を私ひとりで決めるわけにはいかない。紹興に行く機会があれば、同族の人たちと会議を開き、墓じまいを検討したい。」

1939年、紹興大禹陵廟の石碑の前に立つ恩来伯父。

「祖先の墓は紹興にあるうえ、紹興の系譜に私の名前がある以上、自分を紹興人と認めざるをえない。しかし、淮安で生まれ育って、淮安方言でしゃべっているからには、淮安人だとも認めなければならない。だから、私はいつも、原籍紹興、淮安生まれ、浙江省人と自己紹介してきたし、この出生地の問題にはかなり悩まされたものだ！」

「紹興人を名乗っているのは、祖先の墓や系譜のためだけではなく、なによりも私たちの封建的家庭の根が紹興にあるからだ。封建的家庭の基盤はなかなか頑丈なんだ。私たちの考えかたや生活習慣に深く浸透しているから、その根をきれいに掘り起こさないかぎり、いつまでたっても思想的に自覚を高めることができない。」

「私たちの一族は土地を持っていなかったのに、なぜ封建家庭だと言われるのか？　むかしの紹興人はなにをして食べていたと思う？　ひとつは土地、もうひとつは紹興師爺《しや》になることだ。師爺という職業はすごかったんだぞ。県知事に意見を出す役割で、いまの秘書にあたる。県知事は二人の師爺を登用するのが一般的だったが、ひとりは税収担当で、滄州出身の人が多かった。もうひとりは裁判を担当し、このポストには紹興出身の者が多かった。どちらも甘い汁を吸える役職だ。だが、紹興師爺組合は師爺業界を独占していたから、全国二千余の県には、紹興出身の師爺が圧倒的に多かった。県の上の府もそうだったが、県から届く訴訟は、紹興師爺が担当していなければ、とても勝つことができなかった。師爺になった者はみな汚職に手を染め、清廉といわれる者でも、横領した金額がやや少ないだけで、私腹を肥やしていることにまったくは変わりはなかった。紹興出身の者はよそで師爺をして、十分なお金を稼いだら帰郷して土地を買い、農民を搾取した。もちろん、よそで南方の品物を販売する商売を始め、ビジネスで庶民を搾取した者もいた。」

「曾祖父は五人兄弟で、全員蘇北に引っ越した。一番上〔駿侯〕、二番め〔駿昂〕、三番め〔駿聯〕と四番め〔駿龍〕は県知事を経験しており、五番め〔駿龐〕は経験していない。私の祖父は四番めだ。紹興師爺から県知事まで上りつめたが、けっきょく官僚になっても人びとを搾取するだけだった！　とはいっても、土地を買えるほどではなかったから、おそらくひどい搾取はしていないだろう。彼は淮安駙馬巷の屋敷を一軒残したが、その屋敷さえ私の二番めの祖父と共同出資するかたちで購入したそうだ。」

「私の一世代上の人たちは、紹興師爺に弟子入りして学んだことがあったが、二番め〔貽康〕と六番め〔貽良〕の伯父以外、だれひとりろくな成果を上げられなかった。その後、六番めの伯父は科挙試験の郷試に合格し、師爺となって、袁世凱の秘書も務めた。彼は中南海で仕事し、たくさん儲けて、妾も二人いた。

恩来伯父の出生地、淮安駙馬巷の居室。

その息子の恩夔といったら小さいころから勉強ぎらいで、一日中騒ぎを起こしてばかりで、他人を罵ったり、いじめたりして悪事をさんざんやらかした。彼は子どもを十人も産んだが育てあげることができず、父親に頼りきりだった。封建家庭というものは、簡単にお金を手に入れられたから、子どもの躾けをついおろそかにしてしまうんだ。」

「私の父親は四人兄弟だった。同世代の人を年齢順に並べると、そのなかの四番め〔貽賡〕、七番め〔貽能〕、八番め〔貽奎〕、十一番め〔貽淦〕になる。でも、八番めの叔父は足が不自由で、十一番めの叔父は結婚して一年で亡くなってしまった。十一番めの叔父と叔母はどちらも寅年生まれで、二十歳のころ、当時一歳だった私を養子にした。それで、兄弟のなかでは四番めの伯父だけが東北で課長まで昇進し、出世した。一方、七番めの私の父親は能力が足りず馬鹿正直で、お金を稼ぐこともできなかったから、家が落ちぶれてしまった。私

「周恩来幼少期の読書処」、淮安の母方の祖母の家。

が物心のついたころには、家は傾いていた。」

「はっきり言えば、私たちの家は落ちぶれた封建官僚制の家庭だ。土地はないし、屋敷があったところで貸し出してもいない。」

この歳になって、私は、周家がこれほどまでに大きな一族であることをはじめて思い知らされた。

伯父は水を一口飲んで喉を潤すと、話し続けた。

「私の外曾祖父〔母の父の父〕の苗字は万、江西出身の張勳参謀長とは同族だ。外曾祖父の万青洗《まんせいせん》は淮陰（清河）県で知事、淮安知府を三十年ほど務めたが、そのあいだ、彼のことを高く評価しない者はいなかった。ひとつの誤りも犯さなかったし、罷免されたこともなかったのがそれを裏付けている。彼には妾がひとりしかいなかったが、息子を十八人、娘を十四人産んだ。体がとても丈夫で、九十歳余まで生きた。子どもたちのなかで、彼がいちばん気に入っていたのが私の母親——万十二姑と呼ばれた十二番めの娘だった。母親のあだ名は冬児で、小さいころから明るく活発な人だった。上流貴族の娘であるにもかかわらず、気取ることなく、纏足も嫌っていた。外曾祖父がよく彼女を外に連れ出し、さまざまな催しや儀式に参加させていたからか、のちに人づきあいが器用で、交際上手な人物に成長した。母は十一、十二歳ごろから纏足をした。」

「万家は淮陰河の北に沿って十里にわたる石造りの街に立派な屋敷を持っていた。部屋は九十間ありで、中庭もいくつかあった。」

「両親はいずれも封建官僚家庭の出身だが、私が生まれたときには、両家ともに落ちぶれてしまっていた。」

「一世代上の四人兄弟のうち、十一番めの叔父が若くして亡くなり、さらに私の父と四番めの伯父は故郷を出たから、家には八番めの叔父だけが残された。しかし、彼は足が不自由なせいでなにもできなかった。私が七歳のとき、四番めの叔母がなくなり、九歳の頃、さらに実の母と十一番めの叔母も亡くなった。それで、私たち兄弟四人は八番めの叔母のもとに身を寄せ、屋敷を抵当に入れ、金目のものを質屋に持ちこみ、借金をしたり、四番めの伯父がときおりくれる仕送りを頼りにしてしのいだ。これほど窮屈な状態なのに、それでもなお、見栄をはらなければならなかった。満足に食べることすらできないのに、毎年かならず、親戚に誕生祝いの贈り物を送らないわけにはいかなかった！　私はそんな見栄っぱりなやり方は大嫌いだった！」

恩来伯父の継母・陳三姑の肖像画。

「小さいころ、私は二つのことが気に食わなかった。ひとつは落ちぶれているのに見栄をはること、もうひとつは宝くじを買うことだった。宝くじは本当に最悪だ。射幸心を煽って人をだめにするからだ。口にするだけでうんざりする。いま、私が禁止令を出しているのも、旧社会の宝くじに報復するためだ。」

「私の親父は十八番めの叔父と一緒に一等賞金一万元の宝くじを買い、母親に保管させていたが、その番号を親戚のひとりに知られてしまった。当選番号が公表されると、一等賞が当たったことを知ったその親戚は、当選したかどうか確認してあげよう、と言って宝くじを騙し取ろうとした。でも、頭の回転の速い母親はこっそりすり替えられるのではないかと疑い、あえて渡さなかった。その後、自分で確認したところ、まさかの大当たりだったというわけだ！　目がくらむほど気持ちがはずんだ彼女の頭にまず浮かんだのは、遊び、見せびらかすことだった。賞金をもらうには、武漢まで船でいかなければならなかったから、途中で道草を食い、存分に遊んだ。母親は贈り物を選んだり、毛皮の服やレコードプレイヤーを買ったりして、見栄をはるのにすっかり慣れてしまった。体面を気にする彼女が遊びと買い物にかけたお金だけで、すくなくとも五千元の半分ほどはなくなってしまった。つづいて、債権者たちが聞きつけるとあいついで借金の取り立てに現れ、親戚や友達もお祝いに来た。彼らが自分の家で、食べたり飲んだり物を勝手に持ち去ったりするのを見て、重圧に耐えられなくなった母親は実の母の暮らす淮陰に一時的に身を隠すことに決めた。それで、父親と母親、私たち兄弟三人と十一番めの叔母の六人は外祖母の家（恩来伯父が生まれたときに外祖父は他界した）に移った。しかし、外祖母の家にも人は多く、ついい最近莫大なお金を手に入れた私たちが居候しては迷惑をかけてしまうので、さらに西の陳家花園に移り、そこで一年ほどすごした。その屋敷には部屋が十四間あったが、父親の給料は月に十六元しかなかったので、お金をすぐに使い切ってしまった。他人の紹介で父は湖北に出稼ぎに行き、私たちは借金で食いつなぐ生活を強いられるようになった。」

「母親は過労と憂鬱のために、肺結核にかかると半年後、父と再会する機会もついに得られぬままこの世を去った。母が亡くなったあと、十一番めの叔母は私に、彼女も長くは生きられないだろうと告げた。ほどなく、彼女も亡くなった。一年のうちに二人の母を亡くした私は、たいへんなショックを受けて、どうしても忘れられなかった。当時私は九歳だった。母親の棺桶は借金をして買ったもので、クスノキ製のかなり良いものだったが、それでも外祖母は七層の漆だの五層の麻だのさまざまな要求をし、九歳の私は借金のために懸命に奔走した。だが、十一番めの叔母が死んださい、養子の私をどうするのか、と人に聞かれるとさすがの外祖母もこんどは黙ったので、私は棺桶を買い、淮安に運び、義父（十一番めの叔父）と合葬することにした。」

「大当たりなんてしょせん束の間の夢だ。まだ幼かった私は、現実を目の当たりにしても、なぜ当たるまえと当たったあとの生活がこんなに変わってしまったのかを理解できなかった。だから、私は宝くじにはいちばん反対だ。」

「二人の母親が亡くなったあと、私は博宇と同宇を連れて淮陰から淮安へ戻った。借金まみれだから、ともすれば取り立て人に追われることもあった。しかたなく、私は金になる物をすべて質に入れて借金をして回った。質屋に行くと、まわりの人にあざ笑われたりもした。だから、私は小さいころからずっと、この浮世の残酷さと冷たさを嘗め尽くしてきたんだ。十歳から十二歳まで、私は二年間、一家の主人を務めた。壁に一枚の紙を貼り、そこに親戚の誕生日と祭日をすべて記入していた。その日が来れば借金をしてまでも贈り物をしなければならなかったし、すべての家々を回り、地面に頭をつけてお辞儀もしなければならなかった。とりわけ外祖母の家に行くときには、十五キロ歩いたうえに船で河を渡る必要もあり、ご飯もろくに食べられないのに、そんな見栄をはらなければならないなんて、一家の主人とは本当に難しいものだ、と痛感させられた。」

「十二歳のとき、四番めの伯父が私を東北に迎え、学校に通わせてくれた。十二歳までの私が受けたのは正真正銘の封建教育だった。家に先生を呼んでいたが、その謝礼すら借金で賄っていた。先生は自身の秀才試験のことで頭がいっぱいで、私たちのことなどまったく気にかけていなかった。だから、私の知識

1990年10月、著者は遼寧省鉄岭市で、恩来伯父が東北に来たあとに初めて通った場所「銀岡書院」を見つけた。

は小説から学んだことばかりだ。幸いなことに私の育ての母、つまり十一番めの叔母は字が読め、詩も書けたから、よく詩の鑑賞のしかたを教えてくれたり、小説を読ませてくれたりした。小さいころ、博宇はいたずらっ子で、私よりひとつ下なのによく私をいじめていた。ある日、彼が刀をもてあそんでいると、刀が私の目の下をかすめて落ち、あやうく目を傷つけるところだった。それ以来、母は私を部屋のなかに閉じこめ、本を読ませたり、詩を暗唱させたりして、片時も目を離さなくなった。そのように過保護にされたせいか、私は病気がちになった。」

「体が丈夫になったのは、東北で四番めの伯父と一緒に暮らすようになってからだ。東北に暮らすことには、二つのメリットがあった。ひとつは、東北の学校では、季節にかかわらず毎日屋外で運動をしなければならなかったから、体がしだいに丈夫になった。それに、コーリャンのご飯を食べはじめ、生活習慣も一変した。もうひとつ、私は東北で、友達を作ることを学んだ。南方から来た私は、訛りが強いせいで南蛮子と呼ばれ、クラスメイトに軽蔑された。彼らは毎日のように私を殴り、いじめた。年上の子にズボンを脱がされたうえで殴られることもあった。こうして二か月間殴り続けられ、窮地に追い込まれた私は友達を作るという作戦に出た。彼らが殴りかかってきたら、こちらも一丸になって相手をし

（左）瀋陽で学んでいたころの恩来伯父。（右）1910年から1913年まで伯父が通っていた奉天第六両等小学堂（後に瀋陽関東模範学校に改称）。ここで伯父は「中国復興のために勉強する」と、意気込みを述べた。

たので、彼らもついに足がすくんでしまった。東北での生活は私にとってよい勉強になった！」

「私は封建教育、資本階級教育の両方を経験した。封建教育に対しては、私はたいへん反感をもっている。あの時代、だれもがいたるところで体面を重んじ、不労所得を夢見て、借金まみれにもかかわらず体面を保つために見栄をはっていた。ふりかえれば、封建家庭にはまったくよいところがなかった。ただし、私を育ててくれた母のことだけは、やはり懐かしく思う。その後、四番めの伯父が私を故郷から送り出し、中学校に通わせてくれた。最初は自費で一年間勉強したが、のちに成績優秀と認められ、公費を支給された。五・四運動のころになると、私は家族についての理解を深め、それを切り離そうとした。その後、日本とフランスに留学できたのは、クラスメイトや先生の支援のおかげであり、自分自身の努力の成果でもあった。そして入党すると、家庭を巻き込まないように、私は家との連絡を絶った。だから、一九二八年、モスクワの『六大』に参加するために大連を通りがかり、日本の憲兵に尋ねられたとき、私は東北の吉林の周蔓青叔父（母方）に会いに行くと答え、伯父（父方）のことは言わなかった。」

「私は二十四歳で入党した。(33) そのまえに資本階級の愛国思想教育を受けていたので、古い家庭にいては、どれだけ努力しても無駄だということがわかっていた。だから、そこから抜け出すさいも、少しも名残惜しいとは思わなかった。しかし、私は伯父には反感をもっていないし、父に対してもただただ同情するだけだ。だから、はばかることなく吉林の四番めの伯父に会いに行った。彼は私のことを絶対に裏切らない。家庭に対して、このような考えかたに至ることができたのは、一歩一歩しっかり歩んできたからだ。」

「周家の物語はここまで。来週の金曜日にまた話を続けよう。」

「伯父さん、来週はなにを話してくれるの？」ノートを置き、私は尋ねた。

「穎超によると、おまえたちは五つの難関の突破という私の大学生向けの講演を聞きたいらしいな。七母が承諾しなかったのは正しい。なにごとも組織のルールに従わなければならないからな。来週はおまえたちのためだけに講演をするよ。おまえたちにとっては、いわゆる水に近き楼台は先ず月を得るというやつだが、私にしてみれば自分の義務を果たすだけだ！」

「やった！」みな歓声をあげ、このような幸運に恵まれたことを誇りに思った。たしかにあのころ、私たちは総理の伯父がいるからといって、生活上や仕事上で特別な待遇を受けようとはしなかった。ただし、政治的な面では伯父の関心と支援を期待していたのは事実だ！　というのも、彼はあまりにも忙しく、このように一、二時間にわたって家族と話す機会などほとんどなかったからだ。

つぎの金曜日、すなわち一九六四年八月九日に、先週とまったく同じ顔ぶれの十四人がふたたび集まり、みなで昼食をとったあと、一時二〇分ごろ、また西花庁の応接間で、それぞれの席についた。

白い半袖シャツを着た伯父は、瞳を輝かせ、リラックスした様子で竹製の椅子に腰を落とすと、なんの前触れもなく、本題に入った。
「先週は一族の歴史を少し話したが、今日はべつの話をしたい。五つの難関を突破する話だ。だが、こんにちの五つの要害は、むかしの五つの要害、つまり関羽が突破した五つの要害とは異なる。あくまで言葉を借りただけだ。」

1963年の国慶節、家族全員を収めた記念写真。前列左から秉建、母・王士琴、父・周同宇、秉和。後列左から、著者、秉華、秉鈞、秉宜。

「まず、思想という難関だ。思想とは人びとが頭のなかで考えていることだ。しかし、なにを考えているかが大事なのだ。もし間違ったことを考えていたら、思考回路が外れていたら、どうする？　みずからひとつひとつ実践し、経験してはじめてわかるようになるのだ。もちろん、経験すればすぐにわかるともかぎらない。さらに、人びとの考えている内容は同じではない。共産党員のあいだでも、まったく同じとは言い切れない。周秉徳と周恩来の思想は同じだろうか？　まったく同じではない。世界観もそれぞれ異なっている。秉徳に、地球の外にはなにがあるか、と聞いても答えは出ないだろう！　それは未知数であり、まだ人間には知られていないのだ。しかし、陶華（伯父の従弟、潘宇の妻）に聞けば、菩薩、天老爺[34]、玉皇大帝[35]と答えるかもしれない。これがいわゆる思想の違いというものだ。この世には未知数のものがあまりにも多いし、すべてが理解し尽くされたわけではない。地球の外はなにがあるか？　そこは未知数で、宇宙船すら辿り着けない場所だ。われわれは研究し、模索し続けなければならない。しかし、一部の者は手間を省くため、あるいは迷信を信じているから、神様だとか玉帝大帝がいるなどと、好き勝手に言いふらしている。これが唯心論だ。では、それら未知数のものとは、いったいなんなのか？　このような、われわれが解決できない疑問は、次の世代に解決してもらえばよい。つまり、われわれはできるかぎりのことをしたうえで、解決しきれないこと、認識しきれないことは次世代、さらに次世代の子々孫々に、受け継いでもらうのだ。世界は果てしなく広がり、解決しきれない、認識しきれないことはいくらでもある。だからこそ、われわれには仕事が永遠にあるのであり、これこそが唯物弁証法の観点だ。」

「われわれのあいだでも問題への見方はさまざまだが、陶華との差がいちばん著しい。少しはわかっている者もいるが、それでも一つ二つのことに関してわかっているだけで、すべてがわかっているわけではない。ひとつのことを正しく理解してから、正しい態度をとるのが一般的なやりかただ。共産党員、年配者はこの意味で、正しい言動をとる者が多い。私はまあまあ年をとっているが、やはりたえず自分を高めていかなければならない。死ぬまで生き、死ぬまで実践し、死ぬまで学び続け、死ぬまで自分を高め続けると、私はいつも口にしているが、まさにその通りだ。これまで社会の現象を観察したときにも、また政治のことを見たときにも、間違ったことはそれなりにあったからな。」

「思想上、われわれと相反するような者、唯心論的で、主観的な者がこの家にいないとは言い切れない。汚職したり、労働改造所に入れられたり、悪事をやらかした者さえいる。彼らは環境に悪い影響を受けたのだ。そのような人たちが更生するには、社会、大衆の教育と影響が必要だが、なによりもみずから努力しなければならない。」

「だが、やはりせめて身内の者は思想が一致していてほしい。この家には、三種類の人がいる。第一種の人は、自分で環境を作ることができないから、私たちの手助けが必要になる。たとえば、陶華がまさにそうだ。駙馬巷周家の庭でお年寄りと昔話ばかりしていてはいけない。自分の輪を広げ、労働者、農民、職人たちと交流し、新しい話題を探し、新しい人と出会いなさい。息子とその奥さんは共産党員なのだから、自分のお母さんを外に連れ出し、世間の珍しい話でも聞かせてあげなさい。さもなければ、となりのお婆さんたちといつまでも昔話を続けるぞ。好漢は当年の勇を語らず〔優れた人物は昔話をもちだして自慢しない〕、周家の者は過ぎ去ったことに縛られてはならない。」

「第二種の人は、みずから環境を作ることができる。同宇同志は退職して一年になるが、退職時に、私は彼にこんなふうに言った。いまは半日制の小学校が多くなっている。子どもたちは家に帰ると野放図にふざけ、ぎゃあぎゃあと騒いだりしてとても見ていられない。おまえは国家の退職金をもらっているのだから、人民のためになるようなことをすべきだ。たとえば、子どもたちを集めて、一緒に勉強したり、なんらかの活動に参加してはどうだろう。われわれは子どもたちの態度をあらためさせなければいけない。それに、一日に二時間ぐらいを子どもたちのために割いて義務を果たし、それからみずからの役割を果たしても、大きな負担にはならないだろう！　おまえは私の実弟だから、模範となるような行動をすべきだ。みずからそのような条件を設け、義務を果たしてほしい。まずはひとつ、具体的なことからその決意を示してほしい。王士琴も家庭から社会に出たじゃないか。もちろん、自分で環境を作ればいい。おまえは陶華のように人に助けを求める必要はないのだから。」

「第三種の人は、共産党員、共青団員と青年たちだ。たえず前に進み、現状に甘んじてはならない。また、みずからを高めるにはひとつまたひとつと、具体的なことから始めるべきだ。たとえば、農村から戻ってきた小咪は、精神的に大きな変化を見せてくれた。本を一冊読めばそれでいいということではなく、実際に労働し、心をこめて実践してはじめて、覚悟を高めることができる。その一方で、まわりの人に手を差し伸べ、新しい環境を作らなければならない。青年たるものたえず前に進み、現状に甘んじてはならない。」

「思想という難関は子どもからお年寄りになっても突破しきれず、つねに前にあるものだ。どのような角度で物事を見れば正しいか、どのような方法で物事を評価すれば間違っているか、というのは思想の難関だ。これをクリアしなければ、われわれはなにを見ても対立する矛盾に見えてしまう。だから、自分の見方、考え方を全面的で、客観的なものにするには、長年の鍛錬が必要なのだ。」

「次は、政治の難関だ。われわれの国家は共産党が指導する無産階級《プロレタリアート》独裁政権の国だ。だから、どのような立ち位置から物事を見るかが大事になってくる。反動的な立場に立つか、私たちの立場に立つか。前者であれば、話しても噛み合わない。もちろん私たちを支持する人のなかにも、懐疑的な態度をもっている人もいる。もし駙馬巷のだれかが、『蔣介石が戻ってきたぞ、周家、ざまをみろ』などというデマを流したら、陶華はどう考えるだろう？　心配する以外になにもできないかもしれない。このときに爾輝と桂雲、おまえたち共産党員のやるべきことは、母親に、みずからの立ち位置を堅持させることだ。」

「人びとの立場はいつまでも変わらないだろうか？　いや違う。考え方が少しでも動揺したら、足がふらついてしまうかもしれない。」

「政治の面で、われわれは第一に他人を助け、第二に自分の立ち位置がしっかりしているか、つねにチェックすることだ。共産党員はつねに自己反省をしなければならない。」

「三番めは、親戚という難関だ。われわれの親族関係は複雑で、古い家庭、古い環境、古い観念が混じり合っている。どうすれば家族を連れて、無産階級に投降できるか？　いま私はおまえたちを連れて無産階級に投降して見せる。耳障りな言葉かもしれない。じつは二十年前、延安で文芸整風運動が行われていたころ、文芸界の人びとも投降という言葉に納得がいかなかった。しかし、『俺は人生の半分を軍閥として生きてきたが、いま、無産階級に投降したぞ』という朱徳同志の話を聞くと、人びとは納得したものだ。」

「私が封建家庭のことをよく口にしているのはほかでもなく、それを批判、否定したいからだ。封建的な親族関係を否定するときは、彼らを消滅させることではなく、彼らを救い、新時代の人間に更生させることを最終目標にすべきだ。このなかで、無産階級への投降が一役買うと思う。古いものを否定してはじめて新しいものを創ることは可能となるが、否定したのちに、なおそこから良いものを見つけて残していかなければならない。また、人を評価するときはその当人の晩年になってからでなければいけない。その人に悪しき過去があったとしても、のちに更生したならば、良い人と見なしてよい。われわれは古い風習を否定し、新しい風習を創らなければならない。」

「四番めは、社会という難関だ。社会のなかには二種類の人が存在する。まず、悪い人とは関わりを断ちなさい。つぎに、良い人もさらに二種類に分けることができる。ひとつは、肉体労働に従事する人で、もうひとつは頭を使う仕事に従事する人だ。われわれがふだん接している人のなかには後者のほうが多いけれど、機会を作って、前者との交流を深めなければならない。また、われわれも力仕事に挑戦し、自分の手足を動かしたほうがよい。」

「五番めは、生活という難関だ。これがいちばん突破しがたい難関だ。ふだんの生活のなかで、労働こそが自分を鍛えてくれる。なぜ私が旧社会の封建家庭を恨んでいると思う？　落ちぶれた封建家庭はでは、なにもかもが腐ってしまうからだ。汚職、腐敗、さまざまな醜態を私は小さいころ、自分の目で見たからだ。それを放っておくと浪費が生じ、見栄をはり、嘘をつくことなどが増えてくる。私はそういうものがいちばん嫌いだ。もし私にこの恨みの感情がなければ、なにも変えることができなかっただろう。若くて元気あふれるみんなは、お年寄りの古い生活習慣を見習ってはならない。質素な服を着て、全身全霊で人民に奉仕するんだ。」

「周家には労働者がいなかった。国盛〔周恩来の六番めの伯父貽良の曾孫〕が来たから、彼女を労働者として育てあげることにした。最初は彼女も腑に落ちない様子だったが、いまではもう八年間も働き続けている。労働者を育てるのは容易なことではないぞ!」

「無産階級の家庭は、生来無産階級ならではの素質を備えているものだ。ある鉄道会社で三十年あまり働いた運転手は党員であり、ひとりで家族七人を扶養し、ひとつの部屋とひとつのタオルを共用していた。この貧しさをおまえたちは想像できるかな? にもかかわらず、彼は毎日帰宅すると、家族に党史を語り、授業をした。彼には娘がひとりいたが、彼女が学校の力仕事を拒んださいに、その理由を聞いたところ、彼女は、日焼けしてしまうと将来女優になれなくなるから、と答えた。彼はその場で激怒し、今日俺のこの手は過ちを犯す、と言うなり娘にびんたを食らわせ、続けて言った。『おまえの女優になる夢には反対しない。だが、出演しても労働者、農民だけを演じ、人民に奉仕するのだ。資産階級のために演じるわけでもないのに、肌を白くしてどうするんだ? 黒い肌こそが健康、黒こそが栄光だ!』と。彼の感情はとても純粋だ。もし小咪が日焼けをおそれて労働を拒否したら、おまえたちは彼のように対応できるだろうか? もちろん、われわれは口頭で教育するし、殴りはしないだろうけれど。」

「親戚も二分法で見なければならない。悪い、反動的な親戚とはつきあいを断つべきだ。しかし、親戚が手助けを必要としていたり、もしくは条件を設けるためにサポートを必要としているならば、支援は惜しまない。」

「もし秉華が農村に行くなら、われわれは断固として支持する。」

「今日はここまでだ。思想の難関と生活の難関、この二つはもっとも重要だ。」

応接間に拍手が響き渡った。

実際、伯父の「五つの難関の突破」を聞いたとき、私は前回の家の歴史の話よりも夢中になり、あまりにも集中しすぎたために、いつの間にか筆を止めてしまった。だから本当は、伯父の話は私の記録したものよりはるかに豊かなものだった。しかし、「家族を連れて無産階級に投降する」という言葉は鮮明に記憶に残った。もちろん、「文化大革命」を経験していなければ、われわれが「無産階級に投降する」ことの難しさを知る由もなかった！ というのも、投降したくても相手が受け入れてくれるかどうかはまた別の話だからだ。伯父は生涯をかけて勉強し続け、みずからを高め、公正無私の無産階級に近づこうとした。ところが、封建体制が深く根づいている中国の大地では、党の団結と毛主席の絶対的権威、とりわけ国家の安定を維持するため、彼は思うように抵抗することができなかった。だから、彼は、「文化大革命」中、息を吹き返したさまざまな封建的意識を変えるかわりに、現実を直視し、情勢に応じて適宜対応せざるをえなかった。彼がみずから実行し、かつ何度も口にしていた言葉がある。

私は敵との戦いにおいて情けをかけたことはない。しかし、党内闘争においては、雌雄を決することなく気長に時機を待ち、時が来てみなが共通の認識に辿りついたら、また正しい道に戻ればよい。

張愛萍《ちょうあいへい》同志にインタビューしたとき、彼は伯父のことをこのように評価した。「周恩来同志は生涯、紆余曲折の道を歩んできた。この世にはまっすぐな一本道など存在しないからだ！」

たしかにそうだ。党内に起きたいくたびもの闘争のなかで、伯父が無傷のまますり抜けられたことは一度もなかった。彼はつねに批判を受ける立場に立たされ、例外はなかった。しかし、反省しつつも懸命に働き、党を一歩前進させ、新たな勝利を勝ち取り、最後に笑うのはいつも彼だった。そして、これらのつらい経験の積み重ねが、党内外の友人たちに大きな啓発と感動を与えた！　これがいわゆる「言葉で教えるより、身をもって教えるのが重要」ということなのかもしれない。

友人からこんな話を聞いた。

一九七二年七月十四日、伯父は中国在住の家族を訪ねて来た中国系アメリカ人学者の一団と人民大会堂で会見した。この団体の団長はアメリカのジョンズ・ホプキンス大学応用物理学研究センター副主任で、マイクロ波物理学者の任之恭《じんしきょう》教授で、副団長はマサチューセッツ工科大学の流体力学、天文物理学者である林家翹《りんかきょう》教授だった。

訪中団のなかには、世界における中国の影響力がますます増大していることに感銘を受け、祖国の科学事業の発展のため帰国し、専門知識を活かしたいと望む者が多くいたが、一方で、親族が「文化大革命」でひどい目にあったことを知り、たいへんなショックを受けた者もいた。そのなかでも、ある者の兄は「文化大革命」の最中に叩きのめされ、自殺してしまっていた。訃報を知った彼は、最初から塞ぎこんで不機嫌そうな表情を浮かべ、総理が来ても最後列に座り込んだまま、浮かぬ顔でぼんやりとしていた。それはそうだ。家族を奪われた者が、権力の中枢にいる周恩来に反感をもつのは当然のことである！

話のなかで伯父は、マルクス・レーニン主義を指針とし、幅広い実践のもと、国内の自然科学基礎理論の研究を強化すべきだと強調した。また、基礎理論における研究と交流を強化せよ、という楊振寧《ようしんねい》の意見をあらためて賞賛し、同行している周培源《しゅうばいげん》に、「帰ったら北京大学の理系を強化し、基礎理論研究のレベルを高めてくれ。これはあなたの任務だ。釘を引き抜くように、すべての障害を取り除かなければならない」と言った。

中国の情勢を話し終えたあと、伯父は出席者たちと親しげに、プライベートな会話をした。「われわれは自分の出身を選べないが、歩む道は選ぶことができる。たとえば私は革命に参加したが、私の弟は、いっとき革命に参加したものの、のちに退いた。新中国が成立したあと、彼は華北大学で学んでから就職し、一般職員になった。だが、文化大革命が始まると、彼は反革命のレッテルを貼られ、投獄された。ほどなく延安に下放された彼の末の息子と、内モンゴルで牧民になった彼の娘は軍に入隊した。ところが、規定によれば、入隊できるのは『紅五類』、すなわち労働者、貧農下層中農、革命幹部、革命軍人、職員の子どもだけであり、『黒五類』、すなわち地主、富農、反革命分子、悪質分子、右派分子の子どもは入隊できない。弟が反革命（まだ決まったわけではないが）と見なされているからには、彼の息子と娘が入隊できるはずもない。だから当時、二人はすでに軍服に袖を通していたものの、やはり私は、それぞれ延安と内モンゴルに帰り、農民、牧民に戻るよう勧めた。彼らは自分の父親は選べなかったが、歩む道を選ぶことはできたんだ！」

すると、座り込んでいた先ほどの科学者の目に涙があふれた。彼の心は動かされ、深い感銘を受けたようだった。彼は感慨深げに言った。「周総理は本当に他人の立場に立って考えることができるのですね。とても説得力があります。総理ですら実の弟を守ることができなかったのだから、私に言えることはなにもありません。」このことで彼が「文化大革命」を理解し、容認したとはけっして言えないだろう。しかし彼は確信したはずだ。人民と苦難をともにし、自分に厳しく接する総理がいるかぎり、「文化大革命」が収束した中国はきっと新たな発展を遂げ、世界の文明の進歩にさらに大きく貢献するだろう、と。

この話を聞いて、私も万感胸に迫るものがあった。伯父が人民に愛され、人気があり、魅力的だと思われていたのは、ある意味で、「世間離れ」していないからだ。彼は「過ち」をたえず犯し、たびたび批判される、ほかのだれとも変わらない普通の人間だった！　多くの場合、正しく、芸術的で、生き生きとした彼の話しぶりよりも、彼の行動がものを言った。もちろん、「家族を連れて無産階級に投降する」という敬虔で真摯な行動もそのひとつの例だ！

二

「今日、みんなに来てもらったのは、危篤状態に陥った恩来が、私の手を握り、『あとはおまえに任せたぞ』と言ったからです。私はいつも彼の頼み事を、彼の想像よりもうまく解決し、彼を驚かせたものでした。」

一九六四年の二回の家族会議を振り返りつつ、ふたたび一九八二年四月の西花庁の裏庭に目をやると、恩来伯父が生前大好きだった八株の海棠はすでに咲き誇り、色鮮やかな花々が群をなして香りをふんわりと漂わせ、春の気配が溢れんばかりに充満していた。午後の陽光は穏やかで暖かく、玄関に佇む穎超伯母に、心温まるような色彩を羽織らせていた。

「同宇、こんにちは！」伯母は大声で挨拶した。

「お義姉さん！」父が両手で伯母の手をぎゅっと握ると、父の目からは涙がどっとこぼれ落ち、声も少し震えた。「お義姉さんが病気で手術を受けたと聞いて、居ても立っても居られず、ずっと会いに来なきゃと思ってたんだよ。」

「まわりの人から聞いていましたよ。」伯母は父をゆっくりと応接間に導きながら言った。「でも、そのときは病院にいたからね。私は五つの胆石と十五年も仲良く暮らしていたけれど、ようやく取り出すことができた。」

「お義姉さん、於樹徳がお義姉さんのとなりの二〇二病室にいただろう。彼が亡くなる十日前、俺たちはお見舞いに行ったんだ。」父が言った。「彼は糖尿病だそうだ。末期症状で、両目を除いて、全身をぐるぐる巻きにされていた。本当につらそうだったな。でも、頭ははっきりしていたから、死後の献体を申し出ていた。」

伯母はうなずいた。「そうだったの。いまの人たちは私たちよりも進歩的ですね。火葬にして遺灰を残すよりも、医学事業に身を捧げようとしている。私もそうしようと思います。下の者にも伝えました。医学に寄与できるなら、どの器官であれ、すべて寄付すると。そして、危篤のさいに延命治療をしてはならないとも言ったの。恩来の最後の二か月を見届けてわかったけれど、あれは病人にとっても、健康な人にとっても生き地獄です。」

「私は子どもたちとはよく会うけれど、同宇、士琴と会うのは十五、六年ぶりです。だから、今日はあなたたち二人にどうしても来てほしかったの。前回、同宇が電話をくれたとき、私は療養中でしたからね。」

そして、伯母は私たちのほうをむいて言った。「今日、みんなに来てもらったのは、恩来が危篤状態に陥ったとき、私の手を握って『あとは任せたぞ』と言ったからです。今日はやるべきことをやるつもり。あのとき、同宇の件はまだ解決していなかった。私はいつも、彼の頼みごとを彼の想像よりもずっとうま

「文化大革命」が始まってから著者の両親が穎超伯母に会った1984年までの間、私たち姉弟はよく伯父と伯母のもとを訪ねていたが、写真を撮る余裕はなかった。これは1972年春、秉鈞、秉華が伯母を訪ねたさいに撮影したものである。

く解決してきたし、彼を驚かせたこともあるのよ。『四人組』を倒したあとも、私は同宇に会うことができませんでした。『六中全会』のあとにしようかと思ったら病気になってしまい、五か月も部屋にひきこもらなければならなくなってしまった。」

「六中全会は建国三十二年間の歴史を全面的に総括し、『文化大革命』に結論をつけました。いま、私たちはそれを『十年の動乱』と呼んでいます。多くの人が影響をこうむり、迫害を受けました。そのなかには負傷したり、体に障害が残ったり、亡くなってしまった人もいれば、濡れ衣を着せられた人もいる。この問題について、同宇がどの部類に入るのかをはっきりしたほうがよいと思います。士琴同士は精神的な重荷を背負いながら仕事を続けていたのだから、さぞかしたいへんだったでしょう。」

母は、「お義姉さん、一九七五年に牢獄から出たあと、同宇が半身不随になってしまったので、私は仕事を辞めました」と答えた。

伯母は万感胸に迫る様子で私たちに言った。「たいへんでしたね。長いあいだ、ずっと閉じ込められて

（左）1974年4月30日、著者は秉鈞とともに穎超伯母の家を訪ねた。（右）1974年12月、著者の息子・沈清と沈桐、伯母。

いた同宇は言うまでもありません。子どもたちは党の政策のおかげで、彼らのお父さんと伯父さんの件に巻き込まれずにすみました。でもそのとき、恩来が矢面に立っていたことを知らなかったでしょう。林彪と『四人組』が総理捜査本部を設置し、彼を打倒しようとしたのよ。恩来との関係で、吊し上げを食らった者がたくさんいました。だから『文化大革命』中、私は『三つのNO』を宣言したのです。第一に、一部の者とは、会わないことにしました。それは彼らを守るためです。こうしたことからも、恩来の立場の難しさを垣間見ることができるでしょう。一九七六年のはじめに秉華が四川省から帰ったとき、私はあえて顔を出しませんでした。のちに復員した彼は、私に会うなり『これは主観主義だ』と不平をもらしたものです。そこで私も、『あなたのほうこそ主観主義ではないの？』と言い返しました。当時の彼は、私の真意をまったく理解できなかったようです。第二に、だれとも手紙のやり取りはしない。第三に、第

1977年5月25日、私たち姉弟6人と鄧穎超の記念写真、西花庁（「文化大革命」のさいに「向陽庁」に一時改名）にて。左から秉華、秉宜、秉建、秉和、鄧穎超、著者、秉鈞。

なにを言われようと、絶対なにも書かない。これが『三つのNO』です。」

「決議のなかには恩来に触れた内容もあるけれど、秉徳、これをみんなに読み聞かせて。」

「はい。」伯母から決議書を手渡されると、読むべきところが赤色で示されているのが見えた。

「一九七六年一月、周恩来同志は永眠した。周恩来同志は党と人民にかぎりない忠誠心を捧げ、骨を埋める覚悟をもって尽くしてくれた。文革中、彼は非常に困難な立場に置かれたにもかかわらず、大局観をもって、苦労を厭わず、恨み言を気にかけず、党と国家の正常な政権運営のため、文革がもたらした損失を最低限に抑えるため、また数多くの党内外の幹部を守るために、たゆまぬ努力を払い、心血を注いでくれた。彼は林彪、江青反革命集団とさまざまな形で闘争した。彼の逝去を、全党と全国、各民族の人民はこのうえなく悲痛に思っている。同年四月には天安門事件に代表されるような、周総理を弔い『四人組』に反対する激しい抗議運動が全国を席捲した……」

そして、伯母は続けた。「そうですね。『文革』中、恩来はきわめて困難な状況下で仕事をしていたのです。林彪や『四人組』はあらゆる手段を尽くし、彼のしっぽを摑もうとしました。その結果、最初に摑んだのが『伍豪啓示』です。彼らはそれを意図的に煽り立て、恩来を裏切り者と決めつけようとしました。

1977年4月24日、人騂と子どもたちと一緒に西花庁の咲き誇る海棠を見よう、と伯母に誘われて私たちは花見をした。

実は、『伍豪啓示』についての資料は前からありましたが、それに関して、批陳整風[36]の際に恩来は十分に説明しませんでした。今回、党中央はより豊富な資料を集めてきたそうです。これは党の歴史、恩来の過去、ひいてはあなたたち次世代の運命に関わる問題です。毛主席はことの始終をよく把握しているけれど、林彪と『四人組』は資料を宝物のように扱っていました。さらに林彪は、清華大学と北京大学の学生に、総理の弟が投獄されているとさえ言いふらしました。しかし、同宇はなぜ投獄されたのでしょう？　それは、世界知識出版社が分厚い資料を提供し、彼がある食事会に関わっていることを明かしたからです。」

父はため息をついて言った。「お義姉さん、食事会なんかやってないよ。ただときどき顔を合わせて飯を食っただけだ。」

「あなたが発起人だったのですか？」

「発起人は王光琦《おうこうき》だった。彼はいつも私の名前を併記し、二人の名義で召集していた。」父が答えた。

「戚本禹が分厚い資料を恩来のところに持ってきて、『この案件に関わる五人のうち、二人が自殺し、ひとりは逃亡した。残る二人は王光美《おうこうび》の兄と周同宇、あなたの弟だ。どうするのか、お手並み拝見といこう』ともったいぶって言うと、恩来に処理を任せたのです。そして、恩来はみずから逮捕状を出し、同宇を逮捕させました。そのとき、秉鈞もちょうど北京にいたけれど、こちらに泊まらせ、家には帰らせませんでした。いまにして思えば、もし恩来が衛戍区に命じて同宇をすぐに逮捕させていなければ、おそらく同宇は大衆組織に捕まって自白を迫られたり、酷い目にあったことでしょう。それだけではなく、もし同宇が腰を抜かして下策に走ったら……（母が「死人に口無し」と口を挟んだ）まさに死人に口無し。命を失うばかりか、真相は闇のなかに葬むられることになっただろう。あのような非常時に衛戍区に逮捕された者は、じつはむしろ命拾いをしたのです。」

すると、父は感慨深げに言った。「そうだな。衛戍区の人はとても優しかった。捜査本部の人は乱暴だった。」

「あなたの案件を担当した捜査本部は、劉少奇同志も担当した『一弁』でした。今日はどうして恩来があなたを逮捕しなければならなかったのか、子どもたちも含め、みんなにわかってもらいたかったのです。もし大衆組織の手に落ちていたら、それこそ……」

「それこそ地獄だ。地獄だよ！」父が首を横に振りながら思わずもらした。

伯母はうなずいて言った。「そのとおりです。同宇にもわかりますね。そんな非常時に、恩来は多くの幹部を守るため、あえてあのような措置をとったのです。」

たしかにそうだ。悪逆非道の行いが横行するあの時代、自分の弟だけでなく、造反派の吊し上げを食らっていた多くの省、部級の高級幹部に関しても、伯父は、衛戍区による逮捕をみずから命じた。その目的はただひとつ、まずは彼らを保護し、彼らが毒手に陥るのを防ぐためだった。これは窮地に追い込まれた伯父が、やむをえない状況で選んだ下策だったが、事実が証明するようにもっとも有効な下策であった。

衛生部の元部長、銭信忠《せんしんちゅう》はみずからの経験をこのように述べた。

「一九六七年、『一月革命』(37)のあと、上海の造反派はまさに恐れるものなしといった勢いで、やりたい放題だった。私はくりかえし吊し上げを食らったあと、地下室に閉じ込められた。だが、一週間が過ぎたにもかかわらず、権力闘争に夢中だったからか、造反派は私を放ったらかしにしていた。季節は真冬で、私は寒くて腹も減り、息も絶え絶えだった。そこで、ある人物に頼んで西花庁に手紙を届けてもらった。ほどなく周総理は衛生部造反派の司令部に駆けつけ、真っ青な顔で造反派に言った。『銭信忠を摘発する資料を受け取った。もしこれが事実なら、本当に罪深い奴だ！　銭信忠を連れてこい！』

すぐに私は造反派にむりやり連行された。周総理は私を見たとたん、眉を顰め正面から怒鳴りつけてきた。『銭信忠、おまえの修正主義の衛生路線は極悪非道のものだ。銭信忠を衛戍区に閉じ込め、取り調べろ！』

造反派の拍手と喝采のなかで、私は衛戍区の二人の兵士に担がれ、造反派の司令部を出た。車は何度も角を曲がってから、唸りを上げて中南海に入った。同行者が私を車から降ろし、『総理は、とりあえず中南海で数日間、安静にしなさいとおっしゃいました』と耳元で囁いた。もちろん、中南海は永遠の桃源郷ではなかった。食っては寝るといった生活を一週間つづけ、体調がだいぶよくなったころ、私はたしかに衛戍区に収監された。でも、もし総理の禁錮令がなければ、私は石炭部の張霖之部長のように、造反派の地下室で無実の罪を着せられたままとっくにくたばっていただろう……」

鉄道部の元部長、呂正操《りょせいそう》はこのように言った。「私は捜査本部で自分についての公文書を読んだことがある。康生の指示は、『罪状は極悪であり、許してはならぬ！』、江青のものは、『ただちに銃殺すべし！』、だが、周総理のところに行くと、『衛戍区に収監し、取り調べをする』となった。そして私は、七、八年の自由と引き換えに一命をとりとめ、『四人組』を粉砕する偉大な勝利をこの目で見ることができた。もし総理がいなければ、命がいくつあっても足りなかったよ！」

「そう、六中全会の決議がなされるまでは、あなたたちには言えなかったのです。いま、このことを打ち明けられてすっきりしました。しかも、本当に喜ばしい結末です。これから私はどうやって生きていきましょうかね？　周家の子どもたちはみなよい子です。あなたたち六人はもちろん、栄慶、爾輝、爾萃もよい子だ。道を踏み外すこともなく、入党した子さえいます。それにしても、あなたたち三房[38]は本当にたくさんの子どもに恵まれましたね（年齢的に父親を三番めに数え、私たち六人の子どもがいる。）同宇、あなたはそんな体なのだから、もう政治協商会議に出席しなくてもいいんじゃないかしら？　恩来が亡くなってから数年間はさまざまな噂が飛び交っていたけれど、私が弁解したことはありましたか？　一度もありません。共産党中央党校で紀律検査について話したさいに質問されてはじめて、周恩来は自分を官僚だと思っていなかったし、つねに人民の公僕だと思っていた、と一言だけ答えました。『建国以来の党の若干の歴史問題についての決議』における恩来の評価にも、私は口を挟んだことはない。中央の判断に任せたのです。」

「私たちは因果関係とか、弁証法的思考とかいつも言っているけれど、この点で、同宇はまだ足りませんね。恩来には弱みがなかったから、やつらが彼を倒すことは不可能でした。だから、ほかのだれかに先を越されるよりも、恩来はみずから逮捕状を出すことにしたのです。そうでもしなければ、とんでもないことになっていたでしょう。彭さんはまさにそのいい例です。」

「もちろん、同宇には大きな問題がなかったので、一九七五年に釈放されました。」

「あなたたちもなかなかいい子ですよ。でもひとつ、気をつけなければならないことがあります。恩来の親族である以上、党と国家、恩来の誉れを高めていかなければならない。これからは現実に即して真剣に働き、素直に生きていくのよ。党員には党性というものが必要だから。」

「恩来との関係を持ち出して、他人から特別なはからいを受けてはなりません。いまや、総理・周恩来に対する敬意を理由として、私たちに便宜を与えようとする人もたしかにいるのです。」

1981年9月、秉徳、秉宜、秉建と秉宜の娘、任春元が西花庁を訪ねた。

伯母は父を批判したが、父は弁解しなかった。というのも、伯母はいまなお伯父の遺志を引き継ぎ、家族を連れて無産階級に投降していることがわかっているからだ。「周恩来の親族は、周恩来との関係、ひいては自分の本当の過去と経歴すら話すことを禁じられ、黙して一生を終える運命にあるのです。」

私は、そのような伯母の心にも、じつは不満が溜まっているとは想像もできなかった。

三　穎超伯母は言った、「今日は私の悔しさを吐き出したい。あなたたちは有名な周恩来の甥や姪、弟や弟嫁であるのに、この親族関係にあやかるどころか、いたるところで制限を受けているのを少し悔しく思っていたでしょう。でも、有名な夫をもつ妻の私も、ずっと手足を縛られていたのを知っていますか？」

「今日は私の悔しさを吐き出したい。あなたたちは有名な周恩来の甥や姪、有名な周恩来の弟や弟嫁であるのに、この親族関係にあやかるどころか、いたるところで制限を受けているのを少し悔しく思っていたでしょう。でも、有名な夫をもつ妻の私も、ずっと手足を縛られているのを知っていますか？　彼が亡くなってから知ったことですが、ずいぶんまえから、私を副委員長に昇進させる案が持ち上がっていたそうです。でも、彼はなにを言っても同意しなかった。あとで、鄧小平同志が、まさに『あの方』の反対で却下されたと教えてくれたのです。」

「じつは建国初期、政務委員会のメンバー入りを打診されたときも、彼に反対されました。そこで、私は彼と紳士協定を結び、同じ部門では働かないことを決めたのです。あとで主席に報告し、婦女連合に参加して副主席に任命されましたが、あろうことか、彼はこれに強く反対して、人事の人と喧嘩をしてしまいました。給料のランクづけをするさいにも、蔡姉さん（当時の主席は蔡暢《さいちょう》で副主席が鄧穎超だった）は三等級だったのに対し、私は彼の姿勢を知っているから、あえて四等級ではなく部長級待遇の五等級にしました。にもかかわらず、彼に報告したら、六等級までに下げさせられたのです。さらに、建国十周年のさいに、登壇者リストに私の名前を見つけると、彼はそれを削除させた。有名人の妻というだけで、彼はずっと私の手足を縛りつけていました。でも本当は、私の仕事は党が決めたものであり、縁故によるも

1984年の正月、西花庁の奥の応接間にて。前列左から沈人驊、李玉樹、周力、穎超伯母、任春元、秉建。後列左から沈桐、秉華、秉宜、著者、沈清。

のじゃない。いま私は、副委員長だの政治局委員だの紀委書記だの、いろいろな仕事をしているけど、これも恩来とはいっさい関係ありません。党組織が決めたことであり、私のふだんの仕事ぶりがよかったからです。党内の会議で、そのような意見が出て、ふさわしい人選だとみんなに推薦された結果なのです。でも、もし恩来がその場にいれば、きっと反対していたことでしょうね。」

自身の兄をかばいたかったのか、伯母の気持ちを落ち着かせたかったのか、父は一九七五年の自身の釈放についてはなにも触れなかった。一九七六年一月、父は、最終判決が下されていなかったために兄の最期を看取ることができず、自宅に設置された霊堂で兄の遺影を胸に抱き、断腸の思いで、「兄さん、ごめん、ごめんな!」と泣き叫んだのだった。かわりに、彼は逮捕されたあとの気持ちを語りはじめた。「お義姉さん、俺は一九六八年に逮捕されたあと、自分が悪かったのだと思い、犯した過ちをすべて書いてしまった。」

そこで、話題はまた父のほうへと戻り、伯母も少し平静を取り戻した。「あなたはでたらめなことは書いていないわ。中身は全部読みました。」

「みんなはやはり、慎重に、謙虚な態度で生きてほしい。」

「今日みんなをここに集めたのは、恩来が私の手を握り、あとは任せたと言ったからです。」

「お互いに助け合おう。そして、私の言葉がすべて正しいと思ってはいけません。間違っていると思うところがあれば、指摘を歓迎します。いま言ったことについても、意見があれば遠慮なく言ってね。いずれにしても、今日の会議は、私たちの心を奮い立たせるためのものなのです。」

四　一九八二年七月十一日、穎超伯母は私と秉鈞に遺言について話し、十年後の同じ日——一九九二年七月十一日に、伯母は永眠した。

一九八二年七月十一日午前九時、穎超伯母の誘いに応じて、私は秉鈞とともに伯母を訪ねた。彼女は一時的に中南海の遊泳池に移っていた。西花庁の電気ケーブルが老朽化し、修理をしなければ事故が発生する恐れがあったからだ。そのため、やむなく彼女は一時的な引っ越しに同意した。伯母の話では、四月二十五日に引っ越して、すでに七十日が過ぎ、九月末に戻る予定とのことだ。また、いまの住居は高級な招待所で、部屋は広く、デザインが凝っていて静かで空気もきれいだ。さらに、大きな花園がある。しかし、やはり古い西花庁のほうが好きだと伯母は言った。

ここは毛主席の生前最後の居住地だ。趙煒《ちょうい》に案内してもらい、毛主席の部屋を見学すると、その広さには驚かされた！　ひとつの部屋は百平米あまりで、天井はふつうの二階建て住宅よりも高い。現在、中央政治局の会議や外賓の接待は、この部屋かとなりの応接間で行われているらしい。見学を終えて伯母のところに行くと、彼女は「趙煒、あなたが前例をつくってしまったのね。見せるつもりはなかったのに」と言い、趙煒は「見学させたのは、あの部屋が彼らの伯父さんが亡くなるまえに住んでいた部屋によく似ているからですよ。そもそも周総理の部屋だって、毛主席が使うために作られたんですから」と弁解した。

さまざまな話をしてから、伯母が私と秉鈞に言った。「今日は長女と長男が揃っているから、二人にいくつかのことを伝えておきたい。じつは、私はすでに遺言を書き、組織と趙煒にも言いつけてあるのです。

一、私が死んだら、告別式も、追悼会も行わないこと。そのような情報も公表しない。遺言だけを公表し、私がもうこの世に存在しないことだけを明らかにしてください。

私の遺灰は保管せず海に捨て、畑の肥やしにしなさい。もし遺体が医療部門の役に立つのであれば、さきに解剖すること。

二、私が死んだら、書類、書籍および私の衣装はすでに書いてあるとおりに処分すること。

三、これは私が日ごろから口にしていることですが、趙煒もつい最近受け入れてくれました。でも、実行する勇気はまだなさそうだから、遺書に書いて彼女に渡すことにしたのです。すなわち、私が重病にかかっても延命治療をしないこと。死にぎわの処置にはまったく意味がありません。わずか一日、二日を延命させるために、病人にも医師にもつらい思いをさせる必要がありますか? かつて恩来のつらそうな顔を見ていた私にそんな権利はなかったけれど、本当は、わずか五日間の延命のために最後の手術を受け、とてもつらい思いをさせられたことに、いったいなんの意味があったのか、と問いたかったわ。だから私はまわりの医師にも言っておきました。これこそが人道主義だと。アメリカにはホスピスという名の病院があって、高齢者が、自分は歳をとりすぎた、やるべきことは全部やり遂げた、と思ったならば、この種

1984年4月18日、穎超伯母と著者の両親。

の病院に入院し、なんの苦痛もなく安らかに死を迎えることができるという新聞記事を読んだことがあります。これも人道主義でしょう。」

一九九二年七月十一日、伯母は亡くなった。私はノートをめくり、十年前の同じ日に、彼女が私と秉鈞に自分の死後のことを言いつけていたことに気がついた。

あの日以降、伯母が入院しているか、私が出張しているか、そのどちらでもないかぎり、私はほとんど毎月一回西花庁を訪れ、伯母に会い、話し相手になった。

一九八八年八月十九日の午後、伯母は私を西花庁の応接間に呼び寄せ、趙煒と高振普のまえで、一九八四年に修正した遺書を見せた。そして、彼女はゆっくりと、とても丁寧な口調で、私たち三人に言った。

「遺書のなかで、私は五人（遺書には六人と書かれている）に死後のことを託しましたが、あなたたちはそのうちの三人です。みな私を支援し、遺言の

1990年5月、私たち姉弟と母で、穎超伯母の家を訪ねた。

執行に協力してほしい。私がこの世を去ったあと、ふたたび私を助け、遺言を執行してくれたらありがたい。」

「いまから秉徳に私の体調について説明しておきます。一九八〇年、肩の怪我で入院。一九八一年末、胆嚢手術のために入院。一九八二年には肺炎にかかり、何日も高熱が続いてなかなか下がりませんでした。さらに、自律神経も乱れました。この病は、ふつうの人であれば別になんとも思わないかもしれないけれど、私のような人は秘密にしなければなりません。でも趙煒は、当時あなたに少し話してしまいましたね。この病気は蛇のように私を締め上げ、抜け出そうとしても抜け出せず、我慢するしかありませんでした。頻繁に発作が起き、そのたびに、私は革命に命を捧げた同志、敵の拷問や刑罰を受けた同志、そして『四人組』に迫害された同志のことをいつも思い浮かべていました。彼らの苦難にくらべたら、この程度の苦しみなどたいしたことではないでしょう? そう思うと、苦痛が和らぐような気がしたのです。」

「でも、この病気は歳をとるほどにいっそう苦しくなって、どうしても抜け出せません。なにかをするたびにすぐ緊張してしまう。午後に大会堂で会議があると、前日の夜は眠れず、朝、午前中も緊張していてお昼どきにもろくに休めない。心配事を抱えていてはならないのに、睡眠もよくありません。いつも夜中に三回ぐらい目覚めてしまい、睡眠薬を三回飲んでも効かない。両足がアイスキャンディーのように冷たくなるときもあります。」

「一九八二年になると、歯が痛くてたまらなくなりました。元旦からひと月の間ご飯が食べられなかったので、韓医師に診てもらったら、長年の消耗で歯槽骨が破損しており、歯をコントロールできなくなっているとのことでした。韓医師がブリッジを入れてくれて症状はようやく緩和されたけれど、舌やえら、唇を嚙むのが日常茶飯事になってしまいました。いまも上と下の歯は嚙み合わせが悪く、唇も変形して歪んでしまいました。今月二日の四時には唇を嚙んでしまい八時になっても良くならない。翌日、歯の神経が壊死しているのがわかり治療を余儀なくされました。そのため、ブリッジは一日五回、外して入れ直さなければなりません。」

「眼圧も高くなりました。目薬を四種類、一日に九回もささなければなりませんでした。いまは三種類、六回に変えてもらったけどね。一日三回の食後に西洋の薬を六、七回、漢方薬を二回と、病気を治すだけで精一杯、目が悪いから新聞を読むこともできない。秉徳、私は新聞と縁を切ってから一年もたってしまいました。そのあいだ、だれか時間がある人に読んでもらうしかなかったけれど、もちろんみんな親切に読み上げてくれたものよ。」

「病気や痛みは我慢できるけれど、いちばん困るのは、自律神経がいつ乱れるか予想できないことね。」

「泌尿器にも問題がある。よく失禁してしまうので、子どものようにおむつを使わなければならない。（それは年をとって筋肉が弛緩して、括約筋が緩んだせいだよ、と聞いたら、）そうかもしれないし、自律神経が乱れているせいかもしれないね。」

「ときどき不愉快なことがあると、自分を必死に抑え、両手や、あるいは全身が震えるのが自分でもはっきりわかります。」

「なにかが起こるとすぐに緊張してしまいます。」

「ここ十七日間、小紀医師の記録によると、私は十九回も医師に会っていました。」

「最近、私があなたの訪問を拒んでいることに文句があるみたいだけど、どうか私に説明させてください。みんなに会いたくないわけではないし、きてほしくないわけでもない。ただ、みんなに会う気力がもうないの。親戚のなかでは、あなたがいちばん会いに来てくれますね。でも、私も恩来も、病気で入院したらなるべくお見舞いはしないほうがいいと思っていました。気力の無駄遣いだし、体力の回復にも影響する。伝染しないという保証もないからね。」

「七母、病人のお見舞い、とくに入院している病人のお見舞いは人情の常で、心からの心配を表すものだよ。」私は思わず弁解した。

「これはいい習慣じゃないと思う。私なら、ひとりで安静にするほうを選びますよ。他人に姿を見られたくないしね。」伯母は考えを曲げなかった。その後、彼女は伯父について「空前絶後」とも言えるほどの「愚痴」をしばらく私にこぼした。

「最近、冠状動脈症が再発してしまった。今日はこれで終わりにしましょう！」

冷静に考えれば、恩来伯父と穎超伯母のもっとも年長の姪として、伯母の指定する六人の遺言執行人のなかで唯一の親族代表に選ばれたことは、このうえない信頼の証しであり、私に与えられた重い責任でもあった。一九九二年七月十八日、熱い涙を流しながら、美しい花びらを伯母の真っ白な遺灰とともに海に撒いたとき、私は心のなかで誓った。「伯父さんと七母は、生涯にわたり、祖国と人民に対して永遠かつ真摯な愛情を抱き、党の事業に対し忠誠を尽くしたと、私は確信している。二人は言葉と行動の両方で、私たち家族全員を連れて無産階級に投降したんだ！　もちろん、『無産階級への投降』はたやすいことではなかったし、簡単で単純な一本道でもなかった。それは複雑で、紆余曲折のある、長い思想改造の道のりだった。しかし、ひとつの原則だけはいつまでも変わらない。それは私たち周家が、世々代々にわたり、伯父さんと七母のように祖国の繁栄と人民の幸福をなにより優先し、中華民族の優秀なる子孫として努力していくことだ！」

五

私は夫の人驊とともに三十四年間の歳月をすごした。彼が他界したあと、私は彼の人生の価値を深く感じ、「恩来伯父と穎超伯母に倣って死後は遺灰を海に撒き、自然に帰す」と、彼との共通の願いを想い起こした。

私は夫の人驊とともに三十四年間の歳月をすごし、相思相愛、以心伝心、お互いを守り合い、理解し合い、支え合ってきた。この間、私たちが怒ったり喧嘩したりすることは一度もなかったし、対立が生じるといつも相手の立場になって考えた。私たちの親密さと深い愛情は、周りの親友や後輩たちに心から羨まれていたようだ。

しかし一九九七年以降、人驊の体は衰弱の一途を辿った。私はありとあらゆる手を尽くし、よい医者と薬を探し、場所を転々としながら診察と治療に付き添った。彼の病状、薬の飲み方や病院の名前、医師の名前、薬の名前、民間療法などを詳しく記録し、リストアップして見比べていた。私は彼が必ず回復すると信じていた。そして、また一緒に散策したり、旅行したり、生活のなかのさまざまな楽しみを味わうことができると思っていた。ところが、入院中に、彼が末期癌を患っていることを知らされ、ついに意識不明の状態に陥ったのを見て、私は驚きのあまり失神してしまった。医師の話では、もう手遅れであり救いようがない、延命治療で寿命を少し延ばすぐらいのことしかできないという。そこで、私はできるだけ彼のそばに寄り添い、子どもたちも彼を看病した。しかし、一九九九年一月五日、彼は私と子どもたちを置き去りにして永遠の旅に出てしまった。私は命も絶えんばかりに悲しみ、残酷な事実を受け入れることができなかった。彼はまだ六十八歳だ！　これからやるべきことはまだたくさんあり、何冊かの本も書かなければならないし、楽しいことを一緒に経験しようと約束したのに、どうしてそんなに急いでこの世を去ってしまったのか？

彼が亡くなってから、とても多くの人や花、そして涙がわが家に押しよせてきた。みなが彼のために悲しみ、彼の逝去を悔やんでくれた。そのころ私は、彼の人生の価値に思いを馳せ、「恩来伯父と穎超伯母に倣って死後は遺灰を海に撒き、自然に帰す」という、二人の共通の願いを想い起こしていた。私たちはかつて、彼の両親の生前の願いを叶えるべく二回にわたって天津に行き、二人の遺骨を塘沽海湾に撒いたのだった。これはもっとも徹底的で先進的な、美しい葬儀のやり方だと思う。

一九七六年一月十五日、人民大会堂で伯父の追悼式が行われたあと、伯母は甥や姪たち、医師と看護師たち、そして側近のスタッフを台湾庁に集め、会議を開いた。

「長いあいだ、中国人民は死者を土葬してきました。しかし、新中国の成立以降、土葬は火葬にとって

1964年春、北京西郊の八大処にて。著者と人驊が撮った初めての写真。

かわられました。これは革命であり、中国数千年にわたる古いしきたりへの革命だったのです。新中国が成立してまもなく、私と恩来は共通の認識に達し、互いに『死後は遺灰を祖国の美しい山河、水土に撒く』という約束を交わしました。これは新たな革命です。火葬して遺灰を保管することから、遺灰すら残さなくなることへ発展する新たな革命であり、唯物主義に合致する思想です。感情的に見れば、みなさんは悲しいかもしれませんが、唯物主義の観点から見れば、恩来の肉体は存在しなくなったけれど、彼の遺灰は祖国の大地と河流のなかで、肥料として人民のため引き続き奉仕していることになるのです。万物は消えることなく、生々流転している。それは永遠に存在しているのです。みなさんもどうか恩来のこの行動を支持してほしい。」

三日後の午後中、伯母はふたたび私と秉鈞を西花庁に呼び寄せて言った。「今日二人に来てもらったのは、恩来の直系の甥と姪のなかでも、二人が最年長だからです。」その日、伯母は心に秘めていたことをいろいろ話してくれたが、伯父への弔意、記念活動に言及すると、感慨を込めてつぎのように言った。

「遺灰の扱いについて、私たちはとっくのむかしに約束を交わし、お互いに保証しあっていました。でも、彼はまだ安心できなかったらしく、危篤時で微かな声しか出せなかったけれど、十二月中旬のある日、突然首をもたげて力強い声で、『おまえと私の遺灰をとっておいてはいかんぞ！』、『私の葬式はだれの規模も超えてはならん、特別扱いするなよ』と言ったのです。そこで、私は彼の手を力強く握り、言うとお

1998年8月、私と人驊が撮った最後の記念写真。南京梅園新村記念館の前庭にて。

りにしますよ、とあらためて約束しました。遺灰の問題について、私たちの考え方はとてもシンプルです。人が死んだら遺灰などなんの役にも立たない。ただの廃棄物なのだから（後世の人びとの死活問題に関わる）土地を占めて、墓を作り、暮石を建てるべきじゃない。そのかわり、それを肥料として土地に撒き散らせば、新たな命を得ることになる。これこそが万物不滅、生々流転というものではないか！　ところが、人民の考えはこれをさらに超えていたようです。彼らは、恩来が自分の遺灰をとっておかないと聞くと、『それは総理が祖国と人民を愛し、亡くなったあとも大衆とともにいたいという気持ちの表れだ。総理の祖国の山河への愛、彼の度量の大きさに感銘を受けた』と口々に話しているのです。ほら、みんなが恩来のことをちゃんと理解してくれているのです！」

伯母がこの話をしてから二十三年も経った。三十五年前の一九六四年八月二日、伯父が西花庁の家族会議で述べた、「祖先の墓を地下深くに埋め直し、土地は農地として生産隊に渡しなさい。いま、人はますます増えているのに、農地はますます少なくなっている。死者が生者から土地を奪うようなことがあってはならない」という考えは、私の頭に深く植えつけられ、私の血液のなかに流れ込み、そして実際の行動となってあらわれた。二十三年の間に、舅の沈謙、鄧穎超伯母、姑の張絢と、私は三回にわたり、天津の海で親族とお別れした。

そして今日は、もっとも親愛なる夫の人驊もこの道を歩むことになった。事前に約束していたことではあるが、実際にするとなると、やはりこれまででいちばん大きな決心をしなければならなかった。ついに、私は毅然として子どもたちを連れ、数人の親友に付き添ってもらい、ボートを一隻借りると、親族の遺灰を送別する四度めの航路に赴くことになった。この航路はどれほど悲しみに満ちたものか。この期におよんで私は、かつて伯母が心に抱えた痛みを真に理解することができた。

その三日後、夢のなかで突如、彼の聞き慣れた声が聞こえたような気がした。「ああ、秉徳、おまえか？」望外の喜びに鼓動が激しくなり、私は彼が本当に帰ってきたのかと思い、あわてて聞き返した。「どこなの？　いま迎えに行く！」しかし彼は、弱々しい声で、「どこにいると思う？」と応じただけだった。驚きで目が醒めると、涙があふれていた。そうだね。どこに行けば彼を見つけることができるんだろう？　私の心は引き裂かれ、頭は朦朧としており、自分が恨めしく思えてならなかった。どうして彼をどこか決められた場所に埋葬しなかったのだろう。そうすればいつでも彼に会いに行けるし、彼のことを懐かしむことができたのに。私のやり方はあまりにも残酷すぎたのではないか。しかし、考えに考えた結果、私はその考えに打ち勝ち、開き直った。数年後には私も、彼や彼の両親、そして伯母や伯父の後を追い、彼らと再会することができるからだ。そう思うと、自分の意志がさらに強まったような気がしたし、彼を海に送り出したことは、凡人たる私の成し遂げた、ささやかだが深い意味をもつ壮挙だと感じた。中国、ひいては全世界で、人口はますます増加しているが、地球の大きさは変わらず、資源や土地は日増しに減少している。また、都市の高層ビルが増えつづける一方で、農村の農地はますます少なくなっている。人類の繁栄が代々に続くとともに、死者の数は代々に増え、墓地や墓石がたえず建てられていく。このままでは、数世代後、耕すべき農地は果たしてどれぐらいあり、食べられる食料はどれぐらい残されているのだろう？　ときには、こう思うこともある。「二十一世紀を迎えようとするいま、葬儀の慣習も時代とともに進化し、変化を遂げなければならない。しかし、それが

50歳の人驊。

どのように変わろうとも目的はただひとつ、後世の人びとの生活をよりよいものにするためなのだ！」

死者への思いは、心の隅に留めておくもので、けっしてうわべだけで他人に見せつけるようなものではない。だから、私が人騨を懐かしむときには、彼の写真に優しくふれて口づけをし、それに向かって思いを語りかけたい。これは、お墓参りにいくよりずっと愛が深く、厳かで永遠のものだ！　親愛なる人騨、あなたも同意してくれますね？

第十章　生誕百年を記念し、さまざまな思いを込めて

一　生誕百年を迎え、百種の記念方式、百回の記念イベント。おのずから万感胸に迫り、さまざまな思いがこみ上げてきた！

恩来伯父の生誕百周年の記念行事で、私は伯父を想う国民の気持ちの強さをひしひしと感じた。一九九八年の二月と三月、計六十日ちかくのあいだ、全国政治協商会議に出席する日を除いて私のスケジュールはぎっしりと埋まっており、南から北へ、東から西へと全国の各都市、各機関を奔走し、さまざまな盛大な記念行事に参加した。

数か月のうちに、私は伯父の大小さまざまな金メッキの立像や坐像、頭像を数十基、伯父を回想する書籍や雑誌を数十冊、サイズの異なる記念封筒と典雅で濃い色の記念切手を数十枚、きらきら輝く金の記念コインを数十個、かき集めたり、買い入れたりした。そのなかで、上海造幣場が鋳造し、天津の周恩来・鄧穎超記念館が販売した、六グラムの金と十八グラムの白銀で非常に精巧に作られた『周恩来誕生百周年記念珍蔵像』は、私たち姉弟六人が一人二六八〇元を支払い、妹の秉宜が寒風のなか三度も並んでやっと全員分を手に入れた宝物だ。

もちろん私がもっとも感動したのは、やはり目立たなくとも真摯な一般大衆からの愛だった！

一九九八年十月二十八日、私は、『北京晩報』第十五版に傅勇《ふゆう》同志が執筆した痛ましい話「装着できなくなった義歯」を読んだ。

「文化大革命」のころ、劉啓《りゅうけい》という名の公社のトラクター運転手がいた。ある日、造反派が劉啓に、ある老紅軍にとって不利な証言を求めたが、彼は唇を固く結び、なにも言わなかった。造反派は焦り出し、鉄筋で彼の口をこじ開けると、彼のきれいな歯は半分折れ、真っ赤な血があふれだした。しかし彼は、憎々しげに歯と血を吐き捨てただけで、証言するのを固く拒んだ。けっきょく、さすがの造反派も手の施しようがなく、彼を殴ってから釈放した。その後、残った半分の歯も炎症を起こし、痛みで食事もとれなくなった彼は、お金を借り町に出て歯を一本残らず抜き、義歯を入れた。

一九七六年の元旦を過ぎたある日、公社で働く父親が病気にかかったので、当時物心のまだつかない傅勇は母親に連れられ、百里も離れた故郷から父親の家にお見舞いに行った。偶然にも、劉啓も大雪を冒してお見舞いに来てくれた。彼が義歯を装着していることを父親から聞いたことがあったので、好奇心に駆られた傅勇はずっと彼の口に視線を投げかけていた。子どものそうした振る舞いに気づくと、劉啓はへへっと笑って言った。「坊や、おれの義歯を見たいか?」話し終えるや否や、彼はさっと義歯をまるごと取り出して傅勇の手に押し付けた。驚いた傅勇はびくりとし、義歯をベッドに投げつけてしまった。それを見た両親は思わず吹き出し、唇が奥にひっこんで顎がなくなったかのように見える劉啓も、見た目こそ少し怖かったが、目を細めて優しく笑った。

ちょうどそのとき、室内のラジオから突然葬送曲が流れ、空気が一瞬にして固まった——周恩来総理が永眠したという!

みなの笑みは凍りつき、母親は号泣した。父親は息子をぎゅっと抱きしめて身ぶるいし、劉啓の目から涙が泉のように湧きだし、歯のない口から「ウーウー」と声がもれた。一方の傅勇はただベッドの義歯を見つめて怯えていた。その日、劉啓は三度も気絶し、目が覚めた父親がぶるぶる震えながら義歯を入れようとしたが、彼の顔の筋肉はぴくぴくと引き攣っており、どうしても装着できなかった!

父親は事の深刻さに気づき、あわてて彼を病院に送った。しかし、医師にも手の施しようがなく、歯は装着できなかった。こうして食事もとれないままに数日が経ち、劉啓はげっそり痩せこけてしまった。

けっきょく、あの義歯をそばに置いたまま、彼は骨と皮だけになって亡くなった。父親は声のかぎりに号泣した。そして、息子の傅勇をひとしきり殴り、「おまえが劉おじさんの義歯を見たいなんて言わなければ、彼はこんなことに……」と罵倒した。

劉啓を埋葬したあと、父親は義歯を紫檀の箱に入れ、息子に手渡すと、釘をさすようにゆっくりと言った。「劉おじさんからおまえへの贈り物だ。」そして、メモ用紙を一枚取り出して息子に見せた。そこにはくねくねとした文字が一行書かれていた。「この歴史を、子どもたちの心に刻み込んでください。」

その義歯を、傅勇は二十年あまり大切にしまっていた。しかし今日、目の前に立つ六歳の娘を見て、二つの疑問が頭のなかに急に浮かんできた。「娘はこの歴史を知ることができるだろうか？　それをずっと忘れないでいることができるのだろうか？」と。

私はその執筆者のことを知らないし、亡くなったトラクターの運転手、劉啓のことも言うまでもなくまったく知らない。しかし、想像に難くないことだが、彼はおそらく一生山奥の故郷を離れず、北京に行ったこともなかっただろう。そして私の伯父、周恩来に実際に会ったこともなかったはずだ。もし彼が病気がちなお年寄りか、衰弱しきった病人か、あるいは情にもろい女性であれば話は別だが、よりによって彼は長身の逞しい山里人で、残忍な迫害をうけても頭を下げなかった気丈な男だ。このような人が総理の逝去を知って悲しみを抑えきれず、みずからの尊い命さえ失ってしまったとは！　私は悲しみと不安に陥った。

私は草の根の真心を特別に大事にしている。なぜなら、伯父が生涯でもっとも大切にしていたのは、掌中の権力ではなく、個人の栄辱でもはなく、そして物質的な欲望でもなかったからだ。彼がもっとも重視していたのは、胸に輝きつづける文字、「人民への奉仕」だった！

もし劉啓同志が生きているうちに私が会いに行き、少し話して彼の心を慰めることができたら、彼の顔の痙攣も和らぎ、義歯を装着することができたかもしれない。そして、正常に食事をとっていれば改革開放の今日まで生きていられたかもしれない……しかし、よく考えれば、たとえ私が彼のもとにいても、なんの役にも立たなかったかもしれない！　劉啓、伯父とは血の繋がりもなく、顔を合わせたことさえなかった一庶民が、総理の逝去をそれほど悲しんだのは、きっと私の多くの友人たちと同じ気持ちを彼がもっていたからに違いない。彼らはもちろん総理のために泣いたが、その涙は自分のために流したものでもあった！　周総理は衣食、平和、誠実、希望、幸福の象徴だ。彼が亡くなったいま、「資本主義の苗になるぐらいなら、社会主義の草になろう」と、吊し上げに夢中になり、生産には目もくれない「四人組」が国を治めるなら、この国の希望はいったいどこにあるのだろうか？　人民に平穏で幸せな生活は与えられるのか？　当時の私も同じ問いに

胸を痛め、呆然とし、九か月後に「四人組」が粉砕されるなど予想もできなかった。それればかりか、江青らに対する不満を少しもらしただけで伯母に厳しく叱られさえした。そのつど、伯母は話の終わりに、「牢騒太だ盛んなれば腸の断ちを防げ、風物長へに宜しく眼量を放つべし〔愚痴をこぼしすぎると体に障る、つねに落ち着いて幅広い視野で見るのがよい〕」という毛主席の詩で私を慰めたものだった。

時間は心の傷を治してくれるもっとも優れた医者だと言うが、どうも伯父については例外のようだ。

一九九七年、大型テレビ特集としてアートフィルム『百年恩来』を撮影したさいに、中国人民の古い友人である岡崎《おかざき》嘉平太《かへいた》[39]氏の息子、岡崎彬氏にインタビューした。彼の話を私は長いあいだ忘れることができなかった。

問――お父さまは周総理と深いお付きあいがあったと聞いております。一九八八年、九十歳のお父さまに遠路はるばる天津までお越しいただき、周恩来国際シンポジウムにご出席いただいたさい、お父さまは興味深い発言をされました。こちらの二人の同志はその場で拝聴する機会に恵まれ、たいへん感銘を受けたとのことです。お父さまと周恩来とのお付きあいのなかで、どのようなエピソードがあったか、教えていただけませんか。

答――はい。私がはじめて周総理にお目にかかったのは六〇年代ごろでした。一九六三年、人民大会堂で周総理と接見したさい、私は貿易訪中団の人間ではなかったので、訪中団の最後尾に並んでいました。総理は訪中団のひとりひとりと握手したあと、私のまえに来て、はじめに中国語で、「中国語が話せますか？」と聞きました。

私は「話せません」と答えました。

つづいて彼は英語で、「英語が話せますか?」と聞きました。「英語なら少しは話せます。」私はこう答え、「日本語ができますか?」と聞き返しました。すると、彼は両手を広げ、笑いながら日本語で「日本語は忘れました」と答えたのです。総理が日本に一年間留学していたことは聞いていましたが、「日本語は忘れました」のきれいな発音に、私は驚きました。その時、父は周総理のうしろに立ち、ハハハと声をあげて笑いました。これが私と周総理との初対面でした。彼はそう言ったあと、とても嬉しそうにしていました。なぜかというと、彼がもっとも尊敬し、いちばん好きな人がいま、自分の息子と会話しているからです。その気恥ずかしそうな、純粋な表情を、正直に言えば、私は生まれてはじめて見たのです。その一瞬に、私に仕事を休ませ、北京に同行させた父の真意がわかったのです。

周総理は私にこう言いました。「あなたのお父さんは、彼がわれわれのために、私のためにどんなことをしてくれたか、中国が彼のことをどのように評価しているかをひけらかさなかったので、私がかわりに教えましょう。私はあなたのお父さんをとても信頼しています。この信頼は自分の利益を犠牲にしてまで他人のために尽力する、彼の行動を見て生まれたものです。お父さんは日本と中国のために、自己を犠牲にして力を尽くしてくれました。だから、われわれは彼をとても信頼しているのです。」当時、私は三十代で、青年と言ってよい年ごろでした。それまでにさまざまな偉い人物、たとえば海外の大統領やアメリカの国務長官などとも接したことがありましたが、周総理はたしかに彼らとくらべると一風変わった人物です。まず、彼には圧迫感がなく、その瞳は輝き、眼差しは柔らかでした。若者の私などに対しても、友達のように優しく話しかけてくれました。さすがは十億人中のエリート、ずば抜けて優秀な人物だと思いました。とても短い時間でしたが、私にとっては忘れがたい初対面になったのです。夜には盛大な宴会が催され、総理のスピーチを拝聴しました。そのスピーチは私の心に深く響き、中国を知る重要なきっかけとなりました。おおよその意味は――

「日中交流の歴史は、史書の記載だけを見ても二千年にわたっており、実際はそれよりもっと長いものと思われます。この間、日中両国は良好な関係を保ってきました。隣り合う二つの国のあいだに対立が生じるのはごくふつうのことですが、日中はずっと友好的な関係を維持してきました。近代に入ってからの七十年あまりのあいだ、日清戦争を皮切りに情勢が悪化しましたが、この数十年は仲良く付きあってきたそれまでの歴史と比べれば、ほんの一瞬にすぎません。だから、われわれの任務は、両国の関係を修復し、共栄の道を歩むことです。良好な関係を保つというのは天の理であり天の意志ですから、われわれのする努力は、あくまでも天の意志に従うまでのことです。」

私は小さいころから、日本文化の源は中国文化にあると知っていました。総理の話を拝聴したころで、さらに日中両国の友好関係も天の理なのだと認識するようになり、これが中国を見るさいの出発点となったわけです。周総理との付きあいから、父はとても大きな影響を受けたようです。

私は父親から彼と周総理のことをたくさん聞きましたが、そのなかで彼がとくに頻繁に口にしたのは「周総理聖人論」でした。父はこれを私のまえでしか話さなかったと思います。「世界には四人の聖人がいる。キリスト、釈迦牟尼、孔子、アラー。この四人は世界の四聖人と呼ばれている。しかし、周総理も聖人のなかに入れるべきだ。」父親は微笑みながら言った。「もし聖人のなかに二人の中国人がいることに異存を唱える人がいたら、孔子には申し訳ないがその座を周総理に譲ってほしい」と。

父の話によれば、周総理とは公式会見だけでも十八回お目にかかり、非公式の場となるとさらに数え切れないほどだそうです。ときには周総理のオフィスで会ったりもしたそうです。公式の場では、中国の総理はきちんとした中山服を着ていますが、日常生活ではいつも継ぎを当てた服を着ていたとのことです。これは父親にもかなり衝撃を与えたらしく、その後、彼は二度と服を新調しませんでした。歳をとると、むかしの服が大きくゆったりして見えるようになりましたが、やはり父は亡くなるまでずっと着つづけました。そのようにしたのは、自分を少しでも周総理に近づけようとしたからだと私は思います。私の母親はそれを見て、何度も服を新調するよう勧めましたが、彼は聞く耳を持ちませんでした。

父は、細かいところから総理の人柄を見きわめたのです。父がよく言っていました。「人は権勢を手に入れると、どれだけ自分に厳しく要求しても、態度などにそれがうっかり出てしまうものだ。どこの国のだれであろうと、地位が高くなると自然に表に出てしまうんだ。でも、周総理だけはこれといった悪癖が少しもなかった」と。

周総理の訃報を受け取った父の悲しみは、言葉で言い表せないものでした。私はそのような父を見たことがありませんでした。自分で言うのは気が引けますが、たとえ私か母親が死んだとしても、父があれほどまでに悲しむとは思えません。私たちが周総理の追悼会に参加するために東京から北京空港に向かうさい、窓際で外の景色をじっと眺めていた父は、「周総理が亡くなったと思うと、どうしても愉快になれないな」と独り言を言いました。

父は一九八九年、負傷して入院し、その八時間後に安らかに眠りにつきました。まとめなければならない資料を手に持ったまま階段から転がり落ちて亡くなったのです。もちろん、父の急逝は私たちにはとって大きな衝撃でしたが、葬式が終わり、みなで会話を交わしていると、「あまり悲しまないでね」と母が言いました。それにみな呆れてしまい、母に理由を尋ねました。すると、母は落ち着いた口調で、「九十二歳でようやくまた周総理のそばに行けるんだよ。これは悲しいことなの? むしろ喜ばしいことでしょう!」と答えたのです。母の話には一理あると思いました。それを念頭に置いて父の死に顔をよく見ると、悲しみは少しも感じられず、口角が上がっているような気さえしました。だれが提言したのかは忘れてしまいましたが、私たちは周総理の写真を父の胸に置いて、火葬場に向かいました。肉親の死はもちろん心が痛むものです。でも、父親が周総理のもとに行き、二人で心置きなく会話を交わしつつ、私たちを天国から見守ってくれると思うと、つらい気持ちも少し和らぐような気がします。天国で父と周総理がおしゃべりしていると母が言ったとき、私は一九六三年、はじめて総理に会ったさいの情景をふと思い出しました。父親が気恥ずかしそうに総理のうしろに立って、私と総理が話しているのを純粋な表情で見ていたことなど、数々の思い出を振り返るにつけ、このインタビューも彼らは天国で見てくれているのではないかと、つい想像してしまうのです。

中国人の友達から聞いた話ですが、周総理の故郷の淮安には父親の書が残っているらしいです。「周総理の故郷を訪れ、涙が止まらなかった」と書き、落款には「弟岡崎嘉平太」とあります。それを取材する中国人の友達もたくさんいますが、総理には日本人の弟がいたのか、と質問されると、私はできるだけ詳しく説明しました。

問――お父さまは総理と誕生日が近いですね?

答――父のほうが少し上です。今年(一九九七年)で父が生まれてから百年になりますが、総理はたしか来年の三月ですね。

聞き手は感慨深げに、お父さまは兄のような存在だったのでしょうね、と言った。

答――でも、人柄で言えば弟ですね。父は自分のことを総理より半分年下の弟と見て、周総理に接していたと私は考えています。実際、周総理のまえでは、彼は自分をずっと年下の弟としか見ていません。一生のうちにこのような友達ができたなら、その人生は無駄ではなかったと言えますね。残念ながら、私はそんな幸運には恵まれませんでした。
家には周総理の真跡がありません。当初は、いつでも手に入れることができると思っていましたが、総理があんなに早く世を去るとは思っていませんでした。だから、父もとても悔しかったようです。総理のことに触れるたび、父は少年に戻ったように、私だけでなく会社の人のまえでもいつもと違った表情を見せ、美しい思い出に酔いしれているようでした……

岡崎嘉平太さんは伯父を知己と見なしたからこそ、みずからの生涯を日中友好事業に捧げ、かつ息子にも刺激を与え、日中両国の友好を子々孫々まで続けさせたのだ。
私の知っている国内外の同志や友人はみな、伯父のやさしさ、気配りのよさと親しみやすさを忘れることができない。相手がどれだけ地味だろうと、どれだけ大きな過ちを犯そうとも、彼は敬意を示し希望を与え、行き届いた配慮と、いたれりつくせりと言えるほどの庇護を与えた。人びとはさまざまな言葉で彼を称えたが、中秋の明月に喩えた者はひとりしかいない。
日本人の小山五郎《こやまごろう》さんは伯父と面識があり、一九七四

年、伯父にとって生前最後となった国慶宴会に彼も出席していた。見るからに優しそうな、重病を患いながらも全国の人民と二十五周年の喜びを分かち合おうとする伯父を目の当たりにして、彼がすぐに思い浮かべたのは空にかかる真っ白で明るい中秋の名月だった。彼は伯父をもっとも高い次元に達した人間のイメージとして胸に刻んだ。その真心のこもった話を聞いて私も共感を覚えた。伯父が世界に与えてくれた愛はたしかに中秋の明月に似ている。彼と会った人びと、彼を愛した人びとの心に残るのは、一家団欒のような温かく、美しく、幸せな思い出に等しい。伯父、美しき中秋の明月よ。天下の庶民と友人たちに愛された中秋の明月よ！

一九九八年二月十三日、浙江省委、省政府、紹興市委、市政委が紹興で開催した「周恩来誕生百周年記念大会」で私の弟・秉鈞が発言し、私たち姉弟全員の本心を明かした。

周総理の生誕百周年にさいし、彼の故郷で記念活動を開催したのは、幅広い層の大衆と共産党員の、周総理への敬意と彼を懐かしむ気持ちの現われです。どこに行っても周総理の話になると、その話し手が幹部であろうと一般庶民であろうと、中国人であろうと外国人であろうと、もしくは香港、マカオ、台湾の同胞であろうと、総理に敬意を表さない者はおりません。

なぜでしょうか？　私の考えでは、つまるところ彼が正真正銘の人民の公僕だからです。彼はみずからの生死を度外視して民族の解放を追求し、全身全霊で人民に奉仕してきました。そして、人民にさまざまな福祉をもたらし、国家に多大な貢献をしたにもかかわらず、功績を鼻にかけることなく、自分にとても厳しく要求し、偉大な人格と純粋な犠牲的精神を体現したのです。

七歳で伯父・周恩来とはじめて対面してから、数十年にわたる交流をとおして得た私の印象はただ一言に尽きます。彼は純粋な人物であり、純粋な共産党員です。彼こそが共産党員のあるべき姿です！

最近、全国各地で放送されている『百年恩来』のなかに、『周恩来とは、清廉潔白の同義語である』という言葉があります。これは非常に適切な表現だと思います。

彼の誕生から百年、彼が逝去してから二十二年にあたる今日、われわれは彼を記念し、公正無私の精神を提唱します。これこそが、記念大会のもっとも重要で、現実的な意味ではないでしょうか。

周恩来の親族、そして後輩として、われわれは全国の人民とともに、生涯にわたり努力し、周総理の精神を学び、発揚し、彼の遺志を受け継ぎ、国家の富強のために、人民の富強のために刻苦勉励してまいります！

記念すべき百周年にさいして、伯父に思いを馳せた多くの文章に心を動かされたが、ことに梁衡《りょうこう》同志の『大無大有周恩来』を読んで大きな感銘を受け、さまざまな思いがこみ上げた。彼は伯父には「六つの無」があると述べた。

一つめの無は、死んでも灰を残さなかったこと——周総理は中国の歴史において、死んでも遺灰を残さないことを唱えた最初の人物なのだ。遺灰がなければ、当然ながら遺灰を埋める土地を検討しないですむし、碑と墓も必要ないわけだ。……彼がもっともこだわったのは潔くあることだ。生前に命を燃やし尽くし、死んだあとに面倒を残さない。貢献だけを残し、自分を燃やし尽くしたら、追悼の品や焼香を求めず、躊躇なく去っていくような人だ。おそらくその背後にはもうひとつの理由があるだろう。共産主義者の無私と中国伝統文化の「忠君」を持ち合わせていた彼は、「僭越」な追悼式をすることで政治上の厄介事を招くのを嫌ったのかもしれない。事実、地球上ではじめて周恩来の記念碑を建てたのは中国ではなく日本だった。そして、はじめての記念館も北京ではなく彼の故郷に建てられた。日本の記念碑は自然石でつくられ、彼が留学時に創作した詩、『雨中の嵐山』が刻まれている。一九九四年、私は日本を訪れたさい、桜の下を彷徨いこの詩碑を根気よく探し出した。両手で石を優しく撫で、西の長安を眺望すると、思わず涙ぐんでしまった。天の力に逆らえず、この人物が長逝したのはこのうえなく遺憾なことだが、ましてや国内には墓もない。まったくこれほど嘆かわしいことがあるだろうか？　かつて天地をひっくり返した英雄、ひとつの民族に共和国を残した総理。しかし、遺灰は微塵も残さなかった。この大きな落差を突きつけられるたびに、心が千丈も落下するような虚しさに襲われてしまう。

二つめの無は、子孫を残さなかったことだ。中国人は継続的に系譜を記録する風習があり、出身を重んじる民族だ。また、著名人との関わりを求めることを好み、これをむやみに重要視する。……一般庶民であれば、子孫がいるかどうかは一個人とその家族だけの問題だが、著名人が子孫を残さなかったことは全国の国民にとって残念なことといえる。「不孝に三つあり、後なきを大なりとす〔親不孝の最たるものは、跡継ぎを残さないことである（孟子）〕。」故人の記念にも三つあり、故居、墓地、子孫、とりわけ子孫を大なりとす。子孫が先人の功績や知恵をそのまま受け継ぐことはできないとしても、世間の人びとにとって血筋が残ることは、冷たい遺物より心の慰めになる。でなければ、どうして政治協商委員の一部の席が著名人の子孫に割り当てられようか？　孔子という二千年前の故人の血筋についてさえ、その継承状況を一代一代追跡し、数十代めの子孫を洗い出して、人民代表大会代表、政治協商会議の代表、委員につけているのだ。ある者の子孫を尊敬することは、すなわちをその人そのものを尊敬することに等しい。これはある種の記念であり、ある種の敬意の発揚なのだ。さもな

（上）穎超伯母、京都・嵐山の石碑の前で。（下）1994年、著者、嵐山の石碑の前で。

1993年3月5日、穎超伯母が亡くなったあと初めての恩来伯父の命日、著者は人騂と西花庁を訪れ、伯父と伯母を悼んだ。

ければ、なぜ人びとは秦桧の何代めかの子孫を探さなかったのだろうか？　清朝乾隆年間、秦大士という名の名士が岳飛の墓を通りがかると、「人びとは宋代より名が桧であるのを恥と思い、俺は墓前で姓が秦であるのを恥と思う」[40]と思わず感嘆した。ここからも、祖先と子孫の繋がりの緊密さを垣間見ることができる。著名人の子孫であればなおさらのことだ。功績が大きく徳が高く、民族のためにみずからを犠牲にした者であればあるほど、人びとはその子孫を尊敬する。あたかもそうすることではじめて感謝の気持ちを表明でき、自身の心の空白を埋めることができるとでもいうかのようだ。……たしかに、子孫の繁殖は人類のもっとも現実的な欲望であり、もっとも基本的な感情である。しかし、神様はなんと不公平なことをしてしまったのだろう。よりによって総理に子孫を授けなかったとは、まことに残念と思わざるをえない。残酷な地下闘争と戦争が鄧穎超同志のお腹の子を奪い、

1998年3月5日、人騂の生前最後の西花庁訪問、恩来伯父と穎超伯母の追悼式に出席した。左から拉蘇栄、李玉樹、秉和、人騂、著者、母・王士琴、秉宜、周力（秉華の子息）、秉建、秉華。

彼女の健康を損なったのはたしかだ。とはいえ、権力、地位、才能と、無数の女性を夢中にさせるほどの風采を活かせば、総理はいくらでも新しい家庭を作り、子どもを産むことができたはずだ。事実、建国初期のころ、党内の中高級幹部のなかにはそのようなことをした者は少なくなかった。しかし、総理はそれをしなかった。彼は絶大な権勢をもつ身でありながら一般庶民の徳を堅持したのだ。のちにある厚かましい女性が本を刊行し、総理の私生児を自称したが、言うまでもなくこれを公文書や資料で裏付けることはできなかった。いわゆる「風吹けば黄葉落ちて、また秋陽の紅に戻るなり〔風が秋の紅葉を散らしても、やがて美しい景色が戻ってくる〕」、しばらくのあいだ騒ぎを引き起こしたにすぎない。しかし、人びとは怒りを感じる一方、心の隅に一抹の憂鬱も覚えたことだろう。ことに総理と同世代の人びとの子ども、もしくは子どもの子どもが高位高官に上り詰め、その名を世間に知らしめているのを見ると、なおさら暗然とし、悲しい気持ちになるだろう。完全無欠を求めるのは中国人の伝統なのだ。総理のような偉大な人物は、美しい妻をもち、優秀な子どもを授かり、家運隆盛といった言葉で形容されるべきだ。しかし、事実はそうではない。これでは、人びとの心にぽっかりと穴が空かぬわけがない。かつて、彼の思考回路は疾走する列車のように溢れんばかりの希望を背負って走っていたのに、猛スピードのまま脱線し、底なしの深淵に落ちてしまったのだ。

総理の三つ目の無は高官の身でありながら、それを鼻にかけなかったことだ。長いあいだ、官僚と権力は切っても切れないものだった。官僚とは高い地位であり、特別な待遇を受ける高貴な身分であり、幸福中の幸福である。それが民と対立する概念をなし、敵対的なイメージが形作られた。しかし、一国の総理である周恩来はそれをひけらかさなかった。外交や公務の場では彼は官僚だが、生活の場では、彼は最低基準もしくは最低基準にすら達しないような日常を送る一般庶民だった。彼は中国史上はじめての庶民派宰相であり、世界中で見てももっとも庶民的な総理だった……海外に行くさい、総理はいつも特別な箱をひとつ持参し、どれほど高級なホテルに泊まっていても、起床するとまず自分のスタッフに所持品を箱のなかに入れさせ、施錠してから、ホテルのスタッフに部屋を掃除させた。それゆえ、あれは最高機密が収められた文書箱ではないか、などと人びとの憶測を呼んだ。本当は、総理専用の施錠された箱には、庶民の魂が入っていたのだが。……彼は一国の総理である。天下のことを管理し、天下の財布の紐を握っているのだから、衣食住を少し贅沢にし、少しぐらいはコネを使っても別にどうということはないではないか？　長い年月を経て、官僚とは権勢を誇示するものだというイメージが人びとの心に深く根付いている……権力をもっていても私利をむさぼらない。名誉があってもひけらかさない。実権を握り、清廉でありつづける。この残酷なほど強烈なコントラス

トは、歳月が流れるほどに、人びとにとって不安で、耐え難いものになっていった。

総理の四つ目の無は、党にいながら私利を求めなかったことだ。共産党は成立当初、これはもっぱら全人類の解放を実現するために身を捧げる党であり、党員は私利私欲を捨て、人民の利益、国家民族の利益のみを追求する、と宣言した。張思徳《ちょうしとく》、雷鋒《らいほう》、焦裕禄《しょうゆろく》らをはじめとする末端党員は、入党時も在籍時もこれをを全うした。ところが要職に就き、ひいては指導者の立場に立って一国の財産を掌中に収めると、私利をまったく求めないというのは極めて難しくなる。権力が一分大きければ、私欲が一丈膨らみ、之を毫釐《ごうり》に失すれば、差《たが》うに千里を以てす〔わずかな違いが大きな誤りとなる（『礼記』）〕。私欲のない兵士になるのは容易だが、私欲のない官僚になるのは難しく、高位高官となればなおさらなのことだ。総理のように軍事と行政の両方を取り仕切る人であれば、権力の重りを左に動かすと個人を党のために利用でき、右に動かせば党を個人のために利用でき、派閥を作ることもできる。王明《おうめい》や張国燾《ちょうこくとう》はその典型例ではないか？　しかし、

周総理が尊いのはまさに、党にいながら私利を求めなかったことだ。……もし党の力を借りて独立や分裂を謀り、最高権力を奪おうとするならば、総理にはほかのだれよりもチャンスがあったし、条件も揃っていた。しかし、彼は揺るぎない党性と人間的魅力をもって、党内の数多くの紛争と、四度の分裂の危機を乗り越えた。五十年来、彼は党にとって、けっして欠かすことのできない凝固剤だったのだ。

総理の五つ目の無は、どれだけ苦労をしても不満をもらさなかったことだ。……いわゆる、一代ごとの天子に一代ごとの臣下、というのが従来のやり方だが、共産党の指導者がころころと変わるなか、だれもが周恩来を必要とした。しかし、そのずば抜けた才能は彼に害をもたらし、その苦労を厭わない人柄がむしろ彼を蝕んだ。なぜなら、難しく苦しい仕事や、危険で骨の折れる仕事がすべて彼に押し付けられたからだ……哀しみは心の死するより大なるはなく、苦しみは心の苦しみより大なるはない。それにもまして人を苛むのは、心が苦しいのに死んでいないことだ。国、人民、最高指導者に対する周恩来の一途な心が死んでいないがゆえに、彼は、常人ではけっして耐えられないような不自由な思いをひとりで背負わなければならなかったのだ。

総理の六つ目の無は、人生の最期を迎えるさい、なにも言い残さなかったことだ。……周恩来は自分を真っ二つに切り分けており、その半分は政府、党の人で、残りの半分が自分だった。もちろん彼にもプライベートはあったし、豊かな内面世界をもっていた。しかし、この二つの部分は明確に一線を画され、けっして混同されることはなかった。周恩来と鄧穎超の愛はまったく混じり気がなく、深く純粋なものだった。それでも、彼らが公共の利益を顧みず、私情を優先することはなかった。周恩来は妻に愛情のすべてを注いだが、公の物にだけは手を出さないと固く決心していたのだ……

周恩来の六つの「無」は、煎じ詰めれば無私という言葉に尽きる。古来より公私の分別はあったが、真の意味での公正無私は共産党から生まれたものだ。一九九八年は周恩来の生誕百周年にあたり、画期的な『共産党宣言』の発表から百五十年にあたる年でもあった。この宣言は私的所有制の廃止を堂々と唱え、党員のひとりひとりに一個人ではなく全人類の解放を目指すことを要求した。この百五十年において、周恩来こそが『宣言』の精神を実践し、公私の関係について完璧に、徹底的に対処し、絶妙な次元に達した第一人者であると、ここで大胆に断言したい。たとえマルクスやエンゲルス、レーニンであろうと、彼のように長期にわたり、掌中の権力が引き寄せる誘惑とさまざまな矛盾に巻き込まれるという苦しみは経験しなかった。総理は自我を切り捨て、「無」を真に体現すると同時に、他人にはない「有」、すなわち知恵、勇気、才能と風貌——国や国連を夢中にさせた、愛と徳に満ちた風貌を手にいれたのである。

彼の愛は国家、人民および全世界を包摂する博愛であり、国際関係から細かな人間関係まで、彼はいたるところをその深い愛で満たした。……エンゲルスはかつてマ

ルクスの墓前で、「彼には数多くの敵がいたかもしれないが、一個人としての彼を恨む者はいなかっただろう」と言った。これは周恩来を評価するのにもっともふさわしい言葉だろう。周恩来の訃報が届くと、東洋と西洋が同時に悲しみ泣きはらし、その恨みは地球が渾身の力を込めても背負うことができないほどのものだった。

彼の徳は党を作り直し、共和国を作り直し、共産主義者の無私に儒家の伝統である「仁義忠信」を取り入れることで新しい美徳を形成し、中華文明に新たな模範を示した。五十年来、彼はみずからの手で二人の最高指導者を持ち上げ、共和国を三度の危機から救った。彼は、遵義会議において毛沢東に脚光を浴びさせ、「文化大革命」の後期には鄧小平を全力で支えた。二代の最高指導者として、毛氏と鄧氏が史書に燦然と輝く偉業を成し遂げたのとは対照的に、周恩来はその六つの「無」をもって沈黙を保った。建国後、彼はまず戦争の爪痕を癒やして国家を復旧し、つぎに「大躍進」の混乱に立ち向かって中興の業を成し遂げると、林彪や江青らに対抗し、悪党を排除した。ところが、国を挙げて万民が勝利を祝う前夜、彼は静かにこの世を去り、わずかの遺灰も残さなかった。

長いあいだ、周恩来はなぜ、われわれをこれほど深く感動させるのか？「六つの無と有」が心のなかでぶつかり合い、混ざり合い、高く盛り上がっては砕ける波を立たせるからだ。また、彼の博愛と優れた徳に救われ、暖められ、守られた人びとがあまりにも多かったからだ。古くから、民を愛する君主は民に愛された。諸葛亮は蜀を二十七年間統治し、武侯祠のお供えの線香は千五百年ものあいだ絶えることがなかった。陳毅は、武侯祠を訪れたときに「孔明が昭烈（劉備）をうち負かしたのはなぜか？孔明がよく蜀を治め、愛を残したからだろう」と言った。愛が深ければ、それを浴びた人の記憶により深く残る。普通の人どうしでさえ桃を投じて李に報ゆ、恩を受ければかならず恩返しをするのだから、まして国を作り、民族を復興させ、国民に福祉をもたらした偉人であれば、後世の人もそう簡単には忘れられるわけがないではないか？　われわれは唯物論者だが、いつかきっと総理のために廟を作る者が現れると信じている。廟とは神様を祀る殿堂であり、神様とは後世の者が先人のなかから選りすぐった模範的人物である。忠義の模範といえば関羽、民衆愛の模範といえば諸葛亮が挙げられる。周総理は自身の素養においても治政の面においても、その功徳、才能、知恵、民心の把握、いずれの面においても諸葛亮によく似ている。諸葛亮は子どもの躾に非常に厳しかったと言われ、「澹泊〔無欲であること〕にあらざれば、以て志を明らかにすることなく、寧静〔心が落ち着いていること〕にあらざれば、以て遠きを致すことなし」と、有名な『誡子書』に書き残した。彼は勤勉を旨に家事を切り盛りし、桑の木八百本、やせた田畑百ヘクタールで一家の生活を支え、その他の蓄財がなければ君主に上申した。この二つのことは長らく史家に讃えられてきたが、一方の総理はどうか？　彼には子孫がいないので、教育についての格言はもちろんない。遺産もなかったので、親族に遺品として残されたのは継ぎを当てた服ぐらいだ。彼には祠がなく墓もなく、遺灰がどこに落ちたのかもわからない。また、彼は書物を著わさなかったので、『出師表』のように後世に残る言葉もない。しかし、「無」が多ければ多いほど、後世の人びとは彼が残した愛を身にしみて感じ取り、そのひとつひとつの「無」が鞭のように一回、また一回と人びとの心を叩いたのだ。魯迅は、「悲劇は人生の価値あるものを破壊してみせる」と言ったが、運命はまさに総理の価値あるものをひとつ残らず破壊すると同時に、後世の人びとの心をも引き裂いてしまった。これは永遠に消し去ることのできない未練となり、この未練がさらに増幅すると、総理を懐かしむ激しい感情に転じた。二十二年が過ぎたいま、総理への思いはさらに人びとを深く考えさせ、その人格の力は凝縮し、定着して、より煌めきを増している。

人格の力はいったん生まれると時空を越えることができる。総理にかぎらず、歴史上のあらゆる偉人、たとえば中国の司馬遷や文天詳、外国のマルクスやレーニンらに、われわれはもちろん会えるはずもない。アインシュタインは物理の大山を駆け抜け、「速度が光速に達すると時間が止まる。質量が十分に大きければ、周囲の空間が曲がる」という哲学的結論に至った。それならばわれわれは、「人格相対性理論」を唱えようではないか！　人格の力が一定の強度に達すると、光速に達するように万物を取り巻き、空間を覆い尽くして生霊を庇護する。もちろんそのとき、われわれと偉人のあいだの時間と空間の隔たりが自然に消滅するのだ。

これこそが命の哲学だ。

われわれは周恩来とともにある。

……

一九九八年、私はこの文章を読み返し、梁衡同志の評価についてじっくり考えた。まことに素晴らしい評価だ！　たしかに、死んでも遺灰を残さず、子孫を残さず、官僚でありながら権勢をひけらかさず、党にいながら私利を求めず、苦労しても不満はもらさず、後世に言い残すこともない、という「六つの無」、つまり「無私」の品格があったからこそ、伯父は時空を超えて、中国と世界の歴史に他人にはない「有」を残し、中華民族に色あせぬ思い出を残してくれた。

太廟を弔問に訪れる民衆は後を絶たない。

「落紅は是れ無情の物ならず、化して春泥と作り更に花を護る。〔散りゆく紅い花にも心はある。春には泥となり咲く花を守るのだ（龔自珍『己亥雑詩』）〕」

伯父の遺灰は祖国の江河や大地に撒きちらされたが、これは死してなにも望まず、人民にいっさい迷惑もかけないという彼の折目正しい宣言でもある。彼は大自然に還り、ひとつまみの土と化して、あるいは一滴の水と化して深く埋もれ、安らかに眠ることを選んだわけだ。これはもちろん十六年後に亡くなった伯母の願いでもあった。

私の心境はとても複雑だ。全国各地で行われた伯父の記念行事を目の当たりにしては、人民の一員として感情が高ぶり、「歴史は人民が書いたものだ」とか、「歴史はたしかに公平だ」（伯父が命を賭して党や祖国、人民に捧げた真心と、新中国の外交と世界平和への特別な貢献がようやく歴史に認められた）と感嘆せざるをえなかった。しかし、静まり返った夜、伯父と一緒に撮った写真をひとりで見ていると、ガラス張りの本棚に置かれ

1961年、映画俳優たちと恩来伯父、香山にて。

きらきら輝く無数の塑像が、姪の立場に戻った私を不安に陥れた。天国にいる伯父が、もし全国各地でさまざまな銅像が立てられ、故郷に「西花庁」が再現されていることを知ったら、そして、私の本棚にある金で作られた彼の坐像や頭像を見たら、彼はきっと不機嫌になるだろう……

　私は伯父が生前に実現できなかった願い事を一生忘れることができない。

　彼はかつてこのように言った。「巴金は『家』という長篇小説を書いたが、私は定年退職したら『房』という小説を書きたいんだ。」彼の身に沁みこんだ体験、溢れる文才、その粘り強い性格からして、もし彼がふつうに定年退職できていれば、巴金の『家』を超えるには至らなくとも、きっと心に響く興味深い『房』を描き出せたことだろう。

　また、伯父はこのようにも言った。「私は退職したらお芝居がしたい。元総理がお芝居をしてはならないなんてだれも言ってないだろう？　私が先例を作ってみせる！」そして孫維世に言った。

「演技だけならまだいいが、監督するならおまえに習わないとな。」これはけっしていいかげんな作り話ではなく、証拠となる手紙も残っている！

私の母はものを保管するのが好きで、最近、彼女から私が数十年前に書いた手紙を渡された。そのなかの一通は四十二年前、すなわち一九五七年二月二十一日に、私が無錫で療養する父に書いたものだ。白い紙に黒い文字が綴られ、実際に起きたことがありのままに記されている。

お父さんへ

……

恩来伯父さんは元気です。私がお見舞いに行ったとき、彼の顔は日に焼けて褐色になっていました。また、二キロも体重が増えたと聞きました。伯父さんは、「今回と前回で十一か国も訪れて、十万八千里も移動した。孫悟空は一回とんぼ返りをすれば十万八千里を飛ぶことができたというから、私も孫悟空のようなものだな！」と冗談まじりに言いました。じつは気温の変動も四〇度から氷点下五〇度まで九〇度の差があったというから、なんて偉大で、困難な旅でしょう！　彼が成し遂げた使命はどれほど尊いもので、国際社会にどれほど大きな影響を与えたことでしょう！

日曜日、私と維世姉さんでお見舞いに行ったら、重慶にいたころのあるエピソードを教えてくれました。伯父さんの話によると、友人とある小さなレストランに入ったら、二階にはテーブルが三つしかなく、ちょうどひとつ空いていたそうです。彼がそこに腰を下ろすや否や、ほかの二つのテーブルからいっせいに視線が集まりました。そこで彼はひとりひとりと握手を交わし、騒ぎを起こさないよう他言無用と念を押したのです。彼らも伯父さんの言いつけを守り、静かにしてくれました。そ

れを聞いて私たちが、「北京じゃだめだね。人がいっぱいいるから！」と言うと、伯父さんは「そうとは言い切れないぞ！　今日は外でお昼をご馳走してあげよう」と言い返しました。さすがに少しためらったけれど、彼が大丈夫だと言うから、みんなでちょっと辺鄙な場所にある静かなレストランを選んで出かけることにしたのです。車が東単新開路の「康楽」という店の前に止まると、維世姉さんと張元おばさんはそこを勧めました。でも、店はすでに満席で、並んでいる人もいました。仕方なく引き返すと、伯父さんがふと、灯市西口の「萃華樓」というお店に思い当たりました。彼の話では、一九四六年、三人委員会[41]で交渉するさい、マーシャルらと一度だけ来たことがあり、印象に残っていたので、去年呉努が来たときにそこでご馳走したそうです。そしてこの日、彼はふたたびその店のことを思い出し、「三度めはおまえたちにご馳走しよう！」と宣言したのです。私たちが食べたのはシンプルな食事で、五人でおかずを五品にスープをひとつ、ご飯と饅頭《マントー》をくわえて計十元二角を支払いました。彼

は「重慶のときより高いな。重慶のときは六人でおかず六品にスープがひとつ、酒もついていた。美味しかったわりに、たったの三元四角六分ですんだんだ」と嘆いた。私たちが帰ると、小虎（抗日戦争時の副官、龍飛虎《りゅうひこ》の息子）が玄関のところに立っていました。伯父さんは冗談半分に小虎に聞いた。「今日の食事はひとりいくらだったと思う?」……この日のように彼がふつうのレストランで気軽にご飯を食べることはなかなか難しいのです！「今日はみんなと三時間も遊んだな」と彼は言いました。たしかにそうです。彼の時間が、こんなふうに「無駄」に使われるのは非常に珍しいことなのです。帰るや否や、彼は仕事に没頭しはじめました。

話のなかで、彼は『家』を頑張って読んでいると言いました。もう三十六ページ読んだと！それを聞いてみんなが笑いました。頑張って読んだところで三十六ページしか進んでないのは、彼の余暇があまりにも少なすぎるからです！彼はまず巴金の原著を読み、そして脚本を読むつもりだそうです。伯父さんは芸術が好きで、文芸界の人物や、演目をたくさん知っています。『家』の映画版を見たあと、彼が言いました。「三男の坊ちゃんを演じていたのは、このまえ中隊長を演じた人だな。彼には生活感がない。私に覺新役を演じさせてくれれば、彼よりは上手に演じられると思うんだが。」（このとき、七母が「周同字のほうがもっとふさわしいと思うけど」と口を挟みました。）そして、伯父さんが続けるには、「退職したら私はお芝居がしたい。元総理がお芝居をしてはいけないなんてだれも言ってないだろう？私が先例を作ってみせる！」また、孫維世には「演技だけならまだいいが、監督はおまえに習わないとな」と言いました。彼は元気にあふれていて、いまもよく運動しています。体は健康なほうです！彼の健康は全国人民、全世界人民の幸福だからね！私はとてもうれしいです。お父さんもうれしいでしょう？お父さんはそちらで寂しい生活を送っていて、ふだんは面白い話もできないだろうけど、今日の話は、お父さんもきっと喜んでくれたと思います。

……

一九五七年二月二十一日

娘　秉徳

残念なことに、恩来伯父が言うには、「文化大革命が私の寿命を十年も縮めてしまったんだ！」彼は亡くなるまでに、定年退職をすることができなかった。平穏な晩年というものがなかったから、とうぜんながら長篇小説『房』を執筆する時間もなかったし、お芝居をするチャンスもなかった。国と民族のため、彼は己の人生観を実践した。すなわち、「私が地獄に入らなくてだれが入るのか」、「私の寿命を決めるのは党だ」と。けっきょく、伯父は総理の座についたまま亡くなってしまった。一般庶民である私の目から見ると、その小さな願いが叶わなかったことはとても残念だ……

私の話が伯父に届いたかどうか、そして、私が伯父の心を見通していたのかどうかはわからない。だが、共産党員として、そして周恩来の親族としての良心に従って、私は願う。今後、生誕記念日には形だけの記念品を作るのではなく、伯父が民族に与えた精神的な光を真摯に探索していただきたい、と！　そして、中秋の明月のように、伯父が私たちの心をいつまでも温めてくれることを願っている！

あとがき

周恩来は私のもっとも敬愛する伯父ですが、ある意味では彼の戦友、部下、側近のスタッフのほうこそが、彼とより親密な関係にあったと言えます！　なぜなら、彼の人生のほとんどの部分は、中華民族、中国共産党、中華人民共和国ひいては全世界のものだったからです！　彼らの協力がなければ、私は伯父の生い立ちや内面世界を全面的に、正確に、かつ客観的に理解することは不可能でした。

十二歳で私は西花庁に入り、伯父と同じ家に住み、数え切れないほどの会話を交わしてきました。しかし、伯父は公私の分別が極めてはっきりしていて、鄧穎超伯母に対してもそれは変わりませんでした。私のような若輩者が、彼のけっして平坦ではなく、平凡でもなかった革命の物語と、党への貢献をすべて知っているなどとはけっして言えません。幸いなことに、二十年あまりの月日を費やして膨大な公文書を閲読・研究し、伯父とともに風雨をしのいできた数千名の当事者にインタビューした方々がいます。中央文献研究室の李琦、金衝及、力平、廖心文および中央党史研究室の李海文ら数多くの同志が、あふれる情熱、真剣な態度と粘り強い精神をもって伯父の一生を研究して公刊した、たくさんの信頼できる書籍や文章を参考にさせていただきました。彼らの協力なしに、私は伯父の心にこれほど近づくことはできなかったでしょう！

とりわけ南京軍区の作家、鉄竹偉は、本書の制作に多大な心血を注いでくださいました。一年あまりのあいだ、彼女は厳寒、酷暑に耐えながら、取材をしたり資料を探したり、病いを押して書き続けてくださいました。私たち二人は対話を重ねつつ原稿の修正に当たり、非常によいチームワークができて、愉快な時間を過ごすことができました。この場を借りて家族全員を代表し、彼らと、周恩来を研究されている全国の学者や作家のみなさまに感謝を申し上げます！

本書の修正稿を書き上げたころ、夫の人驊が不幸にも病没しました。私は深い悲しみに堪え、全文を精読・修正し、一部の段落を削除するとともに、はじめて世に披露するエピソードも付け加えました。付録として私が整理し、かつ長年大事に保存していた『周恩来曾祖以降の系譜図』を収録しています。『私の伯父さん　周恩来』が完成したことで、人驊や八十六歳の母親、弟妹たちと私自身の最大の望みがようやく叶いました。

伯父の生涯は中華民族と全世界に捧げられました。彼の人格の力は、世界文明の遺産に融合され、国境線、政体、時空を超える絢爛たる景色となり、この世界を永遠に彩っているのです！

周秉德

二〇〇〇年五月北京にて

再版へのあとがき

今年は周恩来伯父の生誕百二十周年にあたります。書籍を通じた国際交流を重視している新星出版社より、拙著『私の伯父さん　周恩来』の英語版と日本語版が刊行されると伺い、まことに光栄に思います。そして感謝の意も表します！

『私の伯父さん　周恩来』は遼寧人民出版社の依頼を受けて執筆し、一九九九年、同社より出版され、二〇〇九年には人民出版社によって再版されました。今年、二〇一八年には、国家外文局の傘下にある新星出版社が本書をふたたび再版してくれるだけでなく、英語版と日本語版も出版されるとのことです。周恩来同志がこの世を去ってから四十二年も経ちました。しかし、中国の国民と海外の数多くの友人たちの周恩来に対する愛と尊敬は、薄れるどころかますます増大していると伺っています。みなさんが、中国共産党員の模範であり中国伝統文化の代表である周恩来を、さまざまな角度からより詳しく、より深く理解したいと願っているのです。だからこそ、拙著は各界の読者に広く注目され、歓迎されているのだと思います。

「周恩来、これは栄光に満ちた名前であり、朽ちることのない名前である。」

私は彼の姪であり、彼は私がもっとも愛する年長者です！

私は一介の庶民であり、彼は私がもっとも尊敬する人民のよき総理です！
本書の撮影、編集、制作に携わった方々に感謝を申し上げます！

周秉德

二〇一八年四月三十日

訳注

（1）中南海は中国共産党本部が置かれる北京中心部の一区画であり、要人が多く住む権力の中枢。豊澤園には毛沢東の住居があった。西花庁は総理執務室を備えた周恩来夫妻の住居。

（2）狗不理包子は天津市にある中国を代表する老舗包子専門店。包子は小麦粉の生地に具を包み、蒸して作る中国伝統の食べ物。大麻花は小麦粉をこね、油で揚げて作る食べ物。日本ではよりより、唐人巻、麻花巻などとも呼ばれる。

（3）一族の同世代で四番めに年長であることを意味する。たとえば著者から見て周恩来は七番めの伯父、その妻鄧穎超は七番めの伯母にあたる。巻末の系譜図を参照のこと。

（4）清末から中華人民共和国成立まで使われていた貨幣。

（5）当時の進歩的な職業婦人に好まれた、背広に似た木綿の上着。

（6）中国語では瞌睡虫。人を眠らせる神話上の虫。

（7）軍や政府機関のなかに設けられた、歌舞・演劇・演芸を通じて宣伝にあたる組織。

（8）中国共産党の価値観や綱領に定められた内容をしっかりと守り、実践する精神性のこと。これができた者を「党性が高い」と評価する。

（9）明清時代に警察・租税・文案などを担当させるために地方官が私的に招聘した補佐員。

（10）科挙の地方試験である郷試の合格者。

（11）一九四六年三月、国民党は共産党が提唱する民主連合政府構想を拒絶した。

（12）中国の伝統的な住宅形式における主屋。正房とも呼ばれる。

（13）スイカを半分に割ったような形の帽子。

（14）襟を左右に交差させる漢服の様式。

(15)農民の田植え踊りから生まれた民族舞踊。
(16)中国解放初期に劇場・街頭で上演された、時事問題を扱う簡単な演劇。
(17)一九六二年冬から六六年春にかけて行われた中国の総点検運動。当初は人民公社の帳簿、倉庫、財産、労働点数（労働者の仕事量と報酬を計算する尺度）の四点を点検するという意味で「四清運動」と呼ばれたが、のちに政治、経済、組織、思想を対象とする運動に変容していった。
(18)ここでは反革命の実権派、走資派（資本主義を擁護する修正主義者）を意味する。
(19)文革中、嫌疑をかけられた者の容疑事実を調査し、証拠を集めるために、被疑者と関わりのある地に出向くこと。
(20)二十世紀初頭の上海で上演された初期の新劇。正式な脚本はなく、即興を交えて演じられた。
(21)現新疆ウイグル自治区の天山山脈にある丘陵。
(22)後述のように、周恩来の深慮により公的に逮捕・拘留された幹部たちは、結果的に残忍な私刑の標的となることを免れた。
(23)出席者が自由に席を行き来するバイキング式のパーティ。
(24)当時の庶民の家屋は平屋で、電灯・電話も普及していなかった
(25)政府機関や大学、軍、企業等が設けた関係者のための宿泊施設。
(26)北京衛戍区のこと。一九五九年発足、陸軍司令部と北京市が統轄する首都防衛隊。
(27)軍事管制委員会のこと。文化大革命期、機能不全に陥った行政機関・メディア等に軍を派遣し、管理・運営を行った。
(28)林彪批判と党組織の建て直しを唱えた運動。
(29)林彪と孔子および儒教と周恩来を否定し、罵倒する運動。
(30)中国共産党中央弁公庁第一弁公室の略称。新中国成立後、中央弁公庁（主要指導者の秘書を司る）の傘

下に設置された初めての補助機関であり、主な仕事は、共産党の要請に応じた調査研究、公式文書の起草などとされる。

(31) 文化大革命中の用語。(思想的に自己批判するための)政治・社会問題に対する受け売りではない自分の考え。

(32) 中国では味覚を主に甜、酸、苦、辣、咸の五つに分類する

(33) 中央党史弁資料によると、実際は二十三歳である。

(34) 天を、すべてを主宰する王になぞらえ、老爺(主人・権力者)という前時代的な敬称を付している。

(35) 中国宋代以降における道教の最高神。

(36) 林彪とともに毛沢東天才論を唱えた陳伯達が失脚したのちに起こった粛清運動。

(37) 張春橋、姚文元ら造反派が上海の実権派を失脚させた奪権運動。

(38) 古い家族制度で、男子が結婚してそれぞれの部屋を持った場合の家族を房と呼ぶ。

(39) 一八九七〜一九八九年。日本銀行を経て、全日空などの社長を歴任した実業家。日中覚書貿易事務所代表として周恩来と親睦を深めた。

(40) 秦桧は南宋の宰相。名将岳飛を謀殺し専横を極めた。

(41) 周恩来、国民党の張群(のち張治中)、米マーシャル将軍による国共調停委員会。

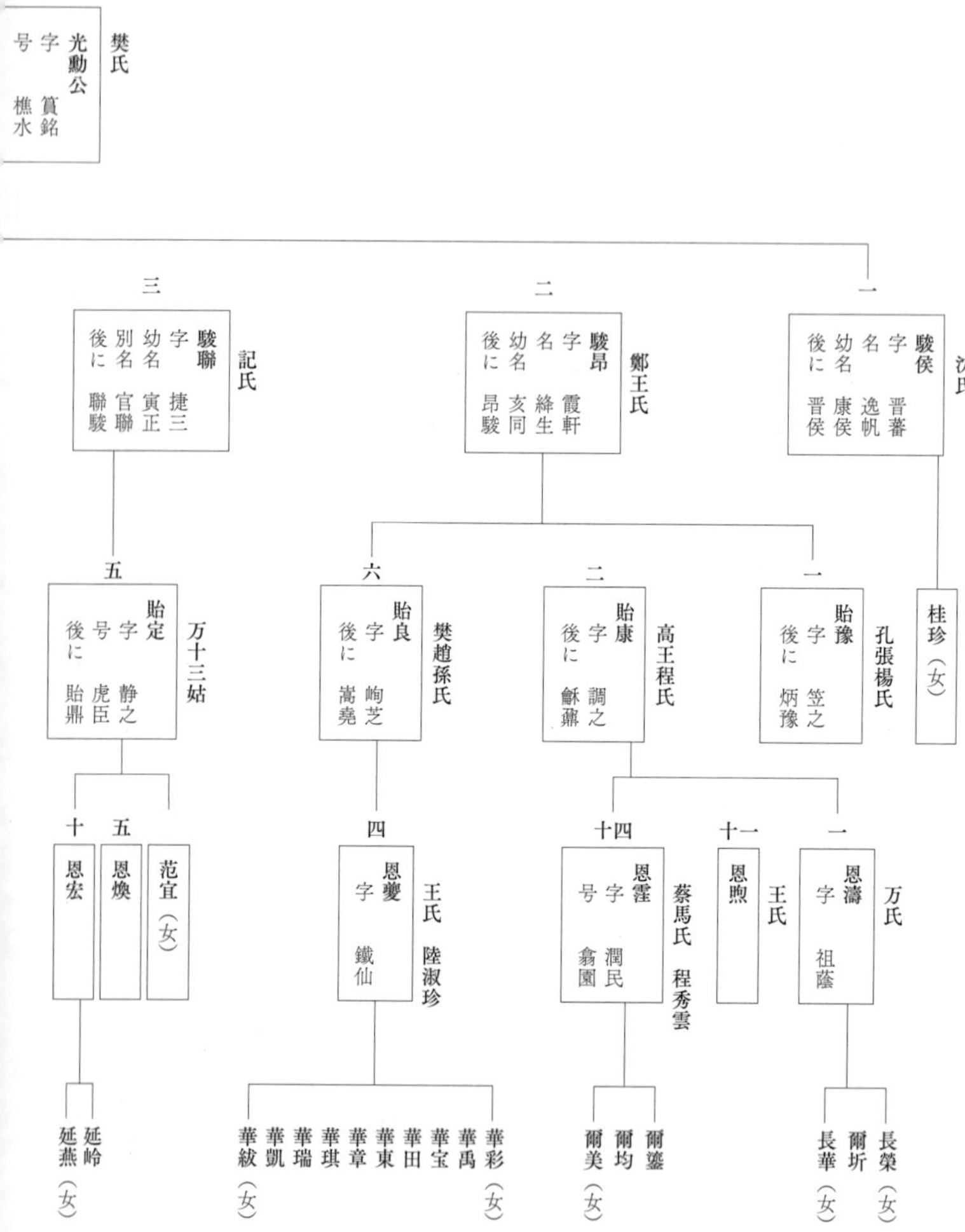

1965年、周秉德が父・周同宇の口述に基づいて作成した系譜図を、
1997年、周秉宜が増補したものである。

周恩来　曾祖父以降の系譜図

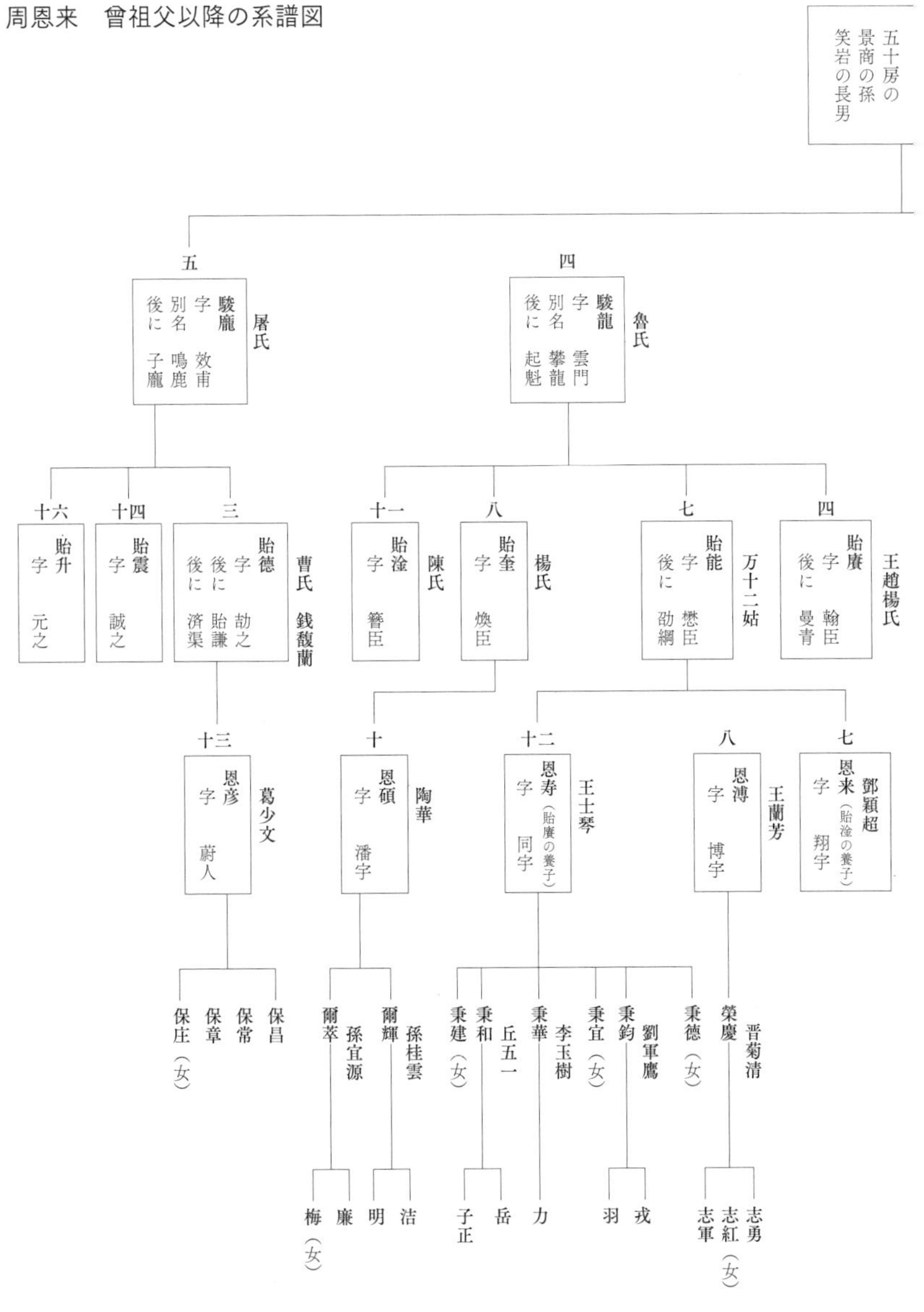

周秉德 著
我的伯父周恩来

Published by Hosei University Press through China-Japan Publishing Alliance for Chinese-themed Books.

私の伯父さん　周恩来

2019年12月15日　初版第1刷発行
著　者　周秉德
監修者　王敏
訳　者　張晶・馬小兵
発行所　一般財団法人　法政大学出版局
〒102-0071 東京都千代田区富士見2-17-1
電話03（5214）5540　振替00160-6-95814
組版：HUP　印刷：日経印刷　製本：誠製本

Printed in Japan
ISBN 978-4-588-36609-3

著　者

周秉德（しゅう・へいとく／ヂォゥ・ビンデー）
1937年、ハルビン生まれ。周恩来の弟・周恩寿（同宇）の長女。12歳で親元を離れ、北京・中南海にて周恩来・鄧穎超夫妻と10年あまり同居する。周恩来夫妻には子どもがいなかったため、実の娘のように育てられ、もっとも夫妻と親密な関係をもった人物といえる。共産党員。第9期・第10期中国人民政治協商会議委員、中国新聞社副社長を務めた。

監修者

王敏（おう・びん／ワン・ミン）
1954年、中国・河北省承徳市に生まれる。周恩来の指示のもと創設された大連外国語大学日本語学部を卒業、四川外国語学院大学院修了。宮城教育大学を経てお茶の水女子大学にて博士号取得（人文科学）。現在、法政大学教授、周恩来夫妻の発案により発足した国際儒学聯合会副理事長、世界華文旅行文学聯会副理事長、国立新美術館評議委員、日中関係史学会評議委員、日本治水神禹王研究会顧問、全日本華人華僑聯合会顧問。また、国際交流基金日本語教育懇談会委員、日本ペンクラブ国際委員、東アジア文化交渉学会会長等を歴任し、中国優秀翻訳賞（1990年）、山崎賞（1992年）、岩手日報文学賞賢治賞（1997年）等を受賞。文化長官表彰（2007年）。主著に『嵐山の周恩来』『周恩来たちの日本留学』（以上、三和書籍）『禹王と日本人』（NHK出版）など多数。

訳　者

張晶（ちょう・しょう／チャン・ジーン）
1990年生まれ。北京大学外国語学院日本語学科博士研究員。研究分野は日中通訳翻訳。

馬小兵（ば・しょうへい／マ・ジャオビーン）
北京大学外国語学院日本語学科教授。研究分野は日本言語学、日中対照言語学。